KB060809

가야마구의 연구 | 加耶馬具의 研究

● 지은이

류창환

경남 남해 출생(1962)
경상대학교 사학과 졸업(1990)
동의대학교 대학원 사학과 석사(1995)
동의대학교 대학원 사학과 박사(2007)
경상대학교 박물관 학예연구사(1995)
현재 경남발전연구원 역사문화센터장

주요 논저

『가야의 유적과 유물』(2003, 학연문화사, 공저)
『가야와 그 전환기의 고분문화』(2007, 국립창원문화재연구소, 공저)
『아시아의 고대 문물교류』(2012, 중앙문화재연구원, 공저)
「伽耶古墳 出土 鐙子에 대한 硏究」(1995, 『韓國考古學報』33)
「古代東アジア初期馬具의 展開」(2004, 『福岡大學考古學論集』)
「三國時代 騎兵과 騎兵戰術」(2010, 『韓國考古學報』76)

加耶馬具의 研究

가야마구의 연구

초판인쇄일	2012년 6월 19일
초판발행일	2012년 6월 21일
지 은 이	류창환
발 행 인	김선경
책 임 편 집	김윤희, 김소라
발 행 처	도서출판 서경문화사
	주소 : 서울 종로구 동숭동 199 - 15(105호)
	전화 : 743 - 8203, 8205 / 팩스 : 743 - 8210
	메일 : sk8203@chollian.net
인 쇄	바른글인쇄
제 책	반도제책사
등 록 번 호	제 1 - 1664호

ISBN 978-89-6062-093-3   93900

ⓒ류창환, 2012

● 파본은 본사나 구입처에서 교환하여 드립니다.

정가 30,000원

가야마구의 연구

류창환 지음

서경문화사

필자는 오랜 방황 끝에 1983년 봄 경상대학교 사학과에 입학했다. 이로써 나의 진로는 정해진 것으로 생각했다. 하지만 입학 후 다시 새로운 고민에 빠졌다. 평소 역사에 관심이 많았기 때문에 사학과에 입학하긴 했으나 구체적으로 무엇을 어떻게 해야 할지 모른 채 몇 달의 시간이 흘러갔다. 그 때 우연히 사학과의 조영제 선생님이 고고학 공부에 관심이 있는 학생들을 모집한다는 소식을 듣게 되었다. 그 무렵 필자는 고대사 특히 가야사에 흥미를 느끼고 있었는데, 가야사를 공부하기 위해서는 고고학 공부가 필요하다는 선배들의 이야기를 들은 바도 있고 해서 곧바로 조영제 선생님을 찾아뵙고 고고학 공부를 해보고 싶다는 말씀을 드렸다.

이때부터 필자에게 고고학이라는 새로운 공부의 여정이 시작되었다. 그 당시 경상대학교에는 박물관은 없었고 조영제 선생님의 연구실 바로 옆에 마련된 조그마한 공간에서 선배들과 함께 채집한 토기를 복원하거나 고고학 공부를 하였다. 또 토요일이나 일요일, 공휴일에는 조영제 선생님의 지도하에 도시락을 싸들고 경남의 곳곳을 누비면서 지표조사를 하였다. 요즘과 같이 승용차가 있는 것도 아니고 간간이 있는 완행버스를 타고 비포장 시골길을 가다가 목적지에 내려서 하루 종일 걷고 게다가 지표조사에서 채집된 유물로 가득 찬 가방을 메고 걷는 고된 일정이었지만 새로운 공부를 한다는 재미로 가득하였다.

1984~1986년 군 생활을 거쳐서 1987년 복학하였다. 이때는 이미 경상대학교 박물관이 도서관 6층에 버젓이 자리 잡고 있었고 그 사이 합천 옥전고분군 1차 발굴조사 등을 통해서 확보된 유물도 상당량 있어서 고고학 공부를 하는데 더 좋은 환경이 마련되어 있었다. 복학한 1987년 여름은 유난히 더웠는데, 그 해 여름 부산대학교박물관의 합천댐 수몰지구 저포리 E지구 발굴조사에 참여하게 되었다. 이때 처음으로 청동기시대의 주거지와 고인돌, 삼국시대 고분에 대한 발굴조사를 체험하게 되었다.

1987년 겨울에는 경상대학교 박물관에서 합천 옥전고분군 제2차 발굴조사를 시작하여 유명한 옥전 M3호분을 비롯하여 M1호분 등 여러 유구를 조사하였는데, 이때 필자도 발굴조사에 참여하여 67-A호와 67-B호 목곽묘를 조사하게 되었다. 그 전에 합천 저포리 E지구의 발굴조사에 참여한 적이 있지만 옥전 67-A · B호분에 대한 조사가 사

실상 필자의 본격적인 첫 발굴조사로, 트렌치 조사를 통한 유구의 확인부터 내부 토층조사와 유물의 노출조사, 실측, 유물의 수거, 사진 촬영, 유구의 기록에 이르기까지 목곽묘 조사의 전 과정을 경험하였다. 발굴조사 경험이 거의 전무한 필자에게는 버거운 조사였음에도 조영제 선생님의 지도와 격려로 무사히 조사를 완료하였다. 그때의 경험이 필자의 고고학 여정에 커다란 토대가 되었음은 말할 필요도 없다.

이후 합천 옥전고분군을 비롯하여 주로 가야 고분의 발굴조사에 참여하였는데, 특히 합천 옥전고분군에 대한 발굴조사는 필자에게 고고학 공부의 새로운 계기를 마련해 주었다. 주지하듯이 옥전고분군에서는 당시로는 극히 드물었던 갑주와 무기, 마구 등 각종 철기류가 다량으로 출토되어 이미 조사된 동래 복천동고분군 출토 자료와 더불어 가야의 갑주와 마구에 대한 연구자들의 관심이 높아지고 있는 상황이었다. 필자 역시 옥전고분군 발굴조사 과정에서 자연스럽게 금속유물에 대한 관심을 가지기 시작했는데, 그때 마침 조영제 선생님께서 필자에게 옥전고분군 출토 금속유물의 정리와 공부를 해 보도록 권유하셨다. 이후 금속유물의 정리와 공부에 주력하였는데, 그러한 과정 속에서 특히 가야 고분을 비롯하여 동아시아 고분의 편년과 성격을 규명하는데 중요한 자료로 인식되고 있던 등자에 대한 관심을 갖게 되었고 그 결과를 학부 졸업논문으로 제출하게 되었다.

이를 계기로 마구 공부를 본격적으로 시작하였는데, 1993년 동의대학교 대학원 사학과에 입학하여 1994년 「가야고분 출토 등자에 대한 연구」라는 제목으로 석사 학위논문을 제출하게 되었다. 이어서 박사과정에 진학하면서 등자뿐만 아니라 가야마구 전체를 동아시아적인 관점에서 좀 더 종합적으로 정리할 필요성을 절감하게 되었다. 그리하여 가야마구의 편년과 계보, 지역적 전개, 변화와 획기, 성격과 사회변화 등에 대한 연구를 진행하게 되었고 이를 종합하여 2007년 「가야마구의 연구」라는 제목으로 박사학위논문을 제출하게 되었다.

이 책은 필자의 박사학위논문을 수정하지 않고 거의 그대로 옮긴 것이다. 박사학위논문을 제출한 지도 어느덧 많은 세월이 흘렀다. 그 사이에 새로운 자료도 많이 추가되었고, 새로운 연구방법에 의한 마구 관련 논문도 여러 편이 제출되어 논문의 일부 내용은 보완하거나 수정의 필요성도 느끼고 있다. 그럼에도 불구하고 필자가 박사학위논문을 수정하지 않고 책으로 출간을 결심하게 된 것은 삼국시대 고분 연구에 있어서 마구가 가진 여러 중요성에도 불구하고 아직도 우리 학계에 관련 연구자나 서적이 많지 않기 때문에 이 분야에 관심을 가진 분들에게도 조금이라도 도움이 되었으면 하는 소박한 바람 때문이다.

이 책이 세상에 나오기 까지 많은 분들의 학은을 입었기에 감사의 말씀을 전하고 싶다. 먼저 필자가 학부시절 고고학에 입문할 수 있도록 지도해주시고 이후 지금에 이르기까지 학문과 인생에 큰 가르침을 베풀어주고 계시는 조영제 선생님께 이 자리를 빌려 깊은 감사의 말씀을 올리고 싶다. 그리고 석사과정과 박사과정을 지도해주시면서 많은 가르침을 주신 임효택 선생님, 고고학 입문 이후 고고학의 여러 분야에서 지도와 격려를 해주시고 박사학위논문 심사과정에서 미비한 점을 고쳐주신 정징원, 신경철 선생님께도 감사의 말씀을 드리고 싶다.

그리고 학부시절 경상대학교 박물관에서 고고학이라는 새로운 공부를 하는 과정에서 동고동락한 박승규, 박종익, 이해련, 김정례, 하정선, 정성환, 박인상, 이경자, 구본용, 김상철 외 여러 선후배들의 따뜻한 배려와 격려도 잊을 수 없다. 또 필자가 고고학에 입문한 이후 전공분야에서 아낌없는 지도와 격려를 해주신 안재호, 김정완, 전옥연, 김두철 선생님께도 감사드린다. 그리고 어려운 출판 여건임에도 불구하고 이 책의 출판을 기꺼이 맡아주신 서경문화사의 김선경 사장님과 김윤희님을 비롯한 출판사 관계자 여러분께도 감사를 드린다.

끝으로 지금은 고인이 되셨지만 언제나 말없이 지켜봐주시던 부모님께 감사드리며, 항상 필자의 곁에서 이해와 정성으로 힘이 되어주는 아내 김옥주와 우리 아이들 한빈, 시영, 경주에게도 이 작은 책으로 고마움을 전하고 싶다.

2012. 6월

류 창 환

차 례

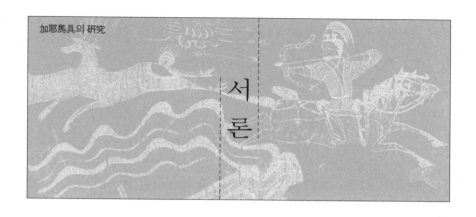

加耶馬具의 硏究

서론

Ⅰ. 연구의 목적과 방법

말은 다른 동물들과는 비교할 수 없는 뛰어난 기동성과 힘을 갖추고 있어서 가축화된 이래 과학문명이 발달하여 증기기관이 발명되기 이전까지는 사람의 이동이나 정보전달, 물자수송, 전쟁 등 여러 분야에 걸쳐서 인류문화의 발달에 중요한 역할을 담당하였다.

이러한 말이 한반도에 유입되어 사육된 것을 전하는 최초의 기록은 『史記』卷 115, 朝鮮列傳 55에 보인다.[1] 이 기록에 의하면 漢 武帝와 위만조선의 右渠 사이에 알력이 있었는데, 이때 우거가 말 5천 필과 군량미를 내어 주어 화친을 청하였다는 것이다. 이 기록은 이 시기에 위만조선에서 말을 대량으로 사육하고 있었음을 보여주는 것이라 할 수 있다.[2]

그런데 우리나라에 騎馬戰과 관련된 마구[3]가 본격적으로 출현하는 것

---

1) 『史記』卷 115, 朝鮮列傳 55.
  "天子爲兩將未有利 乃使衛山因兵威往論右渠 右渠見使者頓首謝…遣太子入謝 獻馬五千匹"

은 삼국·가야시대에 들어서면서이다. 즉 이 시대의 고분에서 출토되고 있는 각종 마구류와 고구려 고분벽화는 이를 직접적으로 반영하고 있는 것으로 보아도 좋을 것이다. 이 시대의 마구 또는 기마문화의 원류는 부여와 고구려, 선비의 주무대였던 중국 동북지방에 있는 것으로 파악되는데, 그곳에서 성행하던 기마문화가 한반도 남부지방에 유입되는 시기에 삼한사회의 구조는 해체되고, 특정지역을 중심으로 재편되는 등 고대사회에 커다란 변화가 있었음은 주지하는 것과 같다.

다시 말해 고대 사회에 있어서 기마문화의 도입은 그 이전과는 전혀 다른 사회·정치적 변동을 초래하게 된다. 즉 말의 뛰어난 기동성이 사회의 동력으로 작동함으로써 지역 간에 자원과 기술의 교류가 보다 용이해지고, 기병의 출현으로 전술상 기동성을 이용하는 한편, 신속한 원정도 가능하게 되었다. 그리고 정치적으로는 영역 내의 인적, 물적자원에 대한 신속한 통제가 가능하게 되어 고대국가의 확대 내지는 체제유지에 중요한 기반이 된 것으로 본다.

이러한 기마문화의 성격과 그에 따른 고대사회의 변화를 규명하기 위해서는 마구뿐만 아니라 여러 분야에서 다각적인 검토가 이루어져야 할 것이다. 그런데 고분에서 출토된 마구는 실용품이거나 그를 반영한 것으로 볼 수 있기 때문에 이에 대한 연구를 통하여 당시의 여러 문제를 밝힐 수 있을 것으로 생각된다. 특히 마구의 연구를 통해 우리가 접근할 수 있는 분야를 살펴보면 다음과 같은 몇 가지로 정리해 볼 수 있다.

첫째, 전쟁수행 방식의 변화에 관한 것이다. 말의 강인한 체력과 뛰어

---

2) 金貞培, 1986,「II. 韓國에 있어서의 騎馬民族問題」『韓國古代의 國家起源과 形成』, 고려대학교출판부.
南都泳, 1996,『韓國馬政史』, 마문화연구총서 I, 한국마사회 마사박물관, p.48 참조.
3) 마구는 말에 裝着하는 裝具의 총칭으로서 말의 용도에 따라 乘馬用(騎馬用), 駕用, 輓用, 農用馬具 등으로 구분되는데, 본고는 乘馬用 또는 騎馬用을 대상으로 하였다.

난 기동성은 전쟁에 있어서 중요한 역할을 담당하였는데, 고분에서 다수 출토되는 마구류는 그 이전의 步兵戰 중심에서 步·騎合同戰 또는 重裝騎馬戰으로 전쟁수행방식이 변화하였음을 반영한 것으로 생각된다.

둘째, 공예기술의 발달에 관한 것이다. 주지하듯이 마구의 제작에는 단야, 금공, 목공, 피혁공예, 칠공 등 총체적인 기술이 요구되기 때문에 마구의 연구를 통해서 고대사회의 기술 또는 수공업의 양상과 수준 등을 밝혀 볼 수 있을 것으로 본다.

셋째, 국제적인 문물교류에 관한 것이다. 물질문화의 생성은 자체적으로 이루어지거나 다른 집단과의 접촉 또는 상호교류를 통하여 이루어져 발전하는데, 특히 마구는 고대사회에 있어서 최신기술이 집약되어 제작된 것으로 판단되므로 토기 등에 비하여 상대적으로 국제적인 자료로 평가될 수 있다.

끝으로 계층성에 관한 것이다. 『三國史記』雜志 第2 車騎條[4]에 명시된 바에 의하면 고대사회에서는 마구의 재질이 신분에 따라 규제되었음을 알 수 있다. 그런데 이 기록은 기마문화가 정착된 이후의 사용제한 규정으로 추정되지만, 실제로 고분에서 출토되는 마구류를 살펴보면 고분의 규모나 부장품의 수준 등에 따라 마구의 재질과 구성에 있어서 차이가 있음을 알 수 있다. 따라서 마구의 소유형태에 대한 검토를 통해 고대사회의 계층구조의 단면을 규명할 수 있을 것으로 생각된다.

이처럼 삼국·가야시대의 마구는 당시 사회의 여러 모습을 규명하는 데 있어서 대단히 유효한 자료임을 알 수 있다.[5] 그런데 이러한 문제를 규명하기 위해서는 무엇보다도 먼저 마구의 개별적인 연구와 함께 이를 종합한 마구의 성격 등에 대한 연구가 이루어져야 할 것이다.

---

4) 『三國史記』雜志 第2 車騎條.
  "眞骨 車材不用紫檀沈香 不得帖玳瑁 亦不敢飾以金銀玉…(이하 略)"

이상과 같은 관점에서 본고에서는 가야마구가 언제·어디서·어떻게 등장하여, 어떤 과정을 거치면서 변화 발전해 갔는가? 그리고 그 성격이 어떠했는지를 고찰하고자 한다. 이러한 작업을 바탕으로 최종적으로 가야사회의 성장과 발전의 모습을 밝혀보고자 하는 것이 본고의 목적이다.

이를 위해 먼저 본고의 고고학적 분석 방법론과 이론적인 인식에 대해서 설명하고자 한다. 마구를 비롯한 고고자료의 분류와 편년을 위한 분석 방법으로는 型式學的方法(Typology), 順序配列法(Seriation), 屬性分析(Attributes Analysis) 등이 있는데, 본고에서는 기본적으로 속성분석의 방법을 이용하였다. 속성분석이란 '유물이 가지고 있는 성질(속성)을 개개의 단위로 분해하여 자료를 조작하는 방법이다. 이와 같은 연구방법은 분포론, 제작기술론, 기능·용도론, 정보·유통론 등 다양한 연구분야에 응용될 수 있고, 형식학에 사용하여도 유효하다'고 한다.[6] 이러한 속성분석의 절차와 내용에 대해서는 곽종철에 의해 자세히 소개된 바가 있으므로 생략한다.[7] 다만 본고에서 적용하는 방법론적인 절차를 설명하면 다음과 같다. 먼저 목심등자와 환판비에서 관찰되는 속성과 그 변이를 추출하여 이를 형태적인 측면과 기능·제작기술적인 측면에서 검토하여 속성변이를 상대배열한다. 이어서 속성 간의 상관관계의 검토를 통해 속성변이의 상대배열이 타당한 지를 검증하면서 속성변이 간의 특정한 조합관계를 추출한다. 최종적으로 속성변이 간의 특정한 조합관계를 유물로 환원했을

---

5) 이와 관련하여 塚本敏夫, 1993,「初期馬具カら見た渡來系工人の動向と五世紀の鐵器生産體制」『古墳時代にねける朝鮮系文物の傳播』에서는 日本의 古墳時代 中期에 보급된 마구가 ①軍事體制, ②手工業生産, ③運輸·情報와 같은 국가 성립 요소의 정비와 발전에 크게 기여하였을 것으로 보면서, 그 배경에는 政治的 요인이 작용하였을 것으로 추정하고 있다.
6) 橫山浩一, 1985,「型式論」『日本考古學 1 硏究의 方法』, 岩波書店, p.67.
7) 郭鍾喆, 1988,「編年表 作成을 위한 방법적 사례의 정리 -日本 考古學의 事例에서 발췌-」『古代硏究』第1輯.

때 실체화되는 것을 型式으로 설정하고자 한다.

다음은 본고에서 사용하는 「型式」과 「類型」의 개념에 대해 정리해 두고자 한다. 주지하듯이 일본 고고학에서는 「樣式」 또는 「型式」의 개념과 그 적용에 대해서 일찍부터 논의가 이루어져 왔다.[8] 반면에 우리나라에서는 이에 대한 논의가 많지 않은 상황인데, 그 중에서도 우지남의 견해가 참고된다. 그에 의하면 "「形式」이란 器形의 특징에 따라 高杯 形式, 長頸壺 形式 등으로 분류하거나, 石斧를 편평석부, 유구석부 등으로 분류하는 것과 같이 단순한 형태나 기능상의 차이에 따라 유물을 분류할 때 사용되는 개념"이라 한다. 즉 「形式」이란 개념은 編年을 얻기 위한 개념이라기보다는 서술을 위한 분류의 개념으로 보았다. 이에 비하여 "「型式」이란 여러 가지 屬性(attribute)이 결합되어 특징 있는 類型(patten)을 나타내는 것에 대한 의미로, 이 「型式」을 이루고 있는 속성에는 크기, 모양, 색깔, 문양 등과 같이 형태적인 변화를 나타내는 것과 재질, 시문기법 등과 같이 기술적인 변화를 나타내는 것이 있다"고 한다. 이로써 「型式」이란 단어는 「形式」이란 단어와는 달리 編年(chronology)을 구하기 위해 사용되는 분류의 개념으로 보고, 또한 "시간성을 반영하는 諸 屬性의 복합체로 특징적인 類型을 나타내는 것"으로 정의하였다.[9] 이러한 그의 견해는 결국 일본고고학에서 "「形式」은 기능·용도에 의한 분류단위이고, 「型式」은 「形式」에 속하는 자료를 형질적인 특징에 의해서 세분한 분류단위이며, 시간적, 공간적으로 한정된 어떤 고고학 자료의 집합이다."라고 한 小林行雄의 견해[10]와 크게 다르지 않는 것으로, 본고에서도 이와 같은 의미로 사용

---

8) 贄 元洋, 1991, 「樣式と型式」 『考古學研究』 제38권집 제2호.
　　小林達雄, 1994, 「第3章. 繩文土器の樣式と型式と形式」 『繩文土器の研究』, 小序館.
9) 禹枝南, 1986, 「大伽耶古墳の編年」, 서울대학교대학원석사학위논문, pp.35~37 참조.
10) 이에 대해서는 吉井秀夫, 1992, 「熊津·泗沘時代 百濟 橫穴式石室墳의 基礎研究」, 경북대학교석사학위논문, p.8의 내용을 인용.

하고자 한다.

끝으로 마구의 편년에 있어서 절대연대의 용어문제에 대하여 정리해 두고자 한다. 현재 가야와 신라고분의 편년연구에 있어서 한 세기를 4기로 나누고 각 기를 25년 단위로 하는 1/4 · 2/4 · 3/4 · 4/4분기로 설정하는 방법이 가장 일반적으로 사용되고 있다. 그런데 본고에서 연구 대상으로 삼은 마구의 경우 토기 등과 같이 세분된 편년이 어려울 뿐만 아니라 더욱이 설정되는 각 기의 시간폭도 일정하지 않다. 다시 말해 마구의 경우 제작방법이 복잡하여 오랫동안 사용되는 형식이 있는가 하면 반대로 기술의 발전에 連動하여 자주 바뀌는 형식도 있기 때문에 각 형식 또는 마구조합—마장—의 존속기간을 일정한 폭으로 부여하기 어렵다. 그래서 본고에서는 기본적으로 한 세기를 3기로 나누어 전엽 · 중엽 · 후엽으로 구분하고자 한다. 그리고 필요에 따라 2분할 경우는 전반 · 후반으로, 4분할 경우는 1/4 · 2/4 · 3/4 · 4/4분기로 구분하기로 한다. 또한 이러한 분기를 다시 2시기로 세분하거나 한 세기의 시작과 끝 무렵에 해당되는 것은 초 · 말로 구분하여 전엽 초 또는 전엽 말, 6세기 초 등으로 표현하고자 한다.[11]

이상과 같은 개별마구의 분석방법, 型式, 절대연대의 용어에 대한 이해를 바탕으로 먼저 가야마구 중에서 비교적 출토례가 많고 각 지역에 골고루 분포하고 있는 것으로 판단되는 목심등자와 환판비를 분석하여 가야마구의 분류와 편년, 계보 문제에 대한 기초적인 인식의 토대로 삼고자 한다.

한편 본고에서 연구의 대상으로 삼은 가야 마구의 특수성과 보편성을 객관적으로 밝히기 위해서는 지금의 김해 · 부산, 고령, 합천, 함안 등에서

---

11) 이러한 연대의 용어에 대해서는 朴升圭, 2000, 「考古學을 통해 본 小加耶」 『考古學을 통해 본 加耶』, 한국고고학회, p.135를 참조하였다. 따라서 본고에서 사용하는 연대의 용어 또는 절대연대는 필자가 이미 제출한 바 있는 여러 논고의 내용과 다른 부분도 있는데, 본고의 내용이 현재 필자가 도달한 관점임을 밝혀둔다.

출토되는 가야마구뿐만 아니라 당시 가야를 둘러싸고 있던 고구려, 백제, 신라, 일본과 중국 동북지방에서 발견되는 마구들과 동시에 검토할 필요가 있다. 특히 가야 초기마구의 연대와 계보문제를 밝히기 위해서는 이러한 관점이 반드시 전제되어야 하는 것으로 생각한다. 그래서 본고에서는 가야와 이를 둘러싼 주변지역의 마구를 동일시하여 검토함으로써 위의 문제를 규명하고 동시에 가야마구의 특수성과 국제성을 자연스럽게 부각시키고자 한다.

주지하듯이 4~6세기대에 발전을 거듭하던 가야는 백제나 신라와는 달리 통일된 국가를 이루지 못하고 크게 금관가야, 대가야, 아라가야로 나뉘어 각기 성장, 발전하였다. 따라서 가야마구의 연구는 종합적인 검토에 앞서 이들 3대 권역별로 검토하는 것이 선행되어야 할 것이다. 그리하여 본고에서는 비와 등자와 같은 특징적인 마구의 편년과 계보에 대한 검토를 기초로 하여 각 권역별로 나누어 마구의 특징과 편년, 계보, 전개과정 등에 대하여 구체적으로 살펴보고자 한다. 이어서 각 권역별로 검토한 마구의 내용을 기초로 전체적인 가야마구의 성립과 전개과정에 대하여 밝히고자 한다.

사실 가야마구의 편년과 계보, 지역별 또는 전체적인 전개과정에 대한 검토는 마구의 편년 또는 변화와 발전에 대한 논의가 중심을 이룬다. 그런데 본고가 궁극적 목적으로 하는 가야사회의 성장과 발전의 모습을 규명하기 위해서는 마구의 성격을 밝히는 것이 중요한 과제라 할 수 있다. 이를 위해 고분에 부장된 마구의 조합관계와 마구・무기・무구의 조합관계의 차이에 따라 「類型」을 설정하고 각 「類型」의 성격을 고찰하고, 이를 바탕으로 마구가 지닌 기마・기병적 성격과 위세품적인 성격을 부각시키고자 한다. 끝으로 이러한 작업을 통해서 얻어 진 결과를 바탕으로 가야사회의 성장과 발전의 모습을 대가야권과 아라가야를 중심으로 살펴봄으로써 본고의 목적에 도달해 보고자 한다.

II. 연구현황과 문제점

삼국과 가야마구의 연구현황은 크게 1980년을 기준으로 그 이전과 그 이후로 나누어 살펴 볼 수 있다.

1980년 이전의 시기는 주로 마구의 용어정리를 중심으로 기마풍습과 기마전의 존재를 언급하는 정도의 연구가 중심을 이룬 시기로써, 마구 연구의 여명기로 볼 수 있다. 이에 비하여 1980년 이후는 동래 복천동고분군을 시작으로 고령 지산동고분군, 합천 옥전고분군, 김해 양동리고분군, 김해 대성동고분군, 함안 도항리고분군 등 가야의 대표적인 고분군들이 잇달아서 발굴 조사되고 여기에서 질적으로나 양적으로 풍부한 마구들이 다량으로 확보된 것을 계기로 마구에 대한 연구가 여러 분야에 걸쳐서 본격적으로 이루어지기 시작한 시기로 보인다.

이와 같은 삼국과 가야마구의 연구현황에 대해서는 강유신, 김두철, 이상율, 장윤정 등에 의해서 자세히 소개된 바 있으므로 본고에서 재차 언급할 필요는 없을 것으로 생각된다.[12] 따라서 여기에서는 마구 연구의 흐름에 있어서 중요한 것으로 생각되는 것과 본고의 내용과 직·간접적으로 관련되는 주요 마구들을 중심으로 기존 연구현황을 살펴보고자 한다.

1. 1980년대 이전

삼국시대의 마구연구는 북한의 박진욱에 의해 시작되었다. 1966년 박

---

12) 최근까지의 삼국과 가야시대의 마구에 대한 연구 내용과 성과에 대해서는 張允禎, 2005, 「韓半島における馬具研究の流れ」『馬具研究のまなざし - 研究史と方法論』, 古代武器研究會·鐵器文化研究會, pp.65~90에 자세히 정리되어 있다.

진욱은 마구를 용도에 따라 ㄱ. 사람이 말에 올라앉기 위한 기구들, ㄴ. 말을 다루어 부리기 위한 기구들, ㄷ. 치레거리 등 크게 세 부분으로 나누어 자세히 정리하고, 고구려 고분벽화와 문헌을 근거로 삼국시기에 말타기 풍습과 기병(전)이 유행한 것으로 고찰하였다. 이러한 그의 연구는 이후 논지의 큰 변화 없이 1977년에 발간된 『조선고고학개요』의 「3. 마구」, 1986년 고구려의 마구 연구로 이어져 정리된다.[13]

이와 같은 박진욱의 연구는 김기웅으로 이어진다. 즉 김기웅은 박진욱의 연구성과를 바탕으로 삼국시대의 마구를 말을 제어하기 위한 장구, 기수의 안정을 유지하기 위한 장구, 말의 장식구로 분류하고 그 용도와 기능에 대하여 고찰하였다. 또한 고분출토의 마구와 함께 고구려 고분의 벽화와 『三國史記』의 말과 관련된 기록 등을 근거로 한반도에는 늦어도 4세기 무렵에는 기마의 풍습과 함께 기병전이 성행한 것으로 추정하였다.[14]

이처럼 마구연구의 초창기에는 용어 정리와 함께 그 용도와 기능에 대한 연구가 중심을 이루었는데, 1970년대 후반에 들어서는 개별 마구에 대한 치밀한 연구가 이루어지게 된다.

배기동은 신라와 가야지역 출토의 등자를 목심철판피윤등과 철제윤등으로 구분하고, 답부와 병부의 형태를 3개의 形式으로 분류하여 그 변화를 고찰하였다. 답부는 윤부의 다른 부분보다 두텁게 혹은 넓고 얇게 만든 形式 A→납작하게 만든 답부에 수개의 돌기를 만듦으로써 발이 미끄러지는 것을 방지하도록 한 形式 B→답부를 완전히 윤복이나 윤견과는 달리

---

13) 박진욱, 1966, 「삼국시기의 마구」 『고고민속』 3호.
   박진욱, 1986, 「고구려의 마구에 대하여」 『조선고고연구』 1986-3.
   사회과학원고고학연구소, 1977, 「3. 마구」 『조선고고학개요』, pp.193~198.
14) 金基雄, 1968, 「三國時代의 馬具小考」 『白山學報』 제5호.
   金基雄, 1972, 「5. 馬具」 『韓國의 考古學』, 金廷鶴編.
   金基雄, 1985, 「三國時代의 武器와 馬具」 『古墳美術』, 韓國의 美 22, 中央日報社.

2~3조의 철선으로 만들고 여기에 돌기를 만들어 발이 좌우로 미끄러지는 것을 막을 수 있으며 답부 자체의 폭도 넓어서 발을 두기가 편리하도록 되어 있는 形式 C의 순으로 변화한 것으로 보았다. 그리고 병부는 병근부의 폭보다 병두의 전면폭이 넓어지는 型式 Ⅰ→병근과 병두의 전면폭이 동일하고 병두가 각을 이루는 型式 Ⅱ→병두의 현수공이 있는 부분을 가공하여 특히 넓게 한 型式Ⅲ의 순으로 변화한 것으로 추정하였다. 또 이와 같은 답부와 병부의 조합에 따라 5가지 型式으로 나누고, 각 형식은 답부와 병부의 발달과정에 따라 변화해 간 것으로 보았다.[15] 이와 같은 배기동의 연구는 자료가 질·양적으로 많아진 지금의 상황에서도 참고할 만한 점이 많은데, 특히 분류에 대한 성과는 여전히 유효한 것으로 보인다.

伊藤秋男은 표비와 f자형판비를 고찰하였는데, 1974년에는 표비를 검토하여 그 특징을 정리한 후 표비가 기마와 승마에 익숙한 민족 사이에 널리 이용된 사실을 중시하여 매우 실용적인 것이라 하였다.[16] 이어서 1979년에는 공주 송산리고분에서 출토된 마구를 검토하면서 f자형경판비가 공주와 가야지역에서만 발견되는 것을 중시하여 f자형 경판비의 출현을 f자형 표비의 백제·가야화의 현상(5세기 중엽경)으로 파악하였다. 그리고 전투의 수단으로 있었던 기마가 백제나 가야지방에서 제식적·의장적인 성격을 강하게 띠기 시작하는 것을 배경으로 대형의 f자형 경판비가 출현한 것이라 하였다.[17]

이상에서와 같이 1980년대 이전에는 마구 연구의 여명기로 용어 정리를 중심으로 초보적인 연구가 이루어졌으며, 한편으로는 소수의 연구자들

---

15) 裵基同, 1974,「新羅·伽耶出土鑣子考」『文理大學報』통권 29호, 서울대학교문리과대학 학보편찬위원회.
16) 伊藤秋男, 1974,「韓國における三國時代の鑣轡について」『韓』25.
17) 伊藤秋男, 1979,「公州 宋山里古墳 出土의 馬具」『百濟文化』제12집.

에 의해 마구의 형식학적 연구와 성격에 대한 고찰도 시도되었다. 그렇지만 여전히 고고학 연구에 있어서 마구가 차지하는 비중은 높지 못했던 것으로 파악된다.

2. 1980년대 이후

이 시기에는 가야의 중심지 고분군인 동래 복천동고분군을 시작으로 합천 옥전고분군, 김해 대성동고분군, 김해 양동리고분군 등에 대한 대대적인 발굴조사를 계기로 마구에 대한 연구가 다각적으로 이루어졌다. 여기에서는 1980년 이후에 이루어진 마구에 대한 고고학적인 연구성과를 다음과 같이 몇 가지로 나누어 살펴보고자 한다.

1) 비

김두철은 4~6세기대의 한반도와 중국동북지방 출토 轡에 대한 연구에서 비를 경판의 형상 및 그 기능의 차이에 따라 표비, 판비, 환판비, 원환비 등 4형식으로 분류한 후 속성분석을 통해 그 계통을 추적하고 변화와 전개양상을 3단계로 나누어 정리하였다.[18] 이러한 그의 연구는 무엇보다도 그때까지 표비, 판비, 원환비로 나누던 비의 형식에 새로이 환판비를 추가한 것은 획기적인 것이었다. 또한 비의 세부 용어를 정리한 후 속성분석을 통해 비의 계보와 전개 양상을 밝히는 등 비와 관련된 여러 문제를 새로운 관점에서 고찰함으로써 이 분야의 연구에 새로운 전환을 이룬 점에서 커다란 의미가 있는 것으로 생각된다. 이후 김두철은 계속해서 비에 대한 중

---

18) 金斗喆, 1991, 「三國時代 轡의 硏究」, 경북대학교대학원 석사학위논문.

요한 연구를 제출하여 처음의 견해를 더욱 확대 보강하여 갔다.[19]

　이러한 비에 대한 종합적인 연구와 함께 형식에 대한 연구도 이루어졌다. 1989년 이상율은 동래 복천동 23호분 출토 f자형경판부비를 고찰하면서 우리나라 출토품도 포함하여 이 형식의 비가 가진 의미와 출현 배경 등에 대하여 검토하였다. 그는 f자형경판부비가 주로 백제, 가야지역에서 발견되고 있는 것에 주목하여 그 출현지가 이들 지역일 가능성이 높은 것으로 보았다. 하지만 출토례가 많지 않음으로 인해 확정적인 결론은 유보하였다. 또한 조형문제에 대해서도 언급하였는데, 伊藤秋男의 연구를 받아들여 f자형판비는 5세기 이후 급격하게 파급되는 판상경판부비의 영향으로 인하여 판상의 개념 속에서 표비—구체적으로는 f자상표비(봉상경판부비)—에서 분화된 것으로, 그 배경에는 제식적, 의장적 성격과 밀접한 관련이 있는 것으로 이해하였다.[20] 이어서 2005년에는 삼국시대의 원환비를 함과 인수, 원환의 연결방법을 기준으로 그 형식과 변화를 검토하였는데, 특히 원환비는 6세기 1/4분기에 백제와 (대)가야지역에서 출현하였으며, 이후 신라, 일본으로 전파되면서 표비, 판비와 더불어 새로운 마장문화를 형성해 나간 것으로 보았다.[21] 이와 같은 이상율의 연구는 f자형판비와 원환비라는 개별 형식에 주목한 것이지만 연구 관점이나 방법론에 있어서 참고할만한 점이 많다.

　한편 장윤정은 표비의 중요한 부품인 입문용금구를 치밀하게 분석하여 비의 편년과 지역색을 고찰하였다. 제I기(4세기대~5세기 초두)에는 부산과 낙동강 이서를 중심으로 판상병유식과 봉상괘류식이, 제II기(5세기 전반~중엽)에는 청주와 상주를 중심으로 형식이 다양화되고, 제III기(5세기

19) 金斗喆, 2000, 「韓國 古代 馬具의 硏究」, 동의대학교대학원 박사학위논문.
20) 李尙律, 1989, 「東萊福泉洞23號墳出土f字形鏡板附轡가제기하는問題」 『考古硏究』 제3집.
21) 李尙律, 2005, 「三國時代 圓環轡考」 『古文化』 제65집, 한국대학박물관협회, p.44.

후반~6세기대)에는 앞 시기에 비하여 입문용금구의 수가 감소하고 상주지역을 중심으로 하나의 형식이 성행한 것으로 파악한 후 이와 같은 입문용금구의 분포상황의 지역적인 변동은 한반도에 있어서 고구려, 백제, 신라, 가야라고 하는 여러 정치세력간의 관계변화와 연동한다는 의견을 제시하였다.[22] 이처럼 그 동안 출토례가 많으면서도 구조가 간단하여 분류와 편년에 어려움이 많았던 표비를 입문용금구에 주목하여 편년과 지역색 등을 고찰한 그의 연구는 새로운 시도로서 주목된다.

이상과 같은 비에 대한 연구는 형식분류와 편년, 계보, 성격 등에 대한 연구가 중심을 이루고 있는데, 이와 달리 비를 분석하여 출토고분의 성격을 고찰한 연구도 나타났다. 박미정의 연구가 그러한 예로서, 그는 비를 시간적 속성과 공간적 속성, 계층적 속성에 따라 분석하고 4세기 대에는 주로 철제 표비나 판비로 상주, 청주, 부산, 김해, 함안 등지의 중·대형분에서 단독으로 출토되며, 5세기 대에는 금공기술의 발전에 힘입어 금동제 판비가 출현하여 의례용 마구류와 실전용 마구류로 분리되는 것으로 파악하였다. 그리고 5세기대에 보이는 마구부장의 차이는 지역집단간의 성격 차이에서 비롯된 것으로 보아 비의 단독부장이 많고 대도, 철모 등의 무기류의 부장이 많은 청주 신봉동고분군은 군사집단의 묘역으로, 경주나 합천 옥전 등의 지배자 집단의 묘역에서 출토되는 화려한 비와 각종 마구류는 피장자의 신분 과시용으로 부장된 것으로 설명하였다.[23] 이처럼 비의 분석을 통해 피장자의 성격까지 고찰한 점은 새로운 시도라고 할 수 있으나 극히 한정된 자료를 바탕으로 연구가 이루어진 까닭에 편년과 해석 등

---

22) 張允禎, 2003, 「韓半島三國時代の轡の地域色 -とくに立聞用金具をとして-」『考古學研究』50-2.
23) 朴美貞, 2001, 「韓國 南部地方 4~5세기 轡 出土 古墳의 性格」, 동아대학교대학원 석사학위논문.

에 대한 객관성이 결여된 점은 보완되어야 할 것으로 생각된다.

2) 등자

　　삼국과 가야시대의 鐙子에 대한 연구는 1980년대에 들어서면서부터 발굴조사를 통하여 질·양적으로 양호한 자료가 다수 확보됨으로써 주목할 만한 연구성과들이 잇달아서 제출되고 있다.

　　앞서 살펴 본 국내의 등자에 대한 김기웅과 배기동의 연구는 자료가 상당히 축적된 현재에도 시사하는 바가 많은 선구적인 연구라고 할 수 있다. 하지만 등자 자체에 대한 치밀한 검토의 부족과 양적 불안정에서 파생된 분류의 문제점 등이 없지 않았다. 이후 삼국과 가야의 고분에서 초기의 자료들이 다수 출토되고, 이들 자료와 관련성이 깊은 중국 동북지방의 4세기대 등자에 대한 인식이 높아짐으로써 최병현과 신경철에 의해 새로운 관점에서 연구가 시도되었다.

　　먼저 최병현은 신라등자의 유형과 변천, 계보와 편년에 대하여 고찰하였다. 그는 신라등자를 병부의 형태를 기준으로 짧고 두꺼운 단병계 등자와 길고 가는 장병계 등자로 크게 구분하고, 장병계 등자는 다시 제작수법과 재질에 따라 목심등자와 철제등자로 나누고 목심등자는 목심철판피등자와 목심금동판피등자로 세분하여 그 변천을 고찰하였다. 그리고 中國 晉代의 등자를 검토하여 安陽 孝民屯墓와 朝陽 袁台子墓 출토품을 장병계 등자로, 長沙 金盆嶺 21號墓와 馮素弗墓 출토품을 단병계 등자로 이해하면서 이들의 출토 지역과 고분의 성격을 근거로 전자를 北方 胡族系, 후자를 江南 漢族系 등자로 해석하였다. 즉 中國 晉代와 신라등자는 같은 계보에 있는 것으로 장병계 등자는 4세기 전반경에 신라 적석목곽분에 수반되어 왔으며, 단병계 등자는 中國 南朝에서 백제를 경유하여 왔을 가능성도 있으나 초기에는 북방을 경로로 유입되었을 가능성이 큰 것으로 추정하였다.[24]

신경철은 김해·부산지역에서 출토된 최신의 자료를 기반으로 일련의 연구성과를 발표하였다. 먼저 동래 복천동고분군 출토품을 중심으로 등자를 검토하면서 삼국시대의 초기형식의 등자를 고식등자로 규정하고, 윤부의 형태를 기준으로 倒하아트形인 것을 A型, 단순한 삼각상을 띠는 B型으로 분류하였다. 그리고 이들 고식등자의 원류를 중국의 4세기대 등자에서 구하였다. 즉 安陽 孝民屯 154號墓 출토 등자를 A型, 長沙市 金盆嶺 21號墓 출토의 騎馬俑에 묘사되어 있는 삼각형 윤등을 B型의 祖型으로 파악하고 이들 2型의 등자는 광개토왕비문에 나타나 있는 A.D 400년 고구려군의 남정을 계기로 동래 복천동고분군 등에 다량으로 출토된 고구려계 갑주 등과 동반하여 들어온 것으로 파악하였다.[25] 그런데 그는 최근 김해 대성동, 동래 복천동고분군에서 출토된 새로운 자료를 검토하면서 기승문화의 이입시기와 경로, 계보 등에 대해서 새로운 견해를 제시하였다. 즉 낙동강 하류역의 4세기대 마구류들은 중국 동북지방의 선비계 마구문화에서 계보를 구할 수 있는데, 그 중 특히 부여로부터 조형을 구할 수 있을 것으로 추정하면서 이를 영남의 제1차 마구의 파급으로 규정하였다. 그리고 5세기 초 고구려군의 남정을 계기로 마주·마갑 등과 같은 고구려 마구문화가 가야·신라에 유입되었을 것으로 보면서 이를 마구의 제2차 파급이라 하였다. 한편 가야의 등자에 대해서는 袁台子墓의 革製輪鐙의 사례와 4세기 3/4분기로 편년한 동래 복천동 48호분 등자의 목심 부분에 피혁을 덮은 흔적이 관찰되는 것을 근거로 木鐙이 앞 시기부터 유입되었을 것으로 추정하였다.[26]

이와 같은 최병현과 신경철의 등자에 대한 연구는 크게 분류와 계보,

24) 崔秉鉉, 1992,「新羅鐙子의 再考察」『新羅古墳研究』, 一志社.
25) 申敬澈, 1985,「古式鐙子考」『釜大史學』제9집.
26) 申敬澈, 1994,「加耶 初期馬具에 대하여」『釜大史學』제18집.

편년의 범주에서 이루어진 것으로 생각된다. 그 중 계보 문제에 있어서 가야·신라 등자의 기원을 중국 동북지방의 마구문화에서 찾고 있다는 점에서는 대체로 일치하고 있는데, 다만 신경철은 4세기대의 가야 초기마구를 부여와 연결시키고 있는 것에서 분명한 차이를 보인다. 분류에 있어서 특히, 최병현과 신경철은 중국 동북지방과 고구려의 등자에서 보이는 특징을 주요한 분류기준으로 설정한 점에서는 같으나 문제는 기준을 달리한 데 있다. 즉 위에서 언급한 것과 같이 신경철은 윤부의 형태 차이를, 최병현은 병부의 형태 차이를 주요한 기준으로 분류함으로써 결국 등자의 연대와 계보 등의 이해에 있어 현격한 차이를 초래한 것으로 보인다. 어쨌든 최병현과 신경철의 연구가 사실상 가야·신라고분의 편년 근거를 마련하는데 주안점을 둔 것이었지만 이를 계기로 등자에 대한 연구자들의 관심이 높아지고 가야·신라마구의 계보와 편년 연구에 있어서 등자의 중요성을 부각시킨 점은 커다란 공헌이라 하지 않을 수 없다.

한편 김두철은 가야마구의 전반적인 양상을 검토하는 과정에서 등자에 대해서도 약간 언급하였다. 그는 가야전기의 윤등으로 동래 복천동 35, 22, 11호분의 예를 들고 이들의 형태와 철대보강법의 차이는 시기차를 반영한 것이라 하였다. 가야후기의 윤등으로는 고령 지산동고분군과 합천 옥전고분군 출토품을 검토하였는데, 형태와 철판보강법의 유사성을 근거로 가야와 백제의 등자 사이에는 서로 밀접한 관계가 있는 것으로 추정하였다.[27]

이후 강유신은 신라·가야등자를 형태에 따라 윤등과 호등으로 나누고, 이 중 윤등을 재질에 따라 목심금속판피윤등, 철제윤등, 청동제윤등으로 세분하고 편년과 지역성에 대하여 고찰하였다.[28]

---

27) 金斗喆, 1993, 「加耶の馬具」『加耶と古代 東アジア』, 新人物往來社.
28) 姜裕信, 1997, 「신라·가야의 마구 연구」, 영남대학교대학원 박사학위논문.

최근에는 장윤정이 삼국시대 등자의 형식분류와 전개, 지역색 등에 대하여 고찰하였다. 그는 목심등자를 외장으로 사용한 금속판의 형태와 보강수법 등의 제작방법을 기준으로 답수부에 못이 없는 것, 답수부에 못이 있고 그 폭이 윤부 폭과 같은 것, 답수부에 못이 있고 그 폭이 윤부 폭보다 넓은 것 등으로 분류하였다. 그리고 철제윤등은 병부, 윤부, 답수부 등 각 부위의 형태와 폭을 기준으로 답수부가 윤부 폭과 동일한 것, 답수부가 윤부보다 넓은 것 등으로 분류하였다. 형식의 편년과 변천과정에 대해서는 공반유물에 대한 연구성과를 참고하여 3단계로 나누어 설명하였다. 그리고 각 형식의 시공간적 분포를 살펴서 5세기 말~6세기대로 편년한 3기에는 낙동강 이동과 이서 간에 지역색이 뚜렷해지는 것으로 보고 이러한 현상을 제작집단의 기술적인 문제뿐만이 아니라 낙동강 이동과 이서의 정치적인 배경과도 무관하지 않은 것으로 보았다.[29]

이상에서 살펴 본 등자의 연구에서 문제로 남는 것은 가야·신라의 초기등자에 대한 관점의 차이이다. 필자는 기본적으로 가야 초기등자의 원류를 중국 동북지방에서 찾는 선학의 견해에 대해서는 전적으로 공감하면서도 가야 초기등자의 대부분은 재지—가야—에서 제작한 것으로 생각하고 있다. 왜냐하면 등자는 무엇보다도 제작기술의 발전과 기마술의 변화 등에 따라 끊임없이 개량되었을 것으로 생각되기 때문이다. 그리고 가야의 초기등자와 중국 동북지방의 4세기대 등자를 서로 비교해 보면 공통되는 요소도 적지 않으나 전체의 형태와 외장철판의 형태 등에서 분명한 차이를 확인할 수 있다. 따라서 가야 초기등자 모두를 중국 동북지방에서 직접 유입된 것으로 보기에는 무리가 많으며, 대부분은 재지—가야—에서 제작한 것으로 판단된다. 이로써 지금까지 발견된 가야 초기등자의 대부

29) 張允禎, 1999,「新羅 鐙子 試論」『文物研究』3, (재)동아시아문물연구학술재단.
   張允禎, 2006,「삼국시대 등자의 展開와 地域色」『馬事博物館誌 2005』, 마사박물관.

분을 그 산물로 보고자 한다.

3) 행엽

杏葉에 대한 최초의 연구는 1941년 後藤守一에 의해 이루어졌다. 그는 일본 고분시대의 행엽을 평면 형태를 기준으로 심엽형 · 편원형 · 편원검미형 · 종형 · 변형 등 5가지 형식으로 분류하고 우리나라와 중국, 일본 奈良時代 이후의 행엽과의 관계를 검토한 후 출토고분의 연대를 근거로 행엽의 연대를 추정하였다. 나아가 埴輪馬 및 石馬, 중국의 騎馬俑 등을 참조하여 행엽의 착장방법까지 고찰하였다.[30] 이와 같은 그의 연구는 오랜 세월이 지난 지금까지도 마장의 복원연구에 출발점이 될 정도로 시사하는 바가 많다.

국내에서는 먼저 박진욱과 김기웅에 의해 행엽의 용도와 성격 등에 대한 개괄적인 연구가 이루어졌으며, 이후 최병현[31]과 강유신에 의해 형식분류와 편년에 대한 연구가 시도되었다. 특히 강유신은 편원어미형행엽에 주목하여 경주를 중심으로 동래, 양산, 창녕, 대구, 월성 지역에 그 분포가 한정된다는 견해를 제시하였다.[32]

이러한 강유신의 견해를 받아들인 신경철은 편원어미형행엽과 입주부운주가 경주지역을 중심으로 동래, 양산, 창녕, 대구 등 '친신라계 가야' 지역에서만 출토된다는 점을 중시하여 신라와 '친신라계 가야' 지역 간의 친연관계 뿐만 아니라 정치적 주종관계를 보여주는 자료로 해석하였다.[33] 이와 같은 그의 연구는 행엽의 분포를 통해 정치체의 역학관계를 파

---

30) 後藤守一, 1941, 「上古時代의 杏葉について」『考古學評論』제4집.

31) 崔秉鉉, 1981, 「古新羅 積石木槨墳의 變遷과 編年」『韓國考古學報』10 · 11.

32) 姜裕信, 1987, 「新羅 · 伽耶古墳 出土 馬具에 대한 硏究」, 영남대학교대학원 석사학위논문.

33) 申敬澈, 1989, 「三韓 · 三國 · 統一新羅時代의 釜山」『釜山市史』제1권, pp.430~431.

악한 것으로 자료의 수가 많아진 지금에 있어서도 유효한 점이 적지 않다.

심엽형행엽에 대해서는 박보현의 연구가 주목된다. 그는 심엽형행엽의 형식과 분포에 대한 연구에서 못의 수와 내부 문양을 기준으로 형식 분류하고 10여개 내외의 못을 사용한 것에서 20여개 이상의 못을 연주식으로 박은 것으로 변화한 것으로 파악하였다. 그리고 같은 형식의 행엽이 고구려와 경주, 낙동강 동안지역에 분포하는 것을 인정하면서 횡폭과 못 수와 같은 세부적인 속성에 있어서는 같은 형식이라도 경주지역이나 낙동강 동안지역에서 규칙성을 찾을 수 없다는 점을 들어 각 지역단위의 산지를 상정하고, 고구려 문물 이입설이나 경주에서 낙동강 동안지역으로의 분여설에 문제가 많다는 견해를 제시하였다.[34]

한편 위와 같은 특정 형식에 대한 연구와 달리 심엽형행엽과 편원어미형행엽을 비롯한 삼국시대의 행엽에 대한 종합적인 연구가 김두철과 이상율에 의해 이루어졌다. 먼저 김두철은 신라와 가야의 마장에 대해 종합적으로 검토하면서 삼국시대의 행엽 중 심엽형·편원어미형·검릉형 행엽을 중심으로 이들이 남부지방에서 유행하게 된 시기와 출현 배경 및 지역적인 관계 등을 고찰하였다. 그리하여 남부지방에서는 4세기대에 다른 마구류들과 함께 심엽형계의 행엽이 북방으로부터 금관가야지역으로 전해지고, 이 지역을 매개로 심엽형행엽이 남부지방 전역에 걸쳐 각 지역의 공인에 의해 만들어져 유행한 것으로 보았다. 그리고 5세기 3/4분기에는 신라를 중심으로 새로운 형식의 독자적인 편원어미형행엽이 만들어져 신라 상위신분자의 飾馬에 이용되고, 대가야지역에서는 5세기 4/4분기에 검릉형행엽을 채용하여 독자성을 과시하는 것으로 파악하였다. 또한 6세기 중엽을 전후한 시기에는 신라에서 새로운 형식의 자엽형행엽이나 종형행엽

---

34) 朴普鉉, 1990, 「心葉形杏葉의 型式 分布와 多樣性」『歷史敎育論集』제13·14합집.

등이 만들어지게 되는데, 이를 계기로 신라의 마장제에 새로운 변화가 일어난 것으로 이해하였다. 아울러 그는 삼국시대 남부지방의 운주를 환형·판형·반구형(貝製)·입주부·무각소반구형 운주 등으로 분류하고 그 성격과 전개 양상에 대해 고찰하였다.[35] 이러한 그의 연구는 가야·신라고분에서 발견되는 행엽과 운주를 망라한 것으로 이 분야에 대한 연구가 많지 않는 상황에서 참고되는 바가 많다.

이어서 이상율은 가야, 신라를 중심으로 한 남부지방의 삼국시대 행엽을 주 대상으로 제작법과 규격을 중심으로 속성을 분류, 검토하고 이를 바탕으로 행엽의 변화와 편년을 하고 그 출현과 발생기의 특징 및 전개상에 대해 고찰하였다. 특히 남부지방 초기의 행엽은 4세기 후반대부터 금관가야에서 처음으로 출현하며, 중국 동부지방에 원류가 있는 가야 초기 비와 함께 북방에서 입수되었을 가능성도 배제할 수 없다 하였다. 그런데 출현기의 행엽이 철제인 점에서 금동판 위주인 북방계 행엽과 차이가 있으므로 가야에서 재질, 형태 등을 변용하였거나 새로이 고안한 제품일 가능성도 열어 두었다. 즉 낙동강 하류역에 처음으로 행엽이 출현하는 배경에는 북방 마구의 영향이 인정되나 그 영향 초기부터 재지공인에 의한 독자적인 생산을 상정한 것이다. 그 결과 초기의 행엽에는 공인집단의 차이에 따라 형태 또는 제작법 등의 속성에 차이가 나는데, 이러한 변용은 비와 등자 등 초기의 마구 전반에 걸쳐서 나타나는 현상이라 하였다.[36] 이와 같은 이상율의 연구는 위의 김두철의 연구를 더욱 심화시킨 것으로, 특히 행엽의 제작방법을 관찰하여 이를 기초로 분류와 편년한 것은 마구 연구에 있어서 기초자료에 대한 정확한 관찰이 얼마나 중요한지를 새삼 일깨워 주

---

35) 金斗喆, 1992, 「新羅와 伽耶의 馬具 -馬裝을 中心으로-」『韓國古代史論叢』제3집.
36) 李尙律, 1993, 「嶺南地方 三國時代 杏葉의 硏究」, 경북대학교대학원 석사학위논문.
　　李尙律, 2005, 「三國時代 馬具의 硏究」, 부산대학교대학원 박사학위논문.

고 있다.

4) 계보

1985년 신경철은 동래 복천동고분군에서 다수 발견된 고식등자를 검
토하여 이들 등자가 공반된 다양한 고구려계 문물과 함께 A.D 400년 고구
려군의 남정을 계기로 이 지역에 이입된 것으로 파악하였다. 즉 가야와 신
라고분에서 출토된 마구는 高句麗系로서 5세기 초부터 수용된 것으로 보
았던 것이다.[37] 이러한 그의 연구는 탁견으로 받아 들여져서 한동안 가야
마구의 계보와 연대 문제뿐만 아니라 가야고분의 편년연구 등 여러 분야
에 많은 영향을 끼쳤다.

그런데 이후 김해 대성동고분군과 동래 복천동고분군에서 4세기대로
편년되는 새로운 형식의 마구들이 다수 출토됨으로써 새로운 관점이 요구
되었다. 이러한 상황을 간파한 신경철은 1994년 김해 대성동고분군과 동
래 복천동고분군에서 출토된 4세기대의 가야 초기마구를 검토하여 이입
시기와 경로, 계보 등에 대하여 이전과는 전혀 다른 새로운 견해를 제시하
였다. 즉 그는 동래 복천동 69호분 출토 표비를 비롯한 4세기대 가야 비의
특징으로 짧은 표형의 이조선인수를 들고, 이러한 인수가 부여의 묘로 추
정되는 楡樹老河深 中層 56號墓 출토 표비와 유사한 것으로 보아 4세기대
가야마구들의 계보가 고구려가 아닌 부여를 비롯한 중국 동북지방의 선비
계 마구에 그 祖型이 있는 것으로 보았다. 이러한 선비계 마구의 가야로의
이입경로는 금관가야의 초기 마구류와 이와 동반하는 기승용 갑주, 동복,
순장, 훼기습속, 목곽 등의 북방문물과 습속이 낙동강 하류역에 출현한 것
과『通典』「晉書」의 夫餘條에 보이는 太康 6년(285) 부여 주력의 옥저로의

---

37) 申敬澈, 1985, 앞의 논문.

도피 기사가 서로 連動하는 것으로 보고, 부여의 문화가 동해의 해상 「루트」를 통해 낙동강 하류역에 곧바로 도달한 것으로 보았다.[38]

이와 같은 가야마구의 계보에 대한 신경철의 연구를 비판적으로 계승하여 더욱 다양하고도 폭넓은 시각으로 접근한 것은 김두철과 이상율의 연구이다. 먼저 김두철은 가야 초기 비의 인수의 형태에 주목하여 선비계와 구별되는 부여계로 인정하면서도 동래 복천동 38호분 출토 표비의 이공식입문이 선비묘에서도 발견되는 것을 중시하여 가야마구의 출현 배경 또는 수용지역을 특정지역, 특정민족에 의한 것보다 기승용 마구가 유행한 중국동북지방 기마문화의 전래로 파악해 두고 자료 증가를 기다려 다시 검토하는 것이 좋을 것이라 하였다.[39] 그리고 4세기대 가야의 비는 인수의 형태에 따라 부여계(4세기 제2사반기)→재지계(4세기 제3사반기)→선비계(4세기 제4사반기)의 순으로 변화해 가는 것으로 파악하고,[40] 이처럼 인수의 형태가 시기에 따라 다양한 변화를 보여주는 것은 결국 중국 동북지방 마구가 전기가야의 마구에 끼친 영향이 단지 일회적인 파급에 그친 것이 아니라 수차에 걸친 것이며, 가야사회에 있어서도 이를 끊임없이 받아들이고 또 재지화의 노력을 기울인 결과로 보았다. 그리고 가야 마구에 대한 고구려 마구의 영향은 거의 없는 것으로 파악하였는데, A.D 400년 고구려군의 남정을 계기로 영남지방 일대에 확산된 마구문화는 고구려 마구의 영남지역에 대한 영향을 반영한 것은 아니며 오히려 남정으로 촉발된 가야 자체의 개량과 양산을 반영한 것일뿐, 만약 고구려의 직접적인 영향이라면 신라의 중심인 경주에 미쳤을 가능성이 크다고 하였다.[41]

---

38) 申敬澈, 1994, 앞의 논문.
39) 金斗喆, 2000, 앞의 논문, p.206~213 참조.
40) 金斗喆, 2004, 「加耶と倭の馬具」『國立歷史民俗博物館硏究報告』제110집.
41) 金斗喆, 2000, 앞의 논문, p.215 참조.

이어서 이상율은 2003년 당시까지 이루어진 가야 초기마구에 대한 연구성과와 특징을 정리하면서 낙동강 하류역의 금관가야에 출현한 4세기대의 마구를 한반도 남부지방에서 가장 빠른 기승용 마구로 규정하고, 부여와 중국동북지방의 선비를 비롯한 범기마민족적인 영향에 의해 4세기 전반대에는 비가, 후반대에는 등자와 행엽 등 각종 기승용의 실용마구가 출현하였다는 견해를 제시하였다.[42] 이러한 이상율의 연구는 신경철과 김두철의 연구성과를 발전적으로 계승한 것이었다.

한편 이재현은 위의 견해와 달리 동래 복천동고분군에서 출토된 4세기대의 마구와 무구류가 고구려와 연결될 가능성이 크다고 주장하였다. 즉 그는 4세기대 복천동고분군의 비의 특징으로 S자상의 표와 2조의 철봉을 꼬아서 만든 함을 들고, 이러한 특징을 가진 비는 부여에는 없고 고구려의 환인 고력묘자촌 19호분이나 4세기 전후로 편년되는 집안 우산하고분군에서 확인되므로 그 계통이 고구려와 연결되는 것으로 보았다. 그리고 4세기대의 복천동고분군 출토 무구류 역시 유례로 보아 고구려지역에서 출토된 것과 가장 관련성이 크다 하였다. 나아가 이러한 문화는 중국의 북방과 동북지역에서 당시 유행했던 보편적인 군사체계였을 가능성이 크므로 특정한 지역이나 종족의 영향이라고 단정할 수 없고, 당시 한반도 북부와 중국 동북지역에서의 선비족과 고구려의 발흥에 따른 전반적인 정세변화, 그 중에서 동북아시아지역의 정치·경제적인 거점역할을 한 낙랑과 요동지역에 대한 지배권 변화가 이러한 군사체계가 도입되는데 큰 계기가 된 것으로 추정하였다.[43] 이와 같은 이재현의 견해는 마구 뿐만이 아니라

---

42) 李尙律, 2003,「加耶, 百濟の初期馬具 -その源流と特徴を中心に-」『東アジアと日本の考古學Ⅲ』, 交流と交易, 同成社.

43) 李在賢, 2003,「弁·辰韓社會의 考古學的 硏究」, 부산대학교대학원 박사학위논문, pp.193~200.

3~4세기대의 동북아시아 군사체계의 수립이라는 관점에서 나온 것으로 시사하는 바가 적지 않다. 다만 위의 마구 연구자들이 지적한 바와 같이 동북아시아의 초기마구는 고구려뿐만 아니라 선비, 부여 등 중국 동북지방에서 공통적으로 성행하던 것이 분명하므로, 가야 초기마구의 계통을 고구려로 한정할 이유는 없는 것으로 생각한다.

이상에서 국내에서 이루어진 마구의 연구현황과 내용에 대해서 개략적으로 살펴보았다. 이를 요약해 보면, 마구에 대한 연구는 1980년대에 들어서면서 본격화된 것으로 본다. 즉 가야의 중심유적인 김해 대성동고분군, 동래 복천동고분군, 고령 지산동고분군, 합천 옥전고분군, 함안 도항리고분군 등에 대한 대대적인 발굴 조사를 계기로 마구에 대한 관심이 높아지기 시작하였다. 1980년대에는 개별 마구의 형식 분류와 편년, 계보 등을 중심으로 연구가 이루어졌는데, 특히 가야와 신라고분의 편년과 계보 문제와 관련된 신경철, 최병현의 마구에 대한 연구가 주목을 받으면서 가야와 신라고분 연구에 새로운 관점을 마련하게 되었다. 이러한 연구 경향은 지금까지 이어져서 개별마구에 대한 연구가 더욱 심화되어 마구 자체의 편년과 성격 문제 등이 다루어지고, 한편으로는 해당 지역 또는 정치체의 성장과 발전을 논의하는 단계까지 이르게 되었다.

이 같은 연구의 흐름은 물질자료를 통한 과거 인류사의 복원이라는 고고학의 일반론적인 목적에 부합되는 것으로 본고에서 추구하는 연구방향 또는 목적과 전혀 다르지 않다. 따라서 본고에서는 가야마구의 기초적인 분류와 편년, 계보 등의 문제를 검토하고 이를 바탕으로 가야마구의 성격을 살펴 본 후 마지막으로 대가야와 아라가야의 성장과 발전의 모습을 고찰해 보고자 한다.

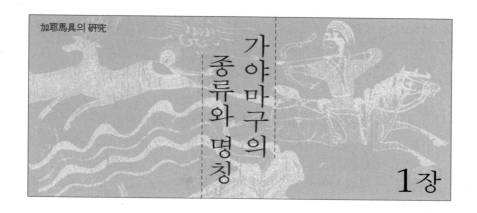

加耶馬具의 研究

가야마구의 종류와 명칭

1장

Ⅰ. 마구의 구분

말은 뛰어난 기동성과 힘을 갖추고 있어 기계문명이 발달하기 이전에
는 사람의 이동, 정보전달, 물자수송, 전쟁 등 여러 분야에 이용되어 인류
문화의 발달에 중요한 역할을 담당하였다. 이러한 말을 효과적으로 조종
하거나 제어하기 위하여 사용되는 도구를 통틀어서 마구라 한다. 마구는
용도에 따라 그 구조와 질을 달리하는데, 특히 마구는 말의 몸에 적합하
고, 접촉이 좋으며, 말의 운동을 방해하지 않고, 질기며, 가볍고, 裝脫이 쉬
우며, 구성상 조절이 가능해야 한다.[44]

우리나라에서는 기원전부터 나타나는데, 이때의 마구는 주로 수레와
관련된 것으로 알려져 있다. 본고에서 연구 대상으로 삼은 가야마구는 대
부분이 기승용으로, 현재 생활유적에서 출토된 예는 거의 없으며 주로 4

---

44) 李基萬, 1984, 『馬와 乘馬』, 家畜別叢書③, 鄕文社, p.169에서 인용.

세기에서 대가야가 멸망하는 562년까지 축조된 고분에서 출토되고 있다. 가야마구는 당시 고구려, 백제, 신라 등의 마구와 상호작용을 통해서 발전하였는데, 일반적으로 그 기능과 사용목적에 따라 크게 制御用 馬具, 安定用 馬具, 裝飾用 馬具, 防禦用 馬具 등 네 가지로 나누고 있다.

먼저 제어용 마구는 말을 다루고 부리는데 있어서 가장 기본적인 장구로서 轡와 三繫(굴레, 가슴걸이, 후걸이), 고삐 등으로 구분된다. 이 중에서 말의 머리에 면직 또는 가죽끈을 가로와 세로로 둘러 감아서 말머리를 얽어맨 굴레와 안장을 고정하기 위하여 말의 가슴쪽으로 돌린 가슴걸이, 말의 엉덩이 꼬리 밑으로 돌린 후걸이, 굴레에 매달아서 騎手가 말을 부리게 되는 고삐는 주로 가죽끈으로 만들었기 때문에 부식되어 남아 있는 예가 거의 없다. 따라서 삼계와 고삐는 경주 금령총에서 출토된 기마인물형 토기를 비롯하여 고구려 고분벽화의 기마인물상, 기마행렬도 등을 통해 그 모습을 찾아 볼 수 있다. 이에 비해 말의 입에 직접 물리는 비의 경우 주로 금속으로 만들어져서 부식되는 경우가 거의 없기 때문에 고분에서 출토되는 마구류 중에서 가장 많은 수량을 차지하고 있다. 더욱이 후술하는 것과 같이 시기적, 지역적으로 다양한 형태로 나타나기 때문에 마구 연구에 있어서 가장 기초적인 자료로 취급된다.

안정용 마구는 騎手가 말에 올라타거나 질주하는 말 위에서 안정을 유지하는데 필요한 도구로서 크게 鞍裝과 鐙子로 구분된다.

장식용 마구는 실용성보다는 말을 장식하여 騎手의 신분을 과시하기 위하여 개발된 마구로서, 杏葉과 雲珠, 말의 가슴걸이에 매달아서 말의 움직임에 따라 소리를 내는 馬鈴과 馬鐸 등으로 구분된다.

끝으로 방어용 마구는 騎馬戰 등에서 적의 화살이나 창, 칼 등의 무기로부터 말을 보호하기 위해 개발된 마구이다. 고구려 고분벽화에서 馬冑와 馬甲으로 완전무장한 鎧馬와 삼국과 가야고분에서 출토되는 마주와 마갑의 실물자료가 대표적인 예이다. 그런데 이러한 마주와 마갑을 장식용

마구로 분류하는 경우도 없지 않다. 하지만 그 기능과 용도를 중시하면 小
野山節이 분류한 것과 같이 馬武具 혹은 防禦用 馬具로 구분하는 것이 타
당한 것으로 생각한다.[45]

II. 가야마구의 종류와 명칭

　　앞서 살펴 본 바와 같이 삼국과 가야에서는 다양한 마구가 보급되면서
발전하게 되는데, 그 종류와 명칭, 사용목적 등에 대해서는 일찍이 김두철
에 의해 자세히 정리된 바 있다.[46] 이하에서는 본고가 추구하는 목적과 관
련하여 가야마구의 편년과 계보, 변화와 성격 등을 밝히는데 있어서 중요
하다고 생각되는 마구를 중심으로 그 종류와 명칭에 대해 간단히 살펴보
고자 한다(그림 01 · 02참조).[47]

1. 비

　　轡는 말을 다루고 부리는데 있어서 가장 필수적이면서 중요한 기능을
하는 장구이다. 그것은 고분에서 출토되는 마구 중에서 비가 가장 많은 수
량을 차지하고 있는 것을 보더라도 쉽게 알 수 있다. 비는 말의 입에 물리

---

45) 小野山節, 1979, 「馬具」, 『世界考古學事典』上, 平凡社, pp.860~861.
46) 金斗喆, 2000, 앞의 논문, pp.20~69.
47) 본고에서 다루는 가야마구의 출전에 대한 각주는 생략하였다. 대신 이 글의 말미에 실은
　　표 33~35에 출전을 일일이 명기하여 두었으므로 이를 참조하기 바란다.

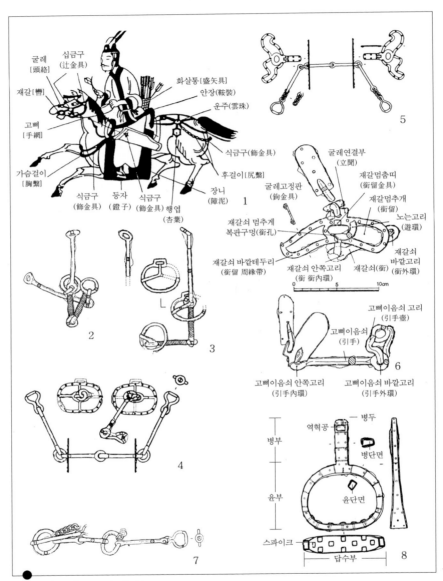

01 마구의 종류와 명칭(1)

1. 쌍영총 연도서벽의 기마인물상(김두철, 2000), 2. 표비 : 옥전 24호분, 3. 환판비 : 옥전 28호분, 4. 내만타원형판비 : 옥전 M1호분, 5. f자형판비 : 옥전 M3호분, 6. f자형판비(김두철, 2000), 7. 원환비 : 옥전 M6호분, 8. 목심등자 : 옥전 M3호분

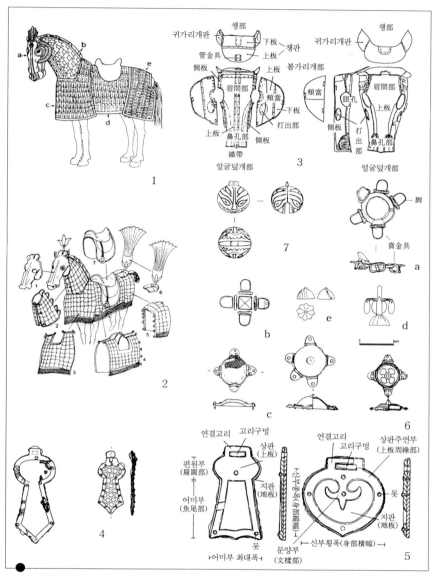

02 마구의 종류와 명칭(2)

1·2. 『武經總要』의 마갑·南北朝 시기의 馬具裝 모식도(楊泓, 1980): b·2. 鷄頸, 3·c. 當胸, 4·d.
馬身甲, 5·e. 搭後, 3. 마주의 명칭과 구조(이상율, 2005), 4. 검릉형행엽: 옥전 M3호분, 5. 편원어미
형행엽과 심엽형행엽(이상율, 1993), 6. 운주(김두철, 2000), 7. 마령: 합천 반계제 가A호분

는 銜과 그 양끝에 장착되어 함의 탈락을 방지하고 굴레와 연결되는 銜留,[48] 함유와 고삐를 연결하는 引手로 이루어져 있다.

함은 한 가닥 또는 여러 가닥의 금속제 봉을 꼬아서 만든 것으로 그 마디 수에 따라 일련식, 이련식, 삼련식 등으로 구분된다. 삼국과 가야에서는 주로 이련식의 함이 유행하였다. 삼련식은 극히 드물어 그 예가 많지 않은데, 6세기 이후로 편년되는 진주 옥봉 7호분과 함안 도항리 창14-2호분에서 출토된 원환비와 의령 경산리 2호분에서 출토된 표비에서 확인되어 시기적, 지역적으로 한정된 것임을 알 수 있다.

함유란 함의 양쪽 끝에 장치되어 함이 탈락하는 것을 방지하는 것으로, 대개 중국에서는 鑣, 일본에서는 鏡板이라 부르는 것이다. 이러한 함유는 일반적으로 비를 분류하는 일차적인 기준이 되는데, 이에따라 삼국과 가야시대의 비는 함유의 평면형태에 따라 표비, 판비, 환판비, 원환비 등 4가지 형식으로 나누고 있다.

인수는 고삐를 이어 매기 위한 장치로, 4~6세기대에 마구의 주요한 부품으로 채용되어서 우리나라와 중국 동북지방, 일본열도 등 동북아시아의 광범위한 지역에서 성행하였다. 대개 철제의 봉을 구부려서 만드는데, 그 형태를 보면 표형의 이조선인수, 타원형 외환을 가진 복수철봉의 일조선인수, 삽자루형 외환을 가진 이조선인수, 굽은 타원형 외환을 가진 이조선인수 등 다양하게 만들어졌다. 이러한 인수의 형태는 시간성과 공간성을 잘 반영하고 있어서 비의 분류와 편년연구에 중요한 기준이 되고 있다.

---

48) 銜留란 지금까지 鏡板으로 부르던 것으로, 金斗喆, 2000, 앞의 논문에서 제시된 용어이다. 鏡板은 실제 (鏡)板轡에 부합되는 용어로서 鑣轡나 環板轡 등에는 부적합한 것이었다. 본고에서는 김두철의 견해에 따라 鏡板을 銜留로 대체하여 사용한다. 다만 세부적인 형식에 있어서 표비는 鑣, 판비는 鏡板, 환판비는 環板, 원환비는 圓環 등으로 사용하여도 문제는 없을 것이다. 이하 轡와 관련된 용어는 김두철의 견해를 따른다.

1) 표비

鑣轡는 2조의 철봉 또는 1조의 철봉으로 함 본체와 내·외환을 만들고 함외환에는 함의 탈락을 방지하기 위해 동물의 뼈나 사슴뿔, 나무, 금속 등으로 만든 鑣를 장착한 비를 鑣轡라고 한다. 이 형식의 비는 스키타이 (B.C 7~3세기)를 비롯하여 유라시아 초원지대의 기마민족들뿐만 아니라 4~5세기의 동아시아에 있어서도 널리 유행한 것으로 말에 대한 제어력이 매우 강력한 비로 이해되어 왔다.[49)

우리나라에는 중국 漢代의 청동제 혹은 철제의 鑣를 갖춘 표비가 전래 되었는데, 기원전후의 평양 정백동과 석암리, 대구 평리동, 이보다 시기가 약간 늦은 경주 조양동과 내남면 탑리, 울산 하대유적 등에서 S자형의 표를 가진 표비가 출토되었다. 이때의 표비는 기승용 보다는 수레를 끄는 말의 비로 사용된 것으로 추정되는데, 실제로 수레 부속구와 공반하는 예가 적지 않은 것이 이를 뒷받침해 준다.

이후 4세기에 들어서는 긴 인수를 가진 기승용의 표비가 북방지역에서 도입되면서 새로이 발전하게 된다. 가야지역에서는 4세기 전반으로 편년 되는 동래 복천동 38, 69호분 출토품이 최초의 예인데, 이를 통해 이 지역 에서는 늦어도 4세기 전반대에 북방지역의 마구문화가 유입되면서 기마 문화가 시작된 것을 알 수 있다. 5세기에 들어서는 백제와 가야지역을 중 심으로 굽은 타원형 외환의 일조선인수와 유환을 채용한 이른바 유환부표 비가 개발되어 보급되면서 실용마구로서 더욱 성행하게 된다.

2) 판비

板轡는 함유가 판상으로 만들어진 비를 일컫는다. 따라서 삼국과 가야

---

49) 金斗喆, 2000, 앞의 논문. pp.35~36.

의 판비는 일반적으로 함유의 평면형태에 따라 원형·심엽형·내만타원형·타원형·f자형 판비 등으로 구분된다. 이러한 판비는 함과 인수의 연결이 함유의 중앙에서 이루어지며, 그 기능상 말에 대한 제어력이 다른 형식의 비에 비해 약한 것으로 추정된다.

우리나라에서는 특히 삼국과 가야시대에 널리 사용되어 여러 가지 형태로 발전하게 된다. 지금까지 출토된 자료로 보아 북방의 고구려와 그 주변지역에서는 일찍부터 판비가 개발되어 사용되었으며, 가야에서는 김해 대성동 41, 42호분의 예로 보아 늦어도 4세기 후반부터는 제작되어 사용된 것으로 보인다. 5세기 중엽 이후에 들어서는 가야와 신라, 백제지역에 널리 보급되면서 발전하는데, 특히 함유의 재질이 금동, 은 등의 귀금속으로 바뀌고 그 위에 용문, 십자문, 인동문 등 여러 가지의 장식이 베풀어진 화려한 판비도 등장한다. 이로 인해 판비를 주로 철제로 만들어진 표비 또는 환판비에 대비되는 의장용의 비로 이해하기도 한다.

한편으로는 마구가 가진 소유계층의 표상 또는 위세품적인 성격이 강화되면서 판비의 지역성도 나타난다. 즉 신라지역에서는 주로 심엽형 혹은 타원형 판비가 성행하며, 백제와 대가야지역에서는 내만타원형과 f자형판비가 주로 사용된다. 이러한 판비의 지역적인 분포의 차이는 당시 가야와 백제, 신라의 정치적·문화적 차이를 잘 반영하고 있다.

3) 환판비

環板轡는 편평한 鐵帶를 구부려서 원형 또는 타원형의 큰 고리를 만든 다음 그 안쪽에 다시 함과 인수가 연결되는 함유금구를 ⊥자형 또는 ×자형으로 만든 비를 말한다.

이는 오랫동안 원환비로 분류되어 왔던 것으로, 삼국과 가야의 비를 종합적으로 연구한 김두철에 의해 하나의 형식으로 제시되었다.[50] 그에 의하면 북방 胡族系 轡의 영향을 받아 낙동강 하류역을 중심으로 X자형환판비가 출현하고 동시에 ⊥자형환판비가 자체 개발되어 5세기에 들어서는 여러 지역으로 확산되어 발전하게 된다. 동래 복천동고분군, 합천 옥전고 분군, 함안 도항리고분군 등에서 발견되며, 백제의 청주 신봉동고분군, 신라의 경주 황남동 109호분 4곽에서도 그 예가 알려지고 있다.

이와 같은 환판비는 대개 철제품으로 판비에 비하여 제작이 간단하고 운동성이 좋으며, 또한 특별한 장식이 없는 것에서 대개 실용성이 높은 비라고 할 수 있다. 5세기 전반대에는 가야와 신라지역에서 성행하다가 5세기 중엽 이후에 들어서는 대가야권을 중심으로 발전하게 된다. 특히 대가야권에서는 함의 제작에 있어서 금관가야와 달리 1조의 철봉을 비틀어서 만드는 것이 특징적으로, 여기에서 마구의 지역성 또는 재지화의 근거를 마련하기도 한다.

4) 원환비

圓環轡는 철봉을 구부려서 만든 원형 또는 타원형의 원환-함유-에 함과 인수, 유환을 연결하여 만든 비를 말한다. 다른 형식의 비에 비하여 함유가 말의 뺨에 미치는 압박이 가장 낮으며 함과 引手의 움직임이 자유로워서 실용성이 가장 높은 비로 인식되고 있다.

원환비에 대해서는 鈴木治의 선구적인 연구가 있다. 그에 의하면 이 형식의 비는 서구에서는 소위 켈트족의 철문화와 함께 출현하여 라 텐느 중기에 성행한 것으로, 이때는 주로 삼련식 함이 사용되었다 한다. 이련식 함은 라 텐느 후기부터 나타나는데, 북프랑스의 켈트족 유적으로 칭하는 소위 「騎士의 墓」에서 출토된 원환비는 인수가 없는 이련식으로, 이러한 원환비는 로마시대에 사용된 것이므로 켈트의 원환비는 로마의 영향을 받

---

50) 金斗喆, 1991, 앞의 논문.

은 것이라 한다. 한편 원환비는 남러시아의 스키타이족에 이어 나타난 샤르마트족의 적석총에서 많이 발견되며 그 연대는 기원전 4세기에서 기원후 1세기로 돈강유역에서는 기원전 4세기, 쿠반지방에서는 기원전 3세기에 처음 출현하였다고 한다.[51]

이처럼 원환비는 유럽에서는 기원전부터 나타나 성행한 것으로 알려져 있는데, 우리나라의 경우 유럽보다 훨씬 늦은 6세기대에 나타난다. 이 형식의 비는 주로 분류와 편년을 중심으로 연구가 이루어지고 있는데, 구성부품인 원환과 함, 인수, 유환의 연결방법이 주요한 기준이 된다. 최근에는 원환비가 6세기 1/4분기에 백제와 (대)가야지역에서 먼저 출현하였으며 이후 신라와 일본으로 전파되면서 표비, 판비와 더불어 새로운 마장문화를 형성해 나간 것이라는 새로운 견해도 제기되었다.[52] 원환비의 분류와 편년에 대한 연구는 대개 銜·引手·圓環의 連結方法을 기준으로 이루어지고 있는데,[53] 즉 遊環을 매개로 위의 3자를 연결하는 방법과 遊環없이 위의 세 부품을 직접 연결하는 방법 등의 차이에 따라 여러 가지로 세분하는 것이 가능하다.

이상과 같은 원환비는 6세기에 들어서서 백제와 후기가야지역을 중심으로 분포하는 특징적인 마구로 파악된다. 따라서 앞으로 자료가 증가되면 가야와 백제마구의 관계를 규명하는데 일조할 것으로 기대된다.

---

51) 鈴木治, 1958, 「朝鮮半島出土の轡について」『朝鮮學報』13, pp.91~92.
52) 李尚律, 2005, 「三國時代 圓環轡考」『古文化』제65집, 한국대학박물관협회.
53) 원환비의 분류와 편년에 대해서는 山ノ井淸人, 1982, 「環狀鏡板付轡の編年と系譜」『唐澤考古』2와 金斗喆, 2000, 앞의 논문, p.108 및 李尚律, 2005, 앞의 논문 등이 참조된다.

2. 안장

鞍裝은 騎手가 달리는 말 위에서 신체의 균형을 유지하고 안정을 유지하기 위한 마구의 하나이다. 안장은 크게 보아 기수가 앉는 부분인 좌목과 그 앞뒤에 장치되는 안교(전륜, 후륜)를 골격으로 해서 말이 달릴 때 흙이 기수의 발에 튀지 않도록 안장의 양쪽에 드리우는 다래(障泥) 등으로 구성된다.

안장은 재질에 따라서 軟式鞍과 硬式鞍으로 구분되는데, 이 중 연식안은 유기질의 가죽이나 천으로 제작된 것으로 스키타이의 파지리크 고분에서 출토된 예가 알려져 있다.[54] 이에 비하여 경식안은 단단한 나무를 이용하여 제작된 것을 말한다. 경식안은 좌목과 안교의 결합방법에 따라 하안과 좌목돌출안으로 구분되는데, 좌목돌출안은 2매의 좌목이 말 등에 얹혀지고 이 좌목 위에 전·후륜의 안교가 놓이는 구조로 삼국과 가야의 안장은 대부분 여기에 해당된다. 5세기 전반까지는 대체로 나무와 철제로 만든 안장이 제작되어 사용되었으며, 5세기 중엽 이후가 되면 지배계층을 중심으로 금동·은 등의 화려한 재질로 만든 안장이 사용된다.

그러면 이러한 안장이 가야지역에서는 언제 전래되었을까? 안장의 실물자료는 5세기 1/4분기로 편년되는 김해 대성동 1호분을 시작으로 대성동 8호분, 동래 복천동 10호분 등에서 성행하는 것을 확인할 수 있다. 이로 볼 때 5세기 이후에는 가야지역에서 안장의 사용이 보편화되었음을 알 수 있다. 다만 마구의 발달과정을 고려하면 이 지역에는 이미 4세기대에 안장이 등장하였을 가능성도 생각해 볼 수 있다. 마구의 발달과정을 보면 비가 가장 먼저 나타나고 뒤이어서 안장과 등자가 나타난다. 따라서 등자의

---

54) 국립중앙박물관, 1995, 『알타이 문명전』.

도입은 안장의 도입을 전제로 하거나 아니면 등자와 동반하였을 가능성이 크다는 것이다. 이 같은 마구의 발달과정을 전제로 한다면 4세기 3/4분기로 편년되는 동래 복천동 60호분에 목심등자가 도입되었다는 것은 이 시기에 안장도 동반되었음을 강력히 시사해 준다.

3. 등자

鐙子는 안장과 연결된 가죽끈에 매달아서 말의 양쪽에 늘어뜨린 것으로, 기수가 말 위에 올라타거나 말을 타고 달릴 때 양쪽 발을 걸쳐서 신체의 안정을 유지하는데 필요한 마구이다. 더구나 騎手가 중무장을 하고 적과 일대일로 부딪히거나 적진으로 돌진하는데 있어서 필수적인 마구로 알려져 있다.

등자는 비와 굴레 등에 비해 비교적 늦게 발명되었는데, 처음에는 가죽 등의 유기질로 만든 것이 사용되었으며, 中國 晉代의 金盆嶺 21號墓에서 발견된 騎馬俑(좌측 單鐙, 302년, 그림 12-1)과 象山 7號墓에서 발견된 陶馬俑(雙鐙, 322년, 그림 12-2)에 의하면 늦어도 4세기 초에 들어서는 등자가 발명되고 곧바로 雙鐙에 의한 기마문화가 확립된 것으로 추정된다. 또한 이러한 예들로 보아 등자가 처음에는 말에 오르고 내릴 때의 디딤대 기능만 하다가 차츰 말을 타고 질주하는 중에 신체의 안정을 유지하는데 매우 효과적이라는 것을 인지하여 양쪽 발을 딛는 것으로 발전한 것으로 본다. 특히 重裝騎馬戰과 같은 전쟁방식의 변화가 금속제 등자의 출현을 재촉한 것으로 이해하기도 한다.

가야와 삼국에서 사용된 등자는 크게 2가지 종류가 있다. 즉 윤부의 형태에 따라 발을 딛는 부분이 타원형 또는 삼각형으로 만들어진 輪鐙과 윤부에 발을 감쌀 수 있는 자루모양의 장치를 한 壺鐙이 그것이다. 이러한 등자를 형태와 재질의 차이에 따라 분류하면 다음과 같다.

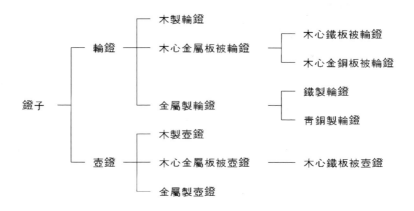

이와 같은 등자 가운데 가야와 삼국에서 주로 사용한 것은 목심철판피윤등으로, 이 형식의 등자는 나무를 가공하여 만든 목심—본체—에 일부혹은 전체를 금속판으로 덮어씌우고 못을 박아 보강한 것을 말한다. 대체로 목심의 일부에만 철판을 덮어씌운 것에서 전체를 덮어씌운 것으로 발전하며, 또한 발을 딛는 답수부의 폭이 좁고 아무런 장치도 없는 것에서폭이 넓어지고 발의 미끄럼 방지를 위한 스파이크가 장치된 것으로 변화발전하게 된다. 그리고 여러 형식의 등자 중에서 출토 비율이 가장 높을뿐만 아니라 광범위한 지역에서 다양한 형태로 나타나고 있어서 고분의편년과 고대사회의 발전수준, 교류관계 등을 연구하는데 중요한 자료로다루어지고 있다.

철제윤등은 목심금속판피윤등에서 발전된 것으로 재질상 내구성이 강하며 실용성이 높아진 등자로 판단된다. 가야에서는 5세기 후반대 이후 6세기대에 사용되는데, 의외로 출토례가 그다지 많지 않다.

호등은 윤등과 달리 騎手의 발을 감싸는 호부가 있어서 제작이 복잡하며 실용성도 낮은 것으로, 주로 특수한 신분 또는 특정한 행사시, 지배계층의 여성들이 사용한 등자로 판단된다. 주로 백제와 가야지역에 분포하는데, 가야의 경우 합천 반계제 다A호분 출토품을 시작으로 합천 옥전 75호분, 고성 내산리 28호분 1곽 등에서 발견되는 등 점차 출토례가 증가하고 있는 추세이다.

한편 등자의 연구에 있어서 문제가 되는 것 중의 하나가 용어문제이다. 예를 들면 목심에 철판으로 보강한 윤등의 경우 필자와 같이 목심철판피윤등으로 부르는 연구자도 있으나 목심철판장윤등, 목심철판부분보강등자, 목심철판전면보강등자 등과 같은 용어도 사용되고 있다. 이 같은 여러 용어는 각기 나름대로 의미가 있기 때문에 굳이 옥석을 가릴 필요는 없을 것으로 생각된다. 다만 필자가 생각하기에는 이러한 용어들이 다소 길고 생경한 점이 있는 것으로 본다. 그래서 필자는 앞으로 위에서 분류한 목심철판피윤등을 이미 최병현과 김두철이 사용한 것과 같이 「목심등자」로 줄여서 사용하고자 한다.[55] 이로써 철제윤등 역시 「철제등자」로 부르는 것이 자연스럽다.

4. 행엽

杏葉은 말의 가슴걸이와 후걸이에 매달아서 말을 장식하는 것으로 대표적인 장식용 마구이다. 금속제의 행엽이 출현하기 이전에는 기원전 5세기 스키타이의 파지리크 1호분의 사례에서 알 수 있듯이 면직 또는 가죽

---

55) 崔秉鉉, 1983, 앞의 논문과 金斗喆, 2000, 앞의 논문에서는 목심철판피윤등을 목심등자로 줄여서 부르고 있다. 다만 줄여서 부르는 이유에 대해서는 정확한 설명은 없는데, 본고와 같은 의미로 사용한 것으로 생각된다.

등 유기질제로 만들어 말의 좌측과 우측에 매달아 장식했던 것으로 생각된다.

삼국과 가야시대의 행엽은 평면 형태의 차이에 의해서 크게 심엽형행엽, 편원어미형행엽, 검릉형행엽, 자엽형행엽으로 구분된다. 이 중에서 심엽형행엽의 표면에는 삼엽문, 십자문, 자엽문, 인동타원문, 용문 등이 베풀어지기도 한다.

이러한 금속제의 행엽이 가야지역에 등장하는 것은 4세기부터로 처음에는 마구문화가 일찍부터 발달한 중국 동북지방의 영향을 받아서 심엽형행엽이 만들어지는데, 김해 대성동 3호분에서 출토된 심엽형행엽이 그 대표적인 예이다. 5세기에 들어서는 김해 대성동 1호분 출토품과 같이 금동으로 장식된 심엽형행엽이 만들어지기도 한다. 5세기 중엽 이후에는 후기가야의 중심국인 대가야와 아라가야를 중심으로 화려한 「장식마구」가 유행하면서 새로운 형식의 행엽이 채용된다. 합천 옥전 M3호분과 함안 도항리 문54호분에 출토된 검릉형행엽이 대표적인 예로, 후기가야의 독자적인 마구문화를 잘 보여준다.

한편으로는 신라의 행엽도 도입하는데, 편원어미형행엽이 그러한 예이다. 이 행엽은 무각소반구형운주, 입주부운주와 더불어 신라의 특징적인 마장으로 알려져 있다. 대가야권에는 5세기 중엽, 아라가야에는 5세기 후엽에 채용된 것으로 보이는데, 이러한 행엽의 도입과 시간적인 차이는 후기가야와 신라의 정치, 문화적 관계를 반영하고 있는 것으로 추정된다.

5. 운주

雲珠는 굴레와 가슴걸이, 후걸이의 혁대가 교차되는 곳을 서로 묶어 연결하는 장구를 일컫는다. 철제가 대부분이지만 금동·은·청동 등으로 제작된 사례도 많으며, 장식성을 갖추고 있기 때문에 마구 중에서 행엽과 더불어 대표적인 장식용 마구로 다루어진다.

마구에 대한 연구가 일찍부터 이루어진 일본에서 개발된 용어이다. 즉 일본에서는 주로 후걸이의 중앙부에 장치된 五脚 이상의 金具를 운주라 하며, 四脚이나 三脚으로 굴레나 후걸이의 혁대가 교차되는 곳에 사용된 金具는 辻金具, 혁대의 여러 곳에 장치한 金具는 飾金具라 하여 구분하여 사용하고 있다. 우리나라의 경우 대체로 운주로 총칭하여 사용하면서 脚 의 수나 형태에 따라 세분하여 부르고 있다. 이러한 관점에서 보면 가야와 삼국에서 유행한 운주는 크게 환형운주(그림 02-6a), 판형운주(그림 02-6b), 반구형운주(그림 02-6c)와 주로 신라에서 유행한 입주부운주(그림 02-6d)와 무각소반구형운주(그림 02-6e) 등 5종류로 구분된다.

이와 같은 운주는 형태와 재질에 따라 사용 시기와 지역, 계층을 달리 하는데, 특히 화려한 재질로 만들어진 운주는 지배계층을 중심으로 유행 한 것으로 소유자의 신분을 표상하는 위세품적인 성격을 가진다. 4~5세기 의 가야와 신라에서는 주로 실용성이 강한 철제의 환형운주를 사용하였으 며, 5세기 중엽부터는 가야에서는 여전히 철제의 환형운주가 주류를 이루 는 반면에 신라에서는 금동제의 입주부운주와 무각소반구형운주가 보급 되면서 발전하게 된다. 이러한 차이는 가야와 신라의 문화적, 정치적 상황 의 차이를 잘 반영하고 있다.

6. 마주

馬冑는 화살이나 칼, 창 등의 공격으로부터 말의 머리를 보호하기 위해 개발되었다. 크고 작은 여러 모양으로 재단한 철판을 말의 머리 모양과 크 기에 맞게 접합하여 만든 것으로, 말머리 부분을 덮는 얼굴덮개와 말머리

정수리부분과 귀를 가리는 챙, 볼을 가리는 볼가리개 등 세 부분으로 이루어져 있다(그림 02-3 참조).

　우리나라의 경우 마구가 비상하게 발달했던 삼국과 가야에서 마주가 개발되어 사용되었다. 고구려 안악 3호분과 삼실총 등의 벽화에 그려진 마주와 신라 경주 황남동 109호분 4곽, 사라리 65호분, 가야의 김해 두곡, 대성동고분군과 동래 복천동고분군, 합천 옥전고분군 등에서 다수 발견된 실물자료가 이를 뒷받침해 준다. 한편 中國 遼寧省 朝陽市와 日本 大谷古墳, 將軍山古墳 등에서도 실물자료가 발견되어 마주가 고대 동아시아 세계에 광범위하게 보급된 마구임을 알려준다.

　이처럼 당시 최신 기술의 산물이자 국제적인 자료로 평가되는 마주의 실물은 가야를 중심으로 영남지방에 집중되어 있다. 특히 김해 대성동 1호분을 비롯하여 합천 옥전고분군 등에서 무려 14점이나 출토되어 가야에서도 고구려와 같은 鐵騎 또는 重裝騎兵이 운용되었음을 잘 보여주고 있다.

7. 마갑

　馬甲은 주로 기병이 타는 말을 적의 공격으로부터 보호하기 위해 개발되었다. 안장이나 행엽 등과 같이 면직 또는 가죽 등으로 만든 유기질제의 것도 있었을 것으로 생각되나 가야지역에서 출토되는 자료는 대체로 사람이 무장하는 찰갑의 철판보다는 훨씬 큰 철판 여러 매를 가죽끈으로 연결하여 말의 몸에 적합하게 만든 것이다.

　구조와 형태에 대해서는 고구려 고분벽화에 묘사된 鐵騎 또는 鎧馬武士를 통해 짐작해 볼 수 있다. 한편 이보다 늦은 중국 宋代의 기록인 『武經總要』를 통해서도 마갑의 구조를 알 수 있다. 마갑의 각 부분을 鷄頸, 當胸, 馬身甲, 搭後 등으로 구분하고 있는데(그림 02-1 · 2 참조),[56] 즉 송대의 마갑은 말의 목, 가슴, 몸통, 엉덩이의 네 부분으로 구성되어 있었음을 알려준다.

이처럼 고구려 고분벽화와 중국 송대의 자세한 기록을 통해서 기병의 발달과 함께 마갑이 개발되어 보급되었음을 알 수 있는데, 동래 복천동 35 · 36호분, 합천 옥전 28, M1호분, 함안 마갑총 등에서 마갑이 출토되는 것으로 보아 가야지역에서도 꽤 널리 보급되었음을 알 수 있다. 특히 함안 도항리고분군의 마갑총에서는 실물자료로는 드물게 말의 목부분과 몸통 부분을 가렸던 마갑이 한꺼번에 출토되어 가야뿐만 아니라 동아시아 고대 마갑의 복원연구에 기초자료가 되고 있다.

---

56) 楊泓, 1980, 『中國古兵器論叢』, 文物出版社.

加耶馬具의 研究

가야마구의 편년과 계보

2장

1장에서는 가야마구를 제어용 마구, 안정용 마구, 장식용 마구, 방어용 마구 등 크게 4가지 종류로 나누고 이들 마구를 구성하는 개별 마구의 명칭과 종류, 기능에 대하여 간단히 살펴보았다. 이들 마구 중에서 출토례가 가장 많은 것은 轡와 鐙子이다. 따라서 비와 등자는 시간적, 공간적으로도 분포범위가 넓어서 마구의 편년연구에 있어서 기본적인 자료로 취급된다.

이러한 점을 염두에 두고 본장에서는 삼국과 가야고분에서 출토된 등자와 환판비, 그리고 가야를 비롯하여 북방의 고구려와 선비지역, 일본열도 등에서 발견된 초기 등자와 비를 대상으로 하여 분류와 편년, 계보 등의 문제를 검토하고자 한다. 이러한 검토를 통해 얻어진 결과는 본 연구의 기초적인 관점이자 나머지 장들에서 논의되는 내용들의 출발점이 됨을 밝혀둔다.

Ⅰ. 목심등자

등자는 가야마구 중에서 비, 안장과 더불어 기본적인 마구이면서 특히 重裝騎馬戰鬪의 출현과 밀접한 관련이 있다는 점에서 극히 중요한 마구로 평가받고 있다. 또한 피장자의 성격이나 가야 정치체의 성장배경과 발전 과정 등을 규명하는 데 있어서도 유용한 자료가 되고 있다.

앞서 언급한 바와 같이 가야지역에서 발견된 등자는 형태와 재질에 따라 윤등과 호등으로 구분된다.[57] 이 중 이 절에서 검토하는 목심등자는 가야지역을 비롯하여 삼국과 중국, 일본 등 광범위한 지역에서 출토되고 있다. 더욱이 삼국과 가야가 할거하던 4~6세기대에 가장 일반적인 등자로 만들어져 사용되었기 때문에 일찍부터 국내외 연구자들의 주목을 받아 왔음은 주지하는 것과 같다.

이러한 이유로 가까운 일본에서는 江上波夫의 「馬馬民族說」이 발표된 이후 등자를 비롯한 騎馬文化에 대한 연구가 활발하게 이루어지고 있다.[58] 이에 비하여 국내에서는 그다지 주목을 받지 못하다가 1980년대 이후 가야의 주요 고분군에 대한 연속적인 발굴조사를 계기로 질과 양적으로 풍부한 자료가 축적됨으로써 최병현과 신경철에 의해 연구성과들이 잇달아 발표되면서 삼국과 가야의 등자 연구에 새로운 지평을 열게 되었다.[59] 그러나 자료의 시기적, 지역적인 편중에서 비롯된 문제점과 가야, 신라고분의 편년과 계통문제 연구에 지나치게 집착함으로써 등자의 전체

---

57) 극히 예외적으로 고령 지산동 45호분 제1호 석실과 남원 월산리 M1-A호 석실에서는 꺾쇠와 같은 특이한 형태의 등자도 출토된 바 있다.
58) 수많은 논문들 중에서 다음의 논문은 연구사적으로 중요하다고 생각된다.
　　小林行雄, 1951, 「上代日本にねける乘馬の風習」『史林』 34-3.
　　小野山節, 1966, 「日本發見の初期馬具」『考古學雜誌』 52-1.
　　增田精一, 1971, 「鐙考」『史學研究』 81.

적인 변화양상과 제작문제 등에 대해서는 일정한 한계를 가질 수밖에 없었다.

이후 동래 복천동과 김해 대성동, 합천 옥전, 고령 지산동, 함안 도항리 등에서 새로운 자료들이 급증함으로써 기존의 연구성과에서 드러난 문제들을 해소하기 위한 자료의 양적 안정성이 확보되었고, 아울러 등자의 분류와 편년 등에 대한 새로운 관점도 요청되었다. 이에 본 절에서는 가야고분 출토 목심등자를 중심으로 다음과 같은 몇 가지 문제를 검토하고자 한다.

첫째, 분류에 관한 것으로 여기에서는 등자를 여러 속성으로 분해한 다음, 각 속성에서 추출되는 속성변이를 형태적인 특징뿐만 아니라 기능과 제작기술의 발전이라는 관점에서 검토하여 속성변이를 상대배열한다. 그리고 속성간의 상관관계의 검토를 통해 속성변이의 상대배열이 타당한 지를 검증하고, 나아가 속성변이들 간의 특징적인 결합군을 型式으로 설정하고자 한다.[60]

둘째, 편년에 관한 것으로, 우선 속성변이의 변화순서와 상관관계에 대한 검토를 토대로 각 型式을 상대배열한 다음, 기존의 연구성과와 공반유물에 대한 검토를 종합하여 각 型式의 실연대를 부여하고자 한다.

끝으로, 등자에 있어서 기능과 제작기술에 있어서 중대한 변화가 일어나는 시점을 경계로 획기를 설정한 다음, 각 획기의 특징과 계통, 제작기술 등의 문제에 대해서 살펴보고자 한다.

---

59) 삼국과 가야의 등자에 대한 본격적인 연구는 崔秉鉉과 申敬澈의 아래 논문에서부터 시발된 것으로 파악된다.

崔秉鉉, 1983, 「古新羅 鐙子考」 『崇實史學』 제1집.

申敬澈, 1985, 앞의 논문.

60) 분석의 방법에 대해서는 아래 논문들을 참조하였다.

郭鍾喆, 1988, 앞의 논문.

中村直子, 1991, 「古式土師器甕形土器の型式學的 檢討」 『古文化談叢』 제25집.

吉井秀夫, 1992, 앞의 논문.

1. 속성의 추출과 검토

1) 속성의 추출

지금까지 가야지역에서 발견된 목심등자는 모두 고분에서 출토된 것이다. 이들은 나무로 만든 본체에 철판을 특정 부분 또는 전부에 보강하여 만든 것으로, 꽤 복잡한 제작공정을 거쳐서 완성된다. 먼저 목심등자의 주요한 속성을 제시하면 다음과 같다.[61]

① 柄部의 형태   ② 柄頭部의 형태   ③ 柄部의 단면형태
④ 輪部의 형태   ⑤ 輪部의 단면형태 ⑥ 踏受部의 형태
⑦ 踏受部 스파이크의 형태 ⑧ 外裝鐵板의 형태와 구조

이러한 8가지 외에도 더 많은 속성이 추출 가능한 것으로 생각되지만 여기에서는 이들 8가지 속성을 검토 대상으로 하고자 한다.

주지하는 바와 같이 이들 속성에 대해서는 그동안 여러 연구자들에 의해 여러 각도에서 검토가 이루어진 바 있으며, 그 결과 이들 속성이 계통과 시간성을 반영하고 있는 것으로 파악되었다. 필자 역시 이에 공감한다. 다만 목심등자가 騎手에게는 기능적으로 매우 중요한 마구라는 점을 전제로 하면 위의 여러 속성이 계통과 시간성뿐만 아니라 목심등자의 기능과 제작기술의 변화와 발전 등의 문제도 반영하고 있는 것으로 생각된다. 그러면 이하에서는 이러한 점을 염두에 두면서 위에서 제시한 여러 속성들을 구체적으로 검토하고자한다.

---

61) 여기에서 제시한 속성은 이른바 비계측적 속성으로, 이외에도 병부와 윤부의 길이 또는 폭 등과 같은 계측적 속성의 검토도 필요한 것으로 생각된다.

2) 속성의 분류와 검토

(1) 병부의 형태

柄部의 형태란 일반적으로 병부의 길이 내지는 폭의 차이에 따른 외형상의 형태를 말한다. 대개 병부가 두텁고 짧은 것과 세장한 것의 두 가지 형태로 분류되고 있다.

이러한 병부의 형태 차이가 가진 의미에 대해서는 일찍부터 선학들에 의해 연구되어 크게 두 가지의 견해가 제시되었다. 먼저 시기차를 반영한 것이라는 견해로 목심등자를 고식과 신식으로 분류하는 주요한 특징의 하나로 다루었다.[62] 또 다른 견해는 中國 晋代의 사례를 기초로 北方 胡族系인 장병계 등자와 江南 漢族系인 단병계 등자로 분류하고, 이 같은 양자는 中國 晋代의 예로 보아 거의 동시에 발생하여 공존하면서 각각의 계통이 이어져 내려갔다는 견해이다.[63]

그런데 목심등자가 실용의 기능구라는 점을 중시하면, 단순히 병부의 길이 혹은 형상의 차이를 기준으로 시기차 또는 계통차를 반영하고 있다는 견해에 대해서는 의문의 여지가 있다. 목심등자에 있어서 병부는 윤부에 비하여 기능상 중요성은 떨어지나 강한 내구력을 필요로 한다. 다시 말해 목심등자는 병부의 역혁공에 끼워진 혁대에 의해 안장에 장착되는데, 騎乘 時 騎手의 체중과 무장을 충분히 견딜 수 있도록 병부가 제작되어야 한다는 것이다. 이러한 점에서 병부의 외형상 크기만을 비교한다면 병부가 두텁고 짧은 것이 세장한 것에 비하여 상대적으로 내구력이 높은 것으로 볼 수도 있다.

문제는 후술하는 바와 같이 병부의 형태가 세장한 것이 늦은 시기에 주

---

62) 小野山節, 1966, 앞의 논문.
　　申敬澈, 1985, 앞의 논문.
63) 崔秉鉉 1992, 앞의 논문.

류를 이룬다는 것이다. 그러한 이유에 대한 정확한 근거는 없지만 시기의 추이와 기술의 발전에 따른 내구성이 보다 높은 목재의 취사선택과 보강 철판의 강화와 밀접한 관계가 있는 것으로 생각된다.[64]

이상에서 병부의 형태를 분류하는 데 있어서 새로운 관점이 필요하다는 것을 알 수 있는데, 본고에서는 병부의 장폭비의 차이를 중시하여 다음과 같이 분류하였다.

  a類 : 폭에 비하여 길이가 2.1~2.8배인 것으로, 병의 형태가 두텁고
       짧은 것.
  b類 : 폭에 비하여 길이가 3.1~4.8배인 것으로, 병의 형태가 세장한 것.

이와 같은 병부의 형태는 a→b類로의 변화를 상정할 수 있다.

(2) 병두부의 형태

柄頭部의 형태란 병부 끝부분의 평면형태를 말하는 것으로 다음과 같이 세 가지 형태로 분류할 수 있다.

  a類 : 병두의 평면형태가 둥글게 처리되어 반원형을 이루는 것.
  b類 : 병두의 평면형태가 a類와 c類의 중간형태를 띠는 우환형을 이
       룬 것.
  c類 : 병두의 평면형태가 각형인 것.

이와 같은 병두의 평면형태 차이가 나는 이유에 대해서 시기차를 반영한 것이라는 견해가 있다. 즉 반원형인 a類는 고식등자의 속성이며 각형인 c類는 신식등자의 속성이라는 것이다.[65] 또한 병두의 평면형태가 둥근

---

64) 한편, 병부가 세장화해짐에 따라 등자가 전체적으로 대형화됨과 동시에 늘씬한 형태
   로 제작되는 것도 같은 이유로 생각된다.

것에서 직선적으로 바뀐 것은 목심등자의 기능과는 관계없고 제작의 간편
화를 위한 것이라는 견해도 제시되어 있다.[66]

　이처럼 병두의 평면형태에 차이가 나타난 것에 대해서 시간적 또는 제
작의 차이와 관련지어 설명하고 있는데, 지금까지의 목심등자를 보면 대
체로 수긍할 수 있는 견해인 것으로 여겨진다. 다만 여기에서 지적해두고
싶은 것은 첫째, 병두의 평면형태는 같은 형식 내에서 선후를 가늠할 수
있는 속성이라는 점, 둘째, 병두의 평면형태는 목심의 형태와 직결되는 것
으로 생각되기 때문에 목심을 각형으로 가공하는 것이 상대적으로 간편할
것으로 보아 제작공정-시간-의 단축과 깊은 관련이 있다고 생각한다. 이로
써 병두의 평면형태는 a→b→c 類로의 변화를 상정할 수 있다.[67]

(3) 병부의 단면형태

　병부의 단면형태란 병부의 잘라 낸 면의 형태를 말한다. 목심의 전후
면에 철판을 덧대어서 보강한 목심등자일 경우에는 그 형태를 정확히 알
수 있으나 그렇지 않은 목심등자는 목심이 부식되어 잔존하지 않기 때문
에 정확한 형태를 알기 어려운 예도 있다. 병부의 단면형태는 대체로 아래
와 같은 세 가지 형태가 확인된다.

　a類 : 병부 단면의 전후면이 볼록하게 튀어나와 볼록렌즈형을 띠는 것.
　b類 : 병부의 전면 중앙을 따라 稜이 형성되어 단면 오각형을 이룬 것.
　c類 : 병부의 단면이 대체로 장방형을 이루는 것.

---

65) 小野山節, 1966, 앞의 논문.
　　申敬澈, 1985, 앞의 논문.
66) 崔秉鉉 1992, 앞의 논문.
　　千賀久, 1988, 「日本出土初期馬具の系譜」『橿原考古學研究所論集』 제9집.
67) 坂本美夫, 1985, 『馬具』, 考古學ライブラリ−34에서는 日本 古墳에서 출토되는 輪鐙의
　　柄頭部 형태는 圓形→隅丸形→角形의 순서로 변천하는 것으로 파악하고 있다.

이러한 병부의 단면형태는 목심의 마무리 공정과 밀접한 관계가 있는 것으로, 제작기술의 시기차와 지역차를 반영하고 있는 것으로 상정된다. 병부의 단면형태를 목심의 마무리 공정과 관련하여 간단히 살펴보면 단면이 장방형을 띠는 c類의 가공이 가장 간편한 방법일 것으로 생각되며, a類와 b類는 다소 까다로울 것으로 생각한다. 한편 병부의 단면이 五角形을 이루는 목심등자의 경우 윤부의 단면 역시 한 점도 예외 없이 오각형인 점은 주목할 만하다.[68]

그리고 병부의 단면이 볼록렌즈형을 띠는 자료는 대체로 이른 시기에 해당되며, 장방형은 초현기 목심등자의 특정형식에서도 일부 확인되고 있으나, 대부분은 늦은 시기에 나타나고 있다. 그리고 병과 윤의 단면이 오각형을 띠는 목심등자는 대가야지역, 특히 고령 지산동과 합천 옥전고분군에서 집중적으로 출토되고 있기 때문에 지역성을 나타내는 요소일 것으로 추정된다.

이상의 검토결과를 토대로 하면 병부의 단면형태는 대체로 a→b→c類의 순으로 변화를 상정해 볼 수 있다.

(4) 윤부의 형태

輪部의 형태란 윤부의 외형상의 평면형태를 말하는 것으로 다음과 같은 세 가지 형태로 분류가 가능하다.

a類 : 윤부의 형태가 삼각형을 이루는 것.
b類 : 윤부의 형태는 전체적으로 원형 또는 횡타원형을 이루고 있으나, 답수부의 중앙이 내측으로 돌출되어 소위 도하아트형인 것.

---

[68] 병부와 윤부의 단면이 오각형인 것은 외형상 미적인 효과도 있겠지만 궁극적으로는 평면 볼록렌즈형 또는 장방형의 것에 비하여 상대적으로 외부의 충격에 의한 꺾임 등에 강한 것으로 생각한다.

c類 : 전체적으로 횡타원형을 이루고 있는 것이 대부분이며, 답수부
쪽이 약간 일직선상을 이루는 것도 있다.

윤부의 형태는 가야와 신라고분에서 출토된 출현기 목심등자의 계보
를 구하는 데 있어서 중요한 특징의 하나로 지적되고 있다. 그것은 주지하
듯이 동아시아 最古의 목심등자들에서 위의 a類와 b類의 두 형태가 확인
되고 있기 때문이다. 예를 들면 長沙市 金盆嶺 21號墓 출토의 騎馬俑(그림
12-1)[69]과 南京 象山 7號墓 발견의 陶馬俑(그림 12-2)[70]에 묘사되어 있는
등자와 馮素弗墓에서 출토된 木心金銅板被輪鐙(그림 12-13)[71] 등의 윤부
는 모두 삼각형을 이루고 있다. 그리고 윤부의 형태가 b 類에 해당하는 현
존 最古의 자료로는 安陽 孝民屯晋墓 154號墓에서 출토된 銅製鍍金의 등
자(그림 12-4)를 들 수 있다.[72] 이로써 윤부의 형태가 a類 혹은 b類에 해당
하는 목심등자는 출현기의 자료로 간주할 수 있으며, 또한 그 발생지는 지
금의 중국 동북지방일 가능성이 대단히 높은 것으로 판단된다.[73]

그런데 목심등자가 발명되어 마구로 채용되면서 그 효용성이 확대됨
에 따라 그 형태와 구조는 목심등자의 기능 증대를 위한 노력 내지는 다른
마구의 변화와 발전에 발맞추어 개량이 거듭되었을 것으로 추정된다. 그
러한 예로써 後燕의 墓葬으로 알려져 있는 朝陽 袁台子墓에서 출토된 木
心漆皮輪鐙(그림 12-3)[74]은 기존의 연구에 따르면 윤부의 형태는 B型, 전

---

69) 湖南省博物館, 1959, 「長沙兩晋南朝隋墓發掘報告」『考古學報』, 1959-8.
70) 南京市博物館, 1972, 「南京象山5號,6號,7號墓淸理報告」『文物』, 1972-11.
71) 黎瑤渤, 1973, 「遼寧北票縣西官子北燕馮素弗墓」『文物』, 1973-3.
72) 中國社會科學院安陽工作隊, 1983, 「安陽孝民屯晋墓發掘報告」『考古』, 1983-6.
73) 申敬澈, 1985, 앞의 논문에서는 윤부의 형태를 기준으로 구분하였는데, 즉 본고의 a類를
    B型, b類를 A型으로 분류하였다. 그리고 이 2型의 원류를 中國에서 구하고 高句麗를 통
    하여 유입된 것으로 파악하였다.
74) 遼寧省博物館文物隊·朝陽地區博物館文物隊·朝陽縣文化館, 1984, 「朝陽袁台子壁畫
    墓」『文物』 1984-6.

체 길이는 A型의 특징을 가지고 있다.[75]

이처럼 출현기의 목심등자가 분포하고 있는 중국 동북지방에 있어서도 목심등자의 제작에 있어서 약간의 다양성이 있는 것을 알 수 있으며, 특히 이 지역에 원류가 있는 것으로 추정되는 삼국과 가야고분 출토의 목심등자 역시 그 출현기의 자료에 다양성이 인정된다.[76] 이러한 현상의 배경에는 전술한 바와 같이 목심등자가 발명된 이래, 기능 증대를 위한 제작과정에서 개량이 거듭되었기 때문일 것이다. 이러한 관점에서 필자는 한반도 남부지역에서 출토되고 있는 목심등자의 모든 型式의 계보를 중국 동북지방에서 구하는 것은 무리가 있는 것으로 본다. 그것은 한반도 남부지역에 목심등자가 도입될 당시부터 빠른 속도로 자체 개량화 또는 재지화가 이루어졌을 것으로 추정되기 때문이다.

이상에서 윤부의 형태는 한반도 남부지역에 있어서 출현기 목심등자의 계보를 추적하는 데 있어서 하나의 단서가 될 수도 있겠으나, 목심등자를 분류하는 최대기준으로 설정하는 데는 문제가 있음을 알 수 있다. 한편 필자가 분류한 c類는 후술하는 것과 같이 기능적으로 가장 개량된 윤부의 형태로 생각된다. 이를 정리하면 윤부의 평면형태는 대체로 a · b→c類로의 변화를 상정해 볼 수 있다.

(5) 윤부의 단면형태

윤부의 단면형태란 윤부를 잘라 낸 면의 모양을 말한다. 가야 고분에

---

75) 申敬澈, 1985, 앞의 논문에서는 이러한 현상에 대해서 A型과 B型 등자의 결합에 의한 소산으로 보면서 4세기대 혹은 5세기 전반대에 華北이나 高句麗지역에 A · B 兩型이 상호 결합한 제3의 型式이 존재하는 것으로 추정하였다.
76) 4세기대로 편년되는 동래 복천동 48호분 출토품은 윤부의 형태가 중국 동북지방의 초기 자료들과 달리 거의 원형을 이루고 있다. 한편 옥전고분군 출토 초기 등자들도 윤부의 형태가 다양하다.

서 출토된 목심등자의 경우 다음과 같은 세 가지 형태로 분류할 수 있다.

a類 : 윤부의 단면형태가 梯形을 띠는 것으로 윤부의 내측면폭이 외
　　　측면폭 보다 넓다.
b類 : 윤부의 단면형태가 오각형을 이루는 것으로 윤부의 내측면폭
　　　이 외측 면폭 보다 약간 넓으며, 전면철판의 중앙선을 따라 稜
　　　이 형성된 것이다.
c類 : 윤부의 단면형태가 대체로 장방형을 이루고 있는 것이다.

　이와 같이 분류된 윤부의 단면형태는 목심의 제작공정 중 최종 단계와
깊은 관련이 있는 것으로 병부의 단면형태와 마찬가지로 시기차와 지역차
를 반영하는 속성의 하나로 볼 수 있다.

　이중 윤부의 단면형태가 梯形인 a類에 해당하는 자료는 대부분이 출현
기 목심등자로서 답수부의 단면 역시 梯形으로 내측면의 폭이 다소 넓은
점이 주목된다. 윤부의 단면이 오각형을 이룬 것에 대해서는 병의 단면형
태에서 설명한 것과 같다. 그리고 윤부의 단면형태가 장방형인 c類는 출
현기 목심등자의 몇 예를 제외하면 대부분이 답수부의 측면폭이 넓어진
늦은 시기 목심등자의 특징적인 속성이다. 이로써 윤부의 단면형태는 크
게 보아 a→b→c類로의 변화를 상정해 볼 수 있다.

(6) 답수부의 형태

　踏受部의 형태란 騎手의 발이 직접 닿는 윤부 하단부의 측면형태를 말
한다. 지금까지 삼국과 가야고분에서 발견된 목심등자의 답수부 형태는
다음과 같은 두 가지 형태로 분류하는 것이 가능하다.

a類 : 윤상부에서 답수부까지 동일 두께와 동일 폭으로 만들어진 것.
b類 : 답수부의 측면폭이 윤상부의 측면폭 보다 훨씬 넓게 만들어진 것.

이와 같이 분류된 답수부의 형태차에 대해서는 일찍부터 여러 연구자들이 주목하여 검토한 바 있다. 즉 이는 목심등자의 시기차를 반영하는 주요한 속성일 뿐만 아니라 기능의 발전을 고찰하는 데 있어서도 빠뜨릴 수 없는 속성으로 취급되고 있다.[77]

등자가 발명된 이래 사람이 말에 오르내릴 때의 디딤대라는 한정적인 기능구에서 탈피하여 騎乘 時 신체의 평행을 유지하고, 또 騎手가 중무장한 상태로 말 위에서 자유롭게 활동하기 위해서는 무엇보다도 목심등자의 답수부가 강화되어야 할 필요가 있다. 이러한 관점에서 볼 때 답수부의 요건은 첫째로 騎手의 하중이 직접 전달되는 부분이기 때문에 어느 부분보다도 견고해야 된다는 점, 둘째는 오랫동안 말을 타고 다니더라도 발에 큰 부담을 주지 않을 것, 셋째는 말 위에서 격렬한 활동을 필요로 하는 접근전 또는 충격전 등에서 목심등자가 騎手의 하중을 견딜 정도로 안정성이 높아야 된다는 점 등을 들 수 있다.

이상과 같은 이유로 목심등자는 발명된 이래 답수부의 강화를 위한 노력이 부단히 진행되었을 것인데, 그러한 과정에서 광폭의 답수부 b類가 개발되었을 가능성이 큰 것으로 생각된다. 이로써 답수부의 형태는 a→b類로의 변화를 상정할 수 있다.

(7) 답수부 스파이크의 형태

騎手의 발이 직접 닿는 부위인 답수부에는 특정 시기가 되면 스파이크가 장치된다. 그리고 답수부 측면폭의 변화에 따라서 장치되는 형태도 달라지는데, 스파이크의 장치 형태를 분류하면 아래와 같다.

---

77) 千賀久, 1988, 앞의 논문에서는 踏受部 형태의 차이는 시기차를 반영한 것으로 파악하면서 목심등자의 형식분류에 있어서 가장 중요한 요소로 취급하고 있다.

a類 : 답수부에 스파이크가 장치되지 않은 것.

b類 : 답수부에 스파이크를 1열로 장치한 것.

c類 : 답수부에 스파이크를 2열 이상 장치한 것.

이처럼 분류한 것을 구체적으로 검토해보면 먼저 a類의 형태는 답수부 내측면의 원두정은 외장철판의 접합을 위한 것으로, 다른 목적으로 장치한 것은 아니다. b類의 형태는 답수부의 측면폭이 윤상부의 그것과 동일폭인 목심등자에서 보이는 것으로, 답수부에 장치된 스파이크는 대개 머리가 평면 사각형을 이루는 대형 못으로, 그 수는 3개도 일부 있으나 대부분은 5개이다. c類의 형태는 답수부 측면폭이 윤상부에 비해 훨씬 넓어진 목심등자에서 확인되는 것으로 스파이크의 형태는 방두정과 원두정 등 두 종류가 있다.

이와 같이 삼국과 가야고분에서 출토되고 있는 목심등자의 답수부 내측면에 장치된 스파이크는 기본적으로 騎手의 발이 목심등자에서 미끄러져서 이탈되는 것을 방지하기 위하여 개발된 것으로, 목심등자의 발달사상 획기적인 고안이라 할 수 있다. 한편 스파이크가 답수부에 채용되는 것을 계기로 목심등자는 점차 대형화되어 가고 답수부의 측면폭도 넓어지는 것을 알 수 있는데, 이러한 현상은 서로 유기적인 관계를 가지면서 나타난 것으로 여겨진다. 즉 등자의 변화가 실용도를 더욱 강화하는 방향으로 변화되어 간 것을 반영하는 것으로 생각된다.[78]

이상을 정리하면 답수부에 있어서 스파이크의 채용은 궁극적으로 騎手의 안정성을 보다 높이기 위해 고안되었던 것으로, 그 형태는 a→b→c類로 변화해 간 것으로 볼 수 있다.

---

78) 坂本美夫, 1985, 앞의 책에서는 답수부의 스파이크 채용과 그 변화순서를 답수부의 발달 과정으로 이해하고 있다.

⑧ 외장철판의 형태와 구조

　外裝鐵板의 형태와 구조란 목심 외면의 전면 혹은 특정 부위에 덮어 씌
워 보강한 철판의 형태와 구조를 말하는 것으로, 가야고분 출토 목심등자
를 보면 다양한 형태와 구조가 있음을 알 수 있다. 즉 특정 부위에 덮어씌
운 a1~a4類와 전면을 덮어씌운 b類가 그것이다.

　　a1類 : 목심 전후면의 특정부위에만 철판을 보강한 것으로, 병과 윤
　　　　　의 접합부에 역Y자상의 철판을 덧댄 것이 가장 큰 특징이다.
　　　　　병의 상단부와 윤하반부의 전후면 일부에도 철판을 덧대어서
　　　　　철못으로 접합한 예도 많다.
　　a2類 : 병과 윤의 측면 일부분만 철판으로 보강한 것으로 목심의 전
　　　　　후면에는 어떠한 형태의 철판도 보강하지 않았다.
　　a3類 : 병과 윤의 측면에 철판대를 대고 철못으로 접합시킨 다음 병
　　　　　상반부의 전후면에만 철판으로 보강하고, 병하반부와 윤의 전
　　　　　면 혹은 전·후면의 중앙부에는 철봉을 대고 철못으로 접합시
　　　　　켰다.
　　a4類 : 병과 윤상반부 목심의 전후면에 역Y자상의 철판을 덧댄 후
　　　　　철못으로 접합시킨 것이다.
　　b類 : 목심외면의 전부, 즉 사면전체를 철판으로 덮어씌운 것이다.

　이상과 같이 목심등자의 목심외면에 덮어씌운 철판의 형태와 구조는
다섯 가지의 속성변이로 분류할 수 있다. 이와 관련하여 검토해야 할 것은
목심등자의 제작방법이다. 목심등자의 제작에 있어서 기본적인 필요조건
으로는 첫째, 목심등자가 기능을 충분히 발휘하면서 장시간 사용이 가능
하도록 견고하게 제작되어야 할 것, 둘째, 목심등자의 대량생산을 위해서
는 제작공정—시간—이 간략해야 할 것 등을 들 수 있다.

　이처럼 목심등자의 제작에 있어서 필요조건은 상호모순을 내포하고

있다. 즉 목심의 변형방지와 견고성을 높이기 위해서는 목심의 외면 전체에 철판을 덮어 씌워 보강하는 것이 가장 이상적인 제작방법이라 할 수 있겠으나, 그럴 경우 철판을 재단할 때 고도의 규격화가 요구되는 등 제작공정이 어려워질 것이라는 점이 지적될 수 있다. 이러한 요인 때문에 목심의 외면에 덮어씌운 철판의 형태와 구조가 다양하게 나타났던 것으로 추정되며, 또한 위에서 분류한 속성변이들은 시기차와 제작공정 내지는 제작지의 차이를 반영하는 것으로 생각된다.[79]

이상과 같은 관점을 토대로 외장철판의 형태와 구조에서 추출한 속성변이를 구체적으로 검토하면, 먼저 a1類는 목심 전후면의 특정 부위에만 철판을 덧댄 것으로 세부적으로 보면 병부와 윤부의 접합부에 역Y자상의 철판을 대어 목심을 보강한 것이 공통되는 특징인데, 역혁공을 중심으로 한 병상반부와 윤하반부 일부에도 철판을 댄 예도 많이 확인된다. 목심등자에 있어서 騎手의 체중을 지탱하는 데 있어서 가장 중요한 부분은 혁대를 통하여 안장과 연결되는 현수공과 騎手의 발이 직접 닿는 윤부-답수부라 할 수 있는데, 이러한 점에 부합하여 최소한의 부위에만 철판으로 보강한 형태가 a1類인 것이다. 한편 외장철판의 형태와 구조가 a1類에 해당하는 자료 중 윤의 외측면 철판을 중간에서 삼각형으로 잘라낸 예도 있으며, 또한 측면에는 철판을 전혀 보강하지 않은 극히 간략화된 예도 있는 것이 주목된다.

a2類는 목심의 전후면에는 철판을 전혀 보강하지 않고 병과 윤의 측면 일부에만 철판을 보강한 것인데, 측면 철판은 목심의 폭보다 약간 넓은 것

---

79) 千賀久, 1988, 앞의 논문에서는 철판을 덮어씌우는 방법과 제작공정은 깊은 관련이 있는 것으로 보면서, 철판의 형태 차이가 시기차를 반영하는 경우도 있다 한다. 그리고 전면을 철판으로 덮어씌운 등자의 각 부분의 치수는 규격화되며, 반면에 병부의 전후면의 철판이 상·하로 분리된 등자의 경우는 병부의 폭만 규격화되면 길이는 차이가 있더라도 대응이 가능한 것으로 보았다. 이로써 등자의 대량제작이 가능한 것으로 보았다.

을 접합한 다음 철판의 양끝을 꺾어 접어서 목심 전후면의 보강을 꾀하였다. 이러한 형태와 구조를 가진 예는 목심 보강의 목적만을 중시하면 가장 간략화된 제작방법이라 할 수 있으나 기술적인 수준이 확보되지 않은 상태에서는 내구력이 취약해 장기간 사용하기는 어려웠을 것이다.

a3類는 무엇보다도 병하반부와 윤 전후면의 중간에 철봉을 댄 점이 특징적이다. 이러한 철봉은 병과 윤의 형태 유지를 목적으로 보강했던 것으로 추정되는데, 늦은 시기가 되면 철봉의 상단을 T자상으로 제작하여 병부에 접합시킨 예도 확인된다.

a4類는 병부와 윤상반부에 한정하여 목심의 전후면에 역Y자상의 철판을 오려서 덮어씌운 것으로 목심 외면의 특정 부위에만 철판을 보강한 형태 중에서는 내구성이 가장 높은 것으로 생각된다. 다만 역Y자상으로 철판을 재단하는데 있어서 규격화가 요구되었을 것이다.

b類는 목심 외면의 전체를 철판으로 덮어씌운 형태인데, 이와 같은 형태와 구조를 가진 목심등자는 형태를 유지하면서 반영구적으로 사용이 가능했을 것으로 추측되기 때문에 가장 개량화된 것이라 할 수 있다. 그런데 상대적으로 제작공정의 철판 재단에 있어서 고도의 규격화를 필요로 한다는 점과 제작공정이 복잡하고 철판의 소비가 많은 점 등에서 대량생산에는 부적합했을 것으로 생각된다.

이상에서와 같이 목심등자의 외장철판의 형태와 구조에 대해서 검토하였다. 그 변화에 대해서는 시간적인 차이보다는 제작기술과 실용성, 양산화의 문제 등과 깊은 관련이 있는 것으로 생각되기 때문에 변화의 방향을 추정하기는 쉽지 않다. 그러한 이유는 제작집단의 기술수준과 의식, 실제 사용의 과정 등에서 외장철판의 형태와 구조에 대한 개량과 고안이 끊임없이 이루어졌을 것으로 추정되기 때문이다.

2. 속성간의 관계와 형식의 설정

1) 속성간의 관계

　지금까지 살펴본 바와 같이 목심등자는 복수의 속성으로 분해되고, 또한 분해된 개개의 속성은 형태와 구조에 따라 여러 가지의 변이로 분류되었다. 그리고 분해 및 분류된 속성 내지는 속성변이는 목심등자의 기능과 제작기술의 변화와 발전이라는 관점에서 검토한 결과 어느 정도 변화의 방향성이 파악되었다.

　여기에서는 속성 간의 상관관계의 검토를 통하여 속성변이의 변화순서가 타당한지를 검증하고 아울러 속성변이 간에 어떠한 양상으로 결합되고 있는지도 살펴보기로 하겠다.[80)]

(1) 답수부와 병부형태의 관계

　오른쪽 표 1-1에서와 같이 답수부 a類는 병부 a · b類 양자 모두와 대응하고 있으며, 답수부 b類는 병부 b類와 깊은 상관관계를 가지고 있음을 알 수 있다. 이

표 1-1. 답수부와 병부 형태의 관계

속성		병부	
		a	b
답수부	a	12	20
	b	1	12

와 같은 속성변이와의 상관관계에서 주목되는 것은 답수부의 측면폭이 넓어진 형태의 경우 병부의 형태가 폭에 비해서 길이가 3.1~4.8배에 달하는 병부 b類와 반드시 결합되고 있다는 점이다.

　앞에서 살펴본 바와 같이 답수부의 측면폭이 넓어진 것은 **騎手**의 안정

---

80) 이하 표 1-1~11에 제시된 숫자는 속성변이들 간의 대응례를 나타낸 것으로, 구체적인 사례는 표 2의 목심등자 속성표에 제시되어 있다. 그리고 표 2의 기호 중 ○는 확실한 것, △는 애매한 것, ?는 결손되어 알 수 없는 것을 의미한다.

성을 높이기 위한 것으로, 목심등자의 발달사상 획기적인 것으로 평가된다. 더욱이 여기에 병부 b類가 결합되고 있음은 많은 것을 시사해 준다. 즉 병부의 형태가 a類에서 b類로 변화하였음을 방증하고 있을 뿐만 아니라 단순 수치상의 비교에 따르면 병부 a類가 b類에 비하여 상대적으로 내구력이 높을 것으로 생각되나 오히려 騎手와 말의 중장비화가 확대되어 가는 늦은 시기에는 병부 b類가 주류를 이루고 있는 양상을 보인다.

이상의 검토를 통해 시기의 추이에 따른 단조기술의 발달, 내구력이 보다 높은 목재의 취사선택 등 제작기술의 변화와 발전이 목심등자의 제작에 반영되어 있음을 알 수 있다.

(2) 답수부와 외장철판형태의 관계

표 1-2에서와 같이 답수부 a類는 외장철판의 모든 경우와 대응하고 있으나, 답수부 b類는 외장철판 a1, b類와 대응하고 있다.

표 1-2. 답수부와 외장철판형태의 관계

속성		외장철판				
		a1	a2	a3	a4	b
답수부	a	2	8	4	12	6
	b	10				3

앞에서 살펴본 바와 같이 답수부의 형태차는 기능의 문제와 관련되며, 외장철판의 형태와 구조의 차이는 제작기술상의 변화와 관련될 것으로 생각된다. 이와 같은 관점에서 보면 기능적으로 발달된 답수부 b類와 강한 상관관계를 가지는 외장철판 a1類의 형태와 구조가 제작기술에 있어서 가장 이상적인 방법이라 할 수 있다.

그런데 외장철판 a1類는 소수나마 답수부 a類와 대응례가 있고, 또한 후술하겠지만 외장철판 a1類와 결합되는 답수부 a類와 b類 사이에는 시기의 폭이 크다는 문제점이 남는다. 그리고 외장철판의 형태와 구조상 가장 내구력이 높을 것으로 추정되는 b類와 대응하는 답수부 b類는 단 3예에 불과하다는 점 또한 문제로 남는다. 이와 같은 상관관계에 대한 과학적인 실험결과는 없으나, 병부의 형태에서와 마찬가지로 단조기술의 발달과 더불어 내구력이 높은 목재의 취사선택 등에 따라 답수부 b類와 외장철판 a類가 결합되었을 것으로 추정된다.

(3) 답수부와 윤부형태의 관계

표 1-3에서와 같이 답수부 a類는 윤부형태 a~c類와 대응하고 있는데, 특히 c類와 결합한 예가 많은 것이 주목된다. 한편 답수부 b類는 주로 윤부 형태 c類와 결합하고 있음을 알 수 있다.

표 1-3. 답수부와 윤부형태의 관계

속성		병부		
		a	b	c
답수부	a	2	7	17
	b	2		7

이와 같은 상관관계를 통해 볼 때 답수부 a, b類와 결합되는 일반적인 윤부형태는 c類임을 알 수 있다. 즉 목심등자에 있어서 기능상 실용도가 가장 높은 윤부의 형태는 횡타원형을 이루는 c類로, 이는 앞에서 살펴본 바와 같이 윤부형태는 크게 보아 a, b類→c類로 변화한다는 검토 결과를 방증하는 것으로 보아도 좋을 것이다.

(4) 답수부와 답수부 스파이크의 관계

표 1-4에서와 같이 답수부 a類는 답수부 스파이크 형태 a · b類와 대응하고 있으며, 답수부 b類는 c類와 강한 상관관계를 이루고 있다.

표 1-4. 답수부와 답수부 스파이크의 관계

속성		스파이크		
		a	b	c
답수부	a	15	13	
	b			8

앞에서 살펴본 바 있듯이 목심등자가 발명되어 騎馬에 채용된 이래 가장 먼저 강화되어야 할 부분은 윤부의 답수부이다. 따라서 답수부 b類가 a

類에 비하여 기능적으로 발달된 것임은 두말할 필요도 없을 것이다. 즉 답수부 a類는 그 출현 이래 뚜렷한 장치도 없이 실용되다가 어느 시점에 대형의 스파이크를 장치하여 騎手의 발이 목심등자에서 미끄러지거나 이탈되는 것을 방지하는 형태로 개량·고안되었다. 그런 이후 답수부의 폭이 넓은 b類로 변화함에 따라서 답수부의 스파이크 형태와 구조 역시 c類로 변화해 간 것으로 보인다. 이로써 답수부의 형태와 답수부 스파이크의 형태와 구조의 변화는 목심등자의 발달 과정상 같은 맥락에서 해석되어야 할 것으로 생각된다.

(5) 답수부와 병부단면의 관계

표 1-5에서와 같이 답수부 a類는 병부단면 a, b, c類의 순서로 점차 약하게 대응하고 있으며, 답수부 b類는 병부단면이 장방형을 띠는 c類와 강한 상관관계를 가진다.

표 1-5. 답수부와 병부단면 의 관계

속성		병부단면		
		a	b	c
답수부	a	13	11	6
	b			13

이와 같은 결합양상은 답수부가 기능적으로 발달된 형태인 b類가 제작되는 시기가 되면 병부의 단면은 장방형으로 보편화되었음을 의미한다. 또한 병부의 단면형태가 a→b→c類로 변화하였다는 앞의 검토 결과를 방증하는 것으로 볼 수 있다.

(6) 답수부와 윤부단면의 관계

오른쪽 표 1-6에서는 답수부 a類는 윤부 단면 a, b類인 예와 결합도가 높은 반면, 답수부 b類는 윤부단면 c類와 상관관계가 높다는 것을 잘 보여주고 있다.

표 1-6. 답수부와 윤부단면의 관계

속성		윤부단면		
		a	b	c
답수부	a	15	11	3
	b			13

이것은 목심등자의 제작기술상 병부의 경우와 마찬가지로 윤부의 단면 역시 장방형으로 제작하는 것이 보다 용이하다는 것을 보여주는 것으로 생각된다. 그리고 결합도를 통해 볼 때, 앞에서 살펴본 바와 같이 윤부 단면은 대체로 a→b→c類로의 변화가 이루어졌음을 알 수 있다.

(7) 답수부와 병두형태의 관계

오른쪽 표 1-7에서와 같이 답수부 a類는 병두형태 a, b, c類인 예와 모두 대응하고 있으면서도 c類와의 결합도가 높으며, 답수부 b類는 주로 병두형 c類와 대응하고 있다.

표 1-7. 답수부와 병두형태의 관계

속성		병두형태		
		a	b	c
답수부	a	9	9	11
	b		1	12

앞에서 살펴본 바와 같이 병두형태의 변화는 목심등자의 기능보다는 제작과 관련된 것으로 병두를 각형으로 처리하는 것이 보다 간편화된 제작법이라 하겠다. 따라서 기능적으로 발달된 답수부 b類가 병두형태 c類와 강한 상관관계를 가진다는 것은 목심등자의 개량에 있어서 기능의 증대와 제작의 간편화가 동시에 고려되었음을 의미하는 것으로 보아도 좋을 것이다.

(8) 병부형태와 윤부형태의 관계

표 1-8에서는 병부형태 a, b類는 윤부형태 a, b, c類와 모두 대응하고 있으며, 병부형태 b類는 윤부형태 c類와 상관관계가 극히 높음을 알 수 있다. 이러한 양상은

표 1-8. 병부형태와 윤부형태의 관계

속성		윤부형태		
		a	b	c
병부	a	1	4	4
형태	b	2	3	21

윤부형태 중에서 기능적으로 실용도가 가장 높은 것이 c類일 것이라는 앞

의 검토 결과와 일치한다. 또한 병부의 형태가 a→b類로 변화하였음을 보여주는 것이기도 하다.

(9) 병부형태와 답수부 스파이크의 관계

표 1-9에서와 같이 병부형태 a
類는 답수부에 스파이크가 장치되
는 예가 극소수 있는 것 외에는 대
부분이 아무런 기능적인 장치를
하지 않았다. 병부형태 b類는 답

표 1-9. 병부형태와 답수부 스파이크의 관계

속성		스파이크		
		a	b	c
병부	a	9	1	
형태	b	6	12	8

수부에 스파이크를 장치하지 않은 예도 있으나 대부분은 스파이크를 장치
하여 미끄럼을 방지하는 등 기능적인 변화를 꾀했음을 알 수 있다.

(10) 병부형태와 병두형태의 관계

오른쪽 표 1-10에서와 같이 병
부형태 a類는 병두형태 a, b類와
대응하고 있는데, 병두가 반원형
인 a類와 상관도가 더 높음을 알
수 있다. 반면에 병부형태 b類는

표 1-10. 병부형태와 병두형태의 관계

속성		병두형태		
		a	b	c
병부	a	9	2	
형태	b		8	23

병두형태 b, c類와 대응하면서도 c類와의 결합이 좀 더 보편적임을 명확
히 보여준다. 이러한 상관관계는 결국 병두를 각형으로 제작하는 것이 보
다 간편한 방법이라는 것과 병두의 형태가 a→b→c類로 변화해 갔음을 말
해 주는 것으로 생각된다.

(11) 병부단면과 윤부단면의 관계

표 1-11에서와 같이 일부 예외도 있으나, 병부단면과 윤부단면의 상관
관계는 기본적으로 왼쪽 위에서 오른쪽 아래로 배열되어있다. 즉 병부단면

이 볼록렌즈형을 띠는 a類인 경우
윤부단면은 梯形으로 제작되는 것
이 많으며, 또한 병부단면이 오각
형일 경우 윤부의 단면도 반드시
오각형을 이룬다. 그리고 병부단

표 1-11. 병부단면과 윤부단면의 관계

속성		윤부단면		
		a	b	c
병부 단면	a	12		1
	b		11	
	c	2		15

면이 장방형일 경우 윤부의 단면 역시 대체로 장방형을 띠고 있음을 분명
하게 보여준다. 이와 같은 상관관계는 목심의 마지막 가공 형태와 관련이
깊은 것으로, 병부와 윤부를 이루는 목심의 외면을 거의 같은 형태로 가공
해 제작했음을 시사해 준다.

2) 형식의 설정

지금까지의 검토를 통해 가야고분에서 출토된 목심등자는 여러 속성
들로 결합되어 있고, 분해된 개개의 속성 혹은 속성변이들은 각각 특징적
인 양상으로 결합되어 있음을 알 수 있었다. 그리고 제속성들 가운데 특히
상관도가 높은 답수부의 형태와 병부의 형태, 그리고 외장철판의 형태와
구조를 주요한 기준으로 하여, 가야고분에서 출토된 목심등자를 검토하여
정리해 본 것이 다음의 표 2, 3이다.

먼저 표 2를 보면 개개의 속성변이들 간에는 특징적인 조합상을 보이
고 있는데, 이를 정리하면 표 3과 같다. 표 3에서와 같이 목심등자에서 추
출된 속성-변이-사이에는 특징적인 결합상을 보이고 있으며, 크게 I ~IX
群이라는 9개 群의 조합상이 인정된다. 여기에서는 이들 개개의 群에 대
하여 조금 더 검토를 한 다음 型式을 설정하고자 한다.

I 群은 답수부의 측면폭이 다른 부위와 동일하며, 병부의 형태는 두텁
고 짧은 것이다. 외장철판의 형태와 구조는 병과 윤의 접합부 전후면에 역
Y자상의 철판으로 보강하였으며, 윤하반부와 병상단부의 전후면에는 철
판을 댄 것과 그렇지 않은 것이 있다. 병과 윤단면은 장방형이며, 윤의 형

표 2. 목심등자 속성표

번호	유구명	답수부 a	답수부 b	병부형태 a	병부형태 b	외장a1	외장a2	외장a3	외장a4	외장a5	외장b	윤부형태 a	윤부형태 b	윤부형태 c	답수부스파이크 a	답수부스파이크 b	답수부스파이크 c	병부단면 a	병부단면 b	병부단면 c	윤부단면 a	윤부단면 b	윤부단면 c	병두형태 a	병두형태 b	병두형태 c	병장/병폭
1	복천동 48호분	○		○		○							△	○				○				○				○	
2	대성동 1호분	○		○		○												○			○	△		○			2.6
3	양동리 78호분	?		○			○											○			○	?		△			
4	양동리107호분	?		○			○											○			○	?			○		
5	옥전 23호분	?		○			○											○			○			△			
6	옥전 67-B호분	○		○			○						○		○					○	○			○			
7	복천동 35호분	○		○				○					○		○			△			△			○			2.8
8	복천동 22호분	○		○				○					○		○			△			△			○			2.7
9	옥전 68호분	○		○				○				○	○		?					△			○				2.1
10	옥전 67-A호분	○		○						○		△	○		○					○			○				2.3
11	복천동10호: A	○		○					○	○				○			○				○			○			2.4
12	복천동10호: B	○		○					○			○				○				○			○	○			2.6
13	교동 2호분	○			○		○					○	?			○				?				○			4.6
14	교동 3호분: A	○			○		○					○	○			○				△			○				3.8
15	옥전 28호분	○			○		○				○		○			○				○				○			4.3
16	옥전 95호분	○			○		○				○		○			○				△				○			4.8
17	계남리 1호분	○			○		○					○	○			○				△				○			4.1
18	옥전 8호분	○			○			○				○		○			○			○				○			4.3
19	지산동 33호분	○			○			○			?		?		○			○			○					?	
20	지산동 35호분	○			○			○			?		?		○			○			○					○	3.9
21	옥전 5호분	○			○			○		○			○			○				○					○	3.9
22	옥전 35호분	○			○			○				○			○			○			○					○	3.1
23	옥전 91호분	○			○			○				○			○			○			○					○	4.1
24	옥전 70호분	○			○			○				○			○			○			○					○	3.5
25	옥전 M2호분	○			○			○				○			○			○			○					○	4.0
26	옥전 82호분	○			○			○				○			○			○			○					○	4.1
27	지산동 32호분	○			○					○			○			○			○			○				○	4.0
28	옥전 M1호: B	○			○					○			○			○			○			○				○	4.5
29	옥전 M1호: C	○			○					○			○			○			○			○				○	4.7
30	교동 1호분	○			○					○	○		○				○		?			△				?	
31	교동 3호: B	○			○					○		○		○			○		△			○				?	
32	지산동 44호분	○			○					○		○		○	○			○			○					△	
33	옥전 20호분		○		○	○							○				○			○			○			○	3.7
34	옥전 24호분		○		○	○																○				○	
35	옥전 M7호분		○		○								○			○				○			○			○	3.2
36	백천리1-3호분		○		○	○							○			○				○			○			○	3.3
37	반계제가A호분		○		○	○			○											○			○			○	3.2
38	지산동44-25호		○		○	○							○			○				○			○			○	3.5
39	복천동 23호분		○		○	○																○			○	○	
40	옥전 76호분		○		○	○																○			○	○	
41	말흘리 2호분		○		○	○																○			○	○	
42	예안리 39호분		○		○	○																○			○	○	
43	옥전 M1호: A		○		○					○			○			○				○			○			○	4.3
44	옥전 M3호: A		○		○					○			○			○				○			○			○	3.5
45	지산동 45-1호		○		○					○			○			○				○			○		○		

표 3. 목심등자 속성변이의 조합관계

답수부	병부형태	외장철판	윤부형태	답수부스파이크	병부단면	윤부단면	병두형태	군
a	a	a1	c, (?)	a	c	a, (c)	a, (?)	I
		a2	b, (?)	a	c	a, (c)	a, b	II
		a3	b, (?)	a	a, (?)	a	a	III
		a4	a, b, c	a	a	a, (c)	a	IV
	b	a3	b, c	a, (b)	a	a	b, (a)	V
		a4	c, (b)	b	b, (a)	b, (a)	c, (b)	VI
		b	c, (a)	b, a	b, (a)	b, (a)	c	VII
b	b	a1	c, (a)	c	c	c	c	VIII
		b	c	c	c	c	c, b	IX

태는 불확실하지만 동래 복천동 48호분 출토품은 거의 원형에 가까운 형태인 것이 유의된다. 병두의 형태는 김해 대성동 1호분 출토품의 경우 반원형을 이루고 있다. 이러한 특징을 가지는 I群은 현재 2예에 불과하며, 또한 약간의 다양성이 인정되기 때문에 하나의 형식으로 설정하기에는 약점이 있는 것도 사실이나 앞으로 자료가 증가할 것으로 예상된다.

II群은 현재 가야고분에서 출토된 것으로는 단 4점이 있으며, 구조적인 특성상 잔존상태가 불량하기 때문에 정확한 특징의 추출은 어렵다. 답수부와 병부의 형태는 위의 I群과 같은 것으로 파악되는데, 최대의 특징은 무엇보다도 외장철판의 형태와 구조에 있다. 즉 목심의 전후면에는 철판을 전혀 보강하지 않았으며, 병부의 측면과 병부와 윤부의 접합부를 중심으로 측면에만 철판을 보강한 것이 특징적이다. 이 중 합천 옥전 67-B호분 출토품은 답수부의 내외측면에 철판대를 보강하였으며, 윤의 형태는 답수부 내측이 돌출된 도하아트형이다. 답수부에는 스파이크가 없으며 윤의 단면은 梯形이다.

III群은 답수부와 병부의 형태가 I群과 같으며, 목심 외면의 전후면에는 역혁공을 중심으로 병의 상단부에만 철판으로 보강하고, 병하반부와 윤의 전후면 중앙에는 단면 말각장방형 또는 반원형의 철봉을 댄 다음, 철못으로 접합시킨 것이다. 윤부의 형태는 답수부가 내측으로 돌출한 도하아트형이 대부분인데, 옥전 68호분 출토품은 예외적으로 원형에 가깝다. 답수부에는 스파이크가 장치되지 않았고, 병부의 단면은 볼록렌즈형, 윤부의 단면은 외측면에 비해서 내측면 폭이 약간 넓은 梯形이며, 병두는 반원형을 이루고 있다. 이 같은 III群은 가야고분에서의 출토례는 3점에 불과하나, 후술하는 것과 같이 신라고분에서도 출토례가 있기 때문에 개별 형식으로 설정하더라도 문제는 없는 것으로 생각된다. 앞으로 자료 증가가 기대된다.

IV群은 답수부와 병부의 형태가 I 群 등과 같은 형태이나 외장철판의 형태와 구조에서 분명한 차이를 보여준다. 목심의 전후면에는 병과 윤상반부에 한정하여 역Y자상의 철판을 오려서 접합시킨 것으로, 전술한 바와 같이 철판의 재단에 있어서 상당한 규격성을 필요로 했을 것이다. 윤은 다양한 형태로 제작되었으며, 답수부에 장치한 스파이크의 형태는 a類가 대다수이나, b類도 극히 일부 존재한다. 병의 단면은 III群과 마찬가지로 볼록렌즈형을 띠며, 윤의 단면은 강한 梯形을 이루는 것이 대다수이다. 병두는 반원형이며, 전체길이는 21~23cm로 III群에 비해 소형인 점이 주목된다.

V群은 답수부의 형태, 외장철판의 형태와 구조, 윤부의 형태, 병부와 윤부의 단면형태 등의 제속성이 III群과 공통되면서도 전혀 새로운 양상을 보이고 있다. 그것은 우선 병부의 형태가 세장해졌고, 답수부에는 미끄럼 방지를 위한 스파이크를 장치한 예도 보인다. 또한 병두의 형태는 III群의 경우 반원형임에 비하여 V群의 예들은 우환형으로 처리되고 있다. 이상과 같은 III群과 V群의 공통점과 차이점은 양자가 계통적으로 연결됨을 시사하며, 또한 개별형식으로 설정하더라도 문제가 없음을 보여주는 것으로 생각된다.

VI群은 외장철판의 형태와 구조적인 특징에서 IV群과 계통적으로 연결될 것으로 생각되나, 상대적으로 새로운 양상을 보이고 있다. 즉, 병부의 형태가 전체적으로 세장화 또는 대형화되어 보다 Simple한 형태를 이룬다. 그리고 윤부의 형태가 이른바 도하아트형인 것도 극히 일부 존재하고 있기는 하나 횡타원형으로 정형화되었으며, 답수부에는 한 점도 예외 없이 스파이크가 장치되었다. 병부와 윤부의 단면형태는 대다수가 오각형인 점이 유의되며, 병두부는 대개 角形을 이룬다. 이러한 Ⅵ群의 특징은 외장철판의 형태와 구조적인 면에서 Ⅳ群과 계통적으로 연결될 가능성이 있는 한편, 기능과 제작기술적인 측면에서 보다 발달된 양상을 보여주고 있음을 알 수 있다.

Ⅶ群은 표 3의 속성 간의 조합관계에서 알 수 있듯이 외장철판의 형태와 구조에서 Ⅵ群과 차이가 있지만 그 외의 속성들은 서로 같이한다. 이러한 점에서 양자는 같은 계통과 형식의 것으로 간주하더라도 큰 무리가 없을 것으로 생각되지만, 외장철판의 형태와 구조에서 명백하게 분리되므로 각각 별개의 형식으로 설정하고자 한다.

Ⅷ群은 외장철판의 형태와 구조적인 속성이 a1類에 해당하는 것으로 답수부의 측면폭이 현저히 넓어진 점이 가장 큰 특징이다. 미끄럼 방지를 위한 스파이크는 원두정 내지는 방두정으로, 넓어진 답수부의 폭에 맞추어 폭넓게 장치되었다. 병과 윤의 단면형태는 대부분이 장방형이며, 병두의 형태는 각형으로 거의 정형화되었다. 한편, 윤부의 외측면 철판대의 경우 윤부 전체를 보강하는 것이 기본이나, 옥전 20호분 출토품의 예와 같이 윤부의 중위까지만 보강하고, 그 끝을 삼각형으로 잘라낸 예도 있다. 그리고 Ⅷ群에 해당하는 자료들 중에서도 목심의 측면에는 철판대를 보강하지 않고, 전후면 철판의 양끝을 측면 쪽으로 꺾어 접어서 보강한 예도 보인다. 이러한 제작방법은 Ⅷ群을 보다 간략화한 것으로 앞으로 자료 증가 여부에 따라 세분될 가능성도 있으나 여기에서는 같은 형식으로 설정하기로 한다.

Ⅸ群은 분해된 개개의 속성 혹은 속성변이들이 위의 Ⅷ群과 공통되는

점이 많다. 따라서 양자는 밀접한 관련이 있는 것으로 생각되는데, 이 점에 대해서는 후술하기로 하고 외장철판의 형태와 구조에서 명확한 차이가 있기 때문에 독립된 형식으로 설정하고자 한다.

이상과 같이 속성 간의 결합군들에 대해 개별적으로 검토하였는데, 각각의 결합군들은 외장철판의 형태와 구조적인 특징에서 계통적으로 깊은 관련이 있는 것도 있으나, 목심등자의 발달사상 기능과 제작 기술적인 측면에서 전혀 다른 양상을 보이고 있으므로 속성의 결합군 각각을 독립된 형식으로 설정하고자 한다. 각 형식의 명칭은 먼저 답수부를 가장 큰 기준으로 하여 답수부 a類에 해당되는 Ⅰ~Ⅶ群을 Ⅰ式, b類에 속하는 Ⅷ·Ⅸ群을 Ⅱ式으로 한다. 그리고 병부의 형태 a, b類를 각각 A, B式으로 하고, 마지막으로 외장철판의 형태와 구조가 a1~a4類에 해당하는 것들은 각각 1~4式으로, b類는 5式으로 한다. 이로써 목심등자의 형식은 ⅠA1式~ⅡB5式까지 모두 9개의 형식을 설정할 수 있다. 이하 각 형식의 명칭과 특징을 정리하면 아래와 같다.

ⅠA1式(Ⅰ群) : 답수부와 병부, 윤부의 측면폭은 동일하며, 병부는 두텁고 짧다. 외장철판은 병과 윤의 접합부에 역Y자상의 철판으로 보강한 점이 최대의 특징인데, 병상반부와 윤하반부에 철판을 댄 예도 있다. 병단면은 장방형, 윤단면은 장방형 혹은 제형을 띠며, 병두는 반원형을 이룬다. 복천동 48호분, 대성동 1호분 출토품(그림 03-1~2).

ⅠA2式(Ⅱ群) : 답수부와 병부의 형태는 ⅠA1式과 동일형태이다. 목심의 전후면에는 철판을 전혀 보강하지 않았고 병의 측면과 윤부 측면의 특정부위에만 철판대를 보강한 것이 가장 큰 특징이다. 양동리 78, 107호분, 옥전 23, 67-B호분 출토품(그림 03-3~6).

ⅠA3式(Ⅲ群) : 답수부와 병부의 형태는 ⅠA1式과 동일형태이다. 목심의 전후면 철판은 병의 상반부에만 있고, 나머지 부분은 철봉으로 보강한 점이 가장 큰 특징이다. 윤은 도하아트형과 횡타원형이 있으며, 답수부에는 스파이크가 장치되지 않았다. 병의 단면은 볼록렌즈형, 윤의 단면은 약한 梯形이며, 병두는 반원형이다. 복천동 35, 22호분, 옥전 68호분 출토품(그림 03-7~9).

ⅠA4式(Ⅳ群) : 답수부와 병부의 형태는 ⅠA1式과 동일하다. 木心의 전후면에는 병부와 윤상반부에 한정하여 역Y자상의 철판으로 보강하였다. 윤의 형태는 다양하며, 답수부에는 스파이크를 장치한 예가 극히 일부 존재한다. 병의 단면은 볼록렌즈형, 윤의 단면은 강한 梯形을 띠는 것이 주류이며, 병두는 반원형을 이룬다. 복천동 10호분, 옥전 67-B호분 출토품(그림 03-10~12).

ⅠB3式(Ⅴ群) : 외장철판의 형태와 구조는 기본적으로 ⅠA3式과 동일하나 병부가 세장해진 점이 가장 큰 차이점이다. 윤은 도하아트형 내지는 횡타원형을 띠며, 답수부에는 스파이크를 장치한 예도 있다. 병의 단면은 볼록렌즈형, 윤의 단면은 梯形, 병두는 우환형을 이룬다. 옥전 28, 95호분, 교동 2, 3호분, 계남리 1호분 출토품(그림 04-1~3).

ⅠB4式(Ⅵ群) : 외장철판의 형태와 구조는 기본적으로 ⅠA4式과 동일하다. 병은 세장하고 윤의 형태는 대다수가 횡타원형이다. 답수부에는 스파이크의 장치가 보편화 되었으며, 병과 윤의 단면은 대부분이 오각형을 이루고 있다. 병두는 각형이 주류이다. 옥전 5, 8, 35, 70, 82, 91, M2호분, 지산동 33, 35호분 출토품(그림 04-4~6).

ⅠB5式(Ⅶ群) : 목심의 전면을 철판으로 보강한 점이 가장 큰 특징이며, 그 외의 속성은 ⅠB4式과 동일한 것이다. 옥전 M1호분, 지산동

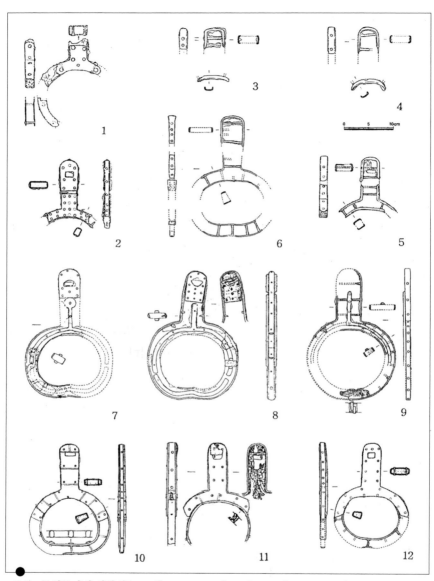

03 목심등자의 제형식(I A1식 : 1 · 2, I A2식 : 3~6, I A3식 : 7~9, I A4식 : 10~12)

　　1. 복천동 48호분, 2. 대성동 1호분, 3. 양동리 107호분, 4. 양동리 78호분, 5. 옥전 23호분, 6. 옥전 67-B호분, 7. 복천동 35호분, 8. 복천동 22호분, 9. 옥전 68호분, 10. 복천동 10호분, 11. 복천동 10호분, 12. 옥전 67-A호분

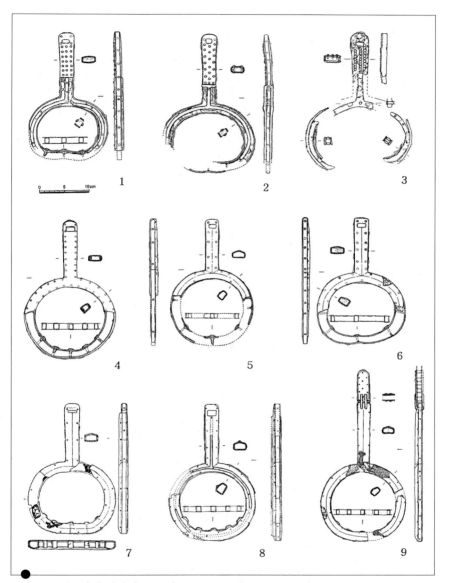

04 목심등자의 제형식(ⅠB3식 : 1~3, ⅠB4식 : 4~6, ⅠB5식 : 7~9)

1. 옥전 28호분, 2. 옥전 95호분, 3. 교동 3호분, 4. 옥전 8호분, 5. 옥전 91호분, 6. 옥전 5호분, 7. 지산동 32호분, 8. 옥전 M1호분, 9. 옥전 M1호분

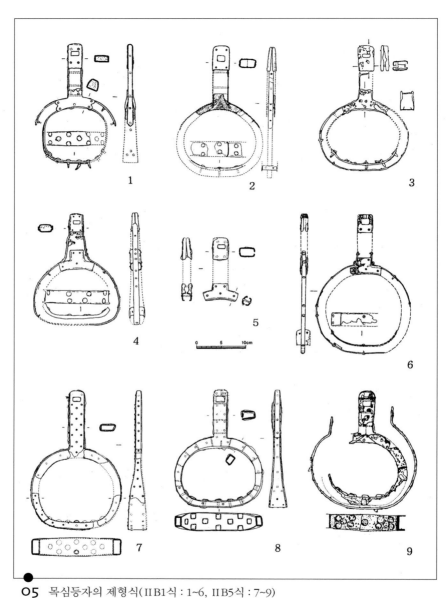

05 목심등자의 제형식(ⅡB1식 : 1~6, ⅡB5식 : 7~9)
1. 옥전 20호분, 2. 옥전 M7호분, 3. 지산동 44호분 25호 석곽, 4. 반계제 가A호분, 5. 옥전 76호분, 6. 백천리 1-3호분, 7. 옥전 M1호분, 8. 옥전 M3호분, 9. 지산동 45호분

32, 44호분 출토품(그림 04-7~9).

ⅡB1式(Ⅷ群) : 외장철판의 형태와 구조는 기본적으로 ⅠA1式과 동일형태이면서 답수부의 측면폭이 현저히 넓어진 점이 가장 큰 특징이다. 미끄럼 방지를 위한 스파이크는 답수부의 모양에 맞추어 폭넓게 장치되었다. 윤은 횡타원형으로 답수부쪽은 약간 직선적이다. 병과 윤의 단면은 장방형이며, 병두는 각형이 보편적이다. 옥전 20, 24, 76, M7호분, 지산동 44호분 25호 석곽, 말흘리 2호분, 반계제 가A호분, 백천리 1-3호분 출토품(그림 05-1~6).

ⅡB5式(Ⅸ群) : 답수부의 형태, 병부의 형태, 답수부 스파이크 형태 등의 특징이 ⅡB1式과 동일하면서 목심의 사면 전체를 철판으로 보강한 점이 가장 큰 특징이다. 옥전 M1, M3호분, 지산동 45호분 출토품(그림 05-7~9).

3. 편년

가야고분에서 출토된 목심등자에서 추출된 개개의 속성을 기능과 제작기술의 발달이라는 관점에서 검토한 결과를 기반으로 하여 型式을 설정

표 4. 목심등자 속성의 변천

속성 \ 시간	古		→		新
답수부 형태	a類		→		b類
병부 형태	a類		→		b類
답수부 스파이크	a類	→	b類	→	c類
윤부 형태	a · b類		→		c類
병부 단면형태	a · (c)類	→	b類	→	c類
윤부 단면형태	a · (c)類	→	b類	→	c類
병두부 형태	a類	→	b類	→	c類

하였다. 여기에서는 앞에서 검토한 속성변이의 변화순서와 상관관계를 바탕으로 하여 형식간의 상대배열을 검토하고, 그 실연대에 대해서 살펴보고자 한다.

앞서 상술한 바와 같이 목심등자의 속성 혹은 속성변이들은 기능과 제작기술의 차이, 계통차, 시기차 등을 반영하고 있는 것으로 밝혀졌는데, 먼저 속성변이들의 변화순서를 재정리하여 상대배열을 위한 주요한 근거로 삼고자 한다. 즉 표 4에서와 같이 목심등자의 속성변이들은 시간적 선후관계를 잘 나타내고 있는데, 이에 의하면 답수부의 측면폭이 a類인 I식이 b類에 해당하는 II식보다 먼저 출현하였으며, 병의 형태는 A식이 B식보다 이른 시기에 해당함을 알 수 있다. 따라서 크게 보면 ⅠA→ⅠB→ⅡB식으로의 변화순서를 상정할 수 있다.

ⅠA식은 외장철판의 형태와 구조의 차이를 기준으로 네 型式으로 세분하였는데, 이들 중 외장철판의 재단에 있어서 규격성을 요하면서 내구성의 증대를 꾀한 ⅠA4식이 가장 늦게 출현하였을 것으로 생각된다. 그것은 ⅠA식 중에서 답수부에 스파이크를 장치한 최초의 형식이 ⅠA4식이라는 점에서도 방증된다. 나머지 세 형식에 대해서는 목심등자 자체만으로 선후관계를 결정할 만한 뚜렷한 근거가 없으나, 외장철판의 구조상 간략한 ⅠA1, ⅠA2식이 먼저 출현하고, 뒤이어서 ⅠA3식이 나타났던 것으로 추정된다. 따라서 ⅠA식에 해당하는 네 형식의 출현순서는 ⅠA1→ⅠA2·ⅠA3→ⅠA4식의 순으로 정리할 수 있다.

ⅠB식은 역시 외장철판의 형태와 구조의 차이에 따라 세 형식으로 세분하였다. 이들의 선후관계를 보면 무엇보다도 ⅠB5식이 가장 늦게 출현하였을 것으로 추정되는데, 그러한 이유는 ⅠB5식은 외장철판의 형태와 구조에 있어서 보다 높은 철판 재단 기술을 필요로 하면서 목심등자의 내구성이 강화된 것으로 여겨지기 때문이다. 그리고 ⅠB3식과 ⅠB4식은 각각 ⅠA3, ⅠA4식에서 변화·발전된 형식임이 명확한데, 그 출현순서는 거

의 같은 시기였을 것으로 추정된다. 이상을 정리하면 ⅠB식에 포함되는
세 형식의 출현순서는 ⅠB3・ⅠB4→ⅠB5식일 것으로 추정된다.

　마지막으로 답수부의 측면폭이 현저히 넓어진 Ⅱ식에 대하여 살펴보
고자 한다. Ⅱ식 중에는 병부의 형태가 세장한 b類만이 존재하고 있는데,
외장철판의 형태와 구조의 차이에 따라 두 형식으로 세분하였다. 세분된
ⅡB1식과 ⅡB5식의 제속성을 살펴보면 외장철판의 형태와 구조적인 점
에서 서로 차이가 나며, 그 외에는 모두 동일한 양상을 보여주고 있다. 목
심등자의 내구성의 차이를 기준으로 하면 ⅡB5식이 ⅡB1식에 비하여 더
욱 발전된 형식으로 간주될 수 있으나, 공반된 다른 자료들을 살펴보면 Ⅱ
B1식이 오히려 약간 늦게 출현하고 있음을 알 수 있다.

　이러한 현상은 Ⅰ식에 속하는 형식들의 선후관계와 다른 관점에서 검
토할 필요가 있음을 시사해 준다. 즉 Ⅰ식에 속하는 제형식들의 변화의 방
향성은 목심등자의 기능상의 발전, 제작기술의 발전에 상응한 목심등자의
내구력의 증대라는 두 가지로 요약될 수 있다. 그런데 목심등자가 Ⅱ식으
로 변화・발전된 단계가 되면 Ⅰ식과 같은 필요조건은 기술적 수준으로
충분히 해소할 수 있었기 때문에 그다지 고려해야 할 요건이 아니었을 것
으로 생각된다. 그것은 기능적으로 발전된 ⅡB1식이 사면전체에 철판을
덮어씌운 ⅠB5식에 비해 늦게 출현하고 있다는 사실에서도 충분히 알 수
있다. 따라서 필자는 Ⅱ식 목심등자가 제작되는 단계가 되면 제작에 있어
서 고려해야 할 요건은 量産化였을 것으로 상정하고, 그러한 점에서 제작
공정이 까다롭고 시간도 많이 소요되는 ⅡB5식에 이어서 ⅡB1식이 출현
하였을 것으로 생각하는 것이다. 이와 같은 Ⅱ식 목심등자의 변화의 방향
성이 종국에는 측면철판은 전혀 없이 전후면의 특정부위에만 철판을 보강
하는 목심등자의 제작도 가능하게 했을 것이다.[81]

　이상에서 검토한 것을 정리하여 목심등자 각 형식의 출현순서를 상대
배열하면 다음과 같다.

ⅠA1식→ⅠA2 · ⅠA3식→ⅠA4식→ⅠB3 · ⅠB4→ⅠB5식→ⅡB5식
→ⅡB1식

　　그런데 아래의 검토에서 나타나는 것과 같이 위에 정리된 상대배열은
각 형식의 최초 출현순서에 근거한 것이기 때문에 반드시 각 형식 내에 포
함되는 모든 목심등자의 선후를 결정하는 것은 아니라는 것을 밝혀 둔다.
그것은 새로운 형식이 출현한 이후에도 어느 시점까지는 그 이전의 형식
이 여전히 제작 · 사용되고 있는 것이 확인되기 때문이다.

　　다음은 지금까지의 검토를 통해서 설정된 각 형식의 실연대를 살펴보
기로 하겠다. 그런데 목심등자 자체만으로 실연대를 결정하는 것은 사실
상 어렵기 때문에 여기에서는 각 형식의 선후관계와 기존의 연구성과 및
공반유물 등을 기반으로 하여 실연대를 추정하고자 한다. 한동안 한반도
남부지방에 마구가 출현하는 실연대에 대해서 대부분의 연구자들은 5세
기 초를 상한연대로 삼았다.[82] 그런데 이후 김해 대성동과 동래 복천동고
분군 등에서 4세기대의 마구가 다수 출토됨으로써 새로운 견해들이 제시
되었다.

　　우선 김두철은 삼국시대 비의 연구에서 낙동강 하류의 금관가야 지역
에 대한 고구려 마구의 영향이 적어도 4세기 후반대부터 이루어졌을 것으
로 파악하였다.[83] 이후 삼국시대의 행엽을 검토한 이상율은 종래와 다른

---

81) 옥전 76호분과 말흘리 2호분, 예안리 39호분 출토품들이 여기에 해당된다. 이들은 공
반되는 유물들로 보아 대체로 6세기대 이후로 편년되는 것으로, 그 제작법으로 보아
목심등자의 말기적 형태로 추정된다.
82) 5세기 초 상한연대는 신경철과 최종규에 의해 처음으로 제시되었다. 즉 한반도 남부
지방에 나타난 기승용의 마구, 갑주 등은 고구려계 문물이며, A.D 400년 고구려 광개토대
왕의 남정을 계기로 남부지방에 이입되었을 것으로 보았다.
　　崔鍾圭, 1983,「中期古墳의 性格에 대한 약간의 考察」『釜大史學』제7집.
　　申敬澈, 1985, 앞의 논문.

견해를 제시하였다. 즉 행엽을 비롯한 가야초기의 마구 출현배경으로는 고구려로부터의 직접적인 파급은 인정되나 가야지역에서는 행엽이 등장하는 4세기대부터 기존의 풍부한 철소재를 바탕으로 하여 재질 및 제작법을 변용함으로써 재지 匠人의 손에 의해 독자적인 생산이 이루어졌을 것으로 추정하였다.[84] 한편, 최근 신경철은 새로운 자료를 검토하면서 앞서 제출한 견해를 수정 · 보완하였는데, 이에 대해서는 앞서 제1장에서 살펴본 바 있다. 이상과 같은 가야 초기마구에 대한 새로운 시각은 최신의 자료를 근거로 한 것이어서 한반도 남부지방 초기 마구문화의 편년과 계보, 이입경로 등의 문제를 규명하는데 있어서 대단히 주목되는데, 필자는 이에 기본적으로 공감하고 있다.

목심등자가 한반도 남부지방에 출현하는 시기, 배경 등에 대한 명백한 근거는 없으나 늦어도 4세기 중엽 이후에는 고구려를 포함한 중국 동북지방에서 유입되었을 것으로 추정된다. 그것은 첫째, 선학들이 이미 지적한 바와 같이 가야지역에 처음으로 나타난 판비가 북방의 袁台子壁畵墓(그림 11-15), 孝民屯 154號墓(그림 11-16) 등의 출토품들과 깊은 관련이 있다는 점, 둘째 목심등자의 출현이 기마용 갑주의 등장과 밀접한 관련이 있는 것을 고려하면 초기자료들이 다수 출토된 낙동강 하류역의 경우 기마용 갑주류는 주로 4세기 후반대부터 집중되고 있다는 점을 들 수 있다.[85] 결론적으로 말하면 신경철이 이미 지적한 바 있듯이[86] 가야지역의 출현기 목심등자는 木鐙의 제작기술을 바탕으로 출현하였을 것으로 추정되는데,

---

83) 金斗喆, 1991, 앞의 논문.
84) 李尙律, 1993, 앞의 논문.
85) 낙동강 하류역의 마구 출토고분의 공반유물과 연대에 대해서는 申敬澈, 1991, 「金海 大成洞古墳群의 발굴조사 성과」『加耶史의 再照明』 및 申敬澈, 1994, 앞의 논문을 전적으로 따른다. 이하 이와 관련된 각주는 특별히 필요하지 않는 경우는 생략하였음을 밝혀둔다.
86) 申敬澈, 1994, 위의 논문, p.293 참조.

木心漆皮輪鐙이 출토된 袁台子壁畵墓의 연대[87]를 고려하면 가야지역에서는 늦어도 4세기 후반대에는 목심등자가 도입되었을 것으로 본다. 그리고 영남 내륙지방, 특히 대가야권에 있어서 목심등자를 포함한 기마문화의 유입과 등장은 고구려 광개토왕비문의 庚子年條에 보이는 A.D 400년 고구려군의 남정에 따른 한반도 남부지방의 정세변동이 직접적인 원인이었을 것으로 생각하고 있다.[88]

이상과 같은 관점에서 가야지역에 목심등자가 출현하는 시기를 김해·부산지역은 4세기 후반의 어느 시점, 대가야지역은 5세기 초를 전후한 시기로 상정해 볼 수 있다. 이하 각 형식의 실연대를 부여하면 다음과 같다.

ⅠA1식은 복천동 48호분, 대성동 1호분에서 출토된 것이 전부인데, 공반된 토기의 편년에 따르면 전자는 4세기 3/4분기, 후자는 5세기 1/4분기로 추정되고 있다. 이로써 4세기 후반에서 5세기 전엽으로 편년하고자 한다.

ⅠA2식은 전술한 바와 같이 제형식의 목심등자 중에서 제작법이 가장 간략한 것으로 양동리 78, 107호분, 옥전 23, 67-B호분 출토품이 이에 해당된다. 이 중 양동리 78호분 출토품을 가장 빠른 시기의 것으로 볼 수 있는데, 이 고분에서 공반된 철제의 표비는 인수의 형태적 특징이 楡樹老河深中層의 56號墓(그림 11-1),[89] 복천동 69호분(그림 11-4) 출토품들과 극히

---

87) 袁台子墓의 연대에 대해서 보고자는 4세기 초~중엽으로 추정하였다.

88) 이 점은 옥전고분군의 묘제에 대한 검토결과를 통해서도 입증되고 있는데, 즉 4세기 후반으로 편년되는 옥전 54호분은 묘제의 구조적인 특징에서 고구려와의 관련성이 趙榮濟, 1994,「陜川 玉田古墳群の墓制につぃこ」『朝鮮學報』제150집에서 지적되고 있다. 그런데 여기에서 주목되는 것은 옥전 54호분에 아직 마구, 갑주 등의 기마용 문물이 전혀 부장되지 않고 있다는 사실이다. 이로써 옥전고분군에 기마용의 문물이 유입되는 것이 5세기 이후임을 알 수 있다.

유사하다. 이러한 철제 표비들의 연대를 고려하면 양동리 78호분의 예는 4세기대로 소급될 가능성도 충분히 있을 것으로 생각된다.[90] 그리고 양동리 107호분 출토품도 외장철판의 형태가 극히 유사하기 때문에 양동리 78호분 출토품과는 시기적으로 큰 차이가 없을 것이다. 한편 옥전 23, 67-B호분 출토품은 병두가 隅丸形으로 변화되었다는 점에서 양동리 78호분의 예보다는 한 단계 정도 늦을 것으로 추측되며, 양분의 공반유물들로 보아 5세기 전엽이 중심연대일 것으로 추정된다.[91]

  ⅠA3식은 복천동 35, 22호분, 옥전 68호분 출토품인데, 이들은 외장철판의 형태와 구조상 동일계보에 있는 것들로 거의 같은 시기의 것으로 생각된다. 선학의 연구에 따르면 복천동 35, 22호분은 5세기 초~전엽으로 비정되고 있어 같은 형식이 출토된 옥전 68호분 역시 연대적으로 그다지 차이가 없을 것으로 판단된다.[92] 따라서 ⅠA3식은 5세기 초에서 전엽의 시기에 제작된 목심등자일 것으로 추정된다.

  ⅠA4식에 해당되는 자료는 옥전 67-A호분, 복천동 10호분에서 출토된 것들이 유일한 것으로, 이들은 윤부의 형태 등에서 미세한 차이점이 없지 않으나 규격과 형태 및 제작방법 등에서 공통되는 점이 더 많다. 옥전 67-

89) 吉林省文物考古硏究所, 1987, 『楡樹老河深』, 文物出版社.
90) 양동리 78호분 출토 무개식의 외절구연고배는 기형의 특징으로 보아 4세기 4/4분기로 편년되는 대성동 41호분과 5세기 1/4분기로 편년되는 대성동 1호분 출토품과 매우 유사한 것으로 판단된다. 이로써 양동리 78호분은 5세기 1/4분기 이전으로 편년할 수 있다.
91) 옥전 23, 67-B호분에서 출토된 환판비는 인수와 함유의 특징으로 보아 동래 복천동 31, 10호분 출토품들과 같은 계보를 가지는 것으로 이들과 비슷한 5세기 전엽의 것으로 생각된다. 그런데 옥전 67-B호분 출토 등자는 답수부 내·외측면에도 철판대를 보강했다는 점에서 ⅠA2식 중에서도 가장 늦은 5세기 전엽의 늦은 시기에 해당되는 것으로 생각된다.
92) 옥전 68호분에서 출토된 환판비는 인수와 함유의 특징상 5세기 초로 비정되고 있는 동래 복천동 31호분 출토품과 매우 유사하다. 따라서 엄밀히 말하면 옥전 68호분은 5세기 초에 가까운 시기에 위치될 것으로 추정된다.

A호분에서 공반된 환판비는 옥전 68호분, 복천동 31호분 출토품들의 계보를 잇는 것이기 때문에 이들과 시기차가 그다지 클 것으로는 생각되지 않는다. 따라서 ⅠA4식은 복천동 10호분의 연대와 옥전 67-A호분의 환판비의 편년을 고려하면 5세기 전엽 중에서도 늦은 시기로 편년할 수 있다.[93]

다음으로 ⅠB식 중에서 ⅠB3식에 해당되는 목심등자는 옥전 28, 95호분과 창녕 교동 2, 3호분, 계남리 1호분에서 출토된 것들이다. 앞에서 살펴본 바와 같이 ⅠB3식은 ⅠA3식의 계승·발전형일 것으로 파악되는데, 그 최초의 예는 경주 황오리 14호분 제1부곽 출토품으로 생각된다.[94] 어쨌든 ⅠB3식에 속하는 위의 예들은 여러 속성을 공유하고 있기 때문에 연대적으로 거의 동시기에 해당될 것으로 생각되며, ⅠA3식과 비교하면 기본적인 제작법은 여전히 계승하고 있으면서도 전체적으로 세장해진 것에서 ⅠA3식보다는 늦게 출현하였음을 알 수 있다. 따라서 ⅠB3식의 중심연대는 5세기 중엽 경에 해당되는 것으로 생각된다.[95]

ⅠB4식은 모두 9점으로 ⅡB1식과 함께 출토례가 가장 많다. 이 중에서 옥전 8호분 출토품은 전체적으로 세장해졌다는 것과 답수부 스파이크의 구조상 ⅠB4식으로 분류하였으나, 병부와 윤부의 단면은 ⅠA4식과 같은 형태이다. 이와 같은 속성의 특징상 옥전 8호분 출토품은 ⅠA4식에서 ⅠB4식으로 변화해 가는 과도기적인 것으로, 그 연대는 5세기 중엽의 이른

---

93) 동래 복천동 10호분의 연대에 대해서 申敬澈, 1985, 앞의 논문에서는 5세기 중엽, 安在晧·宋桂鉉, 1986,「古式陶質土器에 관한 약간의 考察」『嶺南考古學』 1에서는 5세기 전엽의 늦은 시기로 비정하였다.

94) 齊藤忠, 1937,「慶州皇南里第109號墳皇吾里第14號墳調査報告」『昭和 9年度 古蹟調査報告書』 제1책.

95) ⅠB3식 등자가 출토된 유구에 대한 연대는 연구자들에 따라 많은 차이를 보이고 있는데, 황오리 14호분이 황남동 109호분 제4곽보다 늦게 축조된 것이라는 데는 일치한다. 황오리 14호분의 실연대는 申敬澈, 1985, 앞의 논문에서 5세기 중엽으로 비정하였다. 필자도 이를 따른다.

시기에 해당될 것으로 추정된다.[96] 한편 나머지 예들은 제속성을 공유하고 있기 때문에 시기폭이 그다지 클 것으로는 생각되지 않으나, 옥전 70, 82호분은 공반된 토기에 의하면 5세기 후엽 또는 5세기 4/4분기로 편년된다. 따라서 I B4식은 5세기 중엽에 출현하여 5세기 후엽까지 유행한 것으로 보고자 한다.[97]

I B5식은 옥전 M1호분, 지산동 32, 44호분 주석실, 교동 1, 3호분 출토품들이 해당된다. 이 중에서 옥전과 지산동의 예들은 앞에서 살펴본 바와 같이 속성의 특징상 I B4식에서 변화·발전된 형식임이 분명하다. 따라서 I B5식은 I B4식에 비해 늦게 출현하였을 것으로 추측되는데, 공반된 토기의 검토에 따르면 옥전 M1, 지산동 32호분은 5세기 3/4분기, 지산동 44호분은 5세기 말~6세기 전엽으로 추정되고 있다. 한편 교동 1, 3호분에서 출토된 목심등자는 병과 윤의 단면, 외장철판에 촘촘히 박은 철못 등의 특징상 경주 황오리 14호분 제1부곽 출토품과 연결되는 것으로 판단된다.[98] 황오리 14호분 제1부곽에서는 필자 분류의 I B3식, I B5식이 공반되고 있는데, 교동 3호분의 경우도 같은 양상이므로 양분은 시기적으로 큰 차이가 없을 것으로 생각된다. 따라서 I B5식은 5세기 중엽에서 6세기 전엽까지의 시기에 제작·사용되었던 것으로 추정된다.

II B5식은 옥전 M1, M3호분, 지산동 45호분 제1호 석실에서 출토된 것

---

96) 옥전 8호분 출토 등자는 이른바 古式에서 新式으로 전환하는 과도기적인 등자로서, 대가야권에 있어서 목심등자의 제작이 정형화되어 가는 과정을 설명하는 데 중요한 자료이다. 이에 대해서는 후술하기로 하겠다.

97) I B4식 등자가 출토된 유구들의 연대에 대해서는 여러 견해가 있는데, 禹枝南, 1986, 앞의 논문에서는 지산동 33, 35호분을 5세기 중엽을 전후한 시기, 趙榮濟, 1996, 「玉田古墳의 編年硏究」『嶺南考古學』18에서는 옥전 M2호분은 5세기 3/4분기, 옥전 70, 82호분은 5세기 4/4분기의 늦은 시기로 편년하였다.

98) 이점에 대해서 高久健二도 沈奉謹 外, 1992, 『昌寧校洞古墳群』, 동아대학교박물관에서 지적하고 있다.

들인데, 앞에서 검토한 바와 같이 IIB5식은 IB5식에 뒤이어서 출현한 형식이지만, 옥전 M1호분에서는 IB5식, IIB5식이 공반하고 있기 때문에 옥전 M1호분의 연대를 고려하면 5세기 중엽 후반에 출현하였을 것으로 생각된다. 옥전 M3호분, 지산동 45호분은 공반된 토기의 검토에 따르면 각각 5세기 4/4분기, 6세기 전엽으로 비정되고 있다. 요컨대 IIB5식은 5세기 후엽에서 6세기 전엽까지의 시기에 해당되는 것으로 추정할 수 있다.

　IIB1식은 모두 10예가 알려지고 있는데, 앞에서 살펴본 바와 같이 IIB5식과 밀접한 관련을 가지므로 5세기 중엽 이후로 편년할 수 있는 것으로 대체로 5세기 후반대가 중심연대일 것으로 생각된다. 그리고 김해 예안리 39호분은 토기의 편년에 의해 6세기 전엽 후반으로 비정되고 있다.[99] 따라서 현재의 경우 IIB1식은 5세기 후엽에서 6세기 전엽까지의 시기폭을 가지고 있는 것으로 추정된다. 다만 앞에서 살펴본 바와 같이 옥전 76호분, 말흘리 2호분, 예안리 39호분 출토품들은 목심등자의 종말기적 제작형태일 것으로 추정되기 때문에 대가야가 멸망하는 시점까지 제작되

표 5. 목심등자 편년표

형식 ＼ 연대	4세기 대	5세기 전엽	5세기 중엽	5세기 후엽	6세기 전엽~562년
I A1	············				
I A2	········				
I A3					
I A4	······				
I B3			······		
I B4					
I B5					
IIB1				······	
IIB5			············		

99) 釜山大學校博物館, 1985, 앞의 책 및 釜山大學校博物館, 1993, 『金海 禮安里古墳群II』.

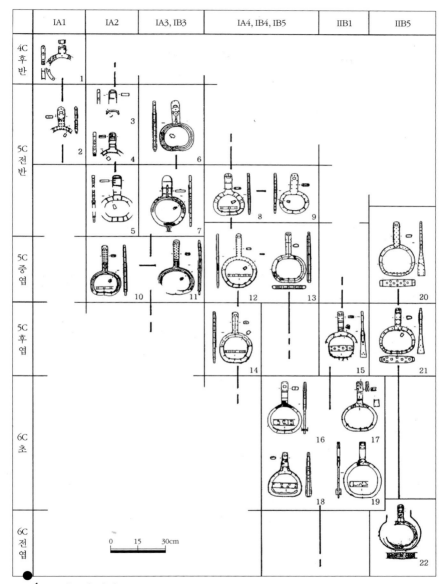

	IA1	IA2	IA3, IB3	IA4, IB4, IB5	IIB1	IIB5
4C 후반	1					
5C 전반	2	3 4	6	8 9		
	5		7			
5C 중엽	10		11	12 13		20
5C 후엽			14	15		21
6C 초				16 17 18 19		
6C 전엽		0 15 30cm				22

06 목심등자 편년표

1. 복천동 48호, 2. 대성동 1호, 3. 양동리 78호, 4. 옥전 23호, 5. 옥전 67-B호, 6. 복천동 35호, 7. 옥전 68호, 8. 복천동 10호, 9. 옥전 67-A호, 10. 옥전 28호, 11. 옥전 95호, 12. 옥전 B호, 13. 지산동 32호, 14. 옥전 70호, 15. 옥전 20호, 16. 옥전 M7호, 17. 지산동 44-25호, 18. 반계제 가A호, 19. 백천리 1-3호, 20. 옥전 M1호, 21. 옥전 M3호, 22. 지산동 45호

었을 가능성이 크다.

이상에서와 같이 가야고분에서 출토된 목심등자의 각 형식을 속성변이의 변화순서와 공반유물에 대한 연구성과 등을 토대로 상대배열하고 실연대에 대해서도 살펴보았다. 이러한 결과를 정리하여 나타낸 것이 표 5와 그림 6이다.

4. 계보와 전개

지금까지 가야고분 출토 목심등자를 분석·검토해 모두 9개의 형식을 설정하였다. 그리고 이들 형식의 변화의 방향성은 I 식에 속하는 예들은 기능과 내구력의 증대가 중요하게 작용하였고, II 식의 제작단계에 있어서는 수요 증가에 따른 量産化에 제작의 초점이 맞추어졌던 것으로 추정하였다. 목심등자의 실연대에 대해서는 4세기대부터 대가야가 멸망하는 562년 무렵까지의 어느 시기에 해당되는 것으로 파악하였다.

이상과 같은 검토 결과를 기반으로 여기에서는 목심등자의 변화와 획기를 I ~ V기로 분기하고, 각 기의 속하는 목심등자의 계보와 특징에 대하여 살펴보고자 한다.[100]

1) I 기 : 수용기

가야에 기승용 마구가 수용되어 정착되기 시작하는 것은 최근의 발굴과 연구성과에 의하면 4세기대에 들어서면서이다. 그것은 가야의 전역에서 나타나는 것이 아니라, 금관가야의 주요 활동무대로 인식되고 있는 낙

---

100) 목심등자의 획기는 대체로 병부의 길이·답수부 폭·외장철판의 변화와 답수부에 장치되는 스파이크가 일반화되는 것을 기준으로 해서 설정하였다.

동강 하류역의 김해·부산지역에 한정하여 집중적으로 출토되고 있는 것이 특징이라 할 수 있다.

4세기대의 목심등자는 동래 복천동 60, 48호분에서 출토된 2예가 알려져 있다. 이들은 각각 4세기 3/4분기와 4세기 4/4분기로 편년되어 현재 가야지역에서 출토된 것 중에서 가장 빠른 시기의 실물 등자로 추정된다. 이중 비교적 많은 부분이 남아 있는 것은 복천동 48호분에서 출토된 목심등자인데, 병부와 윤부의 특정부위에만 철판을 덧댄 후 철못으로 고정시킨 매우 간단한 형식으로 윤부의 형태가 거의 圓形을 이루고 있는 점이 주목된다.

필자는 이들을 재지에서 제작된 것으로 추측하고 있는데, 그것은 신경철이 이미 지적한 바와 같이 가야에는 이전부터 木鐙이 존재했을 가능성이 충분히 추정되기 때문이다. 그러한 근거로는 첫째, 가야의 4세기대 마구류는 중국 동북지방의 선비계 마구문화에 원류가 있을 것으로 추정되고 있는데, 그 중 楡樹老河深 墓地의 마구는 鑣가 대부분이고 금속제의 안장과 목심등자는 출토되지 않았으며, 무기와 무구류는 갑주, 대도, 긴 철모, 철촉 등이 출토되었다.[101] 이와 같은 유물구성은 가야의 4세기대 마구가 출토되는 고분들의 유물상과 일맥상통한다. 이로써 楡樹老河深 墓地 단계에는 금속제의 등자는 아직 개발되지 않았지만 木鐙이 존재했을 가능성은 충분히 있는 것으로 생각된다.[102] 둘째, 安陽 孝民屯 154號墓에서는 금동제, 朝陽 袁台子墓에서는 木心漆皮의 등자가 발견되었는데, 이들 묘에서 출토된 鑣가 낙동강 하류역 출토품들과 연결된다는 것에서 목심등자의 출현배경에 있어서도 관련성이 깊을 것으로 추정된다.

---

101) 吉林省文物考古硏究所, 1987, 앞의 책.
102) 穴澤和光, 1990, 『古墳文化と朝鮮文化』『季刊考古學』 제33호에서는 楡樹老河深 출토품을 검토하면서 皮革 또는 Felt製 鞍裝의 존재를 상정하고 있다.

그런데 현재 가야에서 最古의 목심등자라 할 수 있는 복천동 48, 60호분 출토 목심등자는 형태와 재질, 제작방법 등에서 위의 예들과 직접 비교하기 어렵다. 따라서 이들 보다 앞서 사용되었을 것으로 추정되는 木鐙을 기반으로 하여 재지에서 개량·제작되었을 가능성이 크다. 그렇지만 전반적인 마구문화의 양상으로 볼 때 그 출현배경에는 고구려를 비롯한 중국 동북지방 마구문화의 영향이 있었음을 충분히 고려해야 될 것으로 본다. 한편 전술한 바와 같이 양동리 78호분에서 출토된 ⅠA2식역시 공반된 표비의 특징으로 보아 이 시기에 제작되었을 가능성도 배제할 수 없다.

이상에서와 같이 가야지역에서는 고구려와 선비지역의 마구문화의 영향을 받아서 4세기대에 마구가 수용되는데, 목심등자의 경우 4세기 후반대에 가야지역에 처음으로 등장하였음을 알 수 있다. 다만 출토 상황으로 보아 목심등자의 보급과 제작은 극히 한정적이었던 것으로 보인다.

2) Ⅱ기 : 확산기

이 시기는 수용기의 ⅠA1식과 함께 ⅠA2·ⅠA3·ⅠA4식이 제작되는 단계이다. 실연대로는 5세기 초에서 5세기 전엽까지이다. 전술한 바와 같이 위 의 등자들은 외장철판의 형태와 구조에서 뚜렷하게 구분될 뿐만 아니라 약간의 시기차가 있긴 하지만 기본적으로 답수부의 측면형태와 병부의 형태가 공통된다는 점과 답수부에 미끄럼 방지를 위한 스파이크의 채용이 보편화되지 않은 점 등을 근거로 이 시기에 포함시켰다.

ⅠA1식은 앞 시기의 복천동 48호분 출토 목심등자의 계보를 잇는 대성동 1호분 출토품이 해당되는데,[103] 이후 더 이상 제작되지 않는 것으로 보

---

103) 김해 대성동1호분 출토 등자는 외장철판의 형태 등으로 보아 馮素弗墓 출토품과 매우 유사한 것으로 같은 형식에 속하는 것임에 틀림없다. 이러한 현상은 앞서 언급한바와 같이 ⅠA1식의 출현 배후에 북방계 마구문화가 있었음을 강력히 시사해 준다.

아 실용도가 그다지 높지 않았던 것으로 생각된다.

ⅠA2식은 목심 측면의 특정부위에만 철판대를 보강한 것으로 현재 가야에서는 4예가 알려지고 있다. 이 중에서 옥전 23호분 출토품의 경우 목심의 표면에 漆을 한 흔적이 관찰된다. 그리고 양동리 78호분에서 ⅠA2식의 목심등자와 공반된 비는 이조선의 짧은 인수를 가진 것으로 楡樹老河深 中層의 56호묘 출토품의 계보를 잇는 자료로 보여진다. 이와 같은 옥전과 양동리의 양상은 ⅠA2식의 목심등자가 ⅠA1식과 마찬가지로 木鐙을 모태로 하여 재지에서 개발되었음을 강하게 시사해 준다.

ⅠA3식은 가야의 3예 이외에도 신라의 황남동 109호분 제4곽에서도 발견되었다(그림 23-10). 이들 4자는 세부적인 차이가 있기는 하지만 형태와 제작기법으로 보아 같은 계보의 자료임에 틀림없다. 이들의 원류에 대해서는 대개 고구려를 통해 낙동강 하류역에 이입되었을 것으로 보고있다. 그런데 북방지역에 ⅠA3식에 상당하는 자료가 단 1예도 없다는 점, 중국 동북지방의 소위 선비계 등자와는 형태와 제작기법 등이 전혀 다르다는 점, 가야에서는 4세기대부터 중국 동북지방의 마구문화를 모태로 재지화가 진행되었다는 점 등을 고려하면 ⅠA3식이 낙동강 하류역에서 개량·고안되었을 가능성도 배제할 수 없다.

ⅠA4식은 옥전과 복천동 고분군에서 출토된 3예가 알려지고 있는데, 앞서 언급한 바 있듯이 이 시기의 형식들 중에서는 상대적으로 내구력이 높은 목심등자로서, 가야지역의 목심등자 개량화 과정에서 개발된 것으로 생각된다. 그것은 이 형식이 ⅠA식 중에서 가장 늦게 출현하고 있다는 점 외에도 거의 같은 시기에 축조되었을 것으로 추정되는 옥전 67-A, 67-B호분에서 각각 ⅠA4식과 ⅠA2식이 발견되고, 바다 건너 일본의 新開 1號墳에서도 필자 분류의 ⅠA2식과 ⅠA4식이 함께 출토되고 있기 때문이다(그림 12-12·18).[104] 이와 같은 현상은 양 형식이 일정한 기간동안 병행·제작되었을 뿐만 아니라 목심등자의 제작기술이 완성되지 못하였음을 시사

하는 것으로 생각된다. 따라서 ⅠA2식과 마찬가지로 ⅠA4식도 가야지역에서 목심등자가 개량화되는 과정에서 개발되었을 가능성이 크다.

다음은 대가야지역으로 시야를 돌려서 보자. 이 시기에 해당되는 마구가 출토된 곳은 합천 옥전지역 만으로, 여기에서는 ⅠA2, ⅠA3, ⅠA4식 등 3 型式의 등자가 확인된다. 이들 목심등자는 전술한 바와 같이 낙동강 하류역에서 개발된 것들인데, 이 중에서 주목되는 것은 ⅠA3식이다. ⅠA3식은 비와 안장과 함께 옥전 68호분에서 출토되었는데, 현재 대가야권에서 발견된 가장 이른 시기의 마구이다.

결론부터 말하면 필자는 옥전 68호분의 마구는 낙동강 하류역에서 직접 이입된 것으로 생각하고 있다. 그러한 이유는 첫째, 이전시기에는 전무하던 것이 비와 안장, 등자가 세트를 이루어 돌연적으로 출현하고 있다는 점, 둘째 공반된 환판비의 조형이 낙동강 하류역에 있다는 점,[105] 그리고 더욱 유의되는 것은 목심등자는 1짝만 매납되었으며, 답수부를 수리한 흔적이 확인된다는 것이다. 따라서 옥전 68호분이 축조된 전후 시기에는 이 지역에 목심등자 제작기술이 이식되지 않았을 가능성이 높다.

한편 이후 ⅠA2, ⅠA4식도 발견되고 있는데, 양자의 조형이 낙동강 하류역에 있는 것은 확실하지만, 세부적으로 보면 형태가 약간 변형된 것이기 때문에 옥전고분군 지역에서 변용 · 제작되었을 가능성도 전혀 배제할 수 없다.[106]

이상에서와 같이 Ⅱ기의 목심등자는 4세기대부터 이어온 제작의식을

---

104) 小野山節, 1992, 「古墳時代の馬具」『日本馬具大監―古代 上』, 吉川弘文館에서는 新開古墳에서 출토된 필자의 ⅠA2식 목심등자를 수입된 목심등자의 模作으로 파악하고 있다. 그러나 유례가 가야에 있는 것이 확인됨으로써 다른 한쌍의 목심등자와 마찬가지로 가야에서 전해진 것으로 보아야 할 것이다.
105) 金斗喆, 1991, 앞의 논문에서 환판비 전파의 진원지를 낙동강 하류역으로 보았다.

기반으로 하여 전 영남일대로 확산되었으나, 어떤 특정형식으로 통일되지 못하고 여러 형식으로 제작되고 있는 것이 특징적이다. 이와 같은 양상은 목심등자가 실용되는 과정에서 보다 기마에 적합한 목심등자의 제작을 위한 개량이 거듭되었음을 반영한 것으로 여겨진다.[107] 그리고 목심등자를 통해 볼 때, 이 시기의 옥전과 김해·부산의 가야집단 사이에는 상호 깊은 관계가 있었던 것으로 추정된다.

3) III기 : 정착기

III기는 고식등자인 I A4식의 제작기술을 기반으로 I B4 · I B5식이 개발되어 제작되는 단계이다. 실연대로는 5세기 중엽에 해당된다.

전술한 바와 같이 위의 3형식은 I A4→ I B4→ I B5식으로 변화·발전된 것이 분명한데, 특히 옥전 8호분의 예는 I B4식으로 분류되면서도 I A4식과 속성의 일부를 공유하고 있기 때문에 I A4식에서 I B4식으로 변화하는 과도기적인 목심등자로 파악한 바 있다. 그리고 I B5식은 목심등자의 외면전체에 철판을 덮어씌워 내구성을 증대시킨 점 외에는 제작기법이 I B4식과 동일하기 때문에 양자는 동일한 匠人集團에 의해 제작되었을 것으로 추정된다.

한편 I B4 · I B5식은 병부와 윤부의 단면이 오각형인 것이 가장 큰 특징이며, 답수부에는 스파이크의 장치가 보편화되었다. 이들의 분포양상을 보면 대가야지역, 특히 옥전과 지산동고분군이 중심 분포지임을 알

---

106) 예컨대 옥전 67-A호분, 복천동 10호분 출토품은 I A4식으로 여러 속성의 특징에서 같은 형식으로 분류되는 것이지만 윤부의 형태는 전혀 다르다. 또한 같은 형식으로 분류되는 옥전 67-B호분, 양동리 78호분 출토품 역시 목심을 보강한 외장철판의 형태에서 차이가 난다.

107) 즉 목심등자는 출현기부터 재지화가 시작되는데, 기마의 효용성이 증대됨에 따른 마구의 채용과 개량에 따라 목심등자 역시 개량화의 속도가 더욱 빨라졌을 것이다.

수 있다. 따라서 이들은 대가야의 지역성을 나타내는 목심등자로서 옥전 8호분을 기점으로 재지화되었을 것으로 추측된다. 그리고 여러 형식의 출토비율을 보면 ⅠB4 · ⅠB5식이 현저히 높다는 점도 주목되는데, 이와 같은 양상은 결국 이들의 실용도가 높았을 것이라는 것과 앞 시기까지 개량을 거듭하고 있던 목심등자가 이 시기에 들어와 ⅠB4 · ⅠB5식으로 정형화되었음을 방증하는 것으로 볼 수 있다.[108]

그런데 이 시기에는 출토비율은 높지 않으나 ⅠB3, ⅡB5식의 목심등자도 존재하고 있다. 삼국 · 가야고분에서 출토된 ⅠB3식은 옥전 28, 95호분, 창녕 교동 2, 3호분, 창녕 계남리 1호분, 경주 황오리 14호분 제1부곽 출토품으로 이들은 형태와 제작기법 등의 여러 속성으로 보아 동일 계보에 있는 것으로 생각된다. 결론적으로 말하면 ⅠB3식은 신라계 등자로서 창녕을 중계지로 하여 옥전고분군에 유입된 것으로 추정된다. 그것은 창녕 교동 3호분의 마구류가 신라계 문물인 점, 이 시기에 해당되는 옥전 35, M1, M2호분 등에서 신라계 마구인 편원어미형행엽 등이 출토되고 있기 때문이다.[109]

ⅡB5식은 옥전 M1호분에서 ⅠB5식과 함께 출토되었는데, ⅡB5식은 장식성이 강한 금동장안교, 금동(은)장편원어미형행엽, 금동(은)장무각소

---

108) 申敬澈 1989, 앞의 논문에서는 필자 분류의 ⅠB4 · ⅠB5식을 '池山洞型 鐙子'로 명명하고, 그 계통이 百濟古墳인 法泉里 1호분 출토 등자와 연결되는 것으로 보아 百濟로부터 유입된 것으로 보았다. 그런데 法泉里 1호분의 예는 ⅠB4식의 완성형이라는 것과, 대가야의 ⅠB4식은 옥전 8→지산동 33→옥전 M2호분 출토품으로 변화하면서 완성된다는 점을 주목하고 싶다. 결론적으로 말하면 ⅠB4식 등자들의 원류는 백제에 있는 것은 틀림없어 보이지만 전통적인 가야등자의 제작기술과 백제등자의 상호작용에 의해 가야지역에서 등장한 것으로 판단된다.

109) ⅠB3식은 여러 속성으로 보아 고식등자인 ⅠA3식의 계보를 잇는 자료로 본다. 그런데 신라의 경주에서는 황남동 109호분 4곽→황오리 14호분 1부곽 출토품으로 계승되며, 가야에서는 ⅠA3식의 소멸 이후 한동안 보이지 않다가 Ⅲ기에 들어서서 옥전고분군에서 확인된다.

반구형운주와 세트를 이루고 있음에 비해 ⅠB5식 중 B세트의 목심등자는 실전용 마갑의 좌우에 배치되어 있는 점이 유의된다. 이와 같은 ⅡB5식 목심등자는 가야의 개발품이라기 보다는 외부에서 이입되었을 것으로 추정된다. 그것은 옥전 M1호분의 양상에서 알 수 있듯이 장식적인 마장구들과 함께 초현하였고, 또한 목심등자의 제작이 지속적으로 이루어지고 있던 가야에서는 그 조형이 될만한 자료가 확인되지 않기 때문이다. 현재 ⅡB5식 목심등자는 청주신봉동고분군,[110] 경주 인왕동 제19호분 J곽[111] 등 백제와 신라 양 지역에서 출토되고 있기 때문에 단정할 수는 없으나, 옥전 M1호분의 마구와 마장이 신라계인 점을 고려하면 ⅡB5식 등자도 이들과 동반되어 유입되었을 가능성도 전적으로 배제하기는 어렵다.[112]

이상과 같이 이 시기의 목심등자는 앞 시기부터 이어져 온 목심등자의 제작기술을 바탕으로 본격적인 재지생산이 이루어져 대가야의 지역성을 뚜렷이 나타내는 ⅠB4 · ⅠB5식으로 정형화되어간다. 한편으로는 이 시기의 말, 즉 5세기 중엽 말에는 장식성이 강한 신라계 마구가 창녕을 통해 유입되는 양상도 나타난다.

4) Ⅳ기 : 분화기

Ⅳ기는 Ⅲ기에 定型化된 ⅠB4 · ⅠB5식이 여전히 제작 · 사용되면서도

---

110) 忠北大學校博物館, 1983, 『淸州新鳳洞百濟古墳群發掘調査報告書』.

111) 嚴永植 · 黃龍渾, 1974, 『慶州仁旺洞(19, 20號)古墳發掘報告』.

112) 편원어미형행엽과 무각소반구형운주를 공반하는 馬裝은 金斗喆, 1992, 앞의 논문에서 신라의 마장으로 보았다. 필자는 이를 공감하면서 낙동강을 경계로 옥전고분군과 마주하고 있는 창녕 교동 3호분과 계남리 1호분에 이러한 신라계의 행엽과 운주가 발견된 것을 주목하여 경주→창녕→옥전으로 연결되는 이입경로를 상정하고 있다. 이러한 추정은 상황은 본고의 Ⅲ기에 해당되는 옥전 M1호분 출토 Roman-glass와 옥전 35, M1, M2호분 출토 편원어미형행엽, 창녕계 토기 등의 출현배경을 창녕지역 또는 창녕을 매개로 한 신라문화와의 교류에서 구한 趙榮濟, 1994, 앞의 논문의 연구성과와도 부합된다.

IIB식이 주류를 이루는 단계이다. 실연대는 5세기 후엽에서 6세기 초이다.

앞서 언급한 바와 같이 목심등자의 발달사상 가장 획기적인 것은 답수부에 미끄럼 방지를 위한 스파이크의 장치와 답수부의 측면폭을 현저히 넓게 제작한 것으로, 이는 騎行時 騎手의 안정성을 높이기 위해 개량·고안된 것이다. 이것은 IIB식의 공통된 특징인데, 특히 답수부의 측면폭이 넓어진 것은 IIB식의 가장 큰 특징이다. 이와 같은 IIB식은 외장철판의 형태와 구조로 보아 IIB5, IIB1식으로 세분되는데, 이 중 주목되는 것은 IIB1식이다. 기능적으로 IIB5식과 차이가 없으면서도 구조상 量産化가 가능하다는 장점을 가지고 있는 것으로 대가야 지역, 특히 옥전과 지산동에서 재지화된 목심등자일 것으로 추측된다. 그런데 시야를 돌려보면 백제의 청주 신봉동고분군에 IIB1식의 사례가 많은 것이 주목된다. 이 점에 대해서는 후술하겠지만 결론적으로 말하면 백제에서 개발되어 대가야지역으로 전래된 후 이 지역에서 재지화된 등자로 추정된다.[113]

한편 고분의 규모와 출토유물의 양상 등을 종합하여 살펴보면 피장자의 신분과 그 용도에 따라 목심등자의 형식이 달랐음을 알 수 있다. 즉, IB5식과 IIB5식은 금동장마구와 일식을 이루어 최고지배자의 고분인 옥전 M3, 지산동 44호분에서만 출토되며, IB4식은 철제의 마구·무구와 세트를 이루어 중형분 이하의 고분인 옥전 70, 82호분에, IIB1식은 최고지배자의 고분인 옥전 M7호분, 반계제 가A호분, 백천리 1-3호분 뿐만 아니라 중·소형분인 옥전 20, 24, 76호분, 지산동 44-25호분, 말흘리 2호분에까지 매납되고 있는 것이 확인되기 때문이다.

---

113) IIB1식 목심등자는 가야를 비롯하여 백제의 청주 신봉동고분군과 왜의 여러 고분에서 발견된다. 따라서 IIB1식 목심등자의 출현과 전개를 통해 가야와 백제, 왜의 교류관계를 엿볼 수 있다. 특히 옥전 20호분의 예와 같이 윤부 외측면에 덧댄 철판의 아래쪽 끝을 삼각형으로 마무리 한 사례 역시 백제와 왜에서도 보이고 있어 주목된다. 이에 대해서는 차후 검토해 보고 싶다.

이상에서와 같이 IV기에 있어서 목심등자는 기능적으로 우수하면서도 量産化에 적합한 ⅡB1식이 주류를 차지하며, 또한 피장자의 성격에 따라 형식을 달리하여 부장되었음을 알 수 있다. 그러한 배경에는 말할 필요도 없이 옥전고분군과 지산동고분군을 축조한 정치체의 동향과 밀접한 관련이 있을 것이다.

5) V기 : 쇠퇴기

목심등자는 대가야권에 도입된 이후 끊임없이 제작·사용되어왔는데, V기가 되면 부장례가 급속도로 줄어든다. 실연대로는 6세기 전엽부터 대가야가 신라에 복속되는 562년까지이다.

이 시기에는 ⅡB1식과 ⅡB5식, 그리고 형식을 알 수 없는 것 등 3종류의 목심등자가 확인된다. 먼저 ⅡB1식은 대가야권에서는 아직 출토례가 없으며, 김해 예안리 39호분 출토품이 유일한 예로서 주목된다. 이 목심등자는 병 상부의 전후면과 윤부의 일부에 한정하여 철판으로 보강하여 만든 매우 간략한 것이어서 ⅡB1식을 비롯하여 목심등자의 말기적인 제작형식으로 판단된다. 어쨌든 ⅡB1식이 대가야권에서 멀리 떨어진 낙동강 하류역의 김해 예안리고분군에서 발견된 것은 매우 주목되는 현상인데, 이는 대가야 문화의 영향을 받아서 재지에서 제작되었거나 공반된 고령계의 유개고배와 함께 대가야권에서 유입되었을 가능성도 충분히 있다.[114] ⅡB5식은 지산동 45호분 제1호 석실에서 출토된 것이 유일한 예로 이 시기에는 거의 제작되지 않은 것으로 보인다.

그리고 형식을 알 수 없는 것으로는 지산동 문18호 석곽과 경67호분 1차석곽 출토품을 들 수 있다. 이들 목심등자는 윤부 또는 병부의 상단부를

---

114) 釜山大學校博物館, 1985, 앞의 책.

보강했던 철판의 일부만이 남아 있어 정확한 형태는 알 수 없다. 다만 남아 있는 철판으로 볼 때 위의 김해 예안리 39호분 출토품과 마찬가지로 II B1식의 종말기 型式일 가능성이 큰 것으로 추정된다. 이처럼 이 시기에는 목심등자가 극히 간략한 구조로 변질되고 또한 부장례가 급감하는 것이 확인된다.

한편 이 시기의 또 다른 특징으로는 목심등자와 형식을 달리하는 등자의 출현을 들 수 있다. 즉 의장용으로 생각되는 목심철판피호등과 철제등자가 그것으로 이들은 앞 시기에 거의 보이지 않던 것으로 꽤 많은 예가 발견된다. 즉 지산동 영1호분, 옥전 74, 75호분, 반계제 다A호분에서는 호등이, 상백리고분과 상백리 1호분, 두락리 1호분 등에서 철제등자가 출토되는 등 이 시기에는 다양한 형식의 등자가 사용된 것으로 보인다.

II. 환판비의 편년과 분포

앞서 언급하였듯이 삼국 · 가야시대의 轡는 함유의 형태에 따라 표비, 판비, 환판비, 원환비의 4대 形式으로 분류되고 있다.

이 중에서 환판비는 오랫동안 원환비로 분류되어 왔던 것으로, 삼국 · 가야시대 비를 종합적으로 연구 · 검토한 김두철에 의해 하나의 形式으로 제시되었다. 그는 이전에 경판비 혹은 원환비로 분류되고 있던 비 중에서 이들과 구조적인 형상과 계보가 다른 것이 있음을 적시하고 이를 환판비로 명명하였다. 그 분류에 대해서는 함유의 차이를 기준으로 단환판비와 복환판비로 대분류하고 다시 단환판비는 ⊥자형 · X자형환판비로 세분류하였으며, 계보와 발생에 대해서는 胡族系 轡의 영향에 의해 낙동강 하류의 금관가야를 중심으로 X자형환판비가 출현하고 동시에 ⊥자형환판비

가 자체 개발된 것으로 파악하였다.[115]

이와 같은 김두철의 연구는 지금도 유효한 점이 적지 않으며, 본고의 작성에도 힘입은 바 크다. 그러나 여전히 문제점과 과제도 적지 않은데, 우선 문제점으로는 그가 환판비로 분류한 김해 대성동 2호분과 42호분 출토 비(그림 10-7·8)[116]에 대한 문제이다. 이 점과 관련하여 우선 중국 동북지방의 비들을 살펴보면, 여러 形式의 비들 중에는 X자형환판비와 횡방향함유금구판비(그림 10-5), X자형함유금구판비(그림 10-6)가 함께 확인되고 있다.[117] 따라서 이 지방에서는 위의 3종류의 비가 출현단계부터 병행하였음을 알 수 있다. 이러한 양상은 한반도 남부지방에서도 확인되는데, 즉 김해 대성동 20호분 출토 X자형환판비, 울산 중산리유적 출토 횡방향함유금구판비,[118] 김해 대성동 2호분 출토 X자형함유금구판비 등이 그러한 예이다. 이로써 김해 대성동 2호분과 42호분 출토품과 같이 판상 함유에 X자형함유금구가 조합된 비는 환판비와는 구별되는 판비의 한 유형으로 분류되어야 할 것으로 생각된다.[119]

---

115) 金斗喆, 1991, 앞의 논문.
116) 申敬澈, 1994, 앞의 논문 참조.
     한편 이 절에서 인용한 낙동강 하류역의 초기마구와 편년에 대해서는 전적으로 위의 논문을 따른다. 이하에서는 특별히 필요한 경우가 아니면 이와 관련된 각주는 생략하였음을 밝혀둔다.
117) 횡방향함유금구판비와 X자형함유금구판비는 필자가 임의로 만든 용어로서 적당한 용어가 개발될 때까지 잠정적으로 사용하기로 한다. X자형환판비와 횡방향함유금구판비는 遼寧省 北票 房身村 北溝 M8號墓(董高, 1995, 「公元3至6世紀慕容鮮卑, 高句麗, 朝鮮, 日本 馬具之比較研究」『文物』 1995-10.), X자형함유금구판비는 遼寧省 北票 三燕墓(中國社會科學院考古研究所, 1999, 『20世紀中國 考古大發現』, p.258.)에서 확인된다.
118) 한반도 남부지방의 횡방향함유금구판비로는 4세기 후반대로 편년되고 있는 울산 중산리유적 출토품들이 좋은 예이다. 이들 도면은 李盛周, 1996, 「新羅式 木槨墓의 展開와 意義」『신라고고학의 제문제』, 한국고고학회에 실린 것을 참조하였다.
119) 필자는 이 형식의 轡를 앞에서와 같이 잠정적으로 X자형함유금구판비로 부르고자 한다. 그 계보는 北票 三燕墓(그림 10-6)→김해 대성동 2, 42호분(그림 10-7·8)→日本 新開 1號墳(그림 10-9) 출토품의 순서를 상정하고 있다.

다음으로는 분류와 편년에 대한 과제이다. 김두철의 연구는 환판비를 포함한 삼국과 가야의 여러 形式의 비를 대상으로 하였고, 그것도 계통을 중심으로 한 전반적인 흐름을 파악하는데 목적을 둔 것으로 이해된다. 그런 이유에서 비롯된 것인지 모르겠으나 환판비에 대한 자세한 분류와 편년이 거의 이루어지지 않고 있다.

본 절에서는 이러한 문제의식을 가지고 삼국·가야시대의 유적에서 출토되고 있는 환판비 중에서 상대적으로 출토 수량이 많은 단환판비를 대상으로 분류와 편년 및 분포의 문제에 대하여 검토하고자 한다.[120]

1. 속성의 추출과 검토

환판비는 삼국·가야시대에 사용된 여러 形式의 비와 마찬가지로 銜留, 引手, 銜 등 3개의 주요한 부품과 인수·함의 연결방법을 더한 4요소로 구성되어 있다. 이와 같은 4요소는 환판비를 분류하고 편년하는데 있어서 기초적인 것으로서 여기에서는 이들의 속성을 추출하고 분류하여 검토하기로 한다.[121]

1) 함유

銜留를 구성하는 속성으로는 銜留金具, 外環, 立聞을 들 수 있다. 이들 속성에서 추출된 변이와 변화의 방향은 다음과 같다.

---

120) 본 글에서 사용되는 환판비는 특별한 경우를 제외하고 모두 단환판비를 가리킨다.
121) 환판비는 함유금구의 형태에 따라 ⊥자형과 X자형의 2개 형식으로 분류되는데, 양자의 속성은 밀접한 관계를 가지는 것으로 판단되어 함께 검토하였다.

(1) 함유금구

　함유금구는 함외환과 연결되어 함의 탈락을 방지하는 함유의 부속품으로서, 특히 환판비가 다른 形式의 비와 구별되는 기본적인 속성이기도 하다. 환판비는 함유금구의 차이에 의해 ⊥자형과 X자형의 2개 型式으로 크게 분류되며, 이들은 각각 다시 아래와 같이 자세히 분류할 수 있다.

　　⊥자형 함유금구 - A類 : 정⊥자형의 함유금구.
　　　　　　　　　　　B類 : 정人자형의 함유금구.
　　　　　　　　　　　C類 : 곡人자형의 함유금구.

　　X자형 함유금구 - A類 : 정X자형의 함유금구.
　　　　　　　　　　　B類 : 곡X자형의 함유금구.

　이와 같이 분류된 함유금구에 대한 기왕의 연구는, 우선 ⊥자형은 정⊥자형에서 정人자형으로 변화한 다음 최종적으로 횡축의 양가지가 휘어진 곡人자형으로 변화하였으며, X자형은 정X자형에서 곡X자형으로 변화한 것으로 파악되고 있다.[122] 이와 같은 함유금구의 변화의 방향성에 대한 기왕의 연구는 타당한 것으로 생각된다.

　그런데 변화의 요인에 대해서는 전혀 언급된 바가 없으므로 이에 대해 검토하기로 한다. 함유금구가 차츰 곡률을 띠는 형태로 변화한 중요한 요인으로는 먼저 함유금구와 외환과의 접합강도를 높이기 위한 기술적 배려의 결과일 가능성을 생각해 볼 수 있다. 즉 환판비의 함유는 함유금구와 외환을 따로 만든 다음 양자를 단접하여 완성한 것이므로 실용과정에서 양자가 분리될 위험성이 있었을 것이다. 따라서 이러한 위험성을 줄이기 위하여 단접 부위를 원두병으로 보강하거나 아니면 단접 부위를 넓히는 쪽

---

122) 金斗喆, 1991, 앞의 논문, p.32.

으로 개량하였을 것으로 생각된다. 전자의 방법은 의성 탑리봉토 내에서 출토된 ⊥자형환판비[123]와 상주 신흥리 39호분 출토 X자형환판비,[124] 후자의 방법은 합천 옥전 12·M1호분 출토 ⊥자형환판비 등에서 확인된다.

다음으로는 실용성의 문제와 더불어 미적인 측면도 고려된 것이 아닌가 생각된다. 즉 장식성이 강한 판비와 달리 환판비는 실용성이 강한 것이긴 하지만 함유금구를 직선적인 것에서 차츰 부드러운 곡률의 형태로 변화시킴으로써 미관상의 효과도 의도한 것이 아닌가 생각된다.

이상과 같은 함유금구의 변화의 요인을 고려하면 ⊥자형은 A類→B類→C類로, X자형은 A類→B類로의 변화의 방향을 상정할 수 있다.

(2) 외환

外環은 함유금구와 결합되어 함유를 구성하는 부품으로서, 평면형태에 따라 정원형을 이룬 것과 타원형을 이룬 것으로 분류할 수 있다.[125]

A類 : 정원형의 외환.
B類 : 타원형의 외환.

이러한 외환의 변화의 방향성에 대한 型式學的인 근거는 명확하게 제시된 바가 없다. 그런데 판비의 경우 함유의 평면형태가 원형에서 타원형으로 변화해 가는 것이 일반적인 것으로 파악되므로, 환판비의 외환도 같은 맥락에서 이해해도 좋을 것으로 생각된다. 따라서 환판비의 외환은 A類→B類로의 변화의 방향이 상정되며, 이러한 경향성은 출토고분의 편년

---

123) 金載元·尹武炳, 1962, 『義城塔里古墳』, 국립박물관고적조사보고 제3책.
124) 韓國文化財保護財團, 1998, 『尙州 新興里古墳群(Ⅱ)』.
125) 양자의 중간 형태도 있으나 육안에 의한 세밀한 분류는 오히려 혼돈을 야기할 수 있으므로 2가지로 분류하였다.

을 참조하여도 충분히 인정된다.

⑶ 입문

　立聞은 외환의 상단부에 위치하며, 굴레의 혁대에 연결되어 함유가 말의 뺨에 고정되게 하는 기능을 한다. 이러한 입문은 입문과 입문공으로 세분하여 분류할 수도 있으나, 양자는 유기적으로 관계하고 있으므로 조합하여 아래와 같은 6가지의 변이로 분류하였다.

　A類 : 무공의 병유입문.
　B類 : 장방형공의 철봉입문.
　C類 : 장방형공의 역제형입문.
　D類 : 장방형공의 장방형입문.
　E類 : 소원공의 장방형입문.
　F類 : 기타.

　먼저 무공의 병유입문이란 외환의 상단부에 위치한 장방판에 원두병을 배치한 것으로, 굴레의 혁대는 원두병에 의해 입문에 고정된다. 이와 같은 A類 입문과 조합된 환판비는 함안 도항리 문36호분 출토품이 유일한 예지만, 판비에는 그 예가 많다. 즉 4세기 후반대로 편년되고 있는 마산 현동 43호분, 김해 대성동 2호분, 울산 중산리 ⅠA26, ⅠB17호분[126] 출토 판비들은 A類 입문과 조합된 좋은 예들이다. 이와 같은 A類 입문은 北票 三燕墓 출토 X자형함유금구판비에서도 확인되고 있으므로, 그 계보는 중국 동북지방에서 구할 수 있을 것으로 생각된다. 한편 A類 입문을 두락 연결 방법이 2줄의 끈으로 된 이른바 「二本條」의 전통을 잇는 것으로 보면서

---

126) 李盛周, 1996, 앞의 논문.

가야 전기 비의 한 특징으로 주목한 연구도 있다.[127]

장방형공의 철봉입문은 외환의 상단부에 위치한 장방판에 「∩」자상의 철봉이 결합된 것이다. B類 입문의 전형은 동래 복천동 35호분 출토 X자 형환판비[128]에서 확인된다. 또한 김해 대성동 41호분 출토 판비의 입문도 「Ⅱ」자상의 철봉을 단접하여 만든 것으로 구조상 위의 것과 같은 것임에 분명하다. B類 입문의 계보나 출현의 문제는 자료가 위의 단 2예에 불과하여 단정할 수 없지만, 일반적인 형태가 아닌 점과 부산, 김해지역에 한정하여 발견되는 점을 중시하면 이 지역에서 재지화되는 과정에서 나타난 변형된 입문의 하나인 것으로 추정할 수 있다.

장방형공의 역제형·장방형입문은 환판비뿐만 아니라 삼국과 가야에서 성행하던 여러 形式의 비에 가장 일반적으로 조합되는 입문이다. 따라서 일찍부터 판비와 환판비 등의 계보와 편년을 연구하는데 있어서 중요한 속성의 하나로 취급되어 왔다. 즉 安陽 孝民屯 154號墓 출토품[129]을 비롯한 중국 동북지방의 초기 판비들의 입문이 逆梯形을 이루고 있는 점에 주목하여, 이러한 형태의 입문을 五胡十六國時代 중국 동북지방의 胡族系 轡의 한 특징으로 해석하고 있다. 그리고 C類→D類의 방향으로 변화하고 D類는 다시 기부보다 상변의 폭이 좁은 제형으로 변화한 것으로 파악된다.[130]

소원공의 장방형입문은 장방판의 중앙에 소원공을 뚫어 완성한 것이다. 그 형태로 보아 D類에서 생겨난 변형으로 생각되는데, 이 점은 C·D

---

127) 李蘭暎·金斗喆, 1999, 앞의 책, p.201.
128) 미보고된 자료이나 부산대학교박물관의 여러 선생님들의 배려로 직접 관찰할 수 있었다. 이에 감사드린다.
129) 孫秉根, 1983, 「安陽孝民屯晋墓發掘報告」 『考古』 1983-6. 中國社會科學院考古硏究所, 安陽工作隊.
130) 金斗喆, 1991, 앞의 논문, p.34.

類 보다 늦게 출현하고 있는 것을 보더라도 알 수 있다. 그리고 C · D類와 E類 입문의 입문공의 차이는 기왕의 연구에서와 같이 입문에 연결되는 구금구의 형태의 차이에서 비롯된 것으로 이해된다.[131]

기타로 분류한 F類는 A~E類 어디에도 포함되지 않는 것으로, 상주 신흥리 57호분 출토품[132]과 같은 반원형공의 원두형 입문이 그 예이다. 이와 같은 F類 입문은 그 예가 극히 드물고 일반적인 형태가 아니라는 것에서 재지화 과정에서 생겨난 변형된 입문일 가능성이 큰 것으로 보인다.

이상의 검토와 출토고분의 편년을 참조하면 입문은 A類→B · C類→D類→E類의 순으로 변화의 방향을 상정할 수 있다.

2) 인수

引手를 구성하는 속성으로는 철봉의 가지수, 외환, 인수호를 들 수 있다. 여기에서는 철봉의 가지수와 외환으로 구성된 인수와, 여기에 연결되는 인수호의 2가지 속성으로 분류하여 검토하기로 한다.

(1) 인수의 형태

인수의 형태는 철봉의 가지수에 따라 이조선인수와 일조선인수로 분류되고 있다. 그런데 일조선인수 중에는 일조의 굵은 철봉으로 만든 전형적인 일조선인수도 있으나 이조 또는 삼조의 철봉을 꼬아서 일조로 만든 일종의 복수철봉의 일조선인수도 존재한다. 이와 같은 3자와 조합되는 외환을 합쳐서 분류하면 다음과 같은 8가지의 변이가 추출된다.

A類 : 타원형 외환의 복수철봉의 일조선인수.

---

131) 金斗喆, 1991, 위의 논문, p.16.
132) 韓國文化財保護財團, 1998, 『尙州 新興里古墳群(Ⅰ)』.

B類 : 삽자루형 외환의 이조선인수.

C類 : 타원형 외환의 이조선인수.

D類 : 굽은 타원형 외환의 이조선인수.

E類 : 삽자루형 외환의 일조선인수.

F類 : 방형 외환의 일조선인수.

G類 : 굽은 타원형 외환의 일조선인수.

H類 : 등자형 외환의 일조선인수.

먼저 A類 인수는 2조 또는 3조의 철봉을 꼬아서 만든 변형된 일조선인수로서, 그 배후는 함의 제작방법과 관련이 있는 것으로 생각된다. 즉 중국 동북지방에서 유입된 것으로 추정되는 동래 복천동 69호분 출토 표비에 달린 표형의 이조선인수가 이 지역에서 2조 또는 3조의 철봉을 꼬아서 만드는 함 제작방법의 영향을 받아서 출현한 것으로 추정된다. 이러한 A類 인수는 고구려를 포함한 중국 동북지방에서는 전혀 확인되지 않는 반면에 한반도 남부지방에서는 다수 발견된다. 예를 들면 김해 대성동 2, 20, 41호분, 동래 복천동 60호분, 함안 도항리 36호분, 마산 현동 43호분, 울산 중산리 ⅠA26, ⅠB17호분 등의 출토 비의 인수가 그것들이다. 이처럼 A類 인수는 중국 동북지방에서는 그 예를 찾을 수 없으며, 더욱이 한반도 남부지방에 집중적으로 분포하는 것을 고려하면 이 인수가 한반도 남부지방에서 고안·재지화된 것임을 잘 알 수 있다.[133]

---

133) 申敬澈, 1994, 앞의 논문에서는 본고의 A類 인수를 낙동강 하류역-금관가야-의 독창적인 인수로 파악하였다. 가장 큰 이유는 다른 지역에서 유례를 찾아볼 수 없다는 것이었다. 그런데 자료가 많아진 지금의 상황에서 분포를 살펴보면 낙동강 하류역뿐만 아니라 울산, 함안, 마산 등에서도 확인되는 등 점차 광범위해지고 있는 추세이다. 그렇지만 여전히 분포의 중심이 낙동강 하류역이라는 점을 중시하면 이 지역에서 재지화된 특징적인 인수라는 신경철의 견해는 유효한 것으로 본다.

B類 인수는 기왕의 연구에서와 같이 중국 동북지방에서 시원형을 구할 수 있는 것으로 楡樹老河深 M97號墓,[134] 朝陽 袁台子墓,[135] 北票 三燕墓 출토 비의 인수들이 좋은 예이다. 이들 비의 인수는 끝 부분이 약간 바깥쪽으로 벌어졌고 양끝을 짧은 철봉으로 연결한 것으로 한반도 남부지방의 전형적인 B類 인수와는 다소 차이가 있다. 그러나 전체적인 제작방법을 보면 B類 인수의 시원형임은 분명하다. 이와 같은 B類 인수의 시원형은 위의 자료들의 연대로 보아 4세기 중엽이후에는 한반도 남부지방으로 이입되고 그 직후에 이 지방에서 전형적인 B類 인수로 변화한 것으로 보여진다.

C類 인수는 옥전 67-B호분 출토품이 유일한 예로, 인수내환이 「Ω」자형을 이룬 특이한 형태의 인수이다. 이와 같은 C類 인수와 유사한 것으로는 동래 복천동 10호분 출토품을 들 수 있다. 이 고분에서 출토된 환판비의 인수외환은 B類에서 약간 변형된 것이며, 인수내환은 합천 옥전 67-B호분 출토품과 같은 「Ω」자형을 취하고 있다. 이로써 위의 옥전과 복천동 출토 환판비의 인수는 일정한 상관관계가 있음을 알 수 있다. 어쨌든 이러한 兩墳 출토 비의 인수는 일반적인 형태가 아닌 것으로 재지에서 개량되는 과정에서 파생된 B類 인수의 한 변형으로 이해할 수 있을 것이다.

D類 인수는 傳 집안 통구 출토품[136]이 유일한 것으로, 그 형상으로 보아 표형의 이조선인수에서 파생된 것으로 보여진다. 이러한 D類 인수는 한반도 남부지방에서 6세기대 이후로 편년되고 있는 복환판비와 조합되고 있는 예가 많다.

134) 吉林省文物考古研究所, 1987, 『楡樹老河深』, 文物出版社.
135) 遼寧省博物館文物隊 · 朝陽地區博物館文物隊 · 朝陽縣文化館, 1984, 「朝陽袁台子壁畵墓」 『文物』 1984-6.
136) 國立淸州博物館, 1990, 『三國時代馬具特別展』, p.11.

E~H類 인수는 일반적으로 인식되고 있는 전형적인 일조선인수이다. 일조선인수는 이조철봉의 일조선인수와 이조선인수의 양요소가 복합되어 개량·고안된 것으로 추정된다. 즉 제작의 간략화 또는 내구력의 강화 등 여러 측면을 고려한 개발의 산물일 가능성이 크다. 그것은 전형적인 일조선인수가 개발된 직후부터 여러 形式의 보편적인 인수로 채용되는 것을 보더라도 충분히 알 수 있다. 이와 같은 일조선인수에는 다양한 형태의 인수외환이 조합되므로 위에서와 같이 E~H類로 세분하였던 것이다.

우선 E類 인수는 B類 인수의 개량형으로 추정된다. 즉 철봉의 가지수가 이조선에서 일조선으로 변화하였지만 인수외환은 삽자루형을 그대로 유지하고 있는 것에서 충분히 알 수 있다.

F類 인수 역시 B類 인수의 개량형으로 추정된다. 다만 방형의 인수외환은 그 형상으로 보아 A類의 타원형 외환과 B類의 삽자루형 외환의 양요소가 복합된 것으로 이해할 수 있다.

G類 인수는 앞의 A·B類 인수에서 개량된 E·F類를 최종적으로 개량한 형태인 것으로 추정된다. 그것은 G類 인수가 도입된 이후 환판비는 물론이고 여러 形式의 비에 가장 보편적으로 채용되고 있는 것을 보더라도 충분히 알 수 있다.

H類 인수는 고령 지산동 45호분 1호 석실 출토 X자형환판비와 고령 지산동 32호분 출토 표비의 예가 전형적인 것이다. 환판비에는 위의 예가 전부로써 극히 예외적인 것이나 H類 인수의 등자형 외환과 같은 형태의 등자형 인수호가 타원형판비, f자형판비와 조합된 예는 많이 알려지고 있다. 이러한 등자형 외환과 등자형 인수호는 출토고분의 편년을 고려하면 거의 동시기에 출현한 것이 아닌가 한다.[137]

이상과 같은 검토와 출토고분의 편년을 참조하면 환판비의 인수는 A類→B·C類→E·F類→G類→D·H類의 순으로 변화의 방향을 상정할 수 있다.

(2) 인수호

引手壺는 인수외환에 달린 부속구로서 여기에 고삐가 매어진다. 삼국·가야시대 비의 인수호는 방·원환결합형과 등자형의 2종류가 있으며, 환판비에는 방·원환결합형만이 확인되고 있다. 그래서 아래와 같은 2가지의 변이로 분류하였다.

　A類 : 무인수호.
　B類 : 방·원환결합인수호.

환판비에 인수호가 조합된 예가 많지 않으며, 그것도 방·원환결합인수호만이 확인되고 있다. 방·원환결합인수호가 환판비에 조합된 것으로는 동래 복천동 10호분, 상주 신흥리 39호분, 합천 옥전 67-A호분, 함안 도항리 13호분, 경주 황남동 109호분 4곽[138] 출토품 등에서 확인된다. 이와 같이 환판비에 방·원환결합인수호가 조합되는 것은 모두 5예에 불과할 정도로 극소수이며, 그것도 삽자루형과 방형의 인수외환에 한정하여 조합되고 있다. 그리고 출토고분의 편년을 고려하면 시기적으로는 5세기 전반대에 한정하여 나타나고 있음을 알 수 있다.

이러한 방·원환결합인수호는 중국 동북지방에서 한반도 남부지방으로 이입된 것으로 생각된다. 이 점과 관련하여 주목되는 것은 朝陽 袁台子墓 출토 판비이다. 앞에서 살펴본 바와 같이 袁台子墓 출토 판비의 인수는 삽자루형 외환의 이조선인수의 시원형으로서 방·원환결합인수호와 조합되고 있다. 이러한 양상으로 보아 방·원환결합인수호는 삽자루형 외

---

137) 고령 지산동 32호분의 표비에는 등자형 외환이, 합천 옥전 M2호분의 판비에는 등자형 인수호가 결합되어 있다. 이들 고분은 5세기 중엽의 늦은 시기로 편년되는 것으로, 등자형 외환이나 등자형 인수호를 가진 자료 중에서는 가장 빠른 예들이 된다.
138) 齊藤忠, 1937, 앞의 책.

환의 이조선인수와 함께 중국 동북지방으로부터 한반도 남부지방으로 이입되었던 것으로 추정할 수 있다.

3) 함

銜은 비의 가장 기본적인 부품으로서, 삼국·가야시대에는 이련식과 삼련식의 함이 발견된다. 환판비에서는 이련식의 함만이 확인되는데, 함의 제작방법에 따라 다음과 같은 3가지의 변이로 분류하였다.

A類 : 2조 또는 3조의 철봉을 꼬아서 만든 것.
B類 : 단면이 방형을 이룬 1조의 철봉을 비틀어서 만든 것.
C類 : 일조의 철봉만으로 만든 것.

이와 같은 함의 제작방법 중에서 A類 함은 중국 동북지방과 낙동강하류역에서 가장 일반화된 것으로 보여지며, C類 함은 드물게 보이고 있다.[139] B類 함은 중국 동북지방에서는 전혀 발견되지 않으며, 한반도 남부지방에서 집중적으로 확인되고 있다. 특히 ⊥자형환판비의 경우 전체 25예 중 11예가 B類 함으로 A·C類 함에 비하여 절대적으로 많음을 알 수 있다.

B類 함의 공간적인 분포를 살펴보면, 환판비의 출현지역으로 추정되는 낙동강 하류역에서는 전혀 발견되지 않으며, 경주 황남대총 남분,[140] 함안 도항리 13호분, 합천 옥전고분군 등에서 확인되고 있다. 이 중 합천 옥전고분군의 예를 보면 마구가 출현하는 68호분 단계부터 도입되어 이후에도 계속하여 채용되는 것이 확인된다. 그리고 다른 지역과 비교하면 보편적으로 그 예가 압도적으로 많음을 알 수 있다. 이상과 같은 B類 함은

---

139) C類 함은 5세기 중엽 이후의 타원형·f자형판비에 보편적으로 채용된다.
140) 文化財管理局 文化財硏究所, 1994,『皇南大塚 南墳發掘調査報告書』.

합천 옥전고분군 마구의 지역성을 보여주는 특징적인 요소의 하나로 파악해 두고자 한다.[141]

4) 연결방법

인수·함의 연결방법은 일반적으로 다음과 같이 분류되고 있다.

A類 : 인수내환과 함외환이 직접 연결된 인수·함 직접연결법.
B類 : 유환을 매개로 하여 연결된 인수·함 유환연결법.

이와 같은 인수·함의 연결방법은 유환의 유무에 따라 분류한 것이며, 유환은 함과 인수의 연결을 원활히 하는 것으로 해석되고 있다.[142] 그런데 유환의 기능은 기왕의 연구에서와 같은 역학적인 점뿐만 아니라 또 다른 점도 있는 것으로 판단된다. 그것은 특히 유환의 채용이 많은 표비와 판비를 살펴보면 잘 알 수 있다.

먼저 표비의 경우 인수·함 직접연결법을 취하면 인수의 유동성이 낮은 점도 있지만, 인수가 유동하면서 함외환에 삽입된 鑣를 지속적으로 훼손시킬 가능성이 높다. 그런데 유환을 매개로 한 인수·함 유환연결법을 취하면 인수의 유동이 유환 내에서만 이루어지므로 鑣에 미치는 영향을 절대적으로 줄일 수 있었을 것으로 추정된다.

다음으로 장식성이 강한 판비의 경우에 인수·함 직접연결법으로 취하면 인수가 유동하면서 자연히 함유와 마찰하게 되는데, 이때 금·은 등으로 만들어진 함유-장식-를 손상시킬 위험성이 있었을 것이다. 이러한 문제를 해결하기 위해서는 인수와 함유와의 간격을 넓혀야 하는데, 결국 유

---

141) 필자는 이미 趙榮濟·柳昌煥·李瓊子, 1998, 『陜川 玉田古墳群Ⅶ』, 경상대학교박물관, p.121에서 B類 함을 합천 옥전고분군의 재지적인 특성으로 파악한 바 있다.
142) 金斗喆, 1991, 앞의 논문, pp.36~37.

환을 채용함으로써 해결한 것으로 볼 수 있다. 즉 유환의 채용으로 인수와 함유와의 일정한 간격을 확보함으로써 함유-장식-가 손상될 위험성을 어느 정도 해결했던 것으로 추정된다.[143]

한편 환판비의 경우 인수 · 함 유환연결법을 취하고 있는 것은 전체 35예 중 단 5예에서만 확인되고 있다. 이것은 위에서 검토한 바와 같이 인수 · 함의 연결방법에 유환이 도입된 이유가 역학적인 것에 한정되지 않았음을 말해 주는 것으로 생각된다.

이상에서 검토한 바와 같이 인수 · 함의 연결방법에 유환이 도입됨으로써 인수 · 함의 연결을 원활히 할 수 있었고, 또한 표비와 판비에 상존하고 있던 위의 문제를 일소할 수 있었을 것이다.

2. 속성간의 관계와 형식의 설정

1) 속성간의 관계

지금까지 환판비의 속성을 추출하여 분류 · 검토하고 변화의 방향을 상정해 보았다. 이 중에서 비교적 시간성을 민감하게 반영하면서 정합성을 가진 것은 인수인 것으로 판단된다. 그래서 이하에서는 인수를 기본축으로 하여 제속성과의 상관관계를 검토하고, 아울러 앞에서 상정한 속성변이의 변화의 방향을 검증하기로 한다. 그리고 최종적으로는 속성변이간의 특정한 조합관계를 추출하기로 한다.

---

143) 한편 판비에 있어서 함과 인수의 연결은 함유의 외측에서 연결되는 것이 일반적인데, 늦은 시기가 되면 함유의 내측에서 연결하는 방법도 나타나고 있다. 후자의 방법은 함유의 손상을 방지함과 동시에 함유에 베풀어진 장식을 최대한 노출시키기 위한 고안으로서, 그 효과는 유환과 비교되지 않을 정도로 높았을 것으로 생각된다.

(1) ⊥자형환판비

다음의 표 6은 ⊥자형환판비의 인수와 제속성과의 상관관계를 나타낸 것으로 이를 검토하면 다음과 같다.

표 6. 인수와 제속성과의 상관관계

속성		함유금구			함유외환		함유입문						함		
		A	B	C	A	B	A	B	C	D	E	F	A	B	C
인수	A		1			1				1			1		
	B	3	3		1	5			1	4		1	3	3	
	C		1			1				1				1	
	D														
	E		4			4				4			1	1	
	F														
	G	1	4	8		13				13			2	6	5
	H														

위의 표를 보면서 먼저 인수와 함유금구와의 상관관계를 살펴보자. 인수 A·B·C·E·G類는 함유금구 A·B·C類와 일정하게 대응하고 있는데, 이 중에서 특히 인수 B類는 함유금구 A·B類, 인수 E類는 함유금구 B類, 인수 G類는 함유금구 C類와 강하게 대응하고 있음을 알 수 있다. 이와 같은 상관관계는 앞에서 상정한 인수와 함유금구의 변화 방향에 타당성을 부여함과 동시에 양자의 변화가 연동하고 있음을 잘 보여주는 것으로 생각된다.

다음으로 함유외환과의 상관관계를 살펴보자. 표에서와 같이 인수가 함유외환 A類와 대응하는 것은 단 1예에 지나지 않으며, 나머지는 모두 함유외환 B類와 대응하고 있음을 알 수 있다. 이와 같이 함유외환 A類는 1예에 불과하므로 양 속성 간의 상관관계에 의미를 부여하기는 어려우나 다만 ⊥자형환판비의 함유외환은 B類가 일반적이었음을 시사하는 정도로 생각해 둔다. 그리고 인수와 입문과의 상관관계를 살펴보면, 인수 A·

B類와 입문 C · F類가 대응하는 단 1예씩을 제외하면 나머지는 모두 입문 D類와 상관하고 있음을 알 수 있다. 이와 같은 양 속성 간의 상관관계는 ㅗ자형환판비의 일반적인 입문이 D類였음을 나타낸 것으로 볼 수 있다.

마지막으로 인수와 함과의 상관관계를 살펴보면, 특히 인수 B類는 함 A · B類와, 인수 G類는 함 B · C類와 강하게 대응하고 있는 것이 유의된다. 이와 같은 양 속성 간의 상관관계는 앞서 상정한 함과 인수의 변화의 방향성이 타당하다는 것과 또한 양자의 변화가 어느 정도 연동하고 있음을 말해 주는 것으로 생각된다.

이상과 같은 인수를 기본축으로 한 제속성과의 상관관계는 앞에서 상정한 속성변이의 변화의 방향이 타당하며, 또한 인수와 제속성 간에는 어느 정도의 상관관계를 가지면서 변화했음을 보여주고 있다. 특히 인수와 함유금구의 상관관계는 질 · 양적으로 안정적이면서도 어느 정도 정합성을 가지고 상관하고 있음을 알 수 있다. 따라서 ㅗ자형환판비의 속성변이 간의 특정한 조합관계는 인수와 함유금구를 기준으로 추출할 수 있으며, 이를 정리한 것이 다음의 표 7과 8이다.

(2) X자형환판비

지금까지 삼국 · 가야시대 유적에서 출토된 X자형환판비는 모두 9점으로 그 예가 많지 않다. 따라서 ㅗ자형환판비와 같이 인수를 중심으로 한 제속성간의 상관관계의 검토는 의미 있는 결과를 얻기 어려운 것으로 생각된다.

그런데 지금까지 속성을 분류하고 검토한 것에서 잘 알 수 있듯이 X자형환판비와 ㅗ자형환판비는 함유금구를 제외한 제속성변이와 변화의 방향은 맥락을 같이 하고 있다. 그래서 ㅗ자형환판비와 마찬가지로 인수와 함유금구를 기준으로 하여 분석대상 자료와 속성변이간의 특정한 조합관계를 정리해 보면 표 9, 10과 같다.

표 7. ⊥자형환판비 속성표

번호	유구명	인수A	인수B	인수C	인수D	인수E	인수F	인수G	인수H	인수호A	인수호B	함유금구A	함유금구B	외환A	외환B	외환C	입문A	입문B	입문C	입문D	입문E	입문F	철봉A	철봉B	철봉C	연결A	연결B
1	산봉동 A	△								○				△		○			○				○			○	
2	복천동 31호		○							○		○		○					○				○			○	
3	신흥리 57호		○							○		○				○					○					○	
4	복천동 10호	△									○	○			○					○			○			○	
5	옥전 68호		○							○				△		○				○				○		○	
6	옥전 67-A호		○								○			△		○				○				○		○	
7	옥전 23호		○											○		○				○				○		○	
8	옥전 67-B호			○						○				○		○				○				○		○	
9	도항리 13호					○					○			○		○				○				○		○	
10	산봉동 B					○					○			○						○			○	○		○	
11	황남 109-4A					○					○			?		○				○			○			○	
12	황남 109-4B				?						?			○		?				○			○			○	
13	자산경 10호							○			○			○	○					○					○	○	
14	옥전 28호							○			○			○		○				○					○	○	
15	옥전 M1호B							○			○			?		○				○					○		○
16	옥전 M1호C							○			○			○		○				○					○	○	
17	조영 EIII-2							○			○			○		○				○			○			○	
18	옥전 M1호A							○			○					○			○	○						○	
19	옥전 12호							○			○					○			○	○					○		○
20	옥전 35호							○			○					○				○			○			○	
21	대성남분 C							○			○					?				?			?			○	
22	대성남분 B				?											○			○					○		○	
23	대성남분 A				?											○			○						○	○	
24	의성탑리					○										○				○			○			○	
25	인왕동 20호B					○					○			△		○				?					?	○	

표 8. ⊥자형환판비 속성변이의 조합관계

인수	인수호	함유금구	함유외환	입문	함	연결방법	군
A	A	B	B	D	A	A	1
B	A · B	A	A · B	C · D · F	A	A	2a
B	A · B	B	B	D	B	A	2b
E	A · B	B	B	D	A · B	A	3
G	A	B	B	D	C	A	4a
G	A	B	B	D	A · B · C	A · B	4b
G	A	C	B	D	A · B · C	A · B	4c

표 9. X자형 환판비 속성표

번호	유구명	인수 A	B	C	D	E	F	G	H	인수호 A	B	함유금구 A	B	외환 A	B	입문 A	B	C	D	E	F	철봉 A	B	C	연결방법 A	B
1	도항리 36호	o								o		o		o		o						o			o	
2	대성동 20호	o								o		o		o				o				o			o	
3	도항리 10호		o							o		o			o				o			o			o	
4	복천동 35호				o					o		?			o	o						o			o	
5	신흥리 39호					o					o	o		o					o			o			o	
6	황오리 14-2						?			o		?			o				o			?			o	
7	전경주						?			o		o			o				o			?			o	
8	경북대소장						o			o		o			o				o					?		o
9	전집안통구			o						o		o			o				o				o	o		o
10	지산동 45-1							o	o			o		o					o					o		o

표 10. X자형 환판비 속성변이의 조합관계

인수	인수호	함유금구	함유외환	입문	함	연결방법	군
A	A	A	A	A?C	A	A	1
B	A	A	B	D	A	A	2
E	A	A	B	B	?	?	3
F	B	A	A	D	A	A	4
(G)	(A)	A	B	D	(A)	A	5
D	A	A	B	D	C	A	6
H	A	B	B	E	C	B	7

2) 형식의 설정

(1) ⊥자형환판비

위의 표 8에서와 같이 ⊥자형환판비의 속성변이 간의 특정한 조합관계는 인수를 기준으로 하면 4群으로 분류되며, 여기에 함유금구를 더해 자세히 분류하면 모두 7群으로 정리된다. 이들 7群 모두는 개별 型式으로 설정 가능할 것으로 생각되며, 그 명칭과 특징을 정리하면 아래와 같다.

Ⅰ型式(1群) : 타원형 외환의 이조철봉의 일조선인수에 정人자형의 함유금구가 조합된 점이 가장 큰 특징이다. 함유외환은 타원형이며, 입문은 장방형공의 장방형입문이고 함과 연결방법은 각각 A類이다. 청주 신봉동 채집품 A(그림 7-1).[144]

Ⅱa型式(2a群) : 삽자루형 외환의 이조선인수에 정⊥자형의 함유금구가 조합된 점이 가장 큰 특징이다. 함은 이조의 철봉을 꼬아 만든 A類이며, 함유외환은 정원형도 있으나 타원형이 일반적이다. 입문은 C · D · F類로 다양하며, 방 · 원환결합인수호와 조합된 것도 확인된다. 연결방법은 A類이다. 복천동 10, 31호분, 상주 신흥리 57호분 출토품(그림 7-2~4).

Ⅱb型式(2b群) : 삽자루형 외환의 이조선인수에 정人자형의 함유금구가 조합된 점이 가장 큰 특징이다. 그리고 B類 함만이 존재하는 것도 위의 Ⅱa型式과 구별되는 또 다른 특징이다. 함유외환은 타원형이며, 입문은 D類 일색이다. 옥전 23, 67-A, 67-B, 68호분 출토품(그림 7-5~8).

Ⅲ型式(3群) : 삽자루형 외환의 일조선인수에 정人자형의 함유금구가 조합된 점이 가장 큰 특징이다. 함은 A · B類의 양자가 존재하며, 그 밖의 속성은 위의 Ⅱb型式과 같다. 경주 황남동 109호분 4곽의 A · B, 도항리 경13호분, 청주 신봉동 채집품 B,[145](그림 7-9~10, 그림 8-1~2).

Ⅳa型式(4a群) : 굽은 타원형 외환의 일조선인수에 정⊥자형의 함유

---

144) 忠北大學校博物館, 1983, 『淸州新鳳洞百濟古墳群發掘調査報告書』.
145) 국립중앙박물관, 1999, 『특별전 백제』, p.38.

금구가 조합된 점이 가장 큰 특징이다. 인수호는 없으며, 함유외환은 타원형, 입문은 D類이다. 함은 C類, 연결방법은 A類이다. 지산동 경 10호 출토품(그림 8-3).

IVb型式(4b群) : 굽은 타원형 외환의 일조선인수에 정人자형의 함유 금구가 조합된 점이 가장 큰 특징이다. 인수호, 함유외환, 입문은 IVa 型式과 같으며, 함은 A · B · C類 모두가 존재한다. 연결방법은 A · B 類의 양자가 확인된다. 옥전 28, M1호분의 B · C, 조영 EIII-2호분[146] 출토품(그림 8-4~7).

IVc型式(4c群) : 굽은 타원형 외환의 일조선인수에 곡人자형의 함유 금구가 조합된 점이 가장 큰 특징이다. 그 밖의 속성은 위의 IVb型式 과 같다. 옥전 12, 35호분, M1호분 A, 황남대총 남분 A~C, 인왕동 20 호분,[147] 의성 탑리 봉토내 출토품(그림 8-8~9, 그림 9-1~6).

(2) X자형환판비

위의 표 5에서와 같이 X자형환판비 역시 인수를 기준으로 분류하면 2 群, 여기에 함유금구를 더하여 자세히 분류하면 모두 7群의 특정한 조합 군이 설정된다. 따라서 이들 7群 모두를 개별 형식으로 설정하는 것이 가 능하며, 각 형식의 명칭과 특징을 정리하면 다음과 같다.

I 型式(1群) : 타원형 외환의 이조철봉의 일조선인수에 정X자형의 함유금구가 조합된 점이 가장 큰 특징이다. 함유외환은 정원형을 이 루고 있으며, 입문은 무공의 병유입문과 장방형공의 역제형입문의

---

146) 국립대구박물관, 2000, 『압독 사람들의 삶과 죽음』, p.74.
147) 嚴永植 · 黃龍渾, 1974, 『慶州 仁旺洞19 · 20號 古墳發掘調査報告』, 경희대학교박물관.

양자가 존재한다. 인수호는 없으며, 함과 연결방법은 A類만이 확인된다. 도항리 문36호분, 대성동 20호분 출토품(그림 9-7~8).

II型式(2群) : 삽자루형 외환의 이조선인수에 정X자형의 함유금구가 조합된 점이 가장 큰 특징이다. 함유외환은 타원형, 입문은 장방형공의 장방형입문이다. 도항리 문10호분 출토품(그림 9-9).

III型式(3群) : 삽자루형 외환의 일조선인수에 정X자형의 함유금구가 조합된 점이 가장 큰 특징이다. 장방형공의 철봉입문과 조합된 점도 다른 型式들과 구별되는 특징이다. 그 밖의 제속성은 기본적으로 위의 II型式과 같다. 동래 복천동 35호분 출토품.

IV型式(4群) : 방형 외환의 일조선인수에 정X자형의 함유금구가 조합된 점이 가장 큰 특징이다. 방·원환결합인수호가 조합되며, 함유외환이 정원형인 점도 하나의 특징이다. 그 밖의 제속성은 위의 II型式과 같다. 상주 신흥리 39호분 출토품(그림 9-10).

V型式(5群) : 일조선인수에 정X자형의 함유금구가 조합된 점이 가장 큰 특징이다. 인수외환은 굽은 타원형일 가능성이 높으며, 그 밖의 제속성은 위의 II型式과 같은 것으로 관찰된다. 傳 경주, 황오리 14-2호분,[148] 경북대소장품,[149](그림 9-11, 그림 10-1~2)

VI型式(6群) : 굽은 타원형외환의 이조선인수에 정X자형의 함유금구가 조합된 점이 가장 큰 특징이다. 함은 C類이며, 그 밖의 제속성은 기본적으로 위의 II型式과 같다. 傳 집안 통구(그림 10-3).

---

148) 齊藤忠, 1937, 앞의 책.
149) 國立淸州博物館, 1990, 앞의 책, p.44.

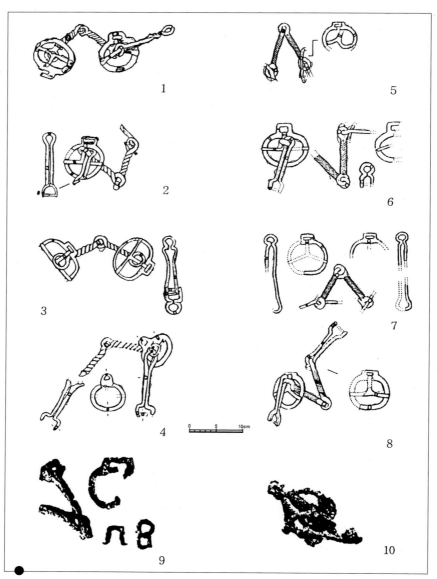

1

5

2

6

3

7

4

8

9

10

0 5 10cm

07 ⊥자형환판비의 제형식

1. 신봉동 채집품 A, 2. 복천동 31호분, 3. 복천동 10호분, 4. 신흥리 57호분, 5. 옥전 23호분, 6. 옥전 67-A호분, 7. 옥전 67-B호분, 8. 옥전 68호분, 9. 황남동 109-4곽 A, 10. 황남동 109-4곽 B

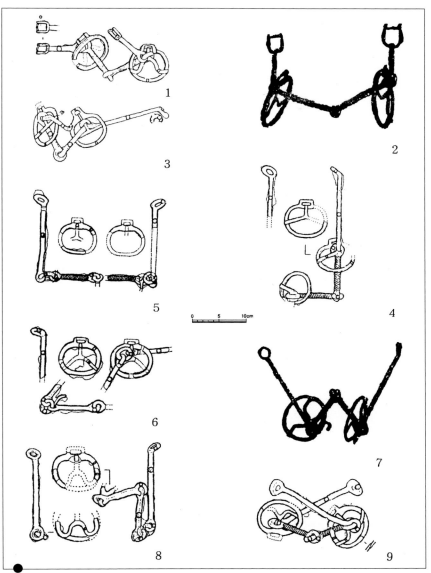

08 ⊥자형환판비의 제형식

　1. 도항리 경13호분, 2. 신봉동 채집품 B, 3. 지산동 10호분 석곽, 4. 옥전 28호분, 5. 옥전 M1호분 B, 6. 옥전 M1호분 C, 7. 조영 EIII-2호분, 8. 옥전 12호분, 9. 옥전 35호분

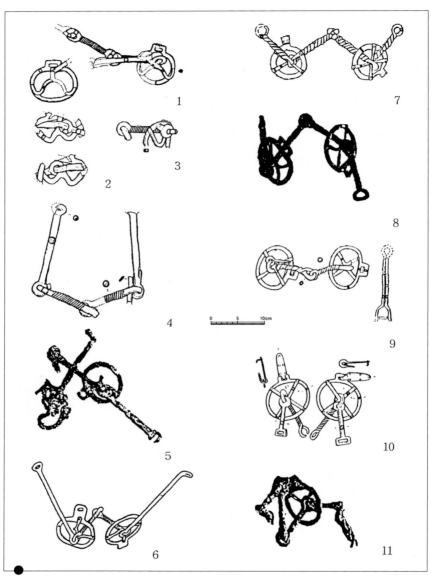

09 ⊥·X자형환판비의 제형식

1. 옥전 M1호분 A, 2. 황남대총 남분 A, 3. 황남대총 남분 B, 4. 황남대총 남분 C, 5. 인왕동 20호분,
6. 탑리 봉토, 7. 도항리 문 36호분, 8. 대성동 20호분, 9. 도항리 문10호분, 10. 신흥리 39호분, 11.
전 경주

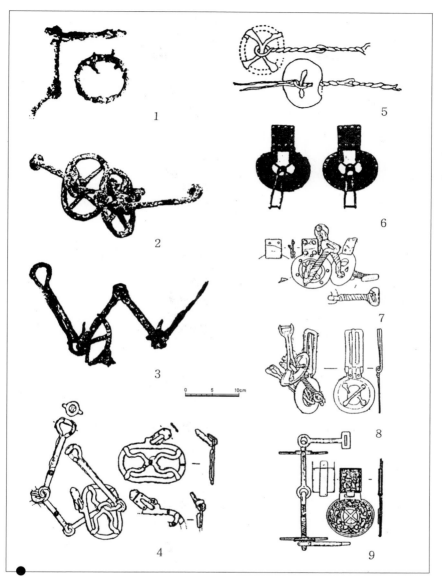

1

5

2

6

3

0   5   10cm

7

4

8

9

10 X자형환판비와 그 밖의 비

1. 황오리 14호분 2부곽, 2. 경북대소장품, 3. 전 집안 통구, 4. 지산동 45호분, 5. 북구 M8호묘, 6. 북표 삼연묘, 7. 대성동 2호분, 8. 대성동 42호분, 9. 신개 1호분

Ⅶ型式(7群) : 등자형 외환의 일조선인수에 곡X자형의 함유금구가 조합된 점이 가장 큰 특징이다. 입문은 E類이며, 연결방법은 B類이다. 그 밖의 제속성은 여타의 형식들과 같다. 지산동 45호분 1호 석실 출토품(그림 10-4).

3. 편년

1) 상대편년

앞에서 검토한 바에 의하면 환판비를 구성하는 제속성변이는 일정한 방향으로 변화하는 것을 알 수 있다. 따라서 형식 간의 상대편년은 아래의 표 11과 같이 정리되는 여러 속성변이의 변화의 방향을 기준으로 설정할 수 있다.

표 11. 환판비 속성의 변천

속성 \ 시간	古		→				新
인수	A類	→	B·C類	→	E·F類	→	G類	→	D·H類
함유 ⊥자형	A類		→	B類		→		C類
금구 X자형	A類			→				B類
함유외환	A類			→				B類
입문	A類	→	B·C類		→	D類	→	E類
함	A類		→	B類		→		C類

먼저 ⊥자형환판비의 형식 간의 상대편년을 살펴보자. ⊥자형환판비는 기본적으로 인수의 차이에 의해 Ⅰ~Ⅳ형식으로 분류되었으므로, 우선 인수의 시간적 변화에 의거하면 Ⅰ→Ⅱ→Ⅲ→Ⅳ형식의 순으로 상대편년을 설정할 수 있다.

그런데 여기에서 유의해야 될 것은 지금까지 확인된 ⊥자형환판비 중에서 출토고분의 편년이나 제속성의 검토 결과를 종합하면 가장 이른 시기에 해당되는 것은 동래 복천동 31호분 출토품이라는 점이다. 즉 이 고분 출토품은 인수가 B類로서 IIa형식에 해당되는 것이므로 위의 상대편년과는 배치되고 있다. 이 점은 후술하는 바와 같이 I 형식에 해당되는 자료 중에서 청주 신봉동 채집품 A가 가장 늦은 시기에 해당되는 자료로, 차후 IIa형식의 동래 복천동 31호분 출토품 보다 앞서는 I 형식의 자료가 발견될 것으로 기대된다.

한편 세분된 각 형식은 다시 함유금구의 변화에 의거하여 II형식은 a →b, IV형식은 a→b→c형식의 순으로 변화해 가는 것으로 추정된다. 따라서 ⊥자형환판비는 전체적으로는 II(a→b)→III→IV(a→b→c)형식의 순으로 상대편년할 수 있다. 그리고 X자형환판비의 형식 간의 상대편년은, 역시 위의 표에 의거하여 I →II→III · IV→V→VI · VII형식의 순으로 상대편년할 수 있다.

2) 연대

여느 고고자료와 마찬가지로 환판비 역시 절대연대를 직접적으로 보여주는 자료는 없다. 그래서 여기에서는 시간성을 민감하게 반영하면서 정합성을 가지는 것으로 판단되는 인수의 출현과 소멸의 시기를 검토하여 연대를 비정하기로 한다.[150]

먼저 A類 인수는 앞에서 검토한 바와 같이 표형의 이조선인수에 이조의 철봉을 꼬아서 만든 A類 함의 제작방법이 도입되어 개발된 것으로, 그 분포의 중심지는 한반도 남부지방이다. 이와 같은 A類 인수는 4세기 3/4 분기에 처음으로 표비와 판비에 채용된 것으로 보여지며,[151] 환판비에는

---

150) 단 여기에서는 인수의 출현과 소멸의 시기는 환판비에 한정하여 검토하였음을 밝혀 둔다.
151) 김해 대성동 2호분 출토 표비와 판비, 동래 복천동 60호분 출토 표비가 좋은 예이다. 申敬澈, 1994, 앞의 논문 참조.

조금 늦은 5세기 전엽으로 편년되고 있는 김해 대성동 20호분 출토 X자형환판비[152]에 처음으로 채용되고 있다. 한편 한반도 남부지방에 환판비가 출현하는 시기와 환판비에 A類 인수가 도입되는 시기와 관련하여 주목되는 자료는 4세기 중엽 이전으로 편년되고 있는 房身村 北溝 M8號墓 출토 X자형환판비이다(그림 9-5).[153] 이 轡는 비록 인수가 결손되었지만 공반된 횡방향함유금구판비와 같은 B類 인수의 시원형이었을 가능성이 큰 것으로 추정된다. 이와 같은 이 墓의 X자형환판비의 예로 보아 한반도 남부지방에 X자형환판비가 이입되는 것은 4세기 중엽 이후일 것으로 판단되며, A類 인수의 채용은 이보다 조금 늦은 시기였을 것으로 추정된다. 그런데 후술하는 바와 같이 A類 인수보다 늦은 F類 인수가 5세기 1/4분기에는 출현하고 있으므로 늦어도 5세기 초에는 환판비에 A類 인수가 채용되었을 것으로 생각된다.

한편 A類 인수의 하한연대를 알 수 있는 자료로는 ⊥자형환판비 Ⅰ型式에 해당되는 청주 신봉동 채집품 A이다. 이 자료는 인수 A類, 함유금구 B類, 입문 D類의 속성을 가지고 있다. 좀 더 자세히 보면 인수는 이조의 철봉을 촘촘하게 꼰 전형적인 A類에서 꽤 퇴화된 것으로 종말기의 형태를 보여 주고 있다. 이러한 점으로 보아 위 신봉동 채집품은 5세기 2/4분기에 해당되는 것으로 생각된다. 이상을 정리하면 A類 인수는 늦어도 5세기 초에는 채용되어 5세기 2/4분기까지 존속했던 것으로 추정할 수 있다.

B類 인수는 앞에서와 같이 중국 동북지방의 楡樹老河深 M97號墓, 北票 三燕墓, 袁台子墓 출토품 등에서 그 시원형을 구할 수 있다. 이들 轡의

---

152) 국립김해박물관, 1998, 『국립김해박물관』, p.76.
　　　연대에 대해서는 申敬澈·金宰佑, 2000, 앞의 책 p.196 참조.
153) 董高, 1995, 앞의 논문에 의하면 房身村 北溝 M8號墓 출토 X자형환판비는 지금의 자료 중에서는 가장 이른 시기에 해당된다.

인수는 한반도 남부지방에서 발견되는 B類 인수와 약간 다른 것으로, 이러한 시원형이 한반도 남부지방에서 B類 인수로 변화한 것은 빨라도 4세기 중엽 이후였을 것으로 추정된다.[154] 그런데 B類 인수가 환판비에 채용된 것은 5세기 1/4분기로 편년되고 있는 동래 복천동 31호분 출토 ⊥자형 환판비가 가장 빠른 예에 해당된다. 한편 상주 신흥리 57호분에서는 B類 인수와 함께 G類 인수, 무각소반구형운주가 공반하고 있어 B類 인수의 하한연대를 추정해 볼 수 있다. G類 인수는 후술하는 것과 같이 5세기 중엽경에 출현하며, 무각소반구형운주는 5세기 중엽의 빠른 단계에 나타난 것으로 알려지고 있다.[155] 이로써 신흥리 57호분은 5세기 중엽으로 편년할 수 있다. 다만 B類 인수가 5세기 전반대의 특징적인 요소임을 고려하면 그 하한연대는 5세기 2/4분기의 늦은 시기로 추정할 수 있다. 이상을 정리하면 B類 인수는 5세기 초를 전후한 시기부터 5세기 2/4분기 말까지 존속했던 것으로 생각된다.

C類 인수는 B類 인수에서 변형된 것으로, 합천 옥전 67-B호분 출토품이 유일한 예이다. 앞서 이 고분에서 출토된 등자를 5세기 전엽으로 편년한 바 있는데, 이에 의해서 C類 인수는 5세기 전엽을 크게 벗어나지 않는 것으로 파악해 둔다.

D類 인수는 傳 집안 통구 출토품이 유일한 예이므로 자세한 것은 알 수 없다. 그런데 합천 옥전 85호분, 남원 두락리 1호분[156] 출토의 복환판비 등에 조합된 예가 많다. 이와 같은 복환판비들은 대개 6세기 전엽 또는 6세기 1/4분기에 출현하는 것으로, D類 인수의 연대 역시 여기에서 크게

---

154) 낙동강 하류역에 있어서 典形 B類 인수의 최초의 예는 4세기 3/4분기로 편년되고 있는 동래 복천동 42호분 출토품에 보인다.
155) 金斗喆, 1992, 앞의 논문, pp.231~232 참조.
156) 尹德香·郭長根, 1989, 『斗洛里』, 전북대학교박물관.

벗어나지 않을 것으로 추정된다.

E·F類 인수는 앞에서와 같이 연동하는 것으로, 이들 인수의 상한연대를 알 수 있는 것은 F類 인수와 조합된 환판비가 출토된 상주 신흥리 39호분 출토 마구이다. 이 고분에서는 필자 분류의 ⅠA1식 등자가 공반되었는데, ⅠA1식 등자는 동래 복천동 48호분, 김해 대성동 1호분, 김해 양동리 429호분, 馮素弗墓[157])에서 확인되고 있다. 따라서 이들 등자의 연대는 馮素弗墓(415년 : 北燕大平 7年)가 하나의 기준이 될 수 있으므로 5세기 1/4분기로 편년할 수 있다.[158]) 그리고 이들 인수의 하한연대는 E類 인수와 조합된 환판비가 출토된 함안 도항리 경13호분 출토 등자가 참고된다. 이 고분에서 출토된 등자는 기본적인 속성으로 보아 필자 분류의 ⅠA3식에 해당되는 것이지만 답수부에 스파이크가 채용된 것은 전혀 새로운 요소이다. 따라서 ⅠA3식 중에서는 가장 늦은 것으로 그 연대는 5세기 전반대의 늦은 시기에 해당될 것으로 추정된다.[159]) 이상을 정리하면 환판비에 있어서 E·F類 인수는 5세기 1/4분기에 출현하여 5세기 전반대에 유행한 것으로 생각된다.

G類 인수는 앞에서와 같이 E·F類 인수의 개량형으로, 상한연대에 대해서는 고령 지산동 경10호 석곽 출토 환판비가 참고된다. 이 환판비는 앞에서와 같이 Ⅳa형식으로 분류된 것으로, 인수는 굽은 타원형 외환의 일조선인수로 변화하였으나 함유금구는 여전히 출현기의 정⊥자형을 고수

---

157) 黎瑤渤, 1973, 「遼寧北票縣西官子北燕馮素弗墓」『文物』 1973-3.

158) 그런데 여기서 제기해 두고 싶은 것은 ⅠA1식으로 분류되는 등자들 중에서 馮素弗墓 출토품을 가장 빠른 형식이거나 시원형으로 볼 근거는 없다는 것이다. 즉 ⅠA1식 등자에 속하는 자료간에는 세부적인 속성에서 차이가 있으므로 어느 정도의 시간폭은 있는 것으로 추정된다. 따라서 ⅠA1식 등자들의 연대를 반드시 馮素弗墓 이후로 편년할 필요는 없으며, 그를 전후한 시기에서 구해야 할 것으로 생각된다.

159) 한편 禹枝南은 (社)慶南考古學研究所, 앞의 책, p.153에서 함안지역 출토 도질토기를 분석하면서 도항리 경13호분을 5세기 2/4분기로 편년하고 있다.

표 12. 환판비 편년표

형식		연대			
		5세기 전반	5세기 중엽	5세기 후엽	6세기 전엽
ㅗ자형	I	신봉동 A			
	IIa	복천동 31	복천동 10 신흥리 57		
	IIb	옥전 68	옥전 67-A,B 옥전 23		
	III	황남동 109-4	도항리 경13 신봉동 B		
	IVa		지산동 10		
	IVb		옥전 28, M1 조영EIII-2		
	IVc		옥전 12, 35, 옥전 M1 황남대총남분		인왕동 20 의성 탑리
X자형	I	대성동 20 도항리 36			
	II		도항리 문10		
	III	복천동 35			
	IV	신흥리 39			
	V		전 경주 황오리 14-2		경북대 소장품
	VI				전 집안
	VII				지산동 45-1

하고 있다.[160] 이로써 지산동 경10호 출토품이 G類 인수와 조합된 여러 형식 중에서 가장 이른 시기에 해당되는 자료임을 알 수 있다. 그런데 G類

---

160) 慶尙北道文化財硏究員, 2000, 『高靈池山洞古墳群』, 학술조사보고 제6책에서는 10호 석 곽 출토 轡를 동래 복천동 31호 출토 轡보다는 약간 후행하는 형식으로 보고 그 연대를 420~440년으로 설정하고 있다. 이는 함유금구에만 주목하고 인수의 변화는 간과한 것 으로 보인다. 즉 위의 지산동 10호 석곽 출토품은 복천동 10호분 출토품보다 늦은 5세기 중엽의 늦은 시기로 편년하고자 한다.

인수는 E · F類 인수에 후행하는 것이 분명하므로 빨라도 5세기 중엽에 출현한 것으로 생각된다. 한편 G類 인수가 채용된 환판비 중에서 비교적 이른 시기에 해당되는 것으로 생각되는 합천 옥전 28, M1호분, 경주 황남대총 남분 출토품들도 5세기 중엽으로 편년된다.[161] 따라서 G類 인수는 5세기 중엽에 채용되어, 의성 탑리봉토내 출토품[162]에서도 알 수 있듯이 6세기대까지도 계속되었던 것으로 보인다.

H類 인수는 앞에서 살펴 본 것과 같이 주로 타원형 또는 f자형판비의 인수에 달린 등자형 인수호와 밀접한 관련이 있는 것으로, 환판비 중에서는 고령 지산동 45호분 1호 석실 출토품에서만 확인된다. 지산동 45호분의 연대에 대해서는 6세기 전엽 또는 6세기 1/4분기로 편년되고 있는데, 지산동 44호분보다 약간 늦은 6세기 전엽이 안정적인 연대일 것으로 생각된다.[163]

이상과 같은 인수의 출현과 소멸에 대한 검토 결과를 기준으로 하여 환판비의 연대를 비정하면 표 12와 같이 정리된다.

---

161) 필자는 등자의 분석을 통하여 합천 옥전 28, M1호분을 5세기 중엽으로 편년한 바 있다. 한편 황남대총 남분에서 출토된 등자 중에는 위 옥전 28, M1호분 출토품과 같은 ⅠB3, ⅠB5식도 포함되어 있다. 따라서 필자는 위의 옥전 고분들과 황남대총 남분에서 출토된 마구들의 연대는 병행하는 것으로 생각하고 있다.

162) 의성 탑리봉토내 출토품에 대해서는 5세기 후엽에서도 말, 혹은 6세기 초로 보는 견해 (定森秀夫, 1988, 「韓國慶尚北道義城地域出土陶質土器について」『日本民族・文化の生成』.)와 5세기 3/4분기로 보는 견해(李熙濬, 1998, 『4~5세기 新羅의 考古學的 研究』, 서울대학교문학박사학위논문, p.110.)로 대별된다.
필자는 공반된 철제등자와 자엽문심엽형행엽 등을 근거로 6세기 이후로 본다.

163) 지산동 45호분의 연대는 禹枝南, 1996, 「大加耶古墳의 編年」, 서울대학교대학원 석사학위논문에서는 6세기 전엽, 朴天秀, 1998, 「大加耶圈 墳墓의 編年」『韓國考古學報』39에서는 6세기 1/4분기로 편년되고 있다. 필자는 앞서 검토한 목심등자의 연대관을 근거로 6세기 전엽으로 보고자 한다.

4. 분포

삼국과 가야의 유적에서는 모두 35점의 환판비가 확인되고 있다. 이와 같이 양적으로 불안정한 환판비의 시간적·공간적인 분포에 의미를 부여하는 것은 문제가 많을 것으로 생각된다. 그런데 후술하는 바와 같이 환판비의 시간적·공간적인 분포 양상은 일정한 정합성은 있는 것으로 생각되어 검토하였다.

먼저 환판비의 시간적·공간적인 분포를 정리하면 다음의 표 13과 같다. 이에 따라 환판비의 시간적인 분포를 살펴보면, 우선 환판비가 출현한 시

표 13. 환판비의 형식과 분포

형식		연대					출토지역	계
		4c 대	5c 전반	5c 중엽	5c 후엽	6c 전엽		
⊥ 자 형	I						청주 1	1
	IIa						부산 1	3
							부산 1, 상주 1	
	IIb						합천 1	4
							합천 3	
	III						경주 2	4
							함안 1, 청주 1	
	IVa						고령 1	1
	IVb						합천 3, 경산 1	4
	IVc						합천 3, 경주 3	8
							경주 1, 의성 1	
X 자 형	I						김해 1, 함안 1	2
	II						함안 1	1
	III						부산 1	1
	IV						상주 1	1
	V						경주 2	3
							출토지불명 1	
	VI						고구려 1	1
	VII						고령 1	1

기부터 5세기 초까지는 ⊥자형환판비 Ⅰ·Ⅱ·Ⅲ형식과 X자형환판비 Ⅰ·Ⅲ·Ⅳ형식 등 모두 6가지 형식이 분포하고 있음을 알 수 있다. 이와 같이 이 시기에는 무엇보다도 다양한 형식이 분포하는 것이 특징으로, 그 것은 5세기를 전후한 시기에 출현한 환판비가 출현 단계부터 극심하게 형 식의 분화가 진행되었음을 보여 주는 것으로 이해할 수 있다. 이러한 형식 의 분화는 이입 직후부터 나타나는 재지화의 과정에서, 한편으로는 다른 形式 비들의 제작기술과 복합되는 과정에서 생겨난 양상으로 추정할 수 있다. 요컨대 환판비의 출현 단계에서는 아직 특정한 제작기술과 방법이 재지화되지 못했음을 말해 주는 것으로 볼 수 있다.

5세기 초 이후가 되면 ⊥자형환판비는 출현 단계의 여러 형식이 그대 로 연속되면서도 새로운 Ⅰ형식이 나타나고 있다. X자형환판비는 출현 단 계의 여러 형식은 소멸하고 새로운 Ⅱ형식이 나타난다. 이와 같이 이 시기 에는 출현 단계의 것과는 다른 형식도 나타나지만 크게 보면 전 단계의 연 속선상에 있는 것으로 판단된다. 즉 ⊥자형환판비의 경우 Ⅰ형식이 새로 이 나타나기도 하지만 여전히 출현 단계의 것이 중심을 이루고 있고, X자 형환판비의 경우에도 새로운 Ⅱ형식이 출현하였으나 속성상 출현 단계의 것에서 크게 벗어나지 못한 것이다. 따라서 이 시기의 환판비는 출현 단계 와 같은 양상을 띠면서 부분적으로는 각 지역에서 재지화가 이루어지기 시작하는 단계로 이해할 수 있다.

이와 같은 5세기 전반대의 양상은 5세기 중엽이 되면 일변하게 된다. 즉 ⊥자형환판비는 앞 단계의 여러 형식은 완전히 소멸되고 새로운 Ⅳ형 식이 나타나며, X자형환판비 역시 Ⅴ형식 만이 발견된다. 특히 ⊥자형환 판비의 경우 Ⅳ형식이 주목되는데, 이 형식은 앞서 함유금구의 차이에 의 해 a·b·c형식으로 세분하였지만 기본적으로 제속성을 전적으로 공유 하고 있는 것들이다. 따라서 Ⅳ형식은 특정 匠人 또는 특정 匠人集團에 의 해 제작된 것으로 볼 수 있다. 이로써 출현 단계부터 다양하게 제작되고 있던 ⊥자형환판비가 이 단계에 비로소 특정 형식으로 정형화되었다고 할 수 있다.

6세기대의 양상은 해당되는 자료가 많지 않으므로 정확히 알 수 없으나, 지금까지의 자료만을 보면 ⊥자형환판비는 5세기 중엽의 연속성에 있었던 것으로 보여진다. 즉 ⊥자형환판비는 전 단계의 IV형식 만으로 더 이상의 형식 분화는 없었던 것으로 생각된다. 그리고 X자형환판비는 앞 단계의 V형식과 함께 새로운 VI·VII형식이 출현하고 있다. 이와 같은 이 단계의 양상은 자료가 많지 않아 더 이상은 알 수 없으며, 다만 이 단계부터는 단환판비에서 파생된 복환판비도 나타나고 있기 때문에 차후에도 많은 예가 발견될 가능성은 적을 것으로 생각된다.

다음은 환판비의 공간적인 분포를 살펴보자. 우선 환판비가 출현한 이후 5세기 초까지는 부산, 김해, 합천, 함안, 경주, 상주 등 광범위하게 분포하고 있음을 알 수 있다. 그런데 가장 빠른 시기에 해당되는 자료가 출토된 곳은 낙동강 하류역의 부산, 김해지역이다. 즉 여러 속성이나 출토고분의 편년을 참조하면 ⊥자형환판비 중에서는 동래 복천동 31호분 출토품, X자형환판비 중에서는 김해 대성동 20호분 출토품이 가장 이른 시기에 해당되는 것이다. 따라서 이러한 형식의 환판비는 낙동강하류에서 출현한 이후 그 밖의 지역으로 확산되었던 것으로 생각된다. 그런데 특정 형식이 각 지역에 일률적으로 분포하지 않으며, 또한 김해와 함안지역에 동시에 분포하는 X자형환판비 I형식의 경우에도 세부적인 속성에 차이가 있는 것은 위의 시간적인 분포에서와 마찬가지로 아직 특정한 제작기술과 방법으로 재지화되지 못했기 때문인 것으로 생각된다.

5세기 전반대의 시기에는 출현 단계의 공간적인 분포 양상은 그대로 이어지는데, 즉 청주지역이 새로이 추가된 것 외에는 공간적인 분포가 거의 그대로 유지되고 있음을 알 수 있다. 따라서 앞에서와 같은 여러 형식의 시간적인 분포와 마찬가지로 공간적인 분포도 출현 단계의 연속성에 있는 것으로 이해된다.

이와 같은 5세기 전반대의 공간적인 분포는 5세기 중엽이 되면 일변한다. 즉 위의 표에서와 같이 출현 단계의 중심지로 추정되는 낙동강하류가 탈락되고 합천지역이 새로운 분포의 중심지로 대두되고 있는 것을 특징으로 들 수 있다. 좀 더 살펴보면 이 단계의 ⊥자형환판비는 모두 11점이 확인되며, 이 중 합천 옥전고분군의 예가 6점으로 압도적으로 많다. 특히 출현 단계부터 합천 옥전고분군에 도입된 B類 함은 이 단계의 ⊥자형환판비에 그대로 채용되고 있다. 이와 같은 점으로 보아 이 단계에 ⊥자형환판비의 정형화를 주도한 집단은 합천 옥전고분군 집단이었을 것으로 추정된다.

마지막으로 6세기대의 ⊥자형환판비는 경주와 의성지역에서만 확인되는데, 앞 단계의 형식이 여전히 존속하는 것으로 보아 차후 앞 단계에 해당되는 지역에서도 출토될 가능성이 충분히 있는 것으로 생각된다. 그리고 X자형환판비는 고구려와 고령지역에 각각 1점씩 분포하는데, 자료의 수가 많지 않아 더 이상의 것은 알 수 없다.

이상과 같은 환판비의 시·공간적인 분포는 시간적으로는 출현 단계에서 재지화 단계로 변화한 다음 정형화 단계로 변화한 것으로 파악되며, 공간적으로는 낙동강 하류역 분포단계에서 제지역 분포단계로 변화하고 최종적으로 특정지역 분포단계로 변화해 간 것으로 정리할 수 있다.

Ⅲ. 동아시아의 초기마구

4~5세기의 선비와 고구려, 백제, 신라, 가야, 왜 지역에서 다량으로 발견되는 초기마구는 후술하는 것과 같이 '鮮卑系 馬具'에서 비롯된 것이지만 시기와 지역에 따라 다양한 형태로 나타나고 있어 당시 이들 지역간의 교

류관계와 정세 등을 이해하는데 매우 유용한 물질자료로 인식되고 있다.

이러한 이유로 당시 한·중·일의 고고자료 해석에 있어서 때로는 초기마구가 중요한 실마리가 되기도 하는데, 최근에 慕容鮮卑의 故地인 遼寧省 일대에서 발견되고 있는 초기마구를 기반으로 동아시아 마구의 계보와 연대 문제 등에 대한 많은 논고가 제출되고 있는 것도 이와 무관해 보이지는 않는다.[164]

이 절에서는 이상과 같은 점을 염두에 두고 동아시아에서 발견되는 초기마구 중에서 비와 등자를 중심으로 분류와 연대, 계보, 전개 등의 문제에 대해 간략하게나마 검토해 보고자 한다. 이러한 검토는 가야 마구의 분류와 편년, 계보 등의 여러 문제를 객관적으로 이해하는데 많은 도움이 될 것으로 생각된다.

한편 여기에서 말하는 '초기마구' 란 중국 동북지방과 한반도, 일본열도에서 발견되는 5세기 전반대까지의 기승용 마구를 의미한다. 하한을 이 시기까지로 설정한 이유는 가야·신라와 일본열도에서 '鮮卑系 馬具'[165]의 영향력이 소멸되고 지역성이 뚜렷한 새로운 형식의 마구가 출현하는 것을 5세기 중엽 이후로 파악했기 때문이다.

---

164) 본고와 직접적으로 관련 있는 논문만 소개하면 다음과 같다.
董高, 1995,「公元3至6世紀慕容鮮卑, 高句麗, 朝鮮, 日本馬具之比較研究」『文物』, 1995-10.
桃崎祐輔, 1999,「日本列島における騎馬文化の受容と擴散」『渡來文化の受容と展開』.
中山淸隆, 2002,「馬具からみた鮮卑·高句麗と伽耶」『淸溪史學』16·17합집.
이러한 논문 가운데 특히, 桃崎祐輔의 연구성과는 본고 작성에 많은 참조가 되었음을 밝혀둔다.
165) '鮮卑系 馬具' 란 董高, 1995, 위의 논문에서 제창한 용어이다. 본고에서는 「鮮卑와 高句麗를 중심으로 중국 동북지방에서 개발된 동아시아 특유의 마구」로 파악하고, '初期馬具' 와 같은 의미로 사용한다.

1. 분류와 연대

1) 비

　중국 동북지방과 한반도, 일본열도에서 발견되는 초기 비는 함유의 평면 형태에 따라 크게 표비와 판비, 환판비로 구분되며, 이들은 다시 표비, 횡방향함유금구판비, X자형함유금구판비, X자형환판비, ⊥자형환판비 등 5가지 型式으로 세분할 수 있다(그림 11 참조).

(1) 표비

　이조의 철봉 또는 일조의 철봉으로 함 본체와 내외환을 만들고 함외환에 함의 탈락을 방지하기 위하여 뼈나 나무, 금속으로 만든 鑣를 장착한 비를 표비라고 한다. 이 형식의 비는 스키타이(B.C. 7~3세기)를 비롯한 유라시아 초원지대의 기마민족들뿐만 아니라 4~5세기의 동아시아에 있어서도 크게 유행한 것으로 실용성이 가장 뛰어난 비로 파악되고 있다.[166]

　초기의 표비는 크게 인수가 없는 것과 있는 것, 이공식입문을 가진 것으로 구분할 수 있으며, 다시 인수의 형태에 따라 A~E型으로 세분할 수 있다. A型은 이조의 철봉을 꼬아서 만든 이련식의 함만으로 구성된 무인수 표비로, 우산하 3560호묘,[167] 대성동 39호분,[168] 봉명동 A-35호분,[169] 池の上

---

166) 金斗喆, 2000, 앞의 논문, pp.35~36.
167) 禹山下古墳群의 마구에 대해서는 吉林省文物考古硏究所 集安市文物保管所, 1993, 「集安洞溝古墓群禹山墓區集安公路墓葬發掘」『高句麗硏究文集』, 延邊大學出版社 참조. 이하 이와 관련된 각주는 생략한다.
168) 대성동과 복천동고분군의 초기마구에 대해서는 申敬澈, 1994, 앞의 논문 참조. 이하 이와 관련된 각주는 생략한다.
169) 봉명동유적의 마구에 대해서는 박중균, 2000, 「百濟 初期馬具 小考」『백제문화의 몇 문제』, 호서사학회 춘계학술발표회자료집; 忠北大學校博物館, 2005, 『淸州 鳳鳴洞遺蹟 (II)』 참조. 이하 이와 관련된 각주는 생략한다.

6호분,[170] 行者塚古墳[171] 출토품 등 모두 6예가 알려져 있다.

B型은 이조의 철봉을 꼬아서 만든 함과 일조의 철봉을 구부려서 양끝을 단접하여 횡타원형의 고리를 만든 후 그 가운데를 눌러서 표형으로 만든 이조선인수와 조합된 것으로, 함외환에는 楡樹老河深 56號墓[172]의 표비와 같이 주로 「S」자상의 뼈나 나무로 만든 鑣가 장착되었을 것으로 추정된다. 이와 같은 B型의 型式學的인 변화는 잘 알 수 없는데, 다만 출토분묘의 편년을 참조하면 楡樹老河深 56號墓→萬寶汀 242號墓,[173] 禹山下 3241・3283號墓, 高力墓子村 19號墓[174]→복천동 69호분→복천동 71호분→양동리 78호분→南山 4號墳[175] 출토품의 순으로 선후관계를 설정할 수 있을 것이다.

C型은 삼자루형의 이조선인수와 조합된 것으로, 세부적으로 보면 조형 삼자루형 이조선인수와 조합된 楡樹老河深 97號墓, 봉명동 C-31호분→변형 삼자루형 이조선인수와 조합된 봉명동 B-36・79호분→전형 삼자루형 이조선인수와 조합된 두곡 8호분, 대성동 11호분, 복천동 22호분, 도계동 19호분, 신흥리 가-1・9・17・37호분[176] 출토품의 순으로 변화해 간 것으로 생각된다.

D型은 이조철봉의 일조선인수와 조합된 것으로 복천동 48호분, 신흥리 나-66호분, 봉명동 C-43호분 출토품 등 모두 3예가 알려져 있다.

E型은 이공식입문의 鑣와 조합된 것으로 현재 8예가 확인된다. 이공식

---

170) 甘木市敎育委員會, 1979, 『池の上墳墓群』, 甘木市文化財調査報告 제5집.
171) 加古川市敎育委員會, 1997, 『行者塚古墳』發掘調査槪報.
172) 吉林省文物考古硏究所, 1987, 『楡樹老河深』, 文物出版社.
173) 吉林集安縣文管所, 1982, 「集安萬寶汀墓區242號古墓淸理簡」 『考古與文物』1982-6.
174) 陳大爲, 1960, 「桓仁縣考古調査發掘簡告」 『考古』1960-1.
175) 桃崎祐輔, 1999, 앞의 논문에 실린 도면 참조.
176) 신흥리고분군의 마구에 대해서는 韓國文化財保護財團, 1998, 『尙州 新興里古墳群』 참조. 이하 이와 관련된 각주는 생략한다.

입문 표비의 型式學的인 변화의 방향은 이공식입문이 전형→변형→퇴화형으로 변화되어 간다는 점과 인수의 일반적인 변화 과정을 고려하면 전형 이공식입문과 표형의 이조선인수가 조합된 倉粮窖墓,[177] 복천동 38호분→전형 이공식입문과 이조철봉의 일조선인수가 조합된 대성동 2호분(A)→변형 이공식입문과 이조철봉의 일조선인수가 조합된 대성동 2호분(B), 복천동 60호분→퇴화형 이공식입문과 이조철봉의 일조선인수가 조합된 중산리 I B1호분,[178] 봉명동 A-31호분→퇴화형 이공식입문과 변형 삽자루형 이조선인수가 조합된 두정동 I -5호분[179] 출토품의 순으로 변화의 방향을 상정해 볼 수 있다.

(2) 횡방향함유금구판비

평면 원형 또는 제형의 함유 중앙부에 횡방향으로 함유금구를 배치한 판비를 횡방향함유금구판비[180]라고 한다. 이 형식의 비는 실용성이 뛰어난 표비와 함께 널리 유행한 것으로, 특히 출현 단계부터 판비 특유의 장식이 가해진 것도 있어 처음부터 의장용 목적으로 개발된 것으로 생각된다.

횡방향함유금구판비는 함유의 평면 형태에 따라 원형계와 제형계의 2유형으로 구분되며, 이는 다시 조합된 인수의 형태에 따라 세분할 수 있다. 먼저 원형계의 횡방향함유금구판비는 표형의 이조선인수와 조합된 A型(北溝 M8號墓,[181] 王子墳山腰 M9001號墓,[182] 鞍塚古墳,[183] 吉ノ內 1號

---

177) 倉粮窖墓 출토품은 孫國平・李智, 1994,「遼寧北票倉粮窖鮮卑墓」『文物』 1994-11, p.41에 사진으로 제시되어 있다. 전체적인 형태는 불확실하나 鑣에 부착되었던 것으로 보이는 입문은 전형적인 이공식의 형태를 띠고 있다.
178) 미보고 자료이나 창원대학교박물관의 김형곤 선생님의 배려로 직접 관찰하였다.
179) 두정동유적 출토 마구에 대해서는 李南奭・徐程錫, 2000,『斗井洞遺蹟』, 공주대학교 박물관 참조. 이하 이와 관련된 각주는 생략한다.
180) 5세기 후반부터 널리 유행하는 새로운 형식의 판비와 구별하기 위하여 필자가 임의로 조어하였다. 柳昌煥, 2000,「環板轡의 編年과 分布」『伽倻文化』 제13호 참조.

墳[184] 출토품), 삽자루형의 이조선인수와 조합된 B型(袁台子壁畵墓,[185] 월성로 가-13호분,[186] 두정동 Ⅰ-5호분, 양동리 107호분, 七星山 96號墳[187] 출토품), 이조철봉의 일조선인수와 조합된 C型(대성동 41호분, 양동리 321호분, 현동 43호분,[188] 옥성리 가-35·나-29호분,[189] 중산리 Ⅰ A26· Ⅰ B17호분,[190] 行者塚古墳, 鳥羽山洞穴[191] 출토품) 등으로 나눌 수 있다. 이 가운데 삽자루형의 이조선인수와 조합된 B型은 조형 삽자루형의 이조선 인수와 조합된 袁台子壁畵墓→두정동 Ⅰ-5호분, 월성로 가-13호분→변형 삽자루형의 이조선인수와 조합된 양동리 107호분→전형 삽자루형의 이조 선인수와 조합된 칠성산 96호분 출토품의 순으로 변화해 간 것으로 추정 된다.

다음으로 제형계의 횡방향함유금구판비는 표형의 이조선인수와 조합 된 a型(도항리 문3호분 출토품), 이조철봉의 일조선인수와 조합된 b型(복 천동 95호분, 양동리 196호분, 송대리 13호분[192] 출토품), 변형 삽자루형

181) 董高, 1995, 앞의 논문.

182) 遼寧省文物考古研究所·朝陽市博物館, 1997, 「朝陽王子墳山墓群 1987, 1990年度考古 發掘的主要收穫」『文物』1997-11.

183) 末永雅雄 編, 1991, 『盾塚 鞍塚 珠金塚』, 由良大和古代文化研究協會.

184) 龜田修一, 2003, 「陸奧の渡來人(豫察)」『古墳時代東國における渡來系文化の受容と展 開』, p.59의 도면 참조.

185) 遼寧省博物館文物隊·朝陽地區博物館文物隊·朝陽縣文化館, 1984, 「朝陽袁台子東晉 壁畵墓」『文物』1984-6.

186) 李熙濬, 1996, 「경주 月城路 가-13호 積石木槨墓의 年代와 의의」『碩晤尹容鎭敎授, 停年 退任紀念論叢』.

187) 集安縣文物保管所, 1979, 「集安縣兩座高句麗積石墓的淸理」『考古』1979-1.

188) 朴東百·李盛周·金亨坤, 1990, 『馬山縣洞遺蹟』, 昌原大學校博物館.

189) 옥성리고분군의 마구에 대해서는 嶺南埋藏文化財研究院, 1998, 『浦項 玉城里 古墳群 Ⅰ·Ⅱ』및 國立慶州博物館, 2000, 『玉城里 古墳群 Ⅰ·Ⅱ』참조. 이하 이와 관련된 각주 는 생략한다.

190) 李盛周, 1996, 「新羅式 木槨墓의 展開와 意義」『신라고고학의 제문제』, 한국고고학회.

191) 桃崎祐輔, 1999, 앞의 논문에 실린 도면 참조.

의 이조선인수와 조합된 c型(行者塚古墳 2號轡)으로 나눌 수 있다. 이들은 인수의 일반적인 변화 방향에 따라 a→b→c型의 순으로 변화의 방향을 상정할 수 있다.

(3) X자형함유금구판비

X자형함유금구판비는 평면 원형 또는 타원형의 함유 중앙부에 X자형의 함유금구를 배치한 판비를 말한다. 연구자에 따라 X자형환판비로 분류하는 경우도 있으나 철봉 혹은 철대로 제작된 환판비와는 분명히 구별되므로 판비의 한 형식으로 설정하는 것이 타당한 것으로 생각된다.[193]

이 형식의 비는 현재 4예만이 알려져 있는데, 인수의 형태에 따라 조형 삽자루형의 이조선인수와 조합된 A型(北票 三燕墓 출토품[194]), 이조철봉의 일조선인수와 조합된 B型(대성동 2호분 출토품), 전형 삽자루형의 이조선인수와 조합된 C型(대성동 42호분 출토품), 방형외환의 일조선인수와 조합된 D型(新開 1號墳 출토품)으로 나눌 수 있다. 이들은 인수의 일반적인 변화 방향에 따라 A→B→C→D型의 순으로 변화의 방향을 상정할 수 있다.

(4) 환판비

철대 혹은 철봉으로 평면 원형이나 타원형의 외륜을 만들고 그 내부에 다시 함유금구의 기능을 하는 철대를 배치한 것을 환판비라고 한다. 이 형식의 비는 구조와 계보상 판비와 뚜렷이 구별되는 것으로 내부에 배치된 함유금구의 형태에 따라 크게 ⊥자형환판비와 X자형환판비의 2型式으로

---

192) 韓國文化財保護財團, 1999, 『淸原 梧倉遺蹟(Ⅰ)』.
193) 柳昌煥, 2000, 앞의 논문.
194) 中國社會科學院考古硏究所, 1999, 『20世紀中國 考古大發現』, p.258의 사진 참조.

나누어진다.[195)]

먼저 ⊥자형환판비는 조합된 인수와 함유금구의 형태에 따라 이조철봉의 일조선인수와 정⊥자형의 함유금구가 조합된 A型(신봉동 채집품[196)]), 전형 삽자루형의 이조선인수와 정⊥자형의 함유금구가 조합된 B型(복천동 31호분, 신홍리 57호분 출토품), 전형 삽자루형의 이조선인수와 正人字形의 함유금구가 조합된 C型(옥전 23, 67, 68호분 출토품), 전형 삽자루형의 일조선인수와 정人자형의 함유금구가 조합된 D型(도항리 경13호분, 신봉동고분, 七觀古墳 출토품)로 나눌 수 있다. 이들은 함유금구가 정⊥자형에서 정人자형으로 변화해 간다는 점과 인수의 일반적인 변화 과정을 고려하면 A→B→C→D型의 순으로 변화의 방향을 상정할 수 있다.

다음으로 X자형환판비는 조합된 인수의 형태에 따라 이조철봉의 일조선인수와 조합된 A型(대성동 20호분, 도항리 문36호분 출토품), 전형 삽자루형의 이조선인수와 조합된 B型(도항리 문10호분 출토품), 전형 삽자루형의 일조선인수와 조합된 C型(복천동 35호분, 劍崎長瀞西 13號 土廣[197)] 출토품), 방형외환의 일조선인수와 조합된 D型(신홍리 39호분 출토품)으로 나눌 수 있다. 이들은 인수의 일반적인 변화 방향에 따라 A→B→C→D型의 순으로 변화의 방향을 상정할 수 있다. 이 중 C型으로 분류한 劍崎長瀞西 13號 土廣의 예는 함유와 인수의 형태가 초기 환판비에 해당되는 것이지만 함과 인수의 연결에 5세기 중엽 이후부터 보편화되는 유환이 채용

---

195) 金斗喆, 2000, 앞의 논문.
196) 신봉동고분군의 마구에 대해서는 아래의 책들을 참조하였다.
　　忠北大學校博物館, 1983, 『淸州新鳳洞百濟古墳群發掘調査報告書-1982年度調査』.
　　忠北大學校博物館, 1990, 『淸州新鳳洞百濟古墳群發掘調査報告書-1990年度調査』.
　　忠北大學校博物館, 1995, 『淸州 新鳳洞 古墳群』.
　　國立淸州博物館, 1990, 『청주신봉동B지구널무덤발굴조사보고』.
　　이하 이와 관련된 각주는 생략한다.
197) 專修大學文學部考古學硏究室, 2003, 『劍崎長瀞西5·27·35號墳』. p.66의 도면 참조.

된 것에서 고식과 신식의 중간단계에 해당되는 것으로 판단된다.

2) 등자

중국 동북지방과 한반도, 일본열도에서 발견되는 초기 등자는 재질과 평면형태, 목심 외면에 보강한 금속판의 구조 등에 따라 아래와 같이 크게 A~F型으로 분류할 수 있다(그림 12 참조).[198]

(1) A型 등자

목재를 가공하여 등자의 형태를 갖추고 그 위에 가죽을 씌우고 漆을 하여 완성한 木心革被輪鐙을 A型으로 한다. 현재 袁台子壁畵墓 출토품이 유일한 예로, 장병으로 두부는 반원형을 이루며 윤부는 답수부가 직선적이면서 삼각형에 가까운 형태이다.

A型 등자의 출현배경이나 변화과정에 대해서는 출토례가 1점에 불과하여 단정할 수 없지만, 윤부가 삼각형을 이루고 있다는 점에서 金盆嶺 21號墓[199]의 騎馬俑과 象山 7號墓[200]의 陶馬俑에 묘사된 등자에서 유래한 것으로 생각할 수 있다. 이로써 이들 3자는 윤부의 형태가 삼각형으로 공통된다는 점과 등자의 발전 방향이 기본적으로 單鐙→雙鐙의 순이라는 점, 아울러 金盆嶺 21號墓와 象山 7號墓의 연대에 따라 金盆嶺 21號墓→象山 7號墓→袁台子壁畵墓 출토품의 순으로 이어지는 계보를 자연스럽게

---

198) 필자는 앞에서 가야고분 출토품을 중심으로 목심등자를 형식 분류하였으며, 그 중에는 이 절의 초기 등자도 포함되어 있다. 그런데 여기에서 군이 A~F型으로 다시 분류한 것은 앞에서 대상으로 하지 않은 A型과 B型, C型과 용어의 일관성을 꾀하기 위한 것일뿐 다른 특별한 이유는 없다. 따라서 본고의 E型, D型, F型은 각각 2장 I 절의 I A1식, I A2식, I A4식과 같은 것이다. 오해 없길 바란다.
199) 湖南省博物館, 1959, 「長沙兩晉南朝隋墓發掘報告」『考古學報』1959-8.
200) 南京市博物館, 1972, 「南京象山5號, 6號, 7號墓淸理報告」『文物』1972-11.

설정할 수 있을 것이다.

이처럼 金盆嶺 21號墓와 象山 7號墓의 등자를 배경으로 출현한 것으로 추정되는 A型 등자는 袁台子壁畵墓에서 발견된 이후 더 이상 발견되지 않고 있어 의문스럽다. 이 점은 무엇보다도 A型 등자가 木心革被製라는 점에서 찾아야 될 것으로 생각되는데, 즉 부식되어 남아 있지 않거나 내구력의 취약성 때문에 제작 자체가 극히 한정적이었을 가능성을 제기해 볼 수 있다. 이 중에서도 후자가 주된 요인이었을 것으로 생각되는데, 이 때문에 A型 등자가 출현한 이후 곧바로 후술하는 銅製鍍金 또는 木心金屬製의 B型 등자가 개발된 것이 아닌가 생각된다.

⑵ B型 등자

銅製鍍金 또는 木心金銅板被의 등자를 B型이라 한다. 孝民屯 154號墓, 北溝 M8號墓,[201] 十二台鄕磚廠88M1號墓,[202] 三合成墓,[203] 七星山 96號墳 출토품 등 5예가 확인된다.

이 型式의 등자는 장병으로 윤부가 도하아트형을 이룬 점에서 공통된다. 세부적으로는 銅製鍍金의 左側單鐙인 孝民屯 154號墓와 十二台鄕磚廠 88M1號墓 출토품과 木心金銅板被製의 雙鐙인 北溝 M8號墓와 七星山 96號墳 출토품 등으로 구분된다. 이와 같은 B型 등자의 출현은 앞서 검토한 것과 같이 A型 등자에서 비롯된 것으로, 이후 七星山 96號墳→신라 황남대총 남분[204] 木心金銅板被輪鐙으로 이어지는 계보를 그려 볼 수 있다.

그리고 윤부 도하아트형의 요소는 한반도 남부지방의 목심등자에도

---

201) 董高, 1995, 앞의 논문.
202) 遼寧省文物考古硏究所 · 朝陽市博物館, 1997, 「朝陽十二台鄕磚廠88M1發掘簡報」 『文物』 1997-11.
203) 于俊玉, 1997, 「朝陽三合省出土的前燕文物」 『文物』 1997-11.
204) 文化財管理局 · 文化財硏究所, 1993 · 1994, 『皇南大塚 南墳發掘調査報告書』.

많이 보이는데, 이는 한반도 남부지방에 목심등자가 도입되고 개발되는 배후에 B型 등자의 일정한 역할이 있었음을 의미하는 것이다.

(3) C型 등자

　병과 윤의 접합부에 역Y자상의 철판을 보강한 목심등자를 C型이라 한다. 복천동 48, 60호분, 중산리 I B1호분, 두정동 I -5호분 출토품 등 4예가 확인된다.

　그런데 본 형식의 등자와 같이 병과 윤의 접합부에 역Y자상의 철판을 보강하는 방법은 후술하는 E型 등자에도 나타난다. 이 때문에 본 형식의 등자를 E型 등자의 변형 또는 이를 조형으로 한반도에서 개발된 등자로 이해될 가능성도 없지 않다. 그렇지만 초기 등자가 목심 보강을 강화하는 방향으로 변화해 간다는 점을 중시한다면 C型 등자는 후술하는 E型 등자, 즉 병과 윤의 접합부와 병상반부를 금속판으로 보강한 병부 이단철판보강 등자의 先行型式으로 파악하는 것이 올바른 것으로 본다.[205]

　이처럼 E型 등자에 앞서는 본 형식의 등자는 구조상 가장 파손되기 쉬운 병과 윤의 접합부에 한정하여 철판을 보강한 점에서 전술한 袁台子壁畵墓의 A型 등자를 조형으로 개발된 실용 등자일 가능성도 배제할 수 없다.

(4) D型 등자

　병과 윤상반부의 내외측면에 철판을 보강한 목심등자를 D型이라 한다. 양동리 78, 107호분, 옥전 23, 67-B호분, 신홍리 가-57호분, 日本 新開 1 號墳(B) 출토품 등 6예가 확인된다.

---

205) 현재 C형의 출토례는 많지 않으며, 더구나 전체 형태를 알 수 없어서 정확한 실체가 불확실하다. 따라서 본고에서 C형으로 설정하되 잠정적으로 형식학적으로 후행하는 것으로 판단되는 E형, 즉 I A1식의 범주에서 이해하고자 한다.

이 형식의 등자는 C型 등자와 함께 가장 간단한 철판보강 구조를 가진 목심등자로 판단된다. 세부적으로는 병상반부의 측면과 윤상반부의 내측면에만 철판보강을 한 양동리 78, 107호분의 등자와 병과 윤상부의 내외측면에 철판보강을 한 옥전 23호분과 新開 1號墳의 등자, 병부와 윤상부의 내외측면과 답수부의 내외측면에 철판보강을 한 옥전 67-B호분과 신흥리 가-57호분의 등자 등으로 구분할 수 있다.

이처럼 본 형식의 등자에 있어서 철판 보강의 방법이 다양하게 나타나는 것은 내구력 강화를 위한 다양한 시도에서 비롯된 초기적인 현상으로 이해할 수 있다. 즉 목심등자의 변화가 型式學的으로 내구력 강화를 위한 철판보강 방법이 간단한 것에서 복잡한 것으로 변화해 간다는 맥락에서 이해할 수 있으며, 따라서 본 형식의 등자는 양동리 78, 107호분→옥전 23호분, 신개 1호분(B)→옥전 67-B호분 등자의 순으로 선후관계를 설정할 수 있을 것이다.

(5) E型 등자

병상반부와 병과 윤의 접합부에 각각 상원하방형과 역Y자상의 금속판으로 보강한 병부 이단철판보강의 목심금속판피윤등을 E型이라 한다. 유명한 馮素弗墓[206] 출토품을 비롯하여 대성동 1호분, 양동리 429호분, 복천동 21호분, 신흥리 나-39호분, 鞍塚古墳(A), 七觀古墳 출토품 등 7예가 확인된다.

세부적으로는 전형적인 것과 약간 변형된 것의 2가지로 나눌 수 있다. 먼저 전형적인 것으로는 馮素弗墓 출토품과 같이 역Y자상 금속판의 양가지가 짧고 병부의 원두정이 종 3열로 배치된 馮素弗墓, 대성동 1호분, 七

---

206) 黎瑤渤, 1973, 「遼寧北票縣西官營子北燕馮素弗墓」 『文物』 1973-3.

觀古墳 출토품이 여기에 해당된다. 다음으로 변형은 역Y자상 금속판의 양가지가 길어진 양동리 429호분, 복천동 21호분, 신흥리 39호분, 鞍塚古墳(A) 출토품이 여기에 해당된다. 이 중에서 鞍塚古墳의 등자(A)는 병상 반부의 철판 하연과 역Y자상 철판의 상연이 반원상으로 재단된 점이, 복천동 21호분의 등자는 측면폭이 윤하반부로 가면서 점차 넓어지고 있다는 점이 다소 이례적이다.

이와 같은 E型 등자는 앞서 검토한 것과 같이 C型 등자의 후행형식으로 추정되며, 전형에서 변형으로 변화해 가고 병부의 길이가 차츰 길어지는 점을 고려하면 馮素弗墓, 대성동1호분→양동리 429호분→新興里 나-39호→鞍塚古墳(A)→七觀古墳 등자의 순으로 변화의 방향을 상정할 수 있다.

(6) F型 등자

병과 윤상반부의 전후면에 각각 역Y자상의 철판 1매를 보강한 병부 일단철판보강의 목심등자를 F型이라 한다. 복천동 10호분(A, B), 옥전 67-A, 신흥리 나-37·38호분, 鞍塚古墳(B), 新開 1호분(A) 출토품 등 7예가 알려져 있다.

이 형식의 등자는 목심을 보강한 철판의 구조상 E型 등자를 조형으로 하여 개발된 것으로 추정되는데, 세부적으로는 윤부의 형태와 답수부 스파이크의 유무, 역Y자상 철판 양끝의 내·외경 여부 등에 따라 다양하게 구분할 수도 있다. 型式學的인 변화의 방향은 기본적으로 윤부가 도하아트형 또는 삼각형인 것에서 횡타원형으로 변화해 간다는 점과 騎手의 안정성 강화를 위한 것으로 추정되는 답수부의 스파이크가 신식등자 단계부터 보편적으로 장치되는 점을 고려하면 옥전 67-A호분, 신흥리 나-37호분, 鞍塚古墳(B)→ 복천동 10호분(A), 新開 1號墳(A) 등자의 순으로 변화의 방향을 상정할 수 있다.

3) 연대

현재 동아시아 초기마구 중에서 紀年銘 등에 의해 절대연대가 확실한 자료는 金盆嶺 21號墓와 象山 7號墓, 馮素弗墓 출토품 등 3예가 알려져 있다.

金盆嶺 21號墓의 騎馬俑(左側 單鐙, 302년)과 象山 7號墓(雙鐙, 322년)의 陶馬俑에 의하면 늦어도 4세기 초두에는 鐙 騎乘이 개발되고 뒤이어서 雙鐙에 의한 기마문화가 확립된 것으로 추정할 수 있다.

이러한 鐙 騎乘의 기마문화는 곧바로 중국 동북지방으로 유입된 것으로 생각되는데, 비·안장·등자·행엽 등 일식의 마구가 발견된 袁台子壁畵墓가 이를 잘 보여주고 있다. 同墓의 연대는 보고자에 의해 東晉 4세기 초에서 4세기 중엽으로 비정된 이후 연구자에 따라 다양한 연대가 제시되고 있는데, 이 중에서 同墓에 남아 있는 墨書를 "永和十年二月己卯朔"(354年) 또는 "太和元年二月己巳朔"(366年)으로 추정 복원한 田立坤의 견해[207]가 주목된다. 이처럼 田立坤에 의해 추정된 이 墓의 연대는 중국 동북지방 마구의 발전과정과 가장 부합되는 것으로 판단되며, 이로써 동반된 마구의 연대는 4세기 중엽 또는 4세기 3/4분기의 초두에 해당되는 것으로 보고자 한다.

袁台子壁畵墓 이후의 절대연대 연구에 있어서 중요한 것은 北票 西官營子에서 발견된 馮素弗墓이다. 주지하는 것과 같이 馮素弗은 北燕의 王族으로 北燕의 太平七年(415年)에 沒한 것으로 명확히 기록되고 있어 동아시아 마구의 절대연대 연구에 중요한 위치를 차지하고 있음은 새삼 말할 필요도 없다. 따라서 馮素弗墓의 절대연대를 중심에 두고 한반도와 일본열도에서 발견되는 E型 鐙子를 비롯하여 諸型式 鐙子의 型式學的인 선후관계를 고려하면 절대연대를 추정할 수 있는 근거가 마련될 것으로 생

---

207) 田立坤, 2001,「袁台子壁畵墓再認識」『서울大學校 博物館 年報』13.

표 14. 초기 비의 편년표

型式		年代							
		~200	300	325	350	375	400	425	450
鏡轡	A				禹山下 3560	大成洞 39 鳳鳴洞A-35	池の上古墳 行者塚3號轡		
	B	楡樹 老河深56	萬寶汀 242 禹山下 3241 禹山下 3283 高力墓子村 19	福泉洞 69	福泉洞 71		良洞里 78 道項里 43	南山 4	
	C	楡樹 老河深97		鳳鳴洞C-31		鳳鳴洞B-36 鳳鳴洞B-79	杜谷 8 大成洞 11	福泉洞 22 道溪洞 19 新興里가-1 新興里가-17 新興里나-9 新興里나-37 新鳳洞 91	
	D					福泉洞 48 新興里나-66 鳳鳴洞C-43			
	E			倉粮窖墓 福泉洞 38	大成洞 2 福泉洞 60	中山里 I B1 鳳鳴洞A-31 斗井洞 I-5			
横方向 衝留金 具板轡					三合省墓 本溪晋墓 西溝村墓				
	A				北溝M8 王子墳山腰M9001		鞍塚古墳		吉ノ内 1
	B				袁台子壁畵墓	斗井洞 I-5	月城路가-13 良洞里 107	七星山 96	
	C					大成洞 41 良洞里 321 縣洞 43 玉城里가-35 玉城里나-29 中山里 I A26 中山里 I B17	行者塚1號轡		鳥羽山洞穴
	a						道項里 3		
	b					福泉洞 95	良洞里 196 松峴里 13		
	c						行者塚2號轡		
X字形 衝留金 具板轡	A				北票三燕墓				
	B				大成洞 2				
	C					大成洞 42			
	D							新開古墳	
X字形 環板轡					北溝M8				
	A						大成洞 20 道項里 36		
	B							道項里 10	
	C						福泉洞 35		
	D							新興里나-39	
⊥字形 環板轡	A						新鳳洞採集		
	B						福泉洞 31	新興里가-57	
	C						玉田 68	玉田 23	
	D							道項里 13 七觀古墳	

표 15. 초기 등자의 편년표

型式		年代						
		~300	325	350	375	400	425	450
鑣子		金盆嶺 21(302) 象山 7(322)						
	A			袁台子壁畫墓				
	B				孝民屯154 十二台鄉磚8廠8M1 三合省墓 北溝M8		七星山 96	
	C = ⅠA1			福泉洞 60	福泉洞 48 斗井洞Ⅰ-5 中山里ⅠB1			
	D = ⅠA2					良洞里 78 良洞里 107	玉田 23 玉田 67-B 新興里가-57 新開古墳(B)	
	E = ⅠA1					馮素弗墓(415) 大成洞 1 良洞里 429	福泉洞 21 新興里나-39 鞍塚古墳(A) 七觀古墳	
	F = ⅠA4						福泉洞 10 玉田 67-A 新興里나37 新興里나38 鞍塚古墳(B) 新開古墳(A)	

각한다.

이와 같은 袁台子壁畫墓와 馮素弗墓의 절대연대와 더불어 초기마구의 절대연대 추정에 참고가 되는 것은 대성동고분군과 복천동고분군에 대한 편년연구 성과이다.[208] 금관가야의 중심 고분군인 위 양대 고분군에 대해서는 유구와 유물의 연구에 의해 다른 지역에 비해서 비교적 안정적인 상대편년과 절대연대가 제시되어 있다. 더구나 초기마구가 다수 출토되고 있으므로 금관가야의 초기마구를 통해 다른 지역 초기마구의 연대를 추정

---

208) 대성동과 복천동고분군의 마구에 대한 편년은 申敬澈, 1994, 앞의 논문 참조.

해 볼 수 있을 것이다.

　이상과 같은 점을 염두에 두고 앞서 검토한 비와 등자의 型式學的인 변화등을 고려하여 초기마구의 절대연대를 제시하면 표 14, 15와 같다.

2. 계보와 전개(그림 11, 12 참조)

1) 초기마구의 개시와 남하

　金盆嶺 21號墓의 騎馬俑과 象山 7號墓의 陶馬俑에 의하면 동아시아에 있어서 비와 안장, 등자를 갖춘 기승용 마구는 늦어도 4세기 초두에는 개발되고 곧 이어서 雙鐙의 기마문화가 도입되기 시작한 것으로 생각된다.

　4세기를 전후한 시기로 편년되는 萬寶汀 242號墓와 禹山下 3241 · 3283號墓, 高力墓子村 19號墓 등에서 발견된 표비 역시 그러한 사례로, 이들은 표형의 이조선인수를 가진것에서 주목된다. 왜냐하면 夫餘의 유적으로 파악되고 있는 榆樹老河深 中層 墳墓에서는 표형의 이조선인수와 조합된 표비와 조형 삽자루형 이조선인수와 조합된 표비가 확인되고 있기 때문이다. 이 가운데 표형의 이조선인수는 위의 고구려의 표비와, 조형 삽자루형 이조선인수는 北票 三燕墓의 X자형함유금구판비의 인수와 연결되는 것으로 생각된다. 따라서 4세기 전후의 중국 동북지방에서는 표형 또는 조형 삽자루형의 이조선인수를 가진 표비들이 보편화되어 있었음을 알 수 있으며, 아울러 이때까지는 표비 중심으로 鐙 騎乘의 기마문화는 도입되지 않았던 것으로 추정된다.

　이러한 점은 한반도의 상황을 통해서도 짐작해 볼 수 있다. 한반도에 기승용 마구가 도입되는 것은 4세기 전반부터로 보이는데, 이 시기의 마구로는 금관가야권의 복천동 38, 69호분과 백제권의 봉명동 C-31호분의 표비가 알려져 있다. 우선 복천동 38호분에서 출토된 이공식입문 표비는

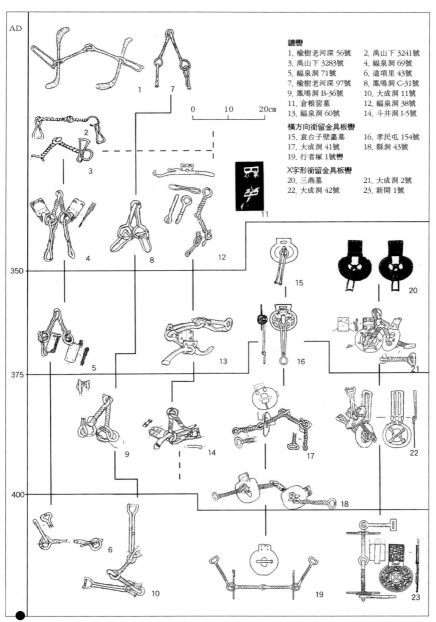

AD

鑣轡
1. 楡樹老河深 56號　　2. 禹山下 3241號
3. 禹山下 3283號　　　4. 福泉洞 69號
5. 福泉洞 71號　　　　6. 道項里 43號
7. 楡樹老河深 97號　　8. 鳳鳴洞 C-31號
9. 鳳鳴洞 B-36號　　10. 大成洞 11號
11. 倉椋窖墓　　　　12. 福泉洞 38號
13. 福泉洞 60號　　　14. 斗井洞 I-5號

橫方向銜留金具板轡
15. 袁台子壁畵墓　　16. 孝民屯 154號
17. 大成洞 41號　　　18. 縣洞 43號
19. 行者塚 1號轡

X字形銜留金具板轡
20. 三燕墓　　　　　21. 大成洞 2號
22. 大成洞 42號　　23. 新開 1號

0　　　10　　　20cm

350

375

400

11 초기 비의 계보와 전개

대성동, 복천동, 두정동, 봉명동, 중산리고분군 등에서 4세기 후반대로 편년되는 분묘에서 주로 발견되는 특징적인 표비이다. 그런데 이러한 이공식입문 표비가 遼寧省 北票 倉糧窖墓에서도 발견되고 있어 주목된다. 倉糧窖墓의 표비는 사진만 제시되어 있어 자세한 것은 알 수 없지만 전형 입문을 가진 것임에 틀림없다. 따라서 복천동 38호분의 예와 시기적으로나 계보적으로 밀접한 관련이 있는 것으로 생각된다. 한편 복천동 69호분의 표비는 이조의 철봉을 꼬아서 만든 함과 표형의 이조선인수가 특징으로, 고구려의 禹山下 3241 · 3283號墓, 高力墓子村 19號墓의 표비와 연결되는 것으로 파악된다.

그리고 봉명동 C-31호분의 표비는 일조의 철봉으로 만든 함과 조형 삽자루형 이조선인수가 특징인데, 型式學的으로 楡樹老河深 97號墓 출토품과 곧바로 연결시켜도 무방할 정도로 유사한 것이어서 주목된다. 이러한 표비가 어떠한 계기로 봉명동에 유입되었는지는 불확실하지만 봉명동 A-52호분의 「大吉」銘 銅鐸[209]과 西溝村 鮮卑墓의 「大吉利 宜牛馬」銘 銅鐸[210]이 비교되는 점을 고려하면 鮮卑와 연결될 가능성이 높은 것으로 생각된다.

이상과 같은 중국 동북지방과 한반도의 양상으로 보아 표형의 이조선인수 또는 조형 삽자루형 이조선인수는 일찍부터 부여와 고구려, 선비지역에서 공통적으로 사용된 것임을 알 수 있으며, 이를 배경으로 4세기 전반의 어느 시점에 한반도의 동래 복천동과 청주 봉명동에 도입되었을 것으로 추정된다.

2) 선비계 마구의 완성과 확산

雙鐙의 기마문화와 선비계 마구가 정착되고 확산되는 것은 4세기 3/4

---

209) 국립청주박물관, 2000, 『한국 고대의 문자와 기호유물』, p.25의 사진 참조.
210) 田立坤 · 李智, 1994, 「朝陽發現的三燕文化遺物及相關問題」 『文物』 1994-11.

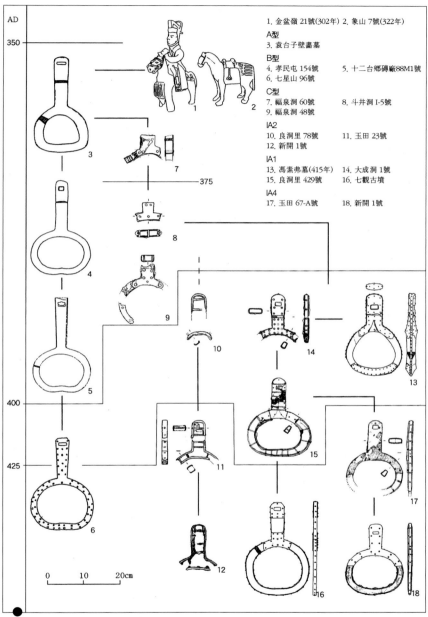

1. 金盆嶺 21號(302年)　2. 象山 7號(322年)

A型
3. 袁台子壁畵墓

B型
4. 孝民屯 154號　　　　5. 十二台鄕磚廠88M1號
6. 七星山 96號

C型
7. 福泉洞 60號　　　　　8. 斗井洞 I-5號
9. 福泉洞 48號

IA2
10. 良洞里 78號　　　　11. 玉田 23號
12. 新開 1號

IA1
13. 禹素弗墓(415年)　　14. 大成洞 1號
15. 良洞里 429號　　　　16. 七觀古墳

IA4
17. 玉田 67-A號　　　　18. 新開 1號

AD
350

375

400

425

0　　　10　　　20cm

12　초기 등자의 계보와 전개

분기부터로 파악된다. 이때의 마구는 주로 慕容鮮卑의 본거지였던 遼寧省 朝陽일대에서 발견되는데, 비·안장·등자·행엽 등의 다양한 마구가 세트를 이루며, 더구나 이들 마구의 대부분이 금동제라는 점에서 앞 시기와는 확연하게 구분된다. 예를 들면 4세기 3/4분기 초두로 편년되는 유명한 袁台子壁畵墓를 비롯하여 이보다 약간 늦은 것으로 생각되는 孝民屯 154號墓, 北溝 M8號墓, 十二台鄕磚廠 88M1號墓, 三合省墓, 西溝村墓 등에서 발견된 마구가 이를 분명히 보여주고 있으며, 이로써 늦어도 4세기 3/4분기에는 雙鐙의 선비계 마구가 정착되었던 것으로 추정된다.

　　慕容鮮卑의 중심지에서 완성된 선비계 마구는 곧바로 고구려와 한반도로 확산된 것으로 파악되는데, 특히 4세기 3/4분기로 편년되는 금관가야권의 초기마구가 이를 잘 반영하고 있는 것으로 생각된다. 이 시기의 금관가야 마구는 대성동 2호분과 복천동 60·71호분의 표비와 X자형함유금구판비, 목심등자 등이 알려져 있다. 먼저 대성동 2호분과 복천동 60호분의 이공식입문 표비와 복천동 71호분의 짧은 표형의 이조선인수를 가진 표비는 4세기 전반대의 복천동 38, 69호분 출토 표비와 연결되며, 대성동 2호분의 X자형함유금구판비는 三燕墓 출토품과 계보적으로 연결되는 것으로 추정된다. 따라서 이 시기 금관가야 마구와 선비계 마구는 상호 밀접하게 연결되어 있었음을 알 수 있다.

　　다음으로 복천동 60호분의 목심등자는 현재 한반도 最古의 예로서 주목된다. 이 등자는 앞서 검토한 것과 같이 남아 있는 역Y자상의 목심 보강 철판과 등자의 발달 과정 등을 고려하면 袁台子壁畵墓의 등자를 모태로 개발된 것으로 판단된다. 어쨌든 복천동 60호분의 예는 4세기 3/4분기부터 한반도 남부지방의 금관가야에 鐙 騎乘의 기마문화가 도입되었음을 분명히 보여 주는 자료로 생각된다. 한편 대성동 2호분과 복천동 60호분의 표비는 복수철봉의 일조선인수와 조합되고 있어 주목되는데, 이러한 인수가 선비와 고구려지역에서 발견되지 않는 것으로 보아 선비계 마구의 도입과 더불어 마구의 재지화도 이루어지기 시작하였음을 알 수 있다.

이처럼 4세기 3/4분기부터 본격적으로 한반도에 도입된 선비계 마구는 4세기 4/4분기가 되면 더욱 확대된 것으로 보이는데, 즉 이 단계에 해당되는 한반도 중·남부지방의 분묘에서는 표비와 횡방향함유금구판비, X자형함유금구판비, C型 등자가 발견되는 등 앞 시기에 비해 확실히 질·양적으로 다른 모습을 보여준다. 특히 백제권과 금관가야 마구의 밀접한 관계가 두드러지는데, 예를 들면 봉명동 B-36·79-2호분의 표비는 본체를 꼬아서 만든 삽자루형의 이조선인수라는 점에서 이례적이긴 하지만 후자의 표비에 보이는 장방형 철판과 Ω자상의 금구는 복천동 71호분의 예와 동일한 것임에 틀림없다. 그리고 봉명동 C-43호분의 이조철봉의 일조선인수 표비와 봉명동 A-31호분, 두정동 I-5호분의 이공식입문 표비 역시 대성동이나 복천동의 예들과 型式學的으로 연결된다. 따라서 이 시기 금관가야권과 백제권의 초기마구는 상호 밀접한 관계를 가진 것으로 추정되는데, 그러한 배경에 대해서는 현재로서는 단언하기 어렵다.

표비와 더불어 이 단계에 가장 많이 발견되는 것은 이조철봉의 일조선인수와 조합된 횡방향함유금구판비이다. 대성동과 양동리, 현동, 옥성리, 중산리고분군 등에서 다수 발견되고 있는 이 형식의 판비는 北溝 M8號墓, 西溝村墓, 三合省墓 등에서 발견된 선비계 판비에서 유래된 것임에 틀림없는 것으로 생각된다. 다만 중국 동북지방의 예들과 달리 대부분 여러 가닥의 철봉을 꼬아 만든 일조선인수와 조합되고, 특히 한반도 특유의 평면제형의 함유를 가진 판비도 다수 발견되고 있는 것으로 보아 도입된 직후 곧바로 한반도에서 재지화되었던 것으로 생각된다. 한편 이 시기에는 목심등자도 증가하는데, 즉 복천동 48호분, 두정동 I-5호분, 중산리 I B1호분의 예에서 알 수 있듯이 이 시기의 한반도에는 C型 등자가 유행하였던 것으로 파악된다.

3) 5세기 전반대 가야와 왜의 초기마구

이제까지 살펴본 바에 의하면 선비와 고구려를 비롯하여 한반도의 특정지역을 중심으로 전개되던 초기마구는 5세기에 들어서면 한반도의 여러 지역과 일본열도로 확산된 것으로 보인다.

우선 5세기 초두로 편년되는 대성동 1호분에서는 中形馬로 추정되는 馬骨片과 함께 안장·등자·행엽·마주·교구 등 다수의 마구가 출토되어 주목된다. 이 가운데 등자는 馮素弗墓 출토품과, 금은장의 심엽형행엽은 十二台鄕磚廠 88M1號墓 출토품과 계보적으로 연결된다. 이러한 대성동 1호분의 마구를 비롯하여 5세기 전반대로 편년되는 가야와 신라의 분묘에서는 여러 종류의 마구가 발견되고 있는데, 특히 이 시기는 무엇보다도 선비계 마구가 가야·신라화되어 간다는 점을 주목할 필요가 있다.

예를 들면 먼저 복천동 21호분, 양동리 429호분, 신흥리 나-39호분의 등자와 같이 馮素弗墓 출토품으로 대표되는 E型(= ⅠA1식) 등자가 재지화된다. 이어서 삽자루형의 이조선인수와 조합된 ⊥자형환판비와 복천동 10호분 출토품으로 대표되는 F型(= ⅠA4식) 등자와 병하반부와 윤부에 철봉을 보강한 등자[211]가 개발되어 가야와 신라 양 지역에 분포하고 있는 것이 확인된다. 즉 이러한 마구는 선비지역에서는 발견되지 않는 것으로, 이는 곧 선비계 마구의 가야화를 의미하는 것으로 볼 수 있을 것이다. 이상의 검토에서 5세기 전반대에는 한반도에서 선비계 마구의 재지화가 완결된 것으로 본다.

한편으로는 일본열도에도 초기마구가 나타나는데, 예를 들면 5세기 전반대로 편년되는 行者塚古墳, 鞍塚古墳, 新開古墳, 七觀古墳 등에서 발견

---

211) 필자 분류 ⅠA3식 등자를 말하는 것으로, 복천동 22, 35호분과 옥전 68호분, 황남동 109호분 4곽 등 주로 5세기 전반대로 편년되는 분묘에서 발견된다.

된 마구가 대표적인 예이다. 이들 분묘에서 출토된 마구는 무인수의 표비, 횡방향함유금구판비, X자형함유금구판비, D~F型(=ⅠA1~ⅠA4식) 등자 등으로, 型式學的으로 가야-금관가야-초기마구와 연결되는 것으로 파악된다.[212] 이로써 일본열도의 초기마구는 금관가야와 밀접한 교섭을 통하여 성립되었음을 알 수 있다.

그런데 行者塚古墳 2號轡와 같은 특이한 형태의 인수는 百濟圈의 鳳鳴洞 B-36·B-79-2호분의 표비와 비교되고, 新開古墳 출토 X자형함유금구판비와 鞍塚古墳 출토 E型(=ⅠA1식) 등자(A)와 같은 특이한 예도 있는 것을 주목할 필요도 있다. 즉 일본 초기 마구는 금관가야 마구의 직접적인 영향에 의해 성립된 것임에 틀림없으나 위와 같은 일부 마구는 금관가야와 다른 지역과의 교섭을 통해 유입되었거나 舶載品을 모방하여 재지-왜-에서 생산되었을 가능성도 열어 두어야 할 것으로 생각된다.

---

212) 일본열도 초기마구의 편년에 대해서는 일본 연구자간에도 일치된 견해는 없는 것으로 파악된다. 가야 초기마구와 형식학적으로 비교해 보면 대부분 5세기 전엽~5세기 중엽에 해당되는 것으로 생각된다.

加耶馬具의 硏究

가야마구의 지역적 전개

3장

Ⅰ. 금관가야

금관가야의 3대 중심고분군인 김해 대성동고분군과 양동리고분군, 그리고 동래 복천동고분군에서는 4~6세기대의 동아시아 세계에 보급되고 성행했던 비와 등자, 안장, 행엽, 마주 등의 마구류가 잇달아서 발견되고 있다. 이처럼 금관가야의 중심지에서 발견된 질·양적으로 우수한 마구류는 당시 금관가야 사회의 형성 배경과 발전 문제 등을 연구하는데 있어 매우 유용한 자료로 활용되고 있다. 또한 금관가야 마구는 낙동강 하류역이라는 한정된 공간을 뛰어 넘어 낙동강 중·상류역과 황강유역, 남강유역의 여러 가야지역으로 확산되어 가야사회가 정치·군사적으로 성장하는데 있어 중요한 동력으로 작용한 사실이 점차 밝혀지고 있다.

이와 같이 금관가야의 마구는 전기가야의 중심국이었던 금관가야를 위시하여 후기가야의 성장 배경과 발전과정을 연구하는데 있어서 매우 중요한 자료로 인식되어 일찍부터 심층적인 연구가 활발하게 이루어지고 있다.[213] 본 절에서는 금관가야 마구에 대하여 그 동안 이루어진 연구성과를 참고로 해 먼저 분류와 편년 문제를 검토하고 이어서 마구가 처음으로 출현하는 수용기부터 재지화가 완성되고 주변지역으로 확산되기까지의 과정에 대해 살펴보고자 한다.

1. 분류와 편년

금관가야의 3대 중심고분군인 김해 대성동고분군과 양동리고분군, 그리고 동래 복천동고분군에서는 비와 등자, 안장, 행엽, 마주 등의 다양한 마구가 다수 출토되었다(표 34 참조). 이들 마구를 이해하기 위해서는 무엇보다도 먼저 시간적인 위치를 밝히는 것이 중요한데, 마구 중에서 편년자료로서 유효한 것은 역시 비와 등자로 생각된다. 그래서 여기에서는 이를 분류하고 편년하여 금관가야 마구 편년의 기초로 삼고자 한다.

1) 비

(1) 표비

鑣轡란 철봉으로 함과 인수를 만들고 함외환에 골·목제 또는 금속제의 鑣를 장치한 비를 말한다. 이 형식의 비는 일찍이 스키타이(B.C.7~3세기)를 비롯한 유라시아 초원지대의 기마민족 사이에서 널리 유행한 것으로, 금관가야 지역에도 일찍부터 도입되어 초기마구의 하나로 자리잡았다.

표비는 기본적으로 함과 인수 및 鑣로 구성된다. 이 중에서 鑣는 대개 사슴뿔 또는 나무로 만들어졌기 때문에 대부분 부식되어 현재 남아 있는

---

213) 금관가야 마구에 대한 연구가 활발한 것은 김해 대성동고분군과 동래 복천동고분군에서 질·양적으로 양호한 초기마구가 다수 발견된 것에 기인한 바가 적지 않은 것으로 생각된다. 이에 대한 대표적인 연구성과는 전술한 것과 같다.

예가 거의 없으며, 함은 형태가 단순한 편이다. 이에 비하여 인수는 여러 가지 형태로 만들어지기도 하지만 시간성을 잘 반영하고 있는 것으로 파악된다. 그래서 인수의 유무와 형태를 기준으로 표비를 살펴보면 다음과 같다.

금관가야 지역에서 발견된 표비는 대성동 39호분 출토품과 같이 인수가 없는 예도 있지만 인수를 가지는 것이 일반적이다. 그 형태를 보면 표형의 이조선인수, 꼬아 만든 일조선인수, 삽자루형의 이조선 또는 일조선인수, 방형외환의 일조선인수 등 모두 5가지가 확인된다.

먼저 복천동 69, 71호분과 양동리 78호분 출토품은 표형의 이조선인수를 특징으로 한다. 다만 함의 제작방법에 있어서 복천동 출토품들은 2~3조의 철봉을 꼬아 만든 것임에 비해 양동리 출토품은 1조의 철봉을 꼬아 만든 것에서 차이가 난다. 또한 표형의 이조선인수 중에서도 철봉의 양끝을 단접하여 완성한 것도 있다. 즉 위의 복천동과 양동리 출토품의 인수는 그 제작방법과 형태가 다소 다르며, 특히 양동리 78호분 출토품의 인수는 시간적으로 상당한 차이가 나는 楡樹老河深 56號墓 표비와 매우 유사한 것이어서 주목된다.

대성동 47호분과 복천동 48호분 출토품은 2~3조의 철봉을 꼬아 만든 일조선인수를 특징으로 한다. 이들 표비는 인수뿐만 아니라 함 또한 2~3조의 철봉을 꼬아 만든 것에서도 공통된다.

대성동 11호분, 복천동 22, 42호분, 두곡 8호분 출토품은 삽자루형의 이조선인수를 특징으로 한다. 이들 표비는 인수와 더불어 2~3조의 철봉을 꼬아 만든 이련식의 함과 조합하고 있는 점에서도 공통된다. 특히 대성동 11호분과 복천동 22호분 출토품의 인수는 길이가 18~19cm로 거의 같을 뿐만 아니라 형태 또한 이 형식의 인수 중에서는 가장 전형적인 것이다. 이는 양자의 제작에 있어서 기술적, 시간적으로 밀접한 관련이 있었음을 보여주는 것으로 판단된다. 한편 복천동 42호분과 두곡 8호분 출토 표비의 인수는 삽자루형의 이조선인수 중에서도 길이가 매우 짧은 점이 주목되는데, 인수의 길이는 대개 시간의 흐름에 따라 길어진다는 점을 고려하면 복천동 42호분과 두곡 8호분의 예는 비교적 고식에 속하는 것임을 알 수 있다.

복천동 21호분과 10호분, 대성동 39호분 표비는 각각 삽자루형의 일조선인수, 방형외환의 일조선인수, 무인수가 특징이다. 이러한 인수를 특징으로 하는 표비는 금관가야와 그 밖의 지역에서도 유례가 극히 드문 것이어서 삼국·가야시대의 일반적인 표비는 아니었음을 알 수 있다. 군이 유례를 찾자면 삽자루형의 일조선인수는 복천동 35호분 환판비에, 방형외환의 일조선인수는 상주 신흥리 39호분 X자형환판비에, 무인수의 표비는 백제의 청주 봉명동 A35호분에서 그 유례를 찾아 볼 수 있다.

한편 위와 같은 인수와 조합된 표비 가운데 많지 않으나 금속제 鑣의 입문을 이공식입문이라는 독특한 형태로 제작된 예들도 있어 주목된다. 예를 들면 대성동 2호분과 복천동 38, 60호분 출토품이 그것들이다. 이와 같은 표비는 현재 위의 대성동과 복천동 출토품을 비롯하여 遼寧省 北票 倉粮窖墓,[214] 울산 중산리 I B1호분,[215] 청주 봉명동 A-31호분, 천안 두정동 I -5호분[216] 출토품 등이 전부로서 출토례가 극히 희귀한 자료이다. 그렇지만 그 분포범위가 북방과 백제, 신라, 가야 등으로 매우 광범위하며, 특히 이공식입문이라는 독특한 구조를 가진 것에서 이른바 '二孔式立聞付鑣轡'라 하여 다른 형식의 표비와 구별되는 독자적인 형식으로 설정하는 것이 타당한 것으로 생각된다.[217]

---

214) 孫國平·李智, 1994, 앞의 논문 참조.
215) 미보고 자료이나 창원대학교박물관의 김형곤선생님의 배려로 관찰할 수 있었다.
216) 李南奭·徐程錫, 2000, 앞의 책.
217) 柳昌煥, 2004, 앞의 논문.
　　桃崎祐輔, 2004, 앞의 논문, p.119.

이상에서 살펴 본 금관가야 지역에서 출토된 표비의 편년은 앞의 제3
장에서 검토한 동아시아의 초기마구에 대한 편년에 의하면 다음의 표 16
과 같이 정리된다.

(2) 판비

① X자형함유금구판비

X자형함유금구판비란 평면 원형 또는 타원형의 함유 중앙부에 X자형
의 함유금구를 배치한 판비를 말한다. 이 형식의 비에 대해서는 X자형환
판비로 분류하는 연구자도 있으나[218] 필자는 처음부터 이러한 종류의 판
비가 철봉 혹은 철대로 만든 환판비와는 구별되는 독자적인 형식으로 설
정하고 있다.

어쨌든 현재 금관가야에서는 대성동 2호분과 42호분 출토품이 알려져
있는데, 유례를 찾아보면 모용선비의 北票 喇嘛洞 ⅠM10 · ⅡM16호묘[219]
와 왜의 新開 1號墳 등에서 찾아진다. 이처럼 이 형식의 판비는 그 수가 많
지는 않으나 그 분포양상은 초기마구-선비계 마구-의 계보와 흐름을 반영
하고 있는 것이어서 주목하지 않을 수 없다. 그리고 이 형식의 판비는 금
동 또는 청동으로 제작되며, 금동으로 만들어진 함유에 용문이 투조되는
등 상당히 호화롭게 만들어졌다. 따라서 이 형식의 판비는 처음부터 실용
성보다는 장식성이 강한 장식용 마구로 개발되었을 가능성이 높다.

이상과 같은 X자형함유금구판비의 변화는 역시 인수의 형태 변화에
의하면 조형 삽자루형의 이조선인수와 조합된 北票 喇嘛洞 ⅠM10, ⅡM16
호묘→2~3조의 철봉을 꼬아 만든 일조선인수와 조합된 대성동 2호분→전
형 삽자루형의 이조선인수와 조합된 대성동 42호분→방형외환의 일조선

---

218) 金斗喆, 1991, 앞의 논문.
219) 奈良文化財硏究所, 2004, 『三燕文物精粹』(日本語版), 遼寧省文物考古硏究所編.

인수와 조합된 新開 1號墳 출토품의 순으로 상대편년할 수 있다.

②횡방향함유금구판비

횡방향함유금구판비란 평면 원형 또는 제형의 함유 중앙부에「一」자형의 함유금구를 횡방향으로 배치한 판비를 말한다. 이 형식의 비는 함유의 평면 형태가 원형을 이루는 圓形系와 사다리꼴을 이룬 梯形系의 두 유형으로 크게 분류되며, 세부적으로는 인수의 형태에 따라 몇 개의 형식으로 나눌 수 있다.

이에 따라 금관가야 출토 횡방향함유금구판비를 살펴보면, 먼저 원형계의 횡방향함유금구판비는 2~3조의 철봉을 꼬아 만든 일조선인수와 조합된 대성동 41, 57호분, 양동리 321호분 출토품과 삽자루형의 이조선인수와 조합된 양동리 107호분 출토품으로 나눌 수 있다. 제형계의 횡방향함유금구판비 역시 2~3조의 철봉을 꼬아 만든 일조선인수와 조합된 복천동 54 · 95호분과 양동리 196호분 출토품과 삽자루형의 이조선인수와 조합된 대성동 57호분 출토품으로 구분된다. 이들 횡방향함유금구판비의 연대는 출토고분과 공반유물의 편년을 참조하면 4세기 4/4분기에서 5세기 1/4분기로 편년할 수 있다.

(3) 환판비

환판비란 환상의 외륜과 ⊥자형 또는 X자형의 함유금구로 구성된 함유를 가진 비를 말한다.[220] 이 형식의 비는 함유금구의 형태에 따라 ⊥자형 환판비와 X자형 환판비로 크게 분류되며, 세부적으로는 조합된 인수의 형태에 따라 여러 가지 형식으로 세분할 수 있다.

---

220) 柳昌煥, 2000, 앞의 논문 참조. 이하 환판비와 관련된 각주는 생략한다.

이에 따라 금관가야 출토 환판비를 살펴보면, 먼저 ⊥자형 환판비는 한 형식만 확인된다. 즉 복천동 10호분과 31호분 출토품은 삽자루형의 이조 선인수와 정⊥자형의 함유금구, 2~3조의 철봉을 꼬아 만든 이련식 함이 공통된 특징으로 필자 분류의 Ⅱa형식에 해당된다. X자형 환판비는 두 형 식이 확인되는데, 대성동 20호분 출토품은 꼬아 만든 일조선인수와 정X자 형의 함유금구, 2~3조의 철봉을 꼬아 만든 이련식 함이 특징으로 필자의 Ⅰ형식에 속한다. 그리고 복천동 35호분 환판비는 삽자루형의 일조선인 수와 정X자형의 함유금구, 장방형공의 철봉입문이 특징으로 필자의 Ⅲ형 식에 속한다.

이상과 같이 금관가야에는 적어도 3가지 형식의 환판비가 존재하는데, 이들은 5세기 전반대 중에서 복천동 10호분 출토품은 5세기 2/4분기에, 나 머지는 5세기 1/4분기에 해당되는 것이다.

2) 등자

지금까지 금관가야 지역에서 발견된 등자는 목심의 전면 또는 특정 부 분에 철판을 덧대어서 만든 이른바 목심등자에 해당되는 것으로 모두 15 예가 확인된다. 목심등자는 병부와 윤부, 답수부, 외장철판의 형태 등의 차이에 의해서 여러 형식으로 구분되는데, 이에 의하면 금관가야 지역 출 토 목심등자는 다음과 같은 5가지 형식으로 구분된다.[221]

먼저 대성동 47호분, 복천동 48 · 60호분 출토품은 병부와 윤부의 접합 부에 역Y자상의 철판을 덧대어서 보강한 것이 가장 큰 특징으로 필자의 C 型 등자에 해당된다. 울산 중산리 Ⅰ B1호분, 천안 두정동 Ⅰ -5호분, 청주 봉 명동 C-9호분 등에서 유례가 확인되는데, 이 중 특히 대성동 47호분 출토

---

221) 柳昌煥, 1995 및 2004, 앞의 논문.

품은 병부의 측면에, 복천동 48호분 출토품은 병부와 윤부의 접합부뿐만 아니라 윤하반부에도 철판을 덧대어서 보강한 점이 주목된다. 이러한 양상은 목심등자가 정형화되기 이전의 초기적인 현상으로 보여진다. 즉 구조상 특히 파손되기 쉬운 병부와 윤부의 접합부를 중심으로 철판을 덧대어서 보강한 점을 중시하면 袁台子壁畫墓 출토품과 같은 木心革被輪鐙을 모태로 개발된 것일 가능성이 높다. 이로써 이 형식의 등자는 袁台子壁畫墓 이후 즉, 4세기 중·후반 이후로 편년되며, 또한 후술하는 ⅠA1식의 원형일 가능성이 높은 것으로 본다.

대성동 57호분, 양동리 78, 107호분 출토 등자는 병부와 윤부의 내외측면 전부 또는 일부에 철판을 덧대어서 보강한 것이 가장 큰 특징으로 필자의 ⅠA2식 등자에 해당되는 것이다. 이는 위의 C型 등자와 더불어 가장 간단한 철판보강 구조를 가진 등자로서 합천 옥전 23·67-B호분, 상주 신흥리 가-57호분 등에서도 발견되었다. 이들 ⅠA2식 등자는 주로 5세기 전반대에 유행한 것으로 파악된다. 그런데 대성동 57호분 출토품은 병부뿐만 아니라 윤부에도 철판을 보강하고 있어 병부에만 철판을 보강한 양동리 출토품들에 비하여 약간 늦은 것으로 생각한다. 한편 대성동 57호분에는 4세기 4/4분기에서 5세기 1/4분기에 유행한 횡방향함유금구판비가 공반되고 있어 ⅠA2식 등자의 연대 추정에 일정한 도움이 된다. 즉 위의 대성동과 양동리 출토 ⅠA2식 등자들의 연대가 5세기 1/4분기 이전의 어느 시기임을 말하여 주는 것으로 이해해도 좋을 것이다.

대성동 1호분, 복천동 21호분, 양동리 429호분 출토품은 병상반부에 상원하방형의 철판을 덧대고 병부와 윤부의 접합부에는 역Y자상의 철판을 덧대어서 보강한 이른바 병부 이단철판보강 목심등자로서 필자의 ⅠA1식 등자이다. 유례로는 유명한 北燕의 馮素弗墓[222] 출토품을 비롯하여 상주 신흥리 나-39호분, 倭의 鞍塚古墳(A)과 七觀古墳 출토품 등 모두 7예가 확인된다. 이들은 병부를 중심으로 병부와 윤부와의 접합부를 철판으

로 보강한 점에서 윤부를 중심으로 철판을 보강한 위의 C型 등자의 후행
형식일 가능성이 매우 크다. 따라서 위의 ⅠA1식 등자들의 연대는 같은
형식의 등자가 부장된 馮素弗墓의 절대연대인 415년을 중심으로 그 전후
의 어느 시기로 편년될 것이다.

복천동 22, 35호분 출토 등자는 병부와 윤부의 내외측면과 병상반부의
전후면에 철판을 덧대어서 보강하고 병하반부와 윤부의 전후면에는 단면
반원형의 철봉을 덧대어서 보강한 점이 다른 형식의 등자와 구별되는 가
장 큰 특징으로, 필자의 ⅠA3식 등자에 해당된다. 합천 옥전 68호분과 함
안 도항리 경13호분, 경주 황남동 109호분 4곽 등에서 유례를 찾아 볼 수
있으며, 이들의 연대는 대체로 5세기 전반대로 편년된다.

복천동 10호분 출토품은 병부와 윤부의 내외측면에 철판을 덧대어서
보강한 후 병부와 윤상반부의 전후면에 역Y자상의 철판을 덧대어서 보강
한 점이 가장 큰 특징으로 필자의 ⅠA4식 등자에 해당된다. 유례로는 합
천 옥전 67-A호분, 상주 신흥리 나-37호분 출토품 등이 있다. 연대에 대해
서는 5세기 전반대에서 중심연대를 구할 수 있을 것으로 생각되는데, 병
부를 보강한 철판이 일단인 점에서 병부 이단보강철판으로 구성된 위의
ⅠA1식 등자에 후행하는 것이 분명하므로 馮素弗墓의 절대연대인 415년
이후에서 5세기 2/4분기 이전에 해당되는 것으로 본다.

이상에서 금관가야의 중심지인 김해와 부산지역의 고분에서 출토된
마구중에서 비와 등자를 분류하고 편년을 시도하였다. 그 결과 이 지역에
서는 4세기 전반대부터 5세기 전반대에 이르기까지 약 1세기에 걸쳐서 여
러 형식의 비와 등자가 시간의 흐름에 따라 출현과 성행, 소멸의 과정을
반복하고 있는 것을 확인하였다. 이러한 결론과 금관가야의 토기와 마구

---

222) 黎瑤渤, 1973, 앞의 책.

의 편년에 대한 기존의 연구성과(그림 13 참조)[223] 등을 참조하여 작성한 필자의 동아시아 초기마구에 대한 편년관을 바탕으로 금관가야 마구의 편년을 정리하면 표 16과 같다.

2. 계보와 전개

1) 마구의 수용과 기마문화의 개시

금관가야의 왕과 지배자들의 유적인 김해 대성동고분군에서 발견된 각종의 북방문물에 대한 연구에 의하면 금관가야 지역에는 3세기 말부터 기승용의 마구가 도입되었을 가능성이 높다고 한다. 그러나 아직 3세기 말에 해당되는 실물자료가 발견된 바는 없으며, 지금으로서는 4세기 2/4분기로 편년되는 복천동 38호분과 69호분에서 발견된 표비들이 가장 빠른 시기에 해당되는 마구들이다. 즉 이들 자료는 금관가야지역에 늦어도 4세기 2/4분기의 시기에 표비 중심의 기승용 마구가 도입되면서 기마문화가 시작되었음을 보여주는 매우 중요한 자료이다.

복천동 38호분과 69호분에서 발견된 2점의 표비는 우선 2조의 철봉을 꼬아 만든 이련식의 함과 1조의 철봉을 구부려서 양끝을 단접한 후 가운데 부분을 눌러서 만든 짧은 표형의 이조선인수를 특징으로 한다. 이러한 특징을 가진 표비는 한반도 북쪽의 고구려지역에서 여러 점이 발견되어 주목된다. 즉 萬寶汀 242호묘,[224] 禹山下 3241·3283호묘, 高力墓子村 19호묘[225] 등에서 출토된 표비들은 2조의 철봉을 꼬아 만든 이련식의 함과

---

223) 申敬澈, 1994, 앞의 논문.

申敬澈, 2000, 「金官加耶 土器의 編年」 『加耶考古學論叢』 3, 加耶文化研究所編.

224) 吉林集安縣文管所, 1982, 「集安萬寶汀墓區242號古墓清理簡」 『考古與文物』 1982-6.

표 16. 금관가야 마구 편년표

분기	연대	마구	출토유구	비교자료
I 기	4c 2/4	마구의 등장 표비 표형의 이조선인수 　　　이공식입문부	복천동 69호 　　　　38호	
	4c 3/4	표비 표형의 이조선인수 　　꼬아 만든 일조선인수 　　이공식입문부 　　삽자루형의 이조선인수 X자형함유금구판비 　　꼬아 만든 일조선인수 등자 C형	복천동 71호 대성동 47호 대성동 2호, 복천동 60호 복천동 42호 대성동 2호 대성동 47호, 복천동 60호	354~366년 袁台子壁畵墓 357년 安岳 3호분 X자형함유금구판비 　: 喇嘛洞 I M10, IIM16호→대성 　　동2호→대성동 42호→新開1호 袁台子壁畵墓 A형 등자 　→복천동 60호 C형(IA1) 등자
	4c 4/4	표비 꼬아 만든 일조선인수 　　무인수 X자형함유금구판비 　　삽자루형의 이조선인수 횡방향함유금구판비 　　꼬아 만든 일조선인수 등자 C형 심엽형행엽	복천동 48호 대성동 39호 대성동 42호 대성동 41, 양동리 321호 복천동 54, 95호 복천동 48호 대성동 3호	등자 C형=IA1식 　: 복천동 60호→복천동 48호
II 기	5c 1/4	마구의 확산 표비 표형의 이조선인수 　　삽자루형 이조선인수 횡방향함유금구판비 　　꼬아 만든 일조선인수 　　삽자루형 이조선인수 X자형환판비 　　꼬아 만든 일조선인수 　　삽자루형의 일조선인수 ⊥자형환판비 　　삽자루형의 이조선인수 등자 IA1식 　　IA2식 　　IA3식 심엽형행엽 마주	양동리 78호 두곡 8호, 대성동 11호 대성동 57, 양동리 196호 대성동 57, 양동리 107호 대성동 20호 복천동 35호 복천동 31호 대성동 1, 양동리 429호 대성동57, 양동리78,107호 복천동 35호 대성동 1호 대성동 1, 57호, 두곡 8	등자 C형=IA1식 　: 복천동 60호→복천동 48호→ 　　대성동 1호, 馮素弗墓(415년)
	5c 2/4	표비 삽자루형의 이조선인수 　　삽자루형의 일조선인수 　　방형외환의 일조선인수 등자 IA1식 　　IA3식 　　IA4식 심엽형행엽 마주	복천동 22호 복천동 21호 복천동 10호 복천동 21호 복천동 22호 복천동 10호 복천동 10호 복천동 10호	

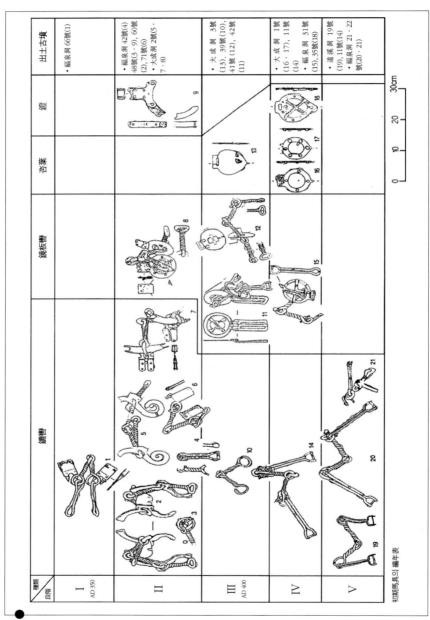

13 가야 초기마구의 편년표(申敬澈, 1994)

初期馬具의 編年表

표형의 이조선인수가 특징인데, 복천동 38호분과 69호분 출토 표비에 그대로 재현되어 나타난다. 이로써 수용기 가야마구의 계보를 위 고구려 출토품들에서 구할 수 있을 것이다.

한편 복천동 38호분 출토 표비는 위의 여러 표비들과 달리 鑣 본체의 중앙부에 이공식입문이 가미된 독특한 형태의 표를 동반하고 있어 주목된다. 이처럼 이공식입문을 가진 鑣는 기본적으로 김두철이 지적한 바 있듯이 비를 굴레에 연결할 때 2조의 혁대로 하는 이른바 「二線式」의 전통을 잇는 것으로,[226) 慕容鮮卑의 倉粮窖墓,[227) 대성동 2호분, 복천동 60호분, 울산 중산리 I B1호분, 청주 봉명동 A-31호분, 천안 두정동 I -5호분 등 주로 4세기대의 분묘에 유례가 있다. 그리고 이들 이공식입문과 인수의 형태가 시간의 흐름에 따라 형식학적으로 변화해 가는 것도 확인된다. 이러한 사실은 이공식입문을 가진 표비들이 시간적 또는 공간적인 분포가 안정적임을 의미하며, 이는 다른 형식과 구별되는 독립형식으로 설정할 수 있는 근거가 된다. 어쨌든 복천동 38호분 출토 표비는 금관가야 수용기 마구의 계보를 추적하는데 있어 매우 중요한 자료임에 틀림없다. 요컨대 위의 慕容鮮卑의 倉粮窖墓와 복천동 38호분의 이공식입문부표비는 금관가야 수용기 마구의 계보가 선비계 마구에 있음을 보여주는 자료라 할 수 있다.

이상에서 금관가야의 수용기 마구가 고구려와 선비의 마구와 밀접한 관련이 있음을 알 수 있는데, 이 문제는 현재 논란이 되고 있는 것이므로 좀더 살펴보기로 하자.

앞서 서론에서 언급했듯이 가야 초기마구의 계보에 대해서는 부여계설과 중국 동북지방의 기마문화 전래설로 압축된다. 즉 신경철은 복천동

225) 陳大爲, 1960, 「桓仁縣考古調査發掘簡告」『考古』1960-1.
226) 金斗喆, 2000, 앞의 논문, pp. 209~212 참조.
227) 孫國平 · 李智, 1994, 앞의 책.

38호분과 69호분 표비의 짧은 표형의 이조선인수를 楡樹老河深 M56호묘 표비의 인수와 유사한 것에 주목하여, 이와 동반한 북방문물의 성격 등을 고려하여 가야 초기마구의 직접적인 조형을 부여에서 구할 수 있다고 주장하였다. 이에 대하여 김두철은 복천동 38호분 출토 표비의 인수를 부여계로 추정한 신경철의 견해를 수용하면서도 동반된 鑣의 이공식입문이 선비묘에서 발견되는 것을 중시하여 특정 민족이 아닌 중국 동북지방 기마문화의 전래에 무게를 두었다. 한편 이재현은 위 양인의 견해와 달리 4세기대 복천동고분군 표비의 특징인 S자상의 鑣와 2조의 철봉을 꼬아서 만든 함은 부여에는 없고 고구려지역에서만 확인되는 것에 착안하여 그 계통이 고구려와 연결되는 것으로 파악하였다.

이와 같은 금관가야 수용기 마구의 계보에 대한 견해의 차이는 기본적으로 복천동 38·69호분 출토 표비에 대한 이해의 차이에서 비롯된 것으로 볼 수 있는데, 현재 2조의 철봉을 꼬아 만든 함과 표형의 이조선인수로 구성된 표비가 고구려에서 성행한 것으로 밝혀졌고 더구나 2조의 철봉을 꼬아 만든 함이 부여에서 발견된 예가 없다는 점에서 굳이 부여계로 고집할 이유는 없어 보인다. 필자는 이러한 관점에서 동아시아 초기마구를 검토하면서 '선비와 고구려를 중심으로 중국동북지방에 개발된 동아시아 특유의 마구'를 '鮮卑系 馬具'(=초기마구)로 부르고, 금관가야지역에 이러한 마구가 도입됨으로써 기마문화가 개시된 것으로 파악한 바 있다.[228] 요컨대 금관가야의 수용기 마구는 선비와 고구려지역에서 성행하던 선비계 마구의 남하에서 비롯되었다는 것이다.

이상에서와 같이 금관가야에서는 4세기 2/4분기에 표비 중심의 기승용 마구가 도입되면서 기마문화가 개시되며, 그 출현 배경은 고구려와 선

---

228) 柳昌煥, 2004, 앞의 논문, p. 295.

비지역에서 성행하던 선비계 마구의 남하와 밀접한 관련이 있는 것으로 파악된다.

2) 마구의 재지 생산과 기마문화의 정착

慕容鮮卑의 본거지였던 遼寧省 朝陽일대에서 발견된 유명한 袁台子壁畫墓를 비롯하여 北溝 M8號墓, 十二台鄕磚廠 88M1號墓, 三合省墓, 西溝村墓 등에서는 비, 안장, 등자, 행엽 등으로 구성된 마구가 발견되었다. 이들 마구가 출토된 분묘는 대체로 4세기 3/4분기 또는 이보다 약간 늦은 시기로 편년되는데, 이로써 慕容鮮卑지역에서는 4세기 3/4분기부터는 雙鐙의 기마문화가 본격적으로 성행·정착되었던 것으로 생각된다. 특히 이러한 마구는 동북아시아의 「초기마구」이자 분포의 중심이 선비가 있던 요서지역이라는 점에서 「鮮卑系 馬具」로 부르고자 한다.

이처럼 모용선비의 중심지에서 성립된 선비계 마구는 곧바로 고구려와 한반도로 확산되는데, 특히 4세기 3/4분기로 편년되는 금관가야의 초기마구가 이를 잘 반영하고 있다. 앞에서 살펴 본 바와 같이 4세기 3/4분기로 편년되는 금관가야의 마구로는 우선 복천동 71호분에 출토된 표형의 이조선인수를 가진 표비를 들 수 있다. 이 표비는 2조의 철봉을 꼬아 만든 이련식의 함과 표형의 이조선인수가 특징으로, 이는 수용기의 복천동 69호분 출토품의 계보를 잇는 것이다. 그리고 대성동 2호분과 복천동 60호분 출토 이공식입문부표비 역시 앞 시기부터 출현한 것이다. 이로써 이시기의 마구는 기본적으로 수용기 마구를 계승한 것임을 알 수 있다.

이와 더불어 새로운 형식의 선비계 마구도 도입되는데, 대성동 2호분에서 출토된 판비가 그 예이다. 대성동 2호분 출토 비는 2~3조의 철봉을 꼬아 만든 이련식의 함과 일조선인수, 청동제의 원형 경판, 경판의 중앙부에 배치된 X자상의 함유금구 등으로 구성된 특징적인 비이다. 이러한 특징을 가진 비를 필자는 X자형함유금구판비라 부르고 그 계보가 시간의 흐름에 따라 삼연묘-대성동 2호분-대성동 42호분-新開 1호분 출토품의 순으로 이어지는 것으로 파악한 바 있다.[229)]

한편 이 시기에는 마구의 재지화도 시도되는데, 그 좋은 예가 2~3조의 철봉을 꼬아 만든 일조선인수이다. 이 형태의 인수에 대해서 일찍이 신경철은 금관가야의 독창적인 인수로 파악한 바 있고, 김두철은 이를 받아들여 금관가야 마구의 재지화를 입증하는 중요한 근거로 삼았다. 그런데 필자는 이러한 형태의 인수가 금관가야지역뿐만 아니라 비슷한 시기의 울산, 함안, 마산 등지의 고분에서도 확인된다는 점에서 특정지역보다는 한반도 남부지방의 특징적인 인수로 파악한 바 있다. 이후 4세기 중·후반대의 청주 봉명동 백제고분에서도 이러한 형태의 인수가 발견되어 그 분포권이 점차 넓어지고 있는 실정이다. 그렇지만 여전히 선비와 고구려지역에서 발견 예가 없다는 점과 분포의 중심이 금관가야지역에 있다는 점을 중시하면 2~3조의 철봉을 꼬아 만든 일조선인수를 금관가야 마구의 재지생산의 시작을 말해 주는 자료로 삼을 수 있을 것이다. 이처럼 2~3조의 철봉을 꼬아 만든 일조선인수의 출현을 재지화의 근거로 삼는다면, 금관가야 마구의 재지화는 다음과 같은 두 가지 유형으로 나타난 것으로 보인다.

첫째 유형은 앞 시기부터 도입된 형식에 재지화가 가미된 것으로, 대성동 2·47호분과 복천동 60호분 출토 표비가 좋은 예이다. 이 중 대성동 47호분 출토 표비는 2~3조의 철봉을 꼬아 만든 이련식의 함과 일조선인수로 구성된 표비인데, 이는 앞 시기부터 나타난 표형의 이조선인수를 가진 복천동 69호분 출토품과 같은 표비를 금관가야에서 개발·생산한 것으로 판단된다. 그리고 이공식입문이라는 독특한 형태의 표를 동반한 대성동 2호분과 복천동 60호분 출토 표비는 가까이로는 수용기의 복천동 38호분

---

229) 柳昌煥, 2004, 앞의 논문.

출토 표비와, 멀리로는 遼寧省 北票 倉粮窖 鮮卑墓 출토품과 계보적으로 연결된다. 따라서 이들 이공식입문부표비는 수용기의 형식을 모델로 하여 새로운 2~3조의 철봉을 꼬아 만든 일조선인수가 가미된 재지 생산품으로 추정된다.

둘째 유형은 이 시기에 새로이 도입된 형식의 마구에 재지화가 가미된 것으로, 대표적인 예가 대성동 2호분 출토 X자형함유금구판비이다. 이 형식의 비는 위에서 검토한 것과 같이 경판의 특징상 北票 三燕墓 출토품과 같은 선비계 마구의 계보를 잇는 것으로 금관가야지역에는 4세기 3/4분기에 처음으로 도입된다. 그런데 세부적으로 보면 北票 三燕墓 출토품은 조형 삽자루형의 이조선인수와, 대성동 2호분 출토품은 재지계의 2~3조의 철봉을 꼬아 만든 일조선인수와 조합되어 있다. 이러한 차이는 대성동 2호분 출토품이 북방의 X자형함유금구판비를 모방하여 재지에서 생산되었을 가능성을 강하게 시사하는 것으로 볼 수 있다.

이러한 표비들의 양상과 더불어 주목되는 자료는 대성동 2 · 47호분과 복천동 60호분 출토 목심등자이다. 이들 목심등자는 지금까지 발견된 실물 등자 중 한반도에서 가장 빠른 시기에 해당되는 것으로 금관가야지역에 늦어도 4세기 3/4분기 무렵에 鎧 騎乘의 기마문화가 정착되었음을 말해 주는 중요한 자료이다.

앞서 검토한 것과 같이 대성동 47호분과 복천동 60호분 출토 등자는 병부와 윤부의 접합부에 역Y자상의 철판을 덧대어서 보강한 특징을 지닌 목심등자 C型으로, 울산 중산리 I B1호분, 천안 두정동 I -5호분, 청주 봉명동 C-9호분 등에서 유례가 확인된다. 이로써 C型 등자는 금관가야뿐만 아니라 백제와 신라지역에서도 유행한 한반도 最古式의 등자로 파악된다. 이러한 점은 특히 가야, 백제, 신라의 초기마구의 원류와 출현 배경을 이해하는데 있어서 시사하는 바가 적지 않은데, 무엇보다도 한반도 남부 초기마구의 계보를 특정 지역이나 민족에 한정하지 않고 동아시아 초기마구의 큰 흐름 속에서 구해야 되는 이유도 여기에 있는 것이다.

　이상의 검토에서와 같이 4세기 3/4분기의 금관가야지역에서는 수용기의 마구가 연속되거나 새로운 형식의 판비가 도입되고 한편으로는 2~3조의 철봉을 꼬아 만든 일조선인수가 개발되는 등 재지 생산이 개시된다. 또한 극히 한정된 부분만 철판으로 보강한 원초적인 형태의 목심등자가 도입되어 재지에서 생산되면서 鐙 騎乘의 기마문화가 본격화된다. 이로써 금관가야에서는 이 시기부터 마구의 재지 생산과 기마문화가 정착하기 시작한 것으로 이해할 수 있다.

3) 새로운 형식의 판비와 장식마구의 출현

　앞서 검토하였듯이 금관가야에서는 4세기 3/4분기부터 2~3조의 철봉을 꼬아 만든 일조선인수의 개발을 계기로 마구의 재지 생산화에 성공하게 된다. 또 한편으로는 기마문화의 선진 지역인 북방지역과의 지속적인 상호작용을 통해 새로운 형식의 마구를 수입함으로써 더욱 다양하고도 풍부한 기마문화를 발전시켜 간다.

　이러한 두 현상은 4세기 4/4분기에 들어서면서 더욱 두드러지는데, 이를 좀 더 구체적으로 살펴보도록 하자. 우선 재지 생산화에 성공한 대표적인 예로 복천동 48호분 출토 표비와 대성동 42호분 출토 X자형함유금구판비를 들 수 있다. 이 중 복천동 48호분에서 출토된 2~3조의 철봉을 꼬아 만든 일조선인수를 가진 표비는 함과 인수의 특징상 4세기 3/4분기에 재지 생산에 성공한 대성동 47호분에서 출토된 표비의 후속 생산품으로 보아도 무방할 것이다. 또한 대성동 42호분에서 출토된 X자형함유금구판비는 4세기 3/4분기의 대성동 2호분에 출현한 판비의 후행 형식이 분명한데, 삽자루형의 이조선인수가 전형적인 형태로 금관가야화된 것이므로 역시 재지 생산화의 성공을 반영하고 있다. 이외에도 재지 생산화의 성공적인 사례는 등자에도 보인다. 즉 복천동 48호분 출토 등자는 C型으로 역시 출현기의 복천동 60호분 출토품의 계보를 이으면서 새로이 답수부쪽에도 철판을 보강하는 등 재지 생산의 의지를 더욱 강화하고 있다.

한편으로는 마구의 선진지역으로부터 새로운 형식의 마구도 도입되는데, 횡방향함유금구판비와 장식마구인 심엽형행엽의 도입이 그것이다. 앞서 검토한 것과 같이 횡방향함유금구판비란 평면 원형 또는 梯形의 함유 중앙부에 一자상의 함유금구를 횡방향으로 배치한 판비를 말하는 것으로, 경판의 평면 형태에 따라 크게 원형계와 제형계로 구분된다. 이 중 원형계는 袁台子壁畵墓, 北溝 M8號墓, 西溝村墓, 三合省墓 등에서 발견된 선비계 판비가 전형적인 유례이다. 이로써 이 시기에도 북방지역과의 지속적인 상호작용을 통해 선비계 마구를 수입한 것으로 볼 수 있다.

그런데 위의 북방지역의 예들은 대부분 이조선인수와 조합되었으며, 이에 비해 금관가야 출토품들은 2~3조의 철봉을 꼬아 만든 일조선인수와 조합되고 있는 점이 주목된다. 이는 금관가야의 횡방향함유금구판비가 북방의 선비계 마구에서 비롯된 것임은 틀림없으나 도입 시 또는 그 직후에 재지화가 시도되었음을 의미하는 것으로 생각된다. 이러한 재지화의 시도가 복천동 54 · 95호분 출토품과 같이 2~3조의 철봉을 꼬아 만든 일조선인수와 제형 경판으로 구성된 횡방향함유금구판비로 나타난 것으로 판단된다.

이와 같은 횡방향함유금구판비의 수입과 재지 생산의 성공과 더불어 이 시기 마구의 또 다른 특징으로 주목되는 것은 장식마구인 행엽의 출현이다. 행엽은 대성동 3호분에서 출토된 1점으로, 철판 1매를 오려서 심엽형의 신부와 세장방형의 입문을 하나로 만든 심엽형행엽이다. 이 행엽에 대해서는 신경철의 치밀하고도 폭넓은 검토가 있었는데, 결론은 袁台子壁畵墓나 효민둔 154호묘에서 출토된 판비의 경판을 모델로 하여 낙동강 하류에서 고안 · 제작된 것이라 하였다. 이러한 결론은 당시 북방에서 4세기대에 해당되는 심엽형행엽의 출토례가 없는 상황에서 고심 끝에 나온 것

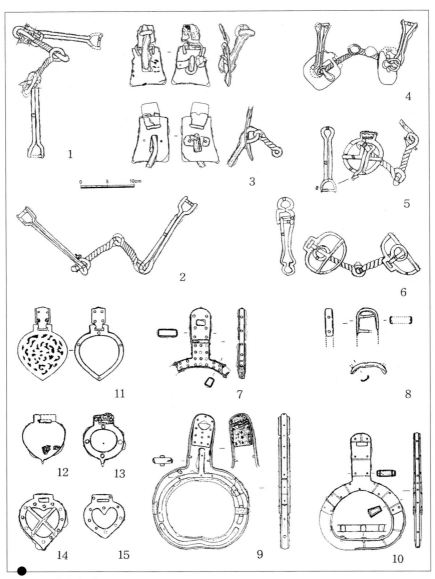

14 금관가야 마구
　1. 대성동 11호분, 2. 복천동 22호분, 3. 복천동 54호분, 4. 대성동 57호분, 5. 복천동 31호분, 6·10.
　복천동 10호분, 7·13. 대성동 1호분, 8. 양동리 78호분, 9. 복천동 22호분, 11. 조양십이대88M1호
　분, 12. 대성동 3호분, 14. 복천동 35호분, 15. 복천동 10호분

으로 생각된다.

하지만 이제는 모용선비묘인 4세기대의 十二台鄕磚廠 88M1號墓에서 이러한 형식의 행엽이 확인되어 재검토가 필요하게 되었다. 세부적으로 보면 대성동 3호분의 예가 철판 1매로 만든 것임에 비해 十二台鄕磚廠 88M1號墓의 것은 금동판과 투조동판을 겹쳐서 만든 특징을 지닌다. 즉 양자 간에는 차이가 있음을 알 수 있는데, 이로 인해 양자를 직접적으로 연결하는 것은 무리인지도 모른다. 그러나 지금까지 여러 차례 강조하였듯이 금관가야지역에서는 선비계 마구의 재지화가 일찍부터 진행된 것이 분명하므로, 철판 1매로 만든 대성동 3호분의 심엽형행엽은 재지화를 상징적으로 보여주는 자료라 할 수 있다. 즉 4세기 후반대의 모용선비묘 출토 마구가 주로 금동제인 데 비하여 금관가야의 마구는 거의 대부분이 실용성이 강한 철제라는 점이 특징인데, 이로써 이 지역에서 심엽형행엽이 철제인 것은 극히 자연스러운 현상으로 오히려 마구의 재지화를 상징적으로 보여 주는 자료라 할 수 있다.

4) 마구의 다양화와 기마문화의 확산

금관가야의 마구는 5세기대에 들어서면서 4세기대와 또 다른 양상을 보여주는데, 앞서 작성한 표 16은 5세기대의 금관가야 마구가 그 이전 시기에 비해 양적으로 월등히 많아지고 질적으로도 뚜렷하게 구별되는 것을 보여 준다.

그러한 현상은 무엇보다도 마구의 종류에 있어 4세기대부터 성행한 표비, X자형함유금구판비, 횡방향함유금구판비, 심엽형행엽을 비롯하여 새로운 형식의 표비와 횡방향함유금구판비, X자형·⊥자형환판비, 목심등자, 안장, 운주, 마주 등이 개발되어 4세기대에 비해 질·양적으로 훨씬 다양하고 많은 종류의 마구류가 성행하는 것으로 나타난다. 또한 마구류의 조합상에 있어서도 4세기대의 불완전한 조합상에서 벗어나 비와 안장, 등자로 이루어진 완성된 형태의 「기본마구」가 성행하고, 여기에 행엽 등의 장식용 마구가 추가된 「장식마구」, 마주·마갑이 추가된 「갑마구」가 출현하는 등 4세기대에 비하면 더욱 확대된 양상을 보여준다.

그러면 이러한 양상에 대해 좀더 세부적으로 살펴보기로 하자. 먼저 표비는 인수의 형태에 따라 여러 가지로 나뉘는데, 그 특징으로 보아외부에서 도입되거나 재지에서 개량·개발된 것 등으로 구분된다. 우선 외부에서 도입된 것으로 표형의 이조선인수를 가진 양동리 78호분 출토품을 들 수 있다. 이 표비는 특히 표형의 이조선인수 제작에 있어서 철봉의 양끝을 단접하는 일반적인 예와 달리 철봉의 한쪽 끝을 「ㄱ」자상으로 꺾어서 다른 철봉 끝 바로 아래 부분에 단접하여 완성한 것인데, 이러한 인수제작법은 4세기대의 금관가야나 선비·고구려 마구에서는 확인되지 않고 멀리 유수노하심 56호묘 출토 표비의 인수에 보이고 있어서 주목된다. 차후 자료의 증가를 기대한다.

다음으로 재지에서 개량·개발된 것으로 우선 삽자루형의 이조선인수를 가진 대성동 11호분, 두곡 8호분, 복천동 22호분 출토품을 들 수 있다. 이들 표비에 조합된 삽자루형의 이조선인수는 榆樹老河深 97호묘 출토 표비나 袁台子墓 출토 판비에 조합된 삽자루형 이조선인수를 조형으로 하여 4세기 3/4분기의 복천동 42호분 표비에서부터 재지화가 시도되어 대성동 42호분 판비를 거쳐 대성동 11호분이 축조된 5세기 1/4분기에 이르러긴 삽자루형의 이조선인수의 형태로 정형화된다. 이후 5세기 전반대의 표비 또는 환판비의 기본적인 인수로 채용되며, 또한 삽자루형의 일조선인수 또는 방형외환의 일조선인수로 변형되기도 한다.[230]

이와 같은 표비들과 더불어 5세기 전반대에 성행한 것은 횡방향함유금

---

230) 柳昌煥, 2000, 앞의 논문, p.149.

구판비이다. 앞서 검토한 것과 같이 이 형식의 판비는 4세기대에 북방의 선비계 판비에서 유래한 것인데, 특히 제형 경판의 횡방향함유금구판비는 금관가야에서 개발·생산된 것으로 파악한 바 있다. 이처럼 4세기 후반대부터 금관가야지역에 도입된 횡방향함유금구판비는 이후 재지화가 지속적으로 시도되고 그 결과 이 시기에 들어서서 완전히 가야화되고 성행한다. 즉 2~3조의 철봉을 꼬아 만든 일조선인수에 원형 경판 또는 제형 경판으로 이루어진 대성동 57호분 출토품과 양동리 196호분 출토품, 삽자루형의 이조선인수에 원형 경판 또는 제형 경판으로 이루어진 양동리 107호분 출토품과 대성동 57호분 출토품 등은 4세기대부터 이어져 온 재지 생산품임이 분명하다.

한편 5세기대에 들어서면서 새로운 형식의 비도 출현하는데, X자형 또는 ⊥자형환판비의 출현이 그것이다. 이 형식의 비에 대해서는 김두철의 선구적인 연구가 있으며,[231] 이후 필자의 분류와 편년, 분포 등의 문제에 대한 연구가 있다.[232] 여기에서 요점만 정리해 보면 먼저 금관가야의 X자형환판비는 慕容鮮卑墓인 요령성 방신촌 북구 M8호묘 출토품의 계보를 잇는 것으로 실물자료는 아직 없으나 4세기 후반대에 다양한 선비계 마구와 동반되어 도입되었을 가능성이 크다. 이후 여러 마구류들과 함께 재지 생산되면서 점차 가야화되는데, 2~3조의 철봉을 꼬아 만든 일조선인수를 가진 대성동 20호분 출토 X자형환판비와 삽자루형의 일조선인수를 가진 복천동 35호분 출토 X자형환판비가 전형적인 예이다.

다음으로 ⊥자형환판비를 살펴보면, 우선 계통 문제에 대해서는 김두철의 견해가 유력해 보인다. 즉 그는 선비계 또는 고구려계의 4세기대 비가 한결같이 횡방향 또는 X자형의 함유금구를 취하고 있는 것에 비하여

---

231) 金斗喆, 앞의 논문.
232) 柳昌煥, 2000, 앞의 논문, p.149.

⊥자형환판비는 종방향을 취하고 있는 것에 주목하여 낙동강 하류에서 자체 개량·발전시킨 것으로 보았다.[233] 이 견해는 형식학적인 근거가 확실한 것은 아니나 정황으로 보면 그럴 가능성이 큰 것으로 생각된다. 이처럼 금관가야지역에서 개발·생산된 ⊥자형 환판비는 곧 바로 대가야권과 아라가야권 등으로 확산되어 6세기대까지 가야의 실용적인 마구의 하나로 성행하였다.

이러한 다양한 형식의 비와 더불어 이 시기에는 다양한 형식의 목심등자가 재지에서 개발·생산되어 성행한다. 이 시기에 나타난 4가지 형식의 목심등자의 특징과 분포, 연대 등에 대해서는 이미 여러 차례 검토한 바 있으므로 재론할 필요는 없는데, 굳이 부언하자면 우선 목심의 측면에만 철판을 보강한 D型 또는 ⅠA2식의 대성동 57호분, 양동리 78·107호분 등자는 木心革被의 袁台子墓 출토품과, 병부의 전후면을 이단보강철판의 구조를 가진 E型 또는 ⅠA1식의 대성동 1호분, 복천동 21호분, 양동리 429호분 등자는 유명한 北燕의 馮素弗墓 출토품과 연결된다는 점에서 이 시기에도 선비계 마구와의 상호작용이 지속되고 있었음을 지적할 수 있다. 그런데 이러한 형식의 등자와 더불어 ⅠA1식의 재지화로 나타난 ⅠA4식과 이 시기에 새로이 출현한 ⅠA3식이 추가되는 등 4세기대에 비해 다양한 형식이 재지에서 생산된다. 이로써 5세기 전반대의 금관가야에는 기마문화가 더욱 발전하였음을 알 수 있다.

한편 5세기 전반대의 마구 중 마주와 마갑의 출현도 매우 중요하다. 현재 금관가야의 마주로는 대성동 1, 57호분, 두곡 8호분, 복천동 10호분 등모두 4예가 발견되었다. 마주에 대해서는 이상율[234]과 김재우[235]에 의한 형식분류와 계보를 중심으로 한 연구가 참고된다. 마갑은 대성동 11호분,

233) 金斗喆, 2000, 앞의 논문, pp.133~135.
234) 李尙律, 1999, 「加耶의 馬冑」『加耶의 對外交涉』第5回 加耶史 學術會議, 金海市.

복천동 35호분 출토품이 알려져 있다. 이러한 마주와 마갑은 고구려의 안악 3호분이나 쌍영총, 삼실총 등의 벽화에 묘사되어 있는 鎧馬武士, 즉 重裝騎兵의 출현을 말해 주는 자료로 보아도 무방하다. 즉 대성동과 복천동에서 출토된 마주와 마갑이야 말로 금관가야지역에 진정한 의미의 중장기병의 출현을 알리는 자료라 할 수 있는 것이다.

이상과 같이 5세기 전반대의 금관가야지역에서는 다양한 형식의 마구가 개발되어 가야 마구의 기본적인 조합이 완결된다. 이를 기반으로 한 기마문화가 영남의 여러 가야지역으로 확산되어 본격적으로 유행하게 되는데, 특히5세기대에 들어서는 금관가야의 몰락과 함께 가야의 새로운 중심세력으로 부상하기 시작한 대가야와 아라가야 지역을 중심으로 새로운 가야 마구문화가 펼쳐지게 된다.

II. 대가야권

가야에 대한 연구는 관련 문헌자료가 영세한 이유로 당시 가야인들이 남긴 물질문화가 중요한 자료로 취급되고 있다. 즉 고분에서 출토되는 풍부한 부장품에 대한 고고학적인 연구는 가야사를 복원하는데 있어서 기초적인 자료로서, 그 중에서 마구는 어떤 금속유물 못지않게 출토례가 많으면서도 전쟁수행방식, 공예기술의 발달, 국제적인 문물교류, 계층성 등의 연구에 있어서 유용한 자료로 취급되고 있다.

이와 같은 성격을 가진 마구는 5세기 중엽 이후 가야의 새로운 맹주로

---

235) 金宰佑, 2004, 「嶺南地方의 馬冑에 대하여 -金海 大成洞古墳출토 馬冑를 소재로-」 『嶺南考古學』 35.

부상한 고령의 대가야와 그를 중핵으로 한 이른바 대가야연맹과 연맹제국의 성장의 동인과 변화과정을 밝힐 수 있는 양호한 고고자료로 추정된다. 이러한 점을 염두에 두면서 본 절에서는 앞서 살펴 본 목심등자의 변화와 획기를 기초로 하여 대가야권 마구의 편년과 전개과정에 대하여 살펴보고자 한다.

대가야권 혹은 대가야연맹의 범위는 대체로 대가야식 토기의 출토범위와 일치하는데,[236) 본 절에서는 대가야연맹을 구성하는 제국에 대가야식 토기가 출토되지 않는 시기의 마구도 포함하여 검토하였다. 그것은 특정 시기부터 대가야연맹에 합류하는 제국의 마구가 여전히 연속성을 가지기 때문이다. 그리고 시간적인 범위는 대가야권에 마구가 등장하는 5세기 초부터 고령의 대가야가 신라에 복속되는 562년까지의 자료를 대상으로 한다(표 35 참조).

1. 분기와 편년

대가야권의 양대 고분군인 고령 지산동고분군과 합천 옥전고분군에서는 비와 안장, 등자를 비롯하여 행엽, 마주, 마갑 등 다종다양한 마구류가

---

236) 대가야식 토기란 고령 지산동고분군을 중심으로 그 주변에 분포하는 대가야 특유의 土器群을 지칭한다. 그 명칭은 연구자에 따라 高靈型 土器, 高靈系 土器, 大伽耶土器, 高靈樣式 土器 등 다양하게 불려 지고 있다. 한편 대가야연맹의 범위에 대해서는 아래의 글들이 참조된다.
田中俊明, 1993, 「大加耶連盟の興亡」『加耶史論』, p.50.
李熙濬, 1995, 「토기로 본 大伽耶의 圈域과 그 변천」『加耶史硏究』, pp.365~444.
朴天秀, 1996, 「大伽倻의 古代國家 形成」『碩晤尹容鎭敎授停年退任紀念論叢』.
趙榮濟, 2002, 「考古學에서 본 大加耶聯盟體論」『盟主로서의 금관가야와 대가야』제8회 가야사학술회의, 김해시.

출토되었다. 이들 마구류는 앞서 살펴 본 목심등자의 변화와 획기에 의하면 금관가야지역 보다 늦은 5세기에 들어서서 합천 옥전고분군에 등장하여 대가야가 멸망하는 562년까지 변화와 발전을 거듭하게 된다.

이러한 대가야권의 마구는 이 지역에 마구가 등장한 이래 재지에서 마구 제작기술이 발전하는 한편 외부에서 새롭게 도입되는 마구와 관련된 제작기술의 영향을 받아 개별 마구의 형식학적인 변화가 진행되고 그 조합에 있어서도 변화를 거듭하는 것이 관찰된다. 그러한 변화는 앞서 살펴본 목심등자의 편년과 개별 마구의 형식학적인 변화, 마구의 조합관계의 변화 등을 기준으로 하면 크게 Ⅰ~Ⅴ기로 나누어 볼 수 있다.

각 기의 절대연대는 앞서 2장에서 살펴 본 목심등자와 환판비, 동아시아 초기마구의 편년에 따라 Ⅰ기는 5세기 전반, Ⅱ기는 5세기 중엽, Ⅲ기는 5세기 후엽~6세기 초, Ⅳ기는 6세기 전엽으로 비정하며, 마지막 Ⅴ기는 대가야가 멸망하는 562년을 하한연대로 하는 6세기 중엽으로 비정하고자 한다(표 17참조).

2. 계보와 전개

1) Ⅰ기 : 마구의 등장

최근의 연구성과에 의하면 기승용 마구가 가야에 도입되는 것은 4세기대 부터인 것으로 밝혀지고 있다.[237] 즉 낙동강 하류역의 금관가야에서는 4세기 전반대부터 기승용의 마구가 도입되며, 이후 북방과의 끊임없는 접촉을 통해 새로운 마구를 받아들이는 한편 재지의 기술에 의해 마구가 제

---

237) 申敬澈, 1994, 앞의 논문, pp.263~295.

작되기도 한다. 이러한 기승용 마구는 5세기에 들어서는 각 지로 확산된
다. 대가야권에도 예외 없이 그 일파가 등장하는데, 옥전 23, 67-A·B, 68
호분 출토 마구들이 그러한 예들이다. 실연대로는 5세기 전반대에 해당한
다(그림 15 참조).

이때의 비는 환판비 일색으로 옥전 23, 67-A·B, 68호분에서 출토된 것
이 전부이다. 이 중 인수의 형태가 다른 옥전 67-B호분 출토품을 제외하면
나머지는 ①⊥자형의 함유, ②횡장방형의 입문, ③일조의 굵은 철봉의 표
면에 가는 철사를 감아서 완성한 함, ④삽자루형 외환의 이조선인수, ⑤함
과 인수의 연결방법은 함-인수 직접 연결법[238] 등의 제속성에 있어서 같
은 것들이다. 이러한 속성을 가진 환판비는 동래 복천동 10, 31호분에서
출토된 고식의 환판비들과 공통된다. 따라서 그 계통은 낙동강 하류역에
서 구할 수 있는데, 다만 낙동강 하류역의 초기 비들의 함은 대개 2~3조의
철봉을 꼬아 만든 것임에 비해 대가야권의 비는 위에서와 같이 일조의 철
봉 표면에 가는 철사를 감아 완성한 점에서 지역적인 차이를 보여주고 있
다. 이와 같은 함의 대가야권적인 특성은 환판비의 도입 직후부터 이입품
을 모방한 재지 생산의 가능성을 시사하는 것이다.

등자는 옥전 23, 67-A·B, 68호분 출토품으로 모두 목심등자이다. 이
들은 ①병부는 두텁고 짧으며, ②병두부는 평면 반원형을 이루며, ③병부
와 윤부의 측면폭은 동일하며, ④답수부에는 스파이크를 장치하지 않은
것이다. 이와 같은 제속성은 가야 초기등자의 공통된 특징인데, 이들은 목
심을 보강한 외장철판의 형태와 구조의 차이에 따라 다시 ⅠA2, ⅠA3, Ⅰ
A4식으로 세분된다. 따라서 이 시기에는 기본적인 제작방법을 같이 하면
서도 다양한 형식의 등자가 제작·사용되었음을 알 수 있으며, 특히 ⅠA2,

---

238) 함과 인수의 연결방법에 있어서 유환이 없이 직접연결된 방법을 직접연결법, 유환을
　　중간고리로 하는 연결방법을 유환연결법으로 명명하였다.

표 17. 대가야권 마구 편년표

분기	연대	마구	출토유구	비교자료
I 기	5c 전반	고식마구 출현 　환판비, 안장, 등자 I A3식 　환형운주	옥전 68호	400년 고구려군 남정 등자 I A3식: 복천동 35호
		고식마구 성행 　환판비 　등자 I A2식 　　　 I A4식 　환형운주 금동장 마구 출현 　안장, 심엽형행엽 마주 출현	옥전 67-A·B, 23호	등자 I A2식: 양동리 78호 　 I A4식: 복천동 10호 심엽형행엽: 옥전 23호 　→ 황남대총 남분 출토품
II 기	5c 중엽	고식마구 소멸 신식마구 출현·성행 　등자 I B3 ~ I B5·IIB5식 　타원형판비 신라계 마구·마장 도입, 성행 　편원어미형행엽 　무각소반구형운주 　마주, 마갑 출현 　마구의 복수부장	옥전 M1, M2, 5, 8, 12, 28, 35, 42, 91, 95호 지산동 32, 33, 35, 문3, 문30, 경2, 경10호	등자 I B3식: 옥전 95, 황오리 14-1곽 　 I B4식: 지산동 33, 35호, 옥전 8호, 황남대총 남분, 용원리 12호 　 I B5식: 지산동 32호, 옥전 M1호, 황남대총 남분
III 기	5c 후엽 ~ 6c 초	신식마구 성행·확대 　등자 I B4·IIB5·IIB1식 　철제등자 　검릉형행엽 　마령 　사행상철기 신라계 마구·마장 소멸	옥전 M3, 7, 20, 24, 70, 72, 82호	옥전 M3호 비, 등자, 행엽 : 大阪長持山古墳 출토품과 비교 479년 加羅國王 荷知, 南齊에 遣使
		백제·가야계 마구·마장 출현 　검릉형행엽 : 옥전 M3호, 지산동 44호 +f자형판비=옥전 M3호	옥전 M7, 76호 지산동 44, 44-25호 반계제 가A호 백천리 1-3호 말흘리 2호 월산리 M1-A호	동완: 옥전 M3호→지산동 44→ 무령왕릉, 경산리 2호 등자 IIB1식: 지산동 44-25, 옥전 M7, 백천리 1-3, 반계제가A호 지산동 44호 f부검릉형행엽 : 稲井県十善ノ森古墳 출토품
IV 기	6c 전엽	신형식 마구 출현 　원환비 　복환판비 　호등 신라계 마구·마장 채용 　인동타원문심엽형행엽 　유각반구형운주	옥전 M4, M6, 74, 75, 85, 86호 지산동 45, 문18, 경67, 영 1호, 본관동 36호 반계제 다A호 봉계리 171호 상백리 고분-1호 두락리 1호	522~529년 大加耶·新羅婚姻同盟 철령: 지산동 경67, 경산리 40호 호등 : 옥전 75호, 지산동영1호, 반계 제다A호, 내산리 28-1, 임당6A 인동타원문심엽형행엽 : 옥전 M4호, M6호, 지산동45호(자엽계심엽형행엽)
V 기	6c 중엽	금동장안장 철지은장육각패제운주	옥전 M11호	
				562년 대가야 멸망

ⅠA3식이 1쌍을 이룬 옥전 23호분의 등자는 이러한 양상을 잘 보여주는 사례로 생각된다. 한편 위에서와 같은 ⅠA2, ⅠA3, ⅠA4식의 등자는 부산·김해지역에서 祖型을 구할 수 있는 것으로, 즉 김해 양동 78, 107호분에서 ⅠA2식, 동래 복천동 22, 35호분에서 ⅠA3식, 복천동 10호분에서 ⅠA4식의 등자가 발견되고 있어서 이를 충분히 알 수 있다. 다만 윤부의 형태와 전·후면 보강철판의 끝부분 처리 등에 있어서는 낙동강 하류역 출토품들과는 뚜렷하게 구별되기 때문에[239] 앞서 살펴 본 환판비들과 마찬가지로 등자 역시 이 시기부터 재지의 장인들에 의해 제작되었을 가능성은 충분히 있다.

한편 신라의 경우 이 시기에 해당되는 경주 황남동 109호분 제4곽에서 ⅠA3식의 등자(그림 26-10)가 확인되어 주목된다.[240] 이러한 양상이 나타난 구체적인 배경에 대해서는 현재 자료가 부족하여 규명하기 어려우나 분명한 것은 이 시기의 가야와 신라 사이에는 등자의 형태와 제작방법에 있어 제작기술의 공통성을 가지고 있었다는 점을 강조하고 싶다.

장식용 마구인 행엽은 옥전 23호분에서 출토된 3점이 유일하다. 철지 금동제의 심엽형행엽으로서 ①횡폭에 비하여 종폭이 긴 소형품으로 심엽 하단의 돌출도가 강하며, ②신부의 중앙 하위에는 금동못을 박았으며, ③장방형의 입문은 지나치게 크고, ④표면에는 蹴彫技法에 의한 파상열점문이 시문되어 있다. 지금까지 알려진 가야 초기의 행엽과 비교하면 평면형

---

239) 예컨대 옥전 68호분, 복천동 22, 35호분 출토품은 함께 ⅠA3식으로 분류되면서도 윤부의 형태에 있어서 전자는 거의 원형인 것에 비하여 후자는 이른바 도하트형을 이루고 있다. 그리고 ⅠA4식으로 분류되는 옥전 67-A호분, 복천동 10호분 출토품의 경우 윤부의 형태가 전자는 도하트형, 후자는 삼각형을 이루고 있으며, 또한 윤상부에 보강한 전·후면 철판의 끝부분은 전자가 外傾한 것에 비하여 후자는 內傾되게 처리되고 있다.

240) 齋藤忠, 1937,「慶州皇南里109號墳, 皇吾里14號墳調查報告」,『昭和 9年度古跡調查報告』제1책.

태는 복천동 35호분 출토품,[241] 신부의 중앙하위에 못을 배치한 속성은 대성동 1호분 출토품과 공통성을 보이고 있어 이들 지역과의 관련성이 있을 것으로 보여진다. 그런데 상판에 구사된 문양과 시문기법은 신라 경주의 황남대총 남분 부곽에서 출토된 금동제의 심엽형행엽과 연결되는 것이어서 주목된다.[242]

한편 방어용 마구도 등장하는데, 옥전 23호분 출토 마주가 그것이다. 결손이 극심하여 전체적인 형태는 정확히 알 수 없으나 얼굴덮개부와 챙, 볼가리개의 일부분이 남아 있는 것을 기초로 복원해 보면 얼굴덮개부가 미분할된 것으로 파악된다. 즉 이상율이 B류로 분류한 '新羅(高句麗)形' 마주이다.[243]

이상에서 살펴 본 대가야권 출현기 마구의 양상을 정리하면 다음과 같다. 첫째, 낙동강 하류역에서 계보를 구할 수 있는 비, 안장, 등자로 구성된 기본마구가 중심을 이루어 합천 옥전고분군에 등장한다. 둘째, 이 시기의 옥전고분군의 최고지배자급의 무덤으로 인정되는 옥전 23호분에는 기본마구와 함께 실전용의 마주, 장식용 마구인 철지금동제의 심엽형행엽 등이 세트를 이루고 있어 이 시기의 최고지배자들은 일찍부터 중장기병용의 갑마구와 화려한 유형의 장식마구를 도입하였음을 알 수 있다. 셋째, 비와 등자 등의 여러 속성으로 보아 이 시기 마구의 형식과 제작기술의 계보는 금관가야에서 구할 수 있는 것임에 분명하며, 곧 이어서 재지에서 제작되

---

241) 申敬澈, 1989, 「加耶의 武具와 馬具」『國史館論叢』第7輯, p.25.
242) 文化財管理局 文化財研究所, 1993, 『皇南大塚 南墳發掘調査報告書』, 도면 126의 ①, ② 심엽형행엽은 횡폭과 종폭의 크기가 거의 같은 것이 주목된다. 이는 횡폭에 비하여 종폭이 긴 옥전 23호분 출토품보다 後行型式임을 보여주는 중요한 요소이다. 한편 同墳에는 필자 분류의 ⅠB3, ⅠB4, ⅠB5식의 鑣子도 출토되었는데, 이러한 型式의 鑣子들은 加耶, 新羅 지역에서 출토되는 古式鑣子의 後行型式인 新式鑣子로서 대개 5세기 중엽 무렵부터 등장하는 것으로 파악된다.
243) 李尙律, 1999, 앞의 논문.

기 시작한 것으로 보인다.

2) Ⅱ기 : 대가야형 등자의 성립과 마구 제작기술의 정착

앞서 살펴 본 대가야권의 출현기 마구는 옥전고분군에 한정하여 극히 소수의 고분에서 기본마구를 중심으로 발견되고 있다. 그런데 Ⅱ기인 5세기 중엽에 들어서는 일변하여 대가야권의 중심지고분군인 지산동고분군과 옥전고분군에서의 마구 부장고분의 사례가 급증하기 시작한다. 뿐만 아니라 개별 마구와 마구의 조합에 있어서도 질·양적인 변화가 일어난다. 한편으로는 금동, 은, 동 등의 화려한 재질이 가미된 「장식마구」가 신라로부터 입수되었다(그림 16 참조).

먼저 비는 앞 시기부터 등장한 환판비와 함께 새로운 형식의 표비, 판비도 출현하고 있다. 먼저 환판비는 옥전 28, 35, M1호분 출토품으로, 기본적인 형태와 제작방법은 Ⅰ기의 것을 계승하였으면서도 ①함유의 평면형태는 ⊥자형에서 人자형으로 변화하였으며, ②삽자루형 외환의 이조선 인수는 보다 긴 굽은 타원형 외환의 일조선인수로 대체되었고, ③함과 인수의 연결방법은 유환을 중간고리로 하는 함-유환-인수의 유환연결법도 도입되고 있으며, ④각 부품들은 Ⅰ기의 것에 비해 보다 대형화된다. 이와 같은 Ⅱ기의 환판비들은 실용성을 강화시킨 개량형으로서 재지의 기술로 제작된 것이다. 그리하여 이 시기의 주류 비로 사용되었는데, 특히 금동장 마구를 비롯하여 복수의 마구가 부장된 옥전 M1호분에도 환판비만 확인되어 이를 뒷받침해 준다.

의장용의 비로 인식되고 있는 판비는 옥전 M2호분, 지산동 35호분 출토품으로, 잔존상태가 양호한 옥전 M2호분 출토품을 살펴보면 ①함유의 평면형태는 하연 중앙이 내측으로 약간 만입한 내만타원형을 띄며, ②함유의 제작은 철제의 지판 위에 금동판을 얹고 그 위에 십자문을 투조한 철제의 상판을 씌운 다음 주연부에 철지금동장의 원두정을 박아서 완성하였

다. ③이련식의 함은 굵은 일조의 철봉으로 제작되었으며, ④인수는 일조
선의 긴 인수로 등자형의 인수호를 공반하였다. ⑤함과 인수의 연결방법
은 유환을 중간고리로 한 함-유환-인수의 유환연결법을 취하고 있다. 이와
같은 옥전 M2호분 판비의 함유에 장식된 십자문은 가야지역에서는 유일
한 예인데, 반면에 고구려와 신라고분에서 출토되는 판비와 심엽형행엽에
는 그 사례가 많기 때문에 이들 지역과의 관련성을 상정해 볼 수 있다.[244]
직접적으로는 옥전 M2호분에서 창녕계 토기와 편원어미형행엽이 출토되
고 있고 또한 후술하듯이 이 시기의 창녕지역에는 IB3식의 등자와 편원
어미형행엽과 같은 신라계의 마구가 다수 출토되고 있는 것으로 보아 창
녕을 매개로 하여 신라 경주에서 입수했을 것으로 생각된다.

　등자에 있어서도 커다란 변화가 일어난다. 이 시기의 등자는 I기의
옥전 67-A호분, 복천동 10호분에서 출토된 IA4식 등자의 제작방법을 계
승한 IB4식과 IB5식의 등자가 대량으로 제작되는 한편 IB3 · IIB식의
등자가 등장하고 있다.

　먼저 IB4식과 IB5식의 구분은 목심의 외면을 철판으로 일부분만 보
강했는지 아니면 전면을 보강했는지의 차이에 따른 것으로 그 밖의 속성
은 공통된다. 즉 ①병부와 윤부는 전체적으로 세장해졌으며, ②윤부의 형
태는 대개 횡타원형이며, ③답수부에는 미끄럼 방지를 위한 스파이크가
장치되었으며, ④특히 병과 윤의 단면이 오각형을 이룬 점은 최대의 특징
이다. 이와 같은 속성을 공유한 IB4 · IB5식 등자는 출토례를 보면 지산
동고분군과 옥전고분군에 집중적으로 분포하고 있는 것이 확인된다. 그

---

244) 十字文杏葉은 고구려에서는 마선구 1호, 만보정 78호, 산성하 217호분, 신라에서는 황오
리 14호분, 황남동 151호 석실분, 금령총 등에서 출토되었으며, 轡의 함유에 十字文이 장
식된 사례는 천마총, 식리총, 은령총, 금령총 등의 신라고분과 고구려고분 만보정 78호
분에서 확인되고 있다. 이와 같은 사례로 보아 十字文은 고구려와 신나에서 유행한 장식
문양이었던 것으로 추정된다.

런데 시야를 돌려보면 이러한 형식의 등자가 백제지역에서도 꽤 많은 예가 확인되는 것을 볼 수 있다. 이러한 양상에 대해서는 후술하겠지만 미리 말하면 ⅠB4·ⅠB5식 등자는 ⅠA4식 고식등자와 백제계 등자의 접촉을 배경으로 대가야지역에서 제작된 등자로 본다. 이로써 원류문제는 논외로 하더라도 대가야지역에서 성행한 점을 고려하면 역시 「大加耶型 鐙子」라 하더라도 문제는 없을 것이다.[245]

이와 같은 「大加耶型 鐙子」의 개발과 더불어 또 다른 변화는 ⅡB식 등자의 출현이다. ⅡB식 등자는 騎手가 발을 딛는 답수부를 현저히 넓게 제작하고 여기에 다수의 스파이크를 장치한 것으로 등자의 발달사상 획기적인 개발품이라 할 수 있다. 이와 같은 ⅡB식 등자는 외장철판의 형태와 구조상 ⅡB1식과 ⅡB5식으로 세분되는데, 옥전 M1호분 출토품과 같은 ⅡB5식 등자는 제작방법에 있어서 여타의 등자에 비하여 고도의 기술을 필요로 하기 때문에 대량생산에 어려움이 있었을 것이며, 또한 금동장안장, 편원어미형행엽 등과 공반된 것으로 보아 장식성이 강한 마구로 개발되었던 것으로 추정된다. 그것은 이후 일반화되지 못한 채 Ⅲ기에는 옥전 M3호분에만 발견되는 양상으로 나타난다. 대신에 ⅡB5식에 비해 외장철판의 구조상 제작방법이 간략하여 대량생산이 가능한 옥전 20호분 출토품과 같은 ⅡB1식의 등자가 주류를 차지하게 된다.

한편 옥전 28, 95호분에서 출토된 ⅠB3식의 등자는 신라계 등자로 추정된다. 이 형식의 등자는 외장철판의 형태와 구조에 있어서 Ⅰ기의 ⅠA3식과 거의 같다. 그런데 세부적으로는 ①병부와 윤부는 전체적으로 세장

---

245) 申敬澈, 1989, 앞의 논문에서는 이를 '池山洞型 鐙子'라 부르고 있다. 그런데 ⅠB4식과 ⅠB5식의 출현배경이나 분포의 중심지를 고려하면 '玉田型 鐙子'라 해도 무방할 정도이다. 다만 이 형식의 등자가 ⅡB1식의 등자와 함께 대가야권에서 성행한 것이 분명하므로 이를 포괄하는 의미로서 「大加耶型 鐙子」로 부르기로 한다.

해졌으며, ②답수부에는 미끄럼 방지를 위한 스파이크를 장치하고, ③병부의 전면에는 굵은 원두정을 촘촘하게 박아서 장식성을 가미하는 등 여러 면에서 차이가 난다. 이러한 속성을 가진 ⅠB3식은 ⅠA3식을 잇는 후행형식으로서 신라지역에서 개발된 등자로 추정된다. 즉 신라의 황남동 109호분 제4곽 출토의 ⅠA3식 등자가 형식적인 변화를 거쳐 황오리 14호분 제1부곽과 황남대총 남분 출토품과 같은 ⅠB3식의 등자로 변화·발전한 것으로 추정되기 때문이다. 이러한 신라계의 ⅠB3식 등자가 옥전고분군에 등장한 배경에 대해서는 후술한다.[246)]

장식용 마구인 행엽은 Ⅰ기와 비교할 수 없을 정도로 출토례가 증가하고 있으며, 또한 앞 시기부터 보이던 심엽형행엽과 함께 새로운 편원어미형행엽도 도입되고 있다. 먼저 심엽형행엽은 지산동고분군에서만 발견되는데, 지산동 35호분 출토품은 평면형태와 제작방법상 가야 초기행엽의 계통을 잇는 자료로 추정된다. 다음으로 편원어미형행엽은 옥전고분군에서만 발견되는데, 즉 옥전 12, 35, M1, M2호분에서 확인되고 있다. 이 중 옥전 35, M1호분 C세트 행엽은 평면형태, 제작방법, 규격, 재질 등의 제속성으로 보아 같은 匠人에 의해 제작된 것으로 보아도 무방할 정도이다. 이들과 달리 주연대가 배치되고 이에 의해 편원부와 어미부가 구분되는 특징을 보이는 옥전 12호분에서 출토된 행엽은 위의 것들에 비해 늦게 나타난 것으로 보인다. 이상과 같은 지산동과 옥전에 나타난 행엽 형식의 차이는 馬裝 형식의 차이를 반영한 것으로 생각된다. 즉 지산동집단은 출현기에 등장한 심엽형행엽과 철제의 환형운주로 구성된 마장을 고수한 반면 옥전

---

246) 한편 신라 등자와 깊은 관계를 보여주는 또 다른 자료로는 옥전 M1호분의 C세트의 등자를 들 수 있다. C세트의 등자는 외장철판의 구조상 ⅠB5식에 해당되는 것인데, 특이한 점은 병두부에 부착된 鐇의 鉤金具와 같은 부속구이다. 이러한 부속구는 삼국·가야고분 출토 등자의 예로는 극히 희귀한 것으로 황남대총 남분 출토품에 유례가 있다. 따라서 이 형식의 등자는 양자가 시간적, 공간적으로 밀접한 관계가 있음을 시사한다.

고분군 축조집단은 후술하듯이 편원어미형행엽을 포함한 신라의 마장을 입수하여 사용한 결과일 것이다.

한편 이 시기에는 화려한 형식의 신라 마장을 적극적으로 입수하고 있는데, 옥전 12, 35, M1호분에서 출토된 편원어미형행엽과 무각소반구형운주는 이를 단적으로 보여준다. 주지하듯이 편원어미형행엽은 경주를 중심으로 한 그 주변에 분포하는 신라계의 행엽으로 무각소반구형운주와 함께 5세기 중엽부터 신라의 지배계층들이 채용한 장식용 마구로 알려져 있다.[247] 이러한 신라의 마구들이 어떤 계기로 옥전고분군에 입수되었는지 알 수 없으나 그 입수경로는 창녕을 통한 것으로 보여진다. 그것은 낙동강을 경계로 접하고 있는 창녕 교동 1, 3호분[248]과 계성리 1호분 부곽에서 [249] 신라계의 편원어미형행엽과 무각소반구형운주, ⅠB3식의 신라계 등자가 세트를 이루고 있는 것에서 알 수 있다. 요컨대 이 시기에는 ⅠB3식 등자·편원어미형행엽·무각소반구형운주 등으로 구성된 신라계의 마구·마장이 창녕을 매개로 한 옥전과 신라의 교류를 통해 지배층에 도입되었던 것이다.[250]

끝으로 이 시기에 있어 주목되는 현상의 하나는 대형분에 마구의 복수 부장이 이루어진다는 점이다.[251] 다라국 발전기의 왕묘로 인정되는 옥전

---

247) 金斗喆, 1992, 앞의 논문 참조.
248) 沈奉謹 外, 1992, 앞의 책.
249) 李殷昌·梁道榮 外, 1991, 앞의 책.
250) 한편 옥전 M1호분에서 출토된 창녕계 토기와 Roman-glass는 옥전과 창녕, 신라 사이의 문물교류를 입증하는 또 다른 자료로 생각된다.
251) 마구의 複數副葬 사례는 4세기 후반대의 대성동 2호분에 3점의 비가 부장되거나 5세기 전반대의 복천동 10호분에 轡 2점과 2쌍의 등자가 부장되는 등 일찍부터 확인된다. 그런데 이들 사례는 비와 등자 등과 같이 특정한 개별 마구의 複數副葬으로서, 합천 옥전 M1호분이나 M3호분에서와 같이 복수의 세트가 동시에 부장되는 것과는 질과 양적인 면에서 차이가 있다.

M1호분에는 아래와 같은 3세트분에 해당되는 복수의 마구가 부장되었다.

A세트 : 환판비, 금동장안장, 철지은장 목심등자(못), 철지금동장 편
　　　　원어미 형행엽 10, 철지은장 육각환형운주(못), 사각판형운
　　　　주, 금동장 무각반구형운주 30, 교구.

B세트 : 환판비, 목심등자, 마갑.

C세트 : 환판비, 목심등자, 철지은장 편원어미형행엽 6, 철지은장 무
　　　　각반구형운주 6.

불　명 : 마주

　이러한 마구는 피장자 생전의 것을 그대로 부장한 것으로 생각되는데,
재질과 조합의 차이에 따른 우열은 A - C - B순으로 판단된다. 이 중 A · C
세트는 장식성이 강한 마구이며, B세트는 중장기병용의 마갑이 포함된 전
투적인 성격이 강한 마구임을 알 수 있다. 이로써 옥전 M1호분의 피장자
와 같이 이 시기의 최고지배자들은 복수의 마구를 소유하고 있으면서 용
도에 따라 구분해 사용한 것으로 여겨진다.

　이상에서 살펴 본 바와 같이 II기의 마구는 출현기에 비하면 질 · 양적
으로 커다란 변화가 있었는데 정리하면 다음과 같다. 첫째, 비와 등자와
같은 기본마구의 제작기술이 재지에 완전히 정착되어 본격적인 재지 생산
이 시작되었으며, 특히 등자는 대가야권의 지역성을 뚜렷이 보여주는 I
B4 · I B5식이 개발되어「大加耶型 鐙子」로 자리잡는다. 둘째, 편원어미
형행엽과 무각소반구형운주와 같은 장식용 마구가 신라로부터 입수되어
지배계층을 중심으로 화려한 형식의 마장이 유행하였다. 셋째, 옥전 M1호
분의 피장자와 같은 최고지배자들은 장식적 또는 전투적인 성격이 강한
복수의 마구를 소유하고 있었던 것으로 보인다. 마지막으로 위에서 언급
하지 않았지만 마구의 출토양상을 보면 대형분과 중형분, 소형분 등 고분
의 규모에 따라 부장된 마구의 종류와 성격이 다르게 나타난다. 즉 피장자

의 사회적 신분 혹은 위계에 따라 마구소유의 차별화가 더욱 심화되어 갔음을 확인할 수 있다.

3) III기 : 대가야형 마구의 성립과 확산

III기인 5세기 후엽에서 6세기 초가 되면 앞 시기에 정착된 마구 제작 기술을 기반으로 한 「大加耶型 馬具」가 중심지에서 성립된다. 또한 표 16에서와 같이 II기까지는 대가야권의 중심지 고분군인 지산동고분군과 옥전고분군에서만 발견되던 마구가 이 시기가 되면 합천 반계제고분군, 함양 백천리고분군, 거창 말흘리고분군을 비롯하여 남원 월산리고분군에서도 발견되는 등 대가야권 일대로 확산되고 있다(그림 17 참조).

비는 표비, 환판비, 판비 등 여러 형식이 제작·사용되던 II기와 달리 환판비는 단 한 점도 발견되지 않는 반면에 판비가 절대다수를 차지하고 있다. 이 시기 판비의 특징을 정리하면 ①철제, 철지은장, 철지금동장 등의 다양한 재질로 제작되었으며, ②함유의 평면형태는 내만타원형이 절대적으로 많으며, 드물게 옥전 M3호분 C세트에서와 같이 f자형도 보이고 있다. ③일조선의 긴 인수는 등자형의 인수호를 공반한 예가 많다. ④함과 인수의 연결방법은 대개 유환을 중간고리로 한 함-유환-인수의 유환연결법을 취하고 있다. 이와 같은 특징을 가진 판비 중에서 특히 주목되는 것은 내만타원형판비이다. 내만타원형판비는 지금까지의 출토례로 보아 고령과 합천지역에 집중적으로 분포하고 있는 것으로 신라나 백제의 비와 구별되는 대가야권의 지역성을 보여주는 「大加耶型 轡」로 상정할 수 있다.[252] 이와 같이 이 시기에는 내만타원형판비와 같은 「大加耶型 轡」가 개발되고 있으며, 또한 II기와 달리 옥전 M3호분, 지산동 44호분, 반계제 가

---

252) 金斗喆, 1991, 앞의 논문에서는 내만타원형판비를 대가야권의 지역적 요소로 파악하고 있다.

A호분과 같은 대형분뿐만 아니라 중·소형분인 옥전 20, 70, 82호분에서도 발견되고 있어 판비의 제작과 사용이 보다 일반화되었음을 알 수 있다.

등자는 II기의 IB4·IB5식의 「大加耶型 鐙子」가 여전히 제작·사용되는 한편 앞 시기에 등장한 IIB5식과 함께 새로운 IIB1식의 등자가 개발되고 있다. 앞서 살펴본 바와 같이 IIB5식의 등자는 목심등자의 발달사상 획기적인 발명품으로 무엇보다도 騎手가 발을 딛는 답수부를 현저히 넓게 제작한 점이 여타 형식과 구별되는 최대의 특징이다. 이러한 광폭의 답수부는 두말할 필요도 없이 騎手의 안정성을 극대화하기 위한 것인데, 다만 IIB5식은 제작기술에 있어서 고도의 기술을 필요로 하는 것이어서 대량생산에는 어려움이 많았을 것으로 추정된다. 이러한 대량생산의 난점 때문에 기능적으로는 차이가 없으면서도 구조상 量産化가 가능한 II B1식의 등자가 곧바로 개발·생산되었던 것으로 추정된다. IIB1식 등자는 출토례를 보면 대가야와 백제지역이 분포의 중심을 이루고 있는데, 백제의 경우 청주 신봉동고분군에서 5세기 중엽경 주요 등자로 채용된 것이 확인된다. 이로써 이 형식의 등자가 백제에서 개발된 것으로 판단되는데, 위에서 언급한 IB4식과 같은 상황에서 대가야권으로 유입되어 이 지역의 표준등자로 채용된 것으로 본다.

한편 이 시기에는 대가야권에 처음으로 철제등자가 등장한다. 옥전 M3호분에서 출토된 철제등자 2세트가 그것이다. 형태와 속성으로 보아 C세트 마구와 조합된 철제등자는 외부에서의 이입품으로 추정되며, B세트의 철제등자는 목심등자의 형태를 모방하여 재지에서 제작된 것으로 보여진다. 어쨌든 이 시기에 등장한 철제등자는 목심등자보다 훨씬 탁월한 내구력을 가진 것으로 등자의 발달사상 IIB式과 더불어 획기적인 개발품이라 할 수 있다. 그런데 대가야권에서는 그 출토례가 극히 드문 것으로 보아 일반화되지 못했던 것으로 보여진다.

행엽은 II기에 사용되던 편원어미형행엽은 완전히 사라지고 새로운 형식의 검릉형행엽이 채용되고 있다. 검릉형행엽은 이 시기 최고지배자의 무덤으로 추정되는 지산동 44호분의 주석실과 옥전 M3호분에서 발견되었다. 지산동 44호분 출토품은 영부검릉형행엽으로 편원부와 검릉부는 주연대에 의해 구분되고 검릉각이 큰 점 등으로 보아 옥전 M3호분 출토품에 비하여 후행형식으로 추정된다. 따라서 양분의 행엽 사이에는 일정한 시간차가 있는 것은 분명한데, 다만 이 시기 전후의 행엽이 편원어미형행엽과 심엽형행엽 일색인 점을 고려하면 양분의 검릉형행엽 출현은 같은 맥락에서 이해할 수 있는 것으로 생각된다.

지금까지 알려지고 있는 검릉형행엽은 해남 월송리 조산고분,[253] 부안 죽막동 제사유적,[254] 지산동 44호분, 옥전 M3호분, 傳고성,[255] 식리총[256] 출토품이 전부이다. 이처럼 검릉형행엽은 출토례가 많지 않은 약점이 있으나 지역별 분포로 보면 백제 · 가야지역을 중심으로 하는 행엽임이 분명하다. 특히 대가야권 최고지배자의 무덤으로 추정되는 지산동 44호분과 옥전 M3호분에 부장된 것은 이 형식의 행엽이 신라의 편원어미형행엽과 대비되는 대가야의 지역성을 나타내는 행엽임을 시사 해준다.[257]

한편 마구의 복수부장 현상은 이 시기에도 나타나는데, 다라국 발전기의 王墓로 평가되는 옥전 M3호분의 예가 대표적이다. 이 고분에서도 역시 3세트 이상의 마구가 출토되었는데, 이를 정리하면 다음과 같다.

A세트 : 철지은장 판비(함유), 철지은장 안장교구(좌금구), 목심등자

253) 徐聲勳 · 成洛俊, 1984, 『海南月松里造山古墳』, 국립광주박물관.
254) 國立全州博物館, 1994, 『扶安 竹幕洞 祭祀遺蹟』, 국립전주박물관 학술조사보고 제1집.
255) 李尙律, 1993, 앞의 논문, p.95 참조.
256) 梅原末治, 1932, 『慶州金鈴塚飾履塚發掘調査報告』, 大正十三年度古蹟調査報告 제1책.
257) 金斗喆, 1992, 앞의 논문에서는 신라와 대가야의 마장을 비교 · 검토하면서 대가야의 지역성을 가장 잘 보여주는 자료로서 검릉형행엽을 들고 있다.

1쌍, 철지은장 검룽형행엽 3, 금동제 마령 2, 청동제 마령 5, 마주.

B세트 : 철지금동장 판비(함유), 금동장 안장, 철제등자 1쌍, 철지금동장 검룽형행엽 3, 마주.

C세트 : 철지금동장 판비(함유), 철지은장 안장교구(좌금구), 철제등자 1쌍, 사행상철기 2, 교구.

불 명 : 환형운주 5(2점 : 청동), 철지금·은장 사각판형운주, 청동제 삼각반구형운주.

이와 같은 복수의 마구는 앞서 살펴 본 옥전 M1호분에서와 마찬가지로 피장자 생전의 것으로 용도에 따라 구분하여 사용했던 것으로 판단된다. 이들 3세트의 마구는 재질과 조합의 정도에 따른 우열은 B - A - C순으로,[258] 피장자의 머리 위에 부장된 B세트가 가장 중시되었던 마구였던 것으로 짐작된다. 어쨌든 이들 마구는 다양하고 화려한 장식용 마구와 방어용 마구인 마주가 포함되어 있는 점이 중요하다. 즉 옥전 M3호분의 마구는 이 시기 가야마구 중에서는 가장 화려하고 다양한 것이지만 그 내용을 보면 역시 장식성과 실용성을 겸비한 것임을 알 수 있다. 이 점이 어쩌면 가야의 지배자들이 가진 성격을 반영한 것인지도 모르겠다. 이에 대해서는 후술한다.

지금까지 살펴 본 Ⅲ기의 마구를 정리해 보면 다음과 같다. 첫째, 비는 의장용의 성격이 강한 판비가 일반화되고 특히 「大加耶型 轡」로 상정되는 내만타원형판비가 개발되어 주로 사용된다. 둘째, 등자는 Ⅱ기에 정착된 ⅠB4, ⅠB5식의 「大加耶型 鐙子」와 함께 새로이 개발된 ⅡB1식의 등자가

---

258) 이러한 마구의 우열에 대해서는 千賀久, 1994, 「日本出土初期馬具の系譜 2」, 『橿原考古學研究所論輯』 12, p.4에서도 지적하고 있다.

보급되어 발전하게 된다. 셋째, 검릉형행엽이 등장하여 편원어미형행엽을 표상으로 하는 신라마장과 비교되는 대가야적인 마장이 성립되었다. 넷째, 내만타원형판비와 ⅠB4・ⅠB5・ⅡB1식 등자, 검릉형행엽 등으로 구성된 「大加耶型 馬具」가 성립되었다. 마지막으로 내만타원형판비와 ⅠB4・ⅠB5・ⅡB1식 등자 등의 마구가 합천 반계제 가A호분, 함양 백천리 1-3호분, 거창 말흘리 2호분, 남원 월산리 M1-A호분 등에서 발견되는 등 중심지에서 성립된 마구가 이 시기에 비로소 대가야권역 일대로 확산되게 된다.

4) Ⅳ기 : 대가야형 마구의 변질

위의 표 17에서와 같이 Ⅳ기인 6세기 전엽에는 이전 시기에는 전혀 보이지 않던 새로운 형식의 원환비와 목심철판피호등이 출현하며, 심엽형행엽과 패제운주와 같은 신라계 마구를 채용하는 등 대가야형 마구의 변질이 일어난다(그림 18 참조).

먼저 비는 여전히 판비와 환판비를 주로 사용하면서도, 드물게 원환비도 발견된다. 이 시기의 판비 중에서 주목되는 것은 반계제 다A호분 출토품이다. 이 고분에서 출토된 판비는 ①타원형의 함유, ②이련식의 함, ③ 일조선의 긴 인수, ④함과 인수의 연결은 유환을 중간고리로 한 함-유환-인수의 유환연결법 등의 속성을 가지고 있다. 이러한 제속성은 앞서 살펴본 Ⅲ기의 판비들과 제작 기술적인 면에서 연속성을 가지고 있는데, 함과 인수가 경관의 내측에서 연결된 점은 앞 시기의 것과 뚜렷이 구분된다.

삼국 가야의 판비에 있어서 함과 인수의 연결방법은 ①함유의 외측에서 연결되는 방법과 ②함유의 내측에서 연결되는 방법이 있다. 이 중 일반적인 연결방법은 전자로써 판비의 출현기부터 연속성을 가지며, 후자는 전자에 비해 늦은 시기에 나타난 연결방법이다. 후자의 연결방법은 함유 장식의 손상을 방지함과 동시에 장식을 최대한 노출시키기 위한 고안으로서 판비의 의장성을 강화한 방법으로 생각된다. 따라서 인수와 함의 연결이 내측에서 이루어진 반계제 다A호분 출토품과 같은 판비는 의장성을 주목적으로 개발된 것으로, 의장용의 목심철판피호등과 함께 금동제의 마령 등과 조합된 것은 이를 말해 주고 있는 것으로 생각된다.

환판비는 단환판비와 복환판비의 2종이 발견된다. 단환판비는 지산동 45호분 제1호석실 출토품이 유일한데, 함유의 외륜은 완전한 횡타원형으로 변화하였고 함유금구는 평면 곡X자형으로 만들진 것으로 X자형환판비 중에서도 가장 늦은 형식에 해당되는 것이다. 복환판비는 단환판비와 달리 외륜과 함유금구가 하나의 철대를 구부려서 완성한 것으로 옥전 85, 두락리 1호분에서 출토되었다. 이와 같은 이 시기의 환판비는 대가야권뿐만 아니라 삼국·가야시대 고분 출토품 중에서도 늦은 시기에 해당되는 것으로 환판비의 종말기적인 양상을 보여주고 있다.

원환비는 옥전 M6호분, 봉계리 171호분에서 출토된 것이 전부이다. 옥전 M6호분 출토품은 ①이련식의 함, ②함과 인수는 각각 함유에 연결되었으며, ③연결식의 입문, ④등자형의 인수호를 공반한 일조선의 인수를 특징으로 한다. 출토례가 많은 일본의 고분 자료와 비교하면 6세기 2/4분기로 편년되고 있는 小野巢根 제4호분 출토 비[259]와 제속성에 있어서 같은 것으로 보여진다.

등자에 있어서도 상당한 변화가 보인다. 우선 앞 시기에 제작·사용되던 ⅠB式의 목심등자는 완전히 사라지고 ⅡB式의 등자만이 사용된다. 지산동 45호분의 ⅡB5식, 옥전 76호분과 M7호분의 ⅡB1식 등자가 그러한 예이다. 한편 이 시기에 목심등자와 다른 새로운 형식의 木心鐵板被壺鐙이 지산동 영1호분, 옥전 75호분, 반계제 다A호분 등에서 발견된다. 이들

---

259) 山ノ井淸人, 1982, 앞의 논문 참조.

호등은 구조상 馬上戰鬪나 狩獵 등과 같은 격렬한 기마에는 적합하지 않은 의장용의 등자로 이해되고 있다. 이러한 호등이 어떤 계기로 대가야권에 도입되었는지 알 수 없는데, 다만 호등의 제작법이 기본적으로 IIB1식의 등자와 연결된다는 점에서 백제지역에서 도입되었을 가능성이 큰 것으로 생각된다.

장식용 마구인 행엽은 III기에 채용되어 대가야의 지역성을 보여주던 검룽형행엽은 완전히 사라지고 심엽형행엽 일색으로 대체되었다. 이 시기의 심엽형행엽은 앞서 살펴 본 I기의 옥전 23호분 출토품과 같은 고식의 행엽들과 달리 대형화된 것이 가장 큰 특징이다. 지산동 45호분 제1호 석실에서 철지금은장의 소문심엽형 2점과 이형문심엽형 3점, 옥전 M4호분에서 철지금동장의 인동타원문심엽형 1점, M6호분에서 인동문계의 심엽형 5점, 중생원촌 1호분에서는 철지은피의 인동타원문심엽형 1점이 출토되는 등 출토례가 비교적 많다. 이와 같은 인동타원문계의 심엽형행엽은 대부분 6세기에 출현하는 신라계 행엽으로 파악되고 있다.[260] 따라서 검룽형행엽을 표상으로 하는 대가야적인 마장을 채용한 III기와 달리 이 시기의 대가야권에서는 인동타원문계의 심엽형행엽과 후술하듯이 패제 운주로 구성된 신라마장을 도입하였던 것으로 추정된다.

운주는 어떤 시기보다 다양한 형태와 재질로 만들어지고 있다. 출토 수량은 여전히 철제의 환형운주가 가장 높은 비율을 차지하고 있기는 하나 철지금동장 또는 철지은장의 판형운주, 반구형운주와 패제운주도 발견되고 있다. 특히 지산동 45호분, 옥전 M4, M6, M7호분과 같은 이 시기의 최고지배자급의 무덤에서는 복수의 운주가 부장되고 재질도 금동장이 있어 화려한 마장이었음을 알 수 있다. 패제운주 역시 대개 경주지역에서의

---

260) 李尙律, 1993, 앞의 논문, p.72.

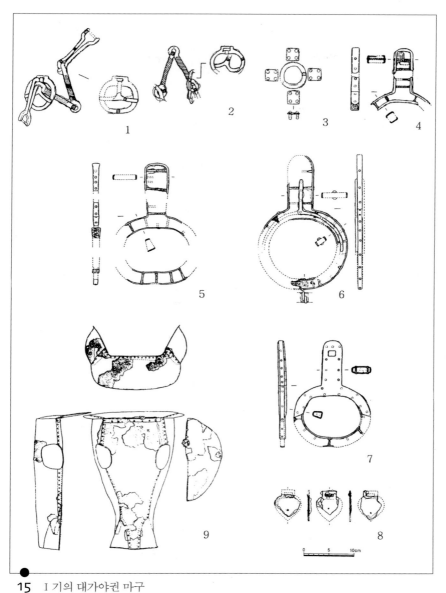

I 기의 대가야권 마구
1 · 3 · 6. 옥전 68호분, 2 · 4 · 8 · 9. 옥전 23호분, 5. 옥전 67-B호분, 7. 옥전 67-A호분

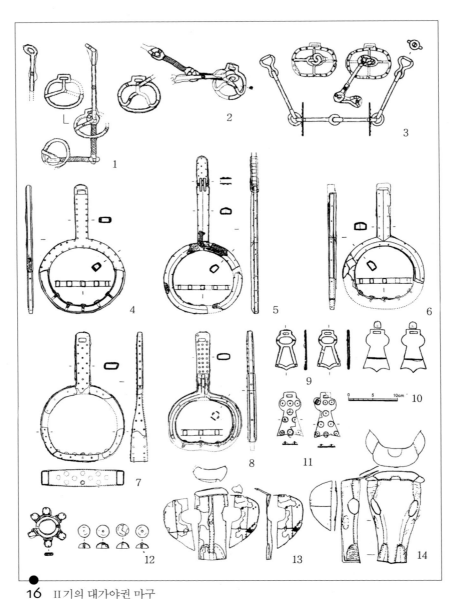

16 II기의 대가야권 마구

1 · 8 · 14. 옥전 28호분, 2 · 5 · 7 · 10 · 12 · 13. 옥전 M1호분, 3 · 6 · 11. 옥전 M2호분, 4. 옥전 8호분, 9. 옥전 12호분

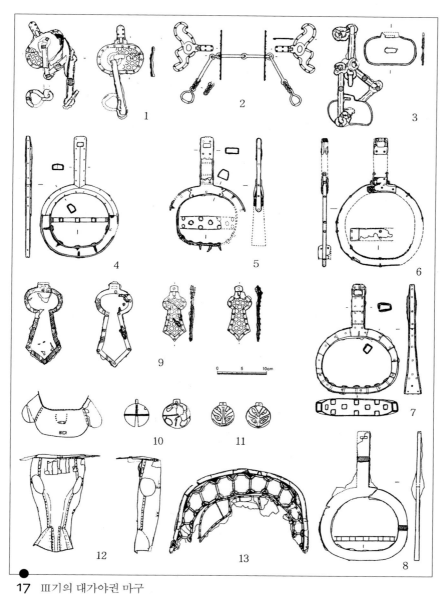

17 III기의 대가야권 마구

1·2·7~10·12·13. 옥전 M3호분, 3·5. 옥전 20호분, 4. 옥전 82호분, 6. 백천리 1-3호분, 11. 반계제 가A호분

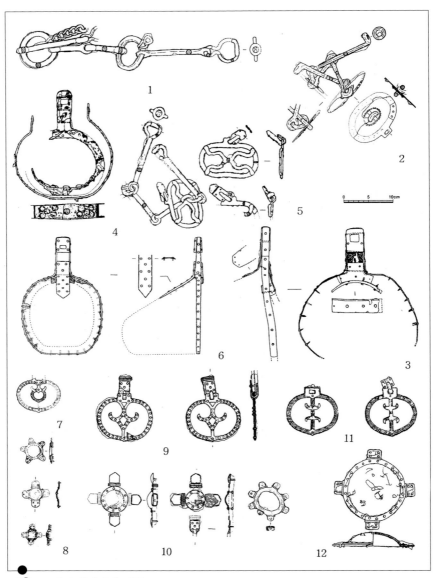

18 IV기의 대가야권 마구

1 · 9 · 10. 옥전 M6호분, 2 · 3. 반계제 다A호분, 4 · 5 · 11 · 12. 지산동 45호분, 6. 옥전 75호분, 7 · 8. 옥전 M4호분

출토례가 많은 이유로 신라계의 운주로 알려지고 있는데, 앞에서와 같은 옥전 M4, M6호분에서 출토된 인동타원문계의 심엽형행엽과 함께 신라지역에서 도입되었던 것으로 보여진다.

5) V기 : 마구 부장의 쇠퇴

5세기 중엽에서 대가야가 신라에 의해 멸망하는 562년까지의 V기는 대가야권에 마구 부장이 급감하는 시기이다.

이 시기의 마구는 현재 옥전 M11호분에서 유일하게 확인된다. 주지하듯이 합천 옥전 M11호분은 다라국의 최고지배자의 고분으로 추정되고 있다. 따라서 이 시기 대가야 최고지배자들의 마구는 옥전 M11호분 출토 마구가 반영하고 있는 것으로 보아도 문제가 없을 것이다. 옥전 M11호분은 석실의 내부가 극심하게 도굴되어 대부분의 유물이 없어지거나 교란되었는데, 다행히 금동제의 안장편과 함께 철지은장의 육각패제운주, 장니부속구 등 꽤 많은 마구가 출토되었다. 이러한 마구는 장식성이 강한 「장식마구」로서 앞 시기의 마구와 비교하여 질적으로나 양적으로 결코 뒤떨어지지 않는 것임을 알 수 있다.

이와 같은 옥전 M11호분의 예로 보아 대가야권의 지배자들은 신라에 의해 멸망하기 전까지는 여전히 화려한 형식의 「장식마구」를 소유하는 등 발달된 마구문화를 향유했던 것으로 보인다.

Ⅲ. 아라가야

아라가야의 중심지 고분군인 함안 도항리 · 말산리고분군은 1992년부터 국립창원문화재연구소에 의해 발굴 조사되어 비와 안장, 등자를 비롯하여 당시 삼국과 가야에서 성행하던 각종 마구가 대량으로 발견되어 주목을 받고 있다(표 36 참조).[261]

　이러한 도항리·말산리고분군 출토 마구는 아라가야의 사적 변천과정의 일단을 반영하고 있는 것으로 생각된다. 본절에서는 이러한 점을 염두에 두면서 아라가야 마구의 분류와 편년 문제를 검토하고 이어서 변천과 전개과정에 대하여 살펴보고자 한다.

1. 분류와 편년

1) 비

(1) 표비

　표비는 모두 4점이 확인된다. 먼저 문43호분 출토 표비는 이련식의 함과 이조의 철봉을 구부려서 양끝을 연결한 후 가운데를 눌러서 표형으로 만든 짧은 이조선인수가 특징적이다. 이러한 문43호분 출토 표비는 앞서 언급한 금관가야의 동래 복천동 69, 71호분 출토품과 연결되는 것이어서 아라가야 출현기 마구의 하나로 판단된다. 따라서 그 연대는 5세기 초로 비정한다. 그리고 경파괴분 출토품은 김해 대성동 11호분, 동래 복천동 22호분, 창원 도계동 19호분 출토품들과 유사한 것에서 5세기 2/4분기로 비

---

261) 도항리·말산리고분군에서는 모두 23기의 고분에서 마구가 출토되었다. 그 내용은 국립창원문화재연구소, 경남고고학연구소, 창원대학교박물관, 경남발전연구원 등에서 발간한 보고서에 실려 있는데, 이와 관련된 참고문헌은 이 책의 뒤쪽에 실린 부표를 참고하기 바란다. 그리고 도항리·말산리에서 조사된 고분의 고유번호는 李柱憲(앞의 논문 참조)의 안도 있으나 이를 더욱 간단하게 함안군 부여 번호는 현○호분, 창원문화재연구소 조사 고분은 문○호분, 창원대학교 박물관 조사 고분은 창○호분, 경남고고학연구소 조사 고분은 경○호분, 경남발전연구원 조사 고분은 역○호분 등으로 부르기로 한다.

정하고자 한다.

(2) 판비

① 횡방향함유금구판비

현동 43호분과 문3호분에서 각 1점씩 출토되었다. 이들은 횡방향으로 부착된 함유금구와 이조의 철봉을 꼬아서 만든 이련식의 함으로 구성된 점에서 공통된다. 다만 전자는 무공의 병유입문을 가진 평면 말각타원형의 함유와 이조철봉의 일조선인수가 조합된 것이 특징이며, 후자는 평면 제형의 함유와표형의 이조선인수가 조합된 점이 특징으로 양자 간에 차이가 난다.

횡방향함유금구판비는 금관가야의 중심고분군인 김해 대성동고분군과 동래 복천동고분군에서 4세기대부터 유행하는 자료이며, 4세기 말 무렵에는 마산 현동유적에 도달한 것으로 보인다. 그리고 5세기에 들어서는 도항리·말산리에 출현하는데, 즉 문3호분 출토품은 함유와 함유금구, 입문의 형태에서 4세기 말 또는 5세기 초로 편년되고 있는 동래 복천동 95호분 출토품과 형식학적으로 병행하는 것으로 본다. 따라서 위의 2예는 4세기 말에서 5세기 초 무렵에 금관가야에서 아라가야로 유입된 것으로, 아라가야 마구의 출현 배경과 시기를 이해하는데 매우 중요한 자료로 여겨진다.

② 내만타원형판비

현5호분과 문54호분 및 창14-1호분 출토품 등 3예가 알려져 있다. 이들은 기본적으로 함유의 하연 중앙부가 안쪽으로 만입한 점이 가장 큰 특징인데, 문54호분과 창14-1호분의 예는 함유의 주연부에 사선문이 새겨진 반면에 현5호분 출토품은 사선문이 없는 것에서 차이가 난다. 그리고 현5호분과 창14-1호분 판비의 인수는 굽은 타원형 외환의 일조선인수임에 비해 문54호분 출토품은 타원형외환의 일조선인수에 따로 만든 등자형의 인수호를 연결한 점이 특징이다. 이러한 내만타원형판비는 5세기 중엽 이후 출현하여 대가야의 지역성을 보여주는 판비로 자리잡게 된다.

③ f자형판비

현22호분 출토품이 유일한 예이다. 함유는 전형적인 f자형을 이루며 소원공의 장방형입문에는 장방판에 철봉고리가 조합된 갈고리식 구금구가 끼워져 있다. 인수는 부분적으로 남아 있는데, 타원형 외환의 일조선인수와 따로 만든 등자형의 인수호는 사슬을 매개로 연결하였다.

(3) 환판비

① X자형환판비

문36호분과 문10호분에서 출토되었다. 이들은 전형적인 X자형의 함유 금구와 철봉을 꼬아 만든 이련식의 함으로 만들어진 점에서 공통된 특징을 가진다. 그런데 문36호분의 예는 철봉을 꼬아 만든 일조선인수가 또 다른 특징인데, 이러한 인수는 금관가야에서 4세기대에 개발된 인수이다. 그리고 문10호분의 삽자루형 외환의 이조선인수는 일찍이 고구려와 선비지역에서 그 조형이 발견되며, 금관가야에서는 4세기대에 도입되고 5세기 초두에 재지화된 자료로 김해 대성동 1호분과 동래 복천동 21호분 표비의 인수가 전형적인 예이다.

이들의 연대에 대해서 살펴보면, 먼저 문36호분 출토 X자형환판비는 김해 대성동 20호분 출토품과 함께 X자형환판비 I형식에 해당되며 그 연대는 5세기 1/4~2/4분기로 비정된다.[262] 그런데 자세히 보면 무공의 병유

---

262) 柳昌煥, 2000, 앞의 논문 참조. 이하 환판비와 관련된 내용은 이를 참조하기 바란다.

입문을 가진 문36호분 출토품은 장방형의 장방형공입문을 가진 대성동 20호분 출토품보다 선행하는 것으로 생각하여 5세기 1/4분기로 편년하고자 한다. 그리고 문10호분 출토 X자형환판비는 필자의 Ⅱ형식에 해당되는 것으로, 위의 문36호분 출토품보다 늦은 5세기 2/4분기로 비정할 수 있다.

② ⊥자형환판비

현5호분과 경13호분에서 출토되었다. 현5호분 출토품은 파손되어 전체 형태를 알 수 없는데, 인수는 굽은 타원형외환의 일조선을 이룬다. 경13호분 출토품은 함유금구가 전형에서 약간 변형되어 「人」자를 이루며, 인수는 삽자루형 외환의 일조선인수로 만들어진 점이 특징이다.

이 형식의 환판비는 주로 낙동강 하류역과 합천지역에 분포한다. 가야마구의 선진지역인 낙동강 하류역에서 5세기 초두에 개발되고 곧 이어서 낙동강과 남강, 남해안을 따라 합천과 고령, 함안 등지의 여러 가야지역으로 전래되는데, 이를 배경으로 경13호분에 환판비가 출현한 것으로 생각한다.

(4) 원환비

창14-2호분과 말산리 451-1호 석곽에서 출토되었다. 창14-2호분 출토품은 삼련식의 함을 가진 특이한 예로써, 인수는 굽은 타원형 외환의 일조선인수이다. 함과 함유, 인수의 연결은 함외환에 함유와 유환을 제각기 연결하고 인수는 유환을 매개로 하여 함외환과 연결되었다. 말산리 451-1호 석곽 출토품은 유환이 없이 함외환에 경판인 원환과 인수내환이 별개로 연결된 점이 특징이다.

원환비는 주로 백제와 가야지역에서 발견되는 것으로, 대체로 6세기 1/4분기에 처음 등장한 것으로 본다.[263] 이로써 원환비의 출현 연대를 짐작해 볼 수 있는데, 창14-2호분 출토품은 이 시기에 다시 등장한 삼련식의

함과 조합된 점에서 이련식의 함과 조합된 진주 가좌동 1호분 출토품[264)
보다 약간 늦은 6세기 초로 편년하고자 한다.

2) 등자

(1) 목심등자

이 지역에 가장 먼저 출현한 목심등자는 문48호분 출토품으로 보인다.
본체는 대부분 결실되고 윤부의 일부만 남아 있어 전체 형태가 불확실한
점이 없지는 않으나 남아 있는 형태로 보아 김해 대성동 1호분과 동래 복
천동 48호분 출토 등자와 비슷한 것으로 여겨진다. 즉 금관가야에서는 4
세기대부터 사용되며 이후 각 지역으로 확산되는 것으로 파악되는데, 문
48호분의 등자가 그 예 중의 하나일 가능성이 크다.

경13호분 출토품은 병두부와 병과 윤의 내외측면은 철판으로 보강하
고 병두부 하부와 윤부의 전후면은 철봉으로 보강한 목심등자로서, 이 종
류의 등자 중에서는 특이하게 답수부에 발의 미끄럼을 방지하기 위한 스
파이크를 장치하였다.

문38호분 출토품은 「ㄷ」자상의 철판만으로, 이는 등자 병부의 머리와
측면을 보강했던 철판임에 분명하다. 전체 형태를 정확히 알 수 없으나 이
러한 「ㄷ」자상의 철판은 대개 특정 형식의 등자에만 보이는 점을 중시하
면 김해 양동리 78호분 또는 합천 옥전 23호분 출토품과 비슷한 형태로 추
정할 수 있다.

현4호분 출토품은 말을 탄 사람의 발이 들어가는 윤부의 일부만 남아
있다. 목심의 전면을 철판으로 보강하였으며, 답수부에는 미끄럼 방지를
위한 대형 방두정을 장치하였고 병부와 윤부의 단면은 오각형을 이루고

---

263) 李尙律, 2005, 앞의 논문.
264) 趙榮濟・朴升圭, 1989,『晋州加佐洞古墳群』, 경상대학교박물관.

있다. 이러한 특징을 가지는 등자는 주로 고령과 합천 등의 대가야지역에서 발견되며, 시기적으로는 5세기 후반대부터 등장한다. 답수부의 보강철판의 일부만이 남아 있는 문39호분 출토품도 같은 형태로 추정된다.

문54호분 출토품은 목심의 전면을 철판으로 보강하고 답수부에 스파이크를 장치한 점에서 위의 현4호분 출토품과 비슷하다. 다만 병부와 윤부의 단면이 각각 세장방형과 제형으로 다르다.

현22호분 출토품은 발을 딛는 답수부의 폭을 현저히 넓게 하고 그 내측에 다수의 스파이크를 장치하여 만들었다. 목심의 전면을 철판으로 보강한 것은 위의 문54호분 출토품 등과 같다.

현8호분 출토품은 목재를 다듬어 등자의 형태를 갖춘 후 병부와 윤부의 일부분을 철판으로 고정하여 만들었다. 답수부의 형태는 잘 알 수 없으나 양상으로 보아 평면폭에 비하여 측면폭이 넓어진 형태로 생각된다.

이러한 목심등자의 연대를 살펴보면, 먼저 경13호분 출토품은 I A3식에 해당되는 것으로, 유례는 5세기 1/4분기 또는 5세기 전엽으로 편년되는 경주 황남동 109호분 4곽, 동래 복천동 22, 35호분, 합천 옥전 68호분 등에서 확인된다. 그러므로 경13호분 출토품은 이들과 거의 같은 시기에 제작된 것으로 볼 수 있는데, 다만 답수부에 신식등자의 보편적인 요소인 스파이크가 장치되어 있는 것에서 I A3식 중에서도 가장 늦은 5세기 2/4분기로 편년해 둔다.

현4호분 출토품은 목심의 전면을 철판으로 보강하고 윤부의 단면이 오각형을 이루고 있는 것이 특징으로, 필자의 I B5식, 즉 「大伽耶型 鐙子」에 해당된다. 따라서 그 연대는 5세기 중엽의 어느 시점에 해당되는 것으로 생각된다.[265]

현22호분 출토품은 광폭의 답수부에 스파이크를 장치한 것이 가장 큰 특징으로, 필자의 II B5식에 해당되는 것이다. 이러한 특징을 가진 목심등자는 합천 옥전 M1, M3호분에서 확인되는데, 특히 옥전 M3호분 출토품과 매우 유사한 것으로 판단된다. 따라서 현22호분 출토 등자는 옥전 M3호분과 같은 5세기 후엽으로 편년하고자 한다.

(2) 철제등자

가야와 삼국의 철제등자는 병부와 답수부의 특징에 따라 구분된다. 현5호분의 예는 위쪽에서 아래쪽으로 갈수록 좁아지는 병부와 아무런 장치 없는 일조선의 답수부로 만들어졌으며, 암각화고분의 예는 역「凸」자형의 병두부와 일조선의 답수부가 특징이며, 창14-2호분의 예는 역「凸」자형의 병두부와 이조선의 답수부가 특징이다.

3) 행엽

(1) 심엽형행엽

4기의 고분에서 9점이 출토되었다. 먼저 일제 강점기에 도굴되다시피 발굴된 현4호분에서는 토기, 무기, 무구, 마구 등 여러 종류의 부장품과 함께 3점의 행엽이 발견되었다. 행엽 3점은 모두 크기가 같고 철판을 잘라서 만든 하아트 모양의 바탕 위에 은제의 상판을 얹어서 장식하였다.[266]

현8호분의 행엽은 3점의 삼엽문심엽형행엽으로 형태와 크기, 재질, 제작방법이 같다. 철판을 오려서 바탕판을 만들고 그 위에 삼엽문이 베풀어진 상판을 얹은 후 4곳에 못을 박아 결합하였다. 외면은 은도금하였다.

창14-2호분의 행엽은 철지금동제의 십자문심엽형행엽 1점이다. 제작은 철판을 하아트 모양으로 오려서 바탕을 만들고 그 위에 얇은 은판을 오

---

265) 현4호분의 연대는 함안지역 도질토기에 대한 아래의 연구 성과와도 부합된다.

金正完, 1994, 「咸安圈域 陶質土器의 編年과 分布 變化」, 경북대학교석사학위논문.

李柱憲, 앞의 논문, 2000.

禹枝南, 2000, 「2. 咸安地域 出土 陶質土器」 『道項里·末山里遺蹟』, (사)경남고고학연구소.

266) 이러한 제작법은 李尙律, 1993, 앞의 논문의 Ⅲa型式에 해당된다.

려 붙인 후 다시 그 위에 십자문의 금동판을 얹고 못으로 고정하였다. 크기는 8.7cm 정도인데, 신부에 비해 연결고리가 큰 것이 특이하다.

문4호분의 행엽은 형태와 재질, 제작방법이 같은 소문심엽형행엽 2점이다. 철지금동제 신부의 주연에 철지은제의 원두병을 배치하였으며, 그 상위에는 신부와 함께 장방형의 연결고리를 만들어 완성하였다. 연결고리에 끼워진 고리는 합천 옥전 M3호분이나 고령 지산동 45호분 1호 석실 출토품과 같이 장방형의 신부에 철봉상의 고리를 단접하여 만든 갈고리모양으로 보여진다.

(2) 타원형행엽

경3호분에서 1점이 발견되었다. 신부는 평면 타원형을 이루며, 상단부의 연결고리에는 방형판에 갈고리가 만들어진 갈고리식 구금구가 끼워져 있다. 철지금동제로서 철판을 오려서 타원형의 바탕판을 만들고 그 위에 철테와 금동판을 얹어서 못으로 결합시켰다.

(3) 편원어미형행엽

편원어미형행엽이란 타원형의 편원부와 고기 꼬리모양의 어미부로 이루어진 행엽을 말한다. 현8 · 15 · 22호분에서 출토되었다. 현8호분 출토품은 13점으로, 철제의 지판 위에 편원부와 어미부의 주연을 투조한 상판을 올리고 못으로 결합한 것이다. 외면은 은으로 도금하였는데, 대부분 박리되었다. 현15호분 출토품은 7점으로, 철지금동제이며 연결고리에는 구금구는 없으며 혁질만이 남아 있다. 현22호분에서는 크고 작은 행엽 3점이 발견되었다. 이 중 크기가 작은 2점은 석곽내에서 마구류와 함께 출토되었으며, 조금 큰 1점은 파손된 채 석곽의 상부에서 출토되었다. 모두 철지은제품이다.

(4) 검룽형행엽

장방형의 연결고리와 타원형의 편원부, 검신형의 신부로 이루어진 행엽으로, 문54호분과 역451-1호 석곽 출토품이 알려져 있다.

먼저 문54호분 출토품은 길이 17.2cm 전후의 대형으로 철지은장제의 검룽형행엽이다. 3점이 겹쳐진 채로 발견되었는데, 철제의 바탕판 위에 은판을 덮어씌워서 제작하였다. 검룽각은 23°정도로 외형상으로는 현재까지 발견된 검룽형행엽 가운데 가장 오래된 것으로 여겨진다.

역451-1호 석곽에서도 3점이 출토되었다. 길이 25cm가 넘는 대형품으로, 1매의 철판으로 바탕판을 만들고 그 위에 주연을 따라 투조된 상판을 얹은 후 그 위에 다시 금동판을 덮어씌워서 만들었다. 편원부와 검룽부의 경계에 연금을 돌리고 편원부의 연금이 하아트형인 점에서 창원 다호리 B1호묘 제사유구 1호에서 발견된 3점의 검룽형행엽과 유사하다.

(5) 자엽형행엽

암각화고분에서 1점이 출토되었다. 철지금동제로 대부분 결실되고 신부의 일부만 남아 있어 정확한 형태는 알 수 없는데, 자엽형 또는 종형행엽일 가능성이 크다.

4) 운주

(1) 환형운주

철봉을 구부려 만든 둥근 고리와 따로 만든 손톱모양의 금구, 이들 부품과 혁대를 고정시키는 꺾쇠로 이루어지는데, 현22, 창14-2호분에서는 철제의 둥근 고리만이 확인되며, 문39·48·54호분에서는 둥근 고리와 다리, 꺾쇠 모두가 확인된다. 이 중 문39호분과 48호분 운주의 손톱모양의 금구는 금제 또는 금동제로 만들어 장식성을 가미하였다.

(2) 무각소반구형운주

반구형의 신부와 그 중앙부에 배치된 못으로 구성된 운주이다. 현8·15·22호분과 문5호분 등에서 출토되었으며, 철제·철지은제·철지금동제 등 다양한 재질로 만들었다.

(3) 패제운주

동심원문 등이 새겨진 청동기시대의 암각화가 발견되어 유명해진 암각화고분 피장자의 머리 주위에서 발견되었다. 패제운주는 크고 작은 2종류가 있는데, 철판을 오려서 둥근 모양의 본체와 각을 만들고, 각에는 혁대와 고정시키기 위해 은제의 못을 배치하였다.

(4) 사각반구형운주

사각반구형운주는 중앙부가 약간 부풀어 반구형을 이루고 그 사방에 함께 만들어진 4각이 있는 운주를 말한다. 후걸이에 장식되는 운주와 달리 주로 말 머리부분의 굴레의 혁대가 교차되는 곳을 서로 묶어 연결하는 장구로 엄밀히 말하면 십금구에 가까운 것이다.

문4호분에서 6점, 문47호분에서 3점이 출토되었다. 이들은 철판을 오려서 열십자 모양의 본체와 각을 만들고 그 경계에는 혁대와의 결합을 위한 꺾쇠를 배치한 점에서 공통된다. 다만 문4호분의 운주는 본체와 각을 금으로 도금하였으며, 못머리를 은으로 장식한 것에서 문47호분의 운주에 비하여 장식성이 훨씬 뛰어나며, 각의 끝부분의 모양도 문4호분의 운주는 하아트의 상연형, 문47호분의 운주는 손톱모양인 점에서 차이가 난다.

이러한 사각반구형운주 가운데 문4호분의 것은 전체적인 형태로 보아 6세기 전엽으로 편년되는 지산동 45호분 출토품과 형식학적으로 연결된다.

5) 마령

2종류가 발견되었다. 먼저 현8호분과 말산리 451-1번지 석곽 출토 마령은 크기는 약간 차이가 있으나 모양은 거의 비슷하다. 청동제의 본체는 구형을 이루며 본체 상부에는 매달기 위한 고리가 만들어져 있다. 아래쪽에는 일자로 긴 구멍을 만들어 소리를 내게 하였다. 본체의 외면에는 마치 사람의 웃는 얼굴과 비슷한 문양을 표현하였다. 이에 비해 문54호분 출토 마령은 중앙의 둥근 고리의 바깥쪽에 3개의 방울이 달린 이른바 삼환령으로, 청동으로 고리와 방울을 함께 주조하였다. 방울 속에는 작은 돌이 들어 있어 흔들면 소리가 난다.

6) 마주

마갑총과 현8호분에서 출토되었다. 먼저 마갑총 출토품은 얼굴덮개부와 챙부 등이 분리된 상태의 작은 철판들이 출토되었다. 얼굴덮개부의 상판은 2판으로 분할된 것으로, 김해 대성동 1호분, 두곡 8호분, 동래 복천동 10호분, 합천 옥전 35, M1호분 출토품과 같은 구조로 만들었다.

현8호분 출토품은 얼굴덮개부와, 챙부, 볼가리개부로 구성되어 있다. 얼굴덮개부는 상판이 단판으로 합천 옥전 M3(A)·23·28호분 출토품과 같은 구조인 것으로 보여지며, 챙부는 챙판과 귀가리개판으로 구성되었으며, 볼가리개부는 2매의 철판을 원두병으로 결합하여 평면 반원형으로 만들었다.

7) 마갑

마갑총과 현8호분에서 마주와 세트를 이루어 출토되었다. 특히 마갑총에서는 보기 드물게 거의 완전한 형태의 마갑이 출토되어 주목된다. 마갑은 총 길이 226~230cm, 너비 43cm~48cm 크기로, 소찰의 모양과 크기 및 구성형태에 따라 좁고 긴 소찰로 이루어진 목가리개부분과 작은 소찰로 이

표 18. 아라가야 마구 편년표

분기	연대	마구	출토유구	비교자료
I 기	5c 초	고식마구 출현 　표비 표형의 이조선인수 　횡방향함유금구판비 　　　표형의 이조선인수 　X자형환비 　　　꼬아 만든 일조선인수 　등자	문43호 문3호 문36호 문48호	문3호 출토 횡방향함유금구판비 　: 복천동 95호 출토품과 유사 문36호 출토 X자형환비 　: 대성동 20호 출토품과 유사
II 기	5c 전 반	고식마구 성행 　표비 삼자루형의 이조선인수 　X자형환판비 　　　삽자루형의 이조선인수 　ㅗ자형환판비 　　　삽자루형의 일조선인수 　등자 I A3식	경파괴분 문10호 경13호 경13호	문10호 출토 X자형환판비 　: 문36호 출토품의 후행 형식 경13호 출토 I A3식 등자 　: 황남동 109호 4곽, 　　복천동 22, 35호, 옥전 68호 　　출토품의 후행 형식
III 기	5c 중 엽	고식마구 소멸 신식마구 출현 　표비 타원형외환 일조선인수 　굽은 타원형외환 일조선인수 　등자 I B5식 　심엽형행엽 　마주, 마갑 출현	 문38호 마갑총 현4호, 문39호 현4호 마갑총, 문38호	현4호 출토 I B5식 등자 　: 단면 오각형이 특징으로 　　5c 중·후엽에 대가야권에서 　　유행한 「大加耶型 鐙子」
IV 기	5c 후 엽	신식마구 성행 　내만타원형판비 　f자형판비 　등자 I B5·II B1·II B5식 　철제등자 　검릉형행엽 　청동제삼환령 　마주 신라계 마구·마장 도입 　심엽형행엽 　편원어미형행엽 　무각소반구형운주	현5, 문54, 창14-1호 현22호 문54·현8·현22호 현5호 문54호 현8호 현8호 현8, 현15, 현22호 현5, 현8, 현15, 현22호	현22호 출토 II B5식 등자 　: 옥전 M3호 출토품과 유사 문54호 출토 검릉형행엽 　: 옥전 M3호 출토품의 선행형식
V 기	6c 전 엽	신형식 마구 출현 　원환비 　철제등자 　사각패제운주 　심엽형행엽	 창14-2, 암각화 고분 암각화 고분 창14-2호	
VI 기	6c 전 엽 말	원환비 안장교구 심엽형행엽 사각반구형운주 검릉형행엽	역451-5호 문4호 문4호 문4, 문47호 역451-5호	역451-1호 출토 검릉형행엽 　: 송학동 1A-1호, 다호리 B1호 　　제사유구 출토품과 비교 문4호 출토 안장교구, 소문심엽형 행엽, 사각반구형운주 　: 지산동 45호 출토품과 비교

루어진 가슴부분, 큰 장방형의 소찰로 이루어진 몸통부분으로 나누어진다.

이상에서 아라가야 마구의 편년을 위한 기초적인 작업으로서 마구의 분류와 연대에 대해서 살펴보았다. 이를 기초로 앞서 살펴 본 금관가야와 대가야, 그리고 동아시아 초기마구의 편년을 고려하면서 아라가야의 마구의 편년을 정리한 것이 표 18이다. 이러한 편년관을 바탕으로 개별마구의 출현과 소멸, 마구의 공반관계를 기준으로 아라가야 마구를 분기하면 크게 Ⅰ기에서 Ⅵ기까지 모두 여섯 단계로 구분할 수 있다.

2. 계보와 전개

여기에서는 위의 표 18에서 설정한 Ⅰ~Ⅵ기의 편년에 따라 마구의 종류와 특징, 계보에 대해서 살펴보고자 한다.

1) Ⅰ기 : 마구의 출현기

Ⅰ기는 아라가야에 마구가 출현하는 시기로, 실연대로는 5세기 초에 해당한다. 표형의 이조선인수·타원형외환의 이조철봉의 일조선인수와 조합된 표비·횡방향함유금구판비·X자형환판비 등은 아라가야 최초의 마구들로, 문3, 문36, 문43, 문48호분에서 출토되었다(그림 19 참조).

세부적으로 보면, 먼저 이 시기에는 표형의 이조선인수·타원형외환의 이조철봉의 일조선인수와 조합된 비가 마구의 중심을 이룬 것이 특징적이다. 이 중 표형의 이조선인수와 조합된 것으로는 이조의 철봉을 꼬아서 만든 함과 ∩자형의 입문금구를 가진 문43호분 출토 표비와 평면 梯形의 경판을 가진 문3호분 출토 횡방향함유금구판비, 문48호분 출토 판비를 들 수 있다. 다음으로 타원형외환의 이조철봉의 일조선인수와 조합된 것은 이조의 철봉을 꼬아서 만든 이련식의 함과 무공의 병유입문을 가진 문 36호분 출토 X자형환판비를 들 수 있다. 이와 같은 표형의 이조선인수 · 타원형외환의 이조철봉의 일조선인수와 조합된 여러 형식의 비는 마구의 선진지역인 중국 동북지방의 선비계 마구의 계통을 잇는 것으로, 한반도 남부의 낙동강 하류역에서는 4세기대부터 채용된 기승용의 마구로 밝혀지고 있기 때문에 아라가야의 출현기 마구로 볼 수 있다.

이처럼 이 시기의 아라가야에는 한반도 남부지방에 있어서 마구의 선진지역으로 인정되는 낙동강 하류역의 초기마구의 계보를 잇는 마구가 출현한 것으로 파악된다.

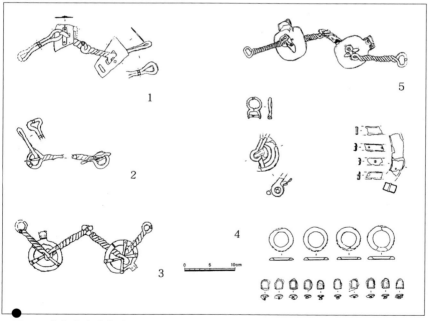

19   I기의 아라가야 마구

1. 문3호분, 2. 문43호분, 3. 문36호분, 4. 문48호분, 5. 현동 43호분

2) II기 : 마구 제작기술의 정착기

II기는 I기에 도입된 표형의 이조선인수 · 타원형외환의 이조철봉의 일조선인수와 조합된 비는 소멸하고 삽자루형외환의 일조선 · 이조선인수와 조합된 비가 출현하는 시기이다. 실연대는 5세기 2/4분기로, 문10호분, 경13호분, 경파괴분 출토 마구가 이 시기에 해당된다(그림 20 참조).

삼국과 가야의 비를 살펴보면, 표형의 이조선인수나 타원형외환의 이조철봉의 일조선인수와 조합된 것이 먼저 나타나고 이어서 삽자루형외환의 일조선 · 이조선인수와 조합된 것이 나타나는 것으로 밝혀지고 있다. 그러므로 I기에 해당되는 표형의 이조선인수와 조합된 문43호분 출토 표비와 타원형외환의 이조철봉의 일조선인수와 조합된 문36호분 출토 X자형환판비에 비해 삽자루형외환의 이조선인수와 조합된 문10호분 출토 X자형환판비와 경파괴분 출토 표비는 후행하는 것으로 판단된다. 그리고

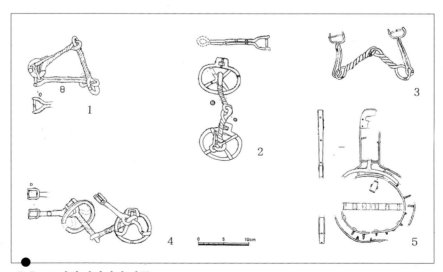

20 II기의 아라가야 마구
1. 경파괴분, 2. 문10호분, 3. 도계동 19호분, 4 · 5. 경13호분

경13호분 출토 ⊥자형환판비는 Ⅰ기에는 전혀 확인되지 않는 것인데, 삽자루형 외환의 일조선인수와 조합된 점에서 5세기 2/4분기에 해당되는 것임을 알 수 있다.

한편 이 시기에 해당되는 마구 중 경13호분 출토 목심등자도 주목된다. 이 등자는 목심의 요소에 철판과 철봉을 보강하고 답수부에 스파이크를 장치한 부분철판보강 등자로서 필자 분류의 ⅠA3식에 해당되는 것이다. 그런데 같은 型式의 등자 중에서 답수부에 스파이크가 장치된 유일한 예라는 점에서 약간 후행하는 것이라 할 수 있다.

이상에서와 같이 이 시기의 마구는 기본적으로 선진지역 마구의 계통을 잇는 것임에는 틀림없지만 제작은 이 지역에서 이루어진 것으로 판단된다. 그것은 문10호분 출토 X자형환판비와 같이 삽자루형외환의 이조선인수를 가진 유례가 다른 지역에서 확인되지 않는 점, 그리고 경13호분 출토 목심등자의 스파이크와 도하아트형 윤부는 다른 지역 출토품에서는 보이지 않기 때문이다. 다시 말해 이 시기에는 출현기의 마구와 그 제작기술을 바탕으로 이 지역에서 마구의 제작기술이 정착되어 마구의 재지생산이 이루어지기 시작한 것으로 추정된다.

3) Ⅲ기 : 마구의 발전기

이 시기는 삽자루형외환의 이조선인수와 조합된 환판비가 소멸되고 타원형외환·굽은 타원형외환의 일조선인수와 조합된 표비와 전면철판보강의 목심등자가 출현하는 시기이다. 실연대는 5세기 중엽이며, 현4, 문38, 문39, 마갑총 출토 마구가 이 시기에 해당한다(그림 21 참조).

비는 표비만으로, 마갑총 출토품은 굽은 타원형외환의 일조선인수와 문38호분 출토품은 타원형외환의 일조선인수와 조합된 것이 특징이다. 앞에서 살펴본 바와 같이 Ⅰ기의 표비는 표형의 이조선인수와 Ⅱ기의 표비는 삽자루형외환의 이조선인수와 조합되는 것이 특징이므로 위의 양 고

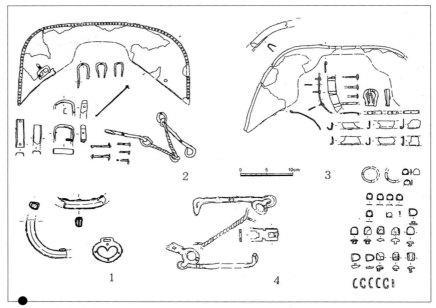

21 Ⅲ기의 아라가야 마구
1. 현4호분, 2. 문38호분, 3. 문39호분, 4. 마갑총

분에서 출토된 표비는 인수의 발달 과정으로 볼 때 이 시기의 것으로 판단된다.

목심등자는 현4, 문38, 문39호분에서 확인되는데, 모두 일부분만 남아 있기 때문에 완전한 형태는 알 수 없다. 이 중에서 현4호분 출토품은 윤부의 일부만 남아 있는데, 가야 등자의 일반적인 예로 볼 때 전면철판보강의 목심등자에 해당되는 것으로 생각된다.[267] 남아 있는 부분을 살펴보면, 단면 오각형을 이룬 윤부는 목심의 전면을 철판으로 보강하였으며 답수부

267) 현4호분 출토 목심등자는 김정완 선생님이 실측한 것으로, 선생님의 배려로 이를 사용할 수 있게 되었다. 이에 깊이 감사 드린다.

의 내측에는 미끄럼 방지를 위한 스파이크를 장치하였다. 이러한 속성을 가지는 등자는 필자 분류의 ⅠB5식에 해당되는 것으로, 아라가야에서는 이 시기부터 전면철판보강의 목심등자의 제작이 시작되었음을 보여주는 자료인 것이다.

한편 이 시기에는 비와 목심등자 외에도 새로운 마구도 출현하는데, 마갑총의 마주와 마갑, 현4호분의 심엽형행엽이 그것이다.

이상에서와 같이 이 시기는 새로운 형식의 표비와 목심등자, 마주와 마갑, 심엽형행엽 등이 채용되는 등 Ⅱ기에 정착된 마구 제작기술을 바탕으로 마구의 사용과 제작이 더욱 발전하기 시작하였음을 알 수 있다.

4) Ⅳ기 : 마구의 전성기

Ⅳ기는 판비와 광폭의 답수부를 가진 목심등자, 편원어미형행엽과 무각소반구형운주를 공반하는 마구가 출현하는 시기이다. 문54호분, 창14-1호분, 현5, 현8, 현15, 현22호분, 문1호 석곽묘에서 출토된 마구들로, 실연대는 5세기 후엽에 해당된다(그림 22 참조).

이 시기의 특징은 무엇보다도 현8, 현15, 현22호분의 예와 같은 장식용 마구인 편원어미형행엽과 무각소반구형운주가 세트를 이루어 출현한 점을 들 수 있다. 주지하듯이 편원어미형행엽과 무각소반구형운주는 신라계 마구로 장식용 마구 중에서도 상위에 속하는 것이다. 그러므로 이 단계에는 신라계의 장식용 마구가 아라가야의 수장층으로 추정되는 현8, 현15, 현22호분 피장자들의 주요 마구로 채용되었음을 보여준다.

비의 경우 전 단계까지 제작되던 표비는 완전히 소멸하고 새로운 형식의 판비가 출현한다. 판비는 내만타원형판비와 f자형판비의 2종류가 보인다. 내만타원형판비는 함유의 주연부에 사선문을 새긴 점에서는 공통되지만 등자형 인수호와 조합된 타원형외환의 일조선인수를 가진 문54호분 출토품과 굽은 타원형외환의 일조선인수를 가진 현5, 창14-1호분 출토품으로 구별된다. f자형판비는 현22호분 출토품으로, f자형의 함유에는 소원공의 장방형입문이 만들어지고 여기에 장방판에 철봉고리가 조합된 갈고리식 구금구가 끼워져 있다. 인수는 부분적으로 남아 있는데, 타원형외환의 일조선인수와 따로 만든 등자형의 인수호는 사슬을 매개로 하여 연결한 것으로 보여진다.

목심등자는 문54, 현8, 현22호분에서 출토되었다. 이 중 문54호분의 예는 필자 분류 ⅠB5식의 범주에 해당되는 것으로 이전 단계부터 제작되던 것이다. 반면에 현8, 현22호분의 예는 광폭의 답수부를 가진 점이 특징인데, 이는 騎手의 안정성을 최대로 강화하기 위해 개발된 것으로 형식학적으로 보면 목심등자 가운데 가장 발달된 형식이라 할 수 있다.

한편 철제등자도 이 시기에 출현하는데, 현5호분 출토품이 그것이다.

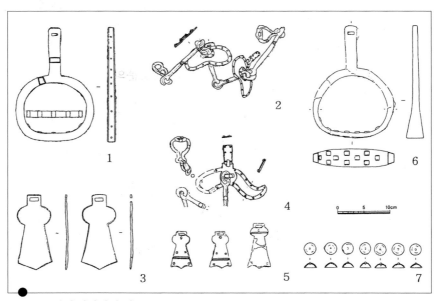

22 Ⅳ기의 아라가야 마구
1~3. 문54호분, 4~7. 현22호분

앞서 언급한 바와 같이 현5호분 출토 철제등자는 위쪽에서 아래쪽으로 갈수록 좁아진 병부와 아무런 장치 없는 일조선의 답수부가 특징으로 옥전 M3호분 철제등자와 마찬가지로 출현기의 특징을 잘 보여주는 것으로 볼 수 있다.

이상에서와 같이 이 시기는 편원어미형행엽과 무각소반구형운주를 세트로 하는 화려한 신라계 마장과 장식성이 강한 판비, 광폭의 답수부를 가진 목심등자, 철제등자 등 다양한 마구가 채용되는 등 아라가야 마구의 전성기라 할 수 있다.

5) V기 : 마구의 변질기

이 시기는 새로운 형식의 원환비가 출현하고 IV기에 출현한 철제등자가 성행하는 시기이다. 암각화고분, 경3호분, 창14-2호분, 역451-1호 출토 마구들이 그것으로, 실연대로는 6세기 초에 해당한다(그림 23 참조).

이 시기의 가장 큰 특징은 원환비의 출현으로, 창14-2호분 출토품이 그러한 예이다. 이 원환비는 원환의 경판과 3연식의 함, 굽은 타원형외환의 일조선인수와 조합되었으며, 함·경판·인수의 연결은 함외환에 경판과 유환을 제각기 연결하고 인수는 유환을 매개로 하여 함외환과 연결하는 방법을 취하고 있다.

내만타원형판비와 환판비도 보이는데, 먼저 내만타원형판비는 문5호분 출토품으로 형태와 제작방법으로 보아 IV기의 창14-1호분 출토품과 속성을 공유하면서도 경판의 주연부에 사선문이 소멸된 점에서 차이가 난다. ⊥자형환판비는 문5호분과 암각화고분에서 출토된 것으로, 양자 모두 II기의 경13호분 출토품에 비해 형식학적으로 후행하는 것으로 보인다.

한편 등자의 경우 이 지역에 마구가 출현하는 단계부터 이어져 오던 목심등자는 보이지 않고 철제등자만이 보인다. 앞서 언급하였듯이 철제등자는 IV기의 현5호분에 처음으로 나타난 것으로, 현재 이 지역에서 발견된 철제등자는 병두부와 답수부의 형태에 의하면 3종류로 구분된다. 즉 병두부의 폭이 병기부에 비하여 약간 넓은 세장방형을 이룬 병부와 일조선의 답수부를 가진 문5호분 출토품, 역凸자형의 병두부와 일조선의 답수부를 가진 암각화고분 출토품, 역凸자형의 병두부와 이조선의 답수부를 가진 창14-2호분 출토품으로 구분된다. 이들 철제등자는 목심등자에 비해 기능상의 차이가 없으면서 내구성이 탁월한 것으로, 병두부의 내구성과 답수부의 실용성의 강화라는 관점에서 보면 현5호분→암각화고분→창14-2호분 출토품의 순으로 변화해 간 것으로 판단된다. 이는 이들 3자가 동시에 제작된 것은 아니며 어느 정도의 시간차를 가지고 제작되었음을 의미한다.

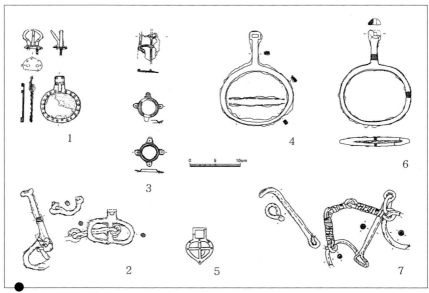

23 Ⅴ기의 아라가야 마구와 비교자료
1. 경3호분, 2~4. 암각화고분, 5~7. 창14-2호분

6) VI기 : 마구의 쇠퇴기

문고리식 안장교구와 사각반구형운주의 출현을 지표로 하는 시기로 문4, 문47호분 출토 마구가 이 단계에 해당된다. 실연대로는 6세기 전엽에 해당한다(그림 24 참조).

위 고분들에서 출토된 사각반구형운주는 이 시기에 처음으로 출현한 것으로 이 시기의 특징적인 마구로서 주목된다. 이들은 각의 선단 형태에 있어서 문4호분 출토품은 하트형, 문47호분 출토품은 손톱모양을 이루고 있어 양자간에 차이가 없는 것은 아니지만 기본적으로 신부와 각을 하나로 만들고 그 경계에 혁대를 고정하기 위한 금구를 장치한 점에서 같은 것으로 여겨진다.

한편 문4호분에서는 안장교구와 심엽형행엽이 출토되었는데, 이 중 안

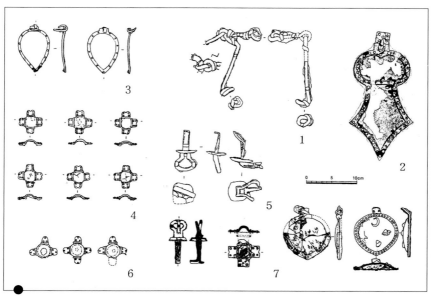

24 VI기의 아라가야 마구와 비교자료

1·2. 역451-1호분, 3-5. 문4호분, 6. 문47호분, 7. 지산동 45호분

장교구는 고리부와 각부, 좌금구를 따로 만들어 조립하여 완성한 것으로 이전 단계까지 제작되던 고리식 교구와는 제작방법이나 구조적인 면에서 뚜렷하게 구별된다. 또한 심엽형행엽은 신부가 횡폭에 비해 종폭이 훨씬 크며 소원공의 장방형입문에 갈고리식의 구금구를 연결한 것으로 이 시기에 확인되는 신라계의 심엽형행엽과는 형식학적으로 연결되지 않는 것이어서 주목된다.

이상에서와 같이 이 시기의 마구는 문4, 문47, 역451-5호분의 마구가 전부로 마구의 출토 예가 적을 뿐만 아니라 마구의 조합관계도 불안정해진다. 그 원인은 마구를 부장하는 사례가 줄어들었거나 아라가야의 세력이 위축되기 시작한데서 찾아볼 수 있을 것으로 생각된다.

加耶馬具의 硏究

가야마구의 변화와 획기

4장

삼국시대 마구를 종합적으로 연구한 김두철은 가야와 신라마구의 발전과정을 다음과 같이 4개의 단계로 나누어 설명하였다.[268]

    I기 : A.D. 4세기대 - 실용마구의 수용기
    II기 : A.D. 5세기 전반대 - 기승문화의 확산기
    III기 : A.D. 5세기 후반대 - 가야·신라마구의 지역분화기
    IV기 : A.D. 6세기 전반대 - 마구의 다변화기

그리고 4개의 단계 중 가장 중요한 획기로 II단계와 III단계의 분기로 보고, 이는 전기가야와 후기가야의 획기와 일치하는 것이라 하였다. 이러한 그의 주장은 계속 보강되어 낙동강 하류역의 세력이 주도하는 「전기가야」(4세기~5세기 중엽), 고령의 대가야 등 여러 유력 세력이 낙동강 서안 지역에서 할거한 「후기가야」(5세기 중엽~562년)로 구분하고, 이를 4세기

---

268) 金斗喆, 2000, 앞의 논문, p.202 참조.

대의 전기가야, 5세기 전반의 전기가야, 5세기 후반의 후기가야, 6세기 전반의 후기가야 등 4단계로 나누어 각 단계 마구의 특징을 고찰하였다.[269]

한편 강유신은 신라와 가야마구의 시기적 분포상을 고찰하면서

제1기(초기 : A.D 4c 말)
제2기(전기 : A.D 5c 초엽~A.D 5c 중엽)
제3기(중기 : A.D 5c 중엽~A.D 5c 말엽)
제4기(후기 : ~A.D 6c 전엽)

등으로 크게 4분기하고 각 기의 특징을 정리하였다.[270]

이와 같은 김두철과 강유신의 신라·가야의 마구에 대한 편년은 연대 문제와 계보, 마구의 해석 등에 있어서 차이가 적지 않으나 기본적으로 4분기하여 마구의 변천을 고찰하고 있는 것이 공통된 특징이라 할 수 있다.

표 19. 가야마구의 변화와 획기

목심등자	금관가야 마구	대가야권 마구	아라가야 마구		종합편년
Ⅰ기: 4c 대 -출현기	Ⅰ기: 4c 대 -수용기			전기가야마구	가야마구 Ⅰ기: 4c 대 -전기가야 마구의 성립기
Ⅱ기: 5c 전엽 -확산기	Ⅱ기: 5c 전반 -확산기	Ⅰ기: 5c 전반 -출현기	Ⅰ·Ⅱ기: 5c 전반 -출현기, 정착기		가야마구 Ⅱ기: 5c 전반 -전기가야 마구의 확산기
Ⅲ기: 5c 중엽 -정착기		Ⅱ기: 5c 중엽 -정착기	Ⅲ기: 5c 중엽 -발전기	후기가야마구	가야마구Ⅲa기: 5c 중엽 -후기가야 마구의 성립기
Ⅳ기: 5c 후엽~6c 초 -분화기		Ⅲ기: 5c 후엽~6c 초 -확산기	Ⅳ기: 5c 후엽 -전성기		가야마구Ⅲb기: 5c 후엽~6c 초 -후기가야 마구의 발전기
Ⅴ기: 6c 전엽~중엽 -쇠퇴기		Ⅳ·Ⅴ기: 6c 전엽, 6c 중엽 -변질기, 쇠퇴기	Ⅴ·Ⅵ기: 6c 초, 6c 전엽 -변질기, 쇠퇴기		가야마구 Ⅳ기: 6c 전엽~562 -후기가야 마구의 변질기

---

269) 金斗喆, 2004, 「加耶と倭の馬具」『國立歷史民俗博物館硏究報告』 제110집.
270) 姜裕信, 1997, 앞의 논문.

한편 필자는 앞서 제3장과 제4장에서 목심등자와 환판비, 동아시아의 초기마구, 금관가야 마구, 대가야권 마구, 아라가야 마구 등에 대해서 연속적으로 검토하여 가야마구의 편년과 변천에 대한 필자의 견해를 밝혔다.

여기에서는 앞서 설정한 편년을 통합하여 위의 표 19와 같이 가야마구의 변화와 획기를 설정하고자 한다. 분기의 근거에 대해 부언하면, 먼저 이른바 고식마구와 신식마구의 출현과 소멸이 가장 큰 근거가 된다. 즉 고식마구는 전기가야 마구로, 신식마구는 후기가야 마구로 설정하는 것이 가능하다.

다음은 마구의 분포 변화를 근거로 한다. 즉 전기가야 마구는 금관가야 지역에만 분포하는 단계와 그 밖의 지역으로 확산되는 단계로 구분되는데, 이를 각각 가야마구 I기와 II기로 설정한다. 그리고 신식마구를 표지로 하는 후기가야 마구의 경우는 후기가야 마구가 성립되어 발전하는 단계와 백제와 신라마구가 유입되면서 후기가야 마구가 변질되는 단계로 구분할 수 있다. 즉 가야마구 III기와 IV기가 그것이다. 그런데 III기의 대가야권은 마구가 중심지에 분포하는 단계와 주변부로 확산되는 단계, 즉 후기가야 마구의 성립기와 발전기 등 2개의 단계로 나눌 수 있으나 크게 보면 역시 하나의 단계로서 전체적인 흐름을 파악하는 데 아무런 문제가 없는 것으로 본다.

이상에서와 같이 가야마구의 변화와 획기는 표 19와 같이 크게 I ~IV기의 네 단계로 나누어 볼 수 있다. 그러면 이하에서는 앞서 제4장에서 권역별로 검토한 내용을 기초로 가야마구의 발전과정과 특징, 성립 배경 등에 대해 I ~IV기로 나누어 살펴보고자 한다.

Ⅰ. 마구의 등장과 전기가야 마구의 성립

금관가야 지배자집단의 고분인 김해 대성동고분군에서는 대량의 북방 문물과 함께 철제의 갑옷과 투구, 기마용 마구가 출토되었다. 이에 대한 연구에 의하면 이 지역에서는 3세기 말~4세기 초 무렵에 기마문화가 시작되었을 가능성이 높다(그림 11 · 12참조).[271]

그런데 아직 3세기 말에 해당되는 실물자료가 발견된 바는 없으며, 지금으로서는 4세기 2/4분기로 편년되는 동래 복천동 38호분에서 출토된 표비가 최초의 마구로 알려져 있다. 이 표비는 1조의 철봉을 구부려서 만든 짧은 표형의 이조선인수와 이공식 입문, 철봉을 꼬아 만든 이련식의 함이 특징적이다. 이러한 인수와 입문, 함으로 만들어진 표비의 유례는 북방의 선비와 고구려지역에서 꽤 많이 발견된다. 이는 가야지역에 기승용 마구가 등장하는 배경에는 3세기 말 이후 이 지역으로 대량으로 유입되는 북방문물과 밀접한 관계가 있음을 시사해 준다.

이처럼 낙동강 하류역에 마구가 수용된 배경에는 북방의 고구려와 선비의 동향과 밀접한 관련이 있음을 알 수 있는데, 이 문제는 가야 초기마구의 계보를 밝히는데 있어서 매우 중요한 것이므로 좀 더 살펴보기로 하자.

현재 가야 초기마구의 계보는 부여와 선비 등 중국 동북지방에서 성행하던 마구에서 구하고 있는 것에서 대체로 일치하고 있다. 그러나 출현 배경 또는 이입경로에 대해서는 크게 두 가지로 나뉘는데, 부여 전래설과 중국 동북지방의 기마문화 전래설로 요약된다. 전자는 신경철의 견해로 그는 4세기대 가야마구들의 계보가 고구려가 아닌 부여를 비롯한 중국 동북지방의 선비계 마구에 있는 것으로 보면서, 이러한 선비계 마구와 기승용

---

271) 申敬澈, 1994, 앞의 논문.

갑주, 동복, 순장, 훼기습속, 목곽 등의 북방문물이 동반하여 낙동강 하류역에 출현하는 것과 『通典』「晋書」의 夫餘條에 보이는 太康 6년(285) 부여 주력이 옥저로 도피하는 기사가 서로 連動하는 것으로 파악하여 부여의 문화가 동해의 해상 「루트」를 통해 낙동강 하류역에 곧바로 도달한 것으로 보았다.[272]

이에 대하여 김두철은 복천동 69호분 출토품과 같은 표형의 이조선인수를 가진 표비를 부여의 묘로 추정되는 楡樹老河深 M56號墓에서 구한 신경철의 견해를 수용하면서도 동반된 鑣의 이공식입문이 선비묘에서 발견되는 것을 중시하여 특정 민족이 아닌 중국 동북지방 기마문화의 전래에 무게를 두었다.[273]

이러한 신경철과 김두철의 견해는 이상율로 이어진다. 그는 가야 초기 마구에 대한 연구성과와 특징을 정리하면서 낙동강 하류역의 금관가야에 출현한 4세기대의 마구를 한반도 남부지방에서 가장 빠른 기승용 마구로 규정하고, 부여와 중국동북지방의 선비를 비롯한 범기마민족적인 영향에 의해 4세기 전반대에는 비가, 후반대에는 등자와 행엽 등 각종 기승용의 실용마구가 출현하였다는 견해를 제시하였다.[274]

한편 이재현은 이들과 달리 4세기대 복천동고분군에서 발견된 표비에서 관찰되는 S자상의 표와 2조의 철봉을 꼬아서 만든 함이 부여에는 없고 고구려지역에서만 확인된다 하여 그 계통이 고구려와 연결되는 것으로 파악하였다.[275]

이상과 같은 가야 수용기 마구의 계보에 대한 견해의 차이는 기본적으

---

272) 申敬澈, 1994, 위의 논문, p.293.
273) 金斗喆, 2000, 앞의 논문, pp.209~214.
274) 李尙律, 2003, 앞의 논문.
275) 李在賢, 2003, 앞의 논문, p.194.

4장. 가야마구의 변화와 획기 241

로 복천동 38, 69호분 출토 표비에 대한 이해의 차이에서 비롯된 것으로 보인다. 그런데 이제 여러 가닥의 철봉을 꼬아 만든 함과 표형의 이조선인 수로 구성된 표비가 고구려에서 성행한 것으로 밝혀졌고 더구나 여러 가닥의 철봉을 꼬아 만든 함이 부여에서 유례가 없다는 점에서 굳이 부여에서 직접 이입된 것으로 고집할 이유는 없는 것으로 본다. 필자는 이러한 관점에서 위의 표비를 비롯하여 선비와 고구려 등 북방에서 발견된 4세기 대의 마구를 「鮮卑系 馬具 -初期馬具-」로 명명하고, 이러한 마구가 금관가야에 도입됨으로써 기마문화가 개시된 것으로 파악한 바 있다.[276] 즉 필자는 고구려와 선비지역에서 성행하던 선비계 마구가 낙동강 하류역에 유입되면서 금관가야에서는 기마문화가 시작되며, 이어서 마구의 재지생산이 시작되면서 기마문화가 정착되어 간 것으로 본다.

김해 대성동과 동래 복천동고분군에서 다수 출토된 4세기 후반대의 마구들은 이를 실증적으로 보여주는 것이라 할 수 있다. 먼저 4세기 3/4분기에는 표비를 중심으로 마구의 재지화가 이루어지는 한편 새로운 형식의 판비와 등자가 도입된다. 이 중 표비의 재지화는 인수의 개량에서 엿볼 수 있는데, 꼬아 만든 일조선인수의 등장이 대표적인 사례이다. 이에 대하여 이미 신경철은 북방에 유례가 없고 낙동강 하류역에만 존재하는 것으로 파악하여 금관가야의 독창적인 인수로 파악한 바 있으며, 이들 받아들인 김두철은 금관가야 마구의 재지화를 입증하는 근거로 삼기도 하였다.

주지하듯이 가야마구의 원류가 있는 북방에서는 대개 표형의 이조선 또는 짧은 삽자루형의 이조선인수가 사용된다. 반면에 한반도 남부지방의 경우 꼬아만든 일조선인수는 가야뿐만 아니라 백제와 신라 등 광범위한 지역에서 사용된다. 따라서 이 형태의 인수를 가야에서만 사용한 것으

---

276) 柳昌煥, 2004, 앞의 논문.

로 보기는 어렵지만 분포의 중심이 여전히 낙동강 하류역에 있다는 점에서 마구 -轡-의 재지화를 실증해주는 근거로 삼아도 좋을 것이다.

마구의 재지화와 더불어 새로운 형식의 선비계 마구도 도입되는데, 대성동 2호분 출토 판비가 그 예이다. 이 판비는 청동으로 만든 둥근 경판과 그 중앙부에 배치된 X자상의 함유금구가 특징으로 이른바 X자형함유금구판비로 부르는 것이다. 이를 환판비로 분류하는 연구자도 있으나 필자는 그 계통과 분포가 북방의 삼연-김해 대성동고분군-일본 신개 1호분 출토품으로 이어지는 것으로 판단하여 환판비와 구별하고 있다. 어쨌든 이형식의 판비는 북방에서 유입된 선비계 마구임은 분명하며, 이로써 전기 가야의 마구는 고구려와 선비지역에서 유행하던 마구와 끊임없는 접촉을 통해 발전하였음을 알 수 있다.

중장기병의 등장과 밀접한 관련이 있는 등자도 이 무렵에 도입된다. 이 때의 등자는 나무로 된 목심의 외면에 철판을 보강하여 만든 이른바 목심철판피윤등이다. 김해 대성동 2, 47호분과 동래 복천동 60호분 출토품이 최초의 예로써 목심의 병부와 윤부 접합부를 중심으로 철판을 보강한 것이 특징이다. 이러한 등자는 신라지역의 울산 중산리 I B1호분, 백제지역의 천안 두정동 I-5호분, 청주 봉명동 C-9호분 등에서도 발견되는 등 점차 사례가 증가하고 있다. 이처럼 가야지역에 처음 도입된 등자가 거의 같은 시기에 백제와 신라에서도 유행한 가장 오래된 형식의 등자라는 점은 시사하는 바가 크다. 즉 가야와 백제, 신라의 수용기 마구의 원류와 출현 배경, 경로 등을 특정 지역이나 민족에 한정하지 않고 동아시아 초기마구의 큰 흐름 속에서 구해야 되는 근거도 여기에 있는 것으로 생각한다.

한편 비, 등자와 더불어 빠뜨릴 수 없는 것은 안장의 존재 유무이다. 주지하듯이 마구의 발달과정을 보면 비가 제일 먼저 나타나고 뒤이어서 안장과 등자의 순으로 나타난다. 즉 등자의 도입은 이미 안장이 도입되어 있었거나 아니면 등자와 동반하였음을 의미하는 것이다. 따라서 아직 이 시기에 가야지역에 안장의 실물자료가 발견된 예가 없으나 어떤 형태로든 사용되었을 가능성은 크다.

이상에서 낙동강 하류역에서는 4세기 3/4분기에 비와 안장, 등자로 구성된 「기본마구」를 중심으로 하는 「전기가야 마구」가 형성되었음을 알 수 있다. 이러한 「전기가야 마구」의 형성 배경에는 여러 연구자들이 주목하고 있는 것과 같이 당시 동북아지역에 확산되고 있던 중장기마전술의 영향과 밀접한 관계가 있었던 것으로 보인다. 이는 마구가 부장된 고분에 거의 예외 없이 대도와 철모, 철촉, 갑주 등으로 구성된 중장기병용의 무장이 부장되어 있는 것에서도 충분히 짐작할 수 있는 것이다.

이러한 전기가야 마구는 4세기 4/4분기가 되면 그 수와 종류가 더욱 풍부해지는 방향으로 변화해 간다. 그 중 가장 큰 변화는 횡방향함유금구판비와 장식용 마구인 심엽형행엽의 등장을 들 수 있다. 횡방향함유금구판비는 평면 원형 또는 제형의 경판 중앙부에 일자상의 함유금구를 횡방향으로 배치한 판비를 말한다. 유례를 찾아보면 원대자벽화묘, 효민둔 154호묘, 북구 M8호묘, 서구촌묘, 삼합성묘 등 북방의 선비묘에서 꽤 많은 예가 확인된다. 따라서 이때의 판비 역시 그 원류가 선비계 판비에 있음을 알 수 있다. 그렇지만 이들과 달리 꼬아 만든 일조선인수와 사다리꼴 모양의 경판과 조합된 복천동 54, 95호분 출토품 등은 역시 이 지역에서 재지화된 것으로 보아야 할 것이다.

장식용 마구인 행엽은 대성동 3호분 출토 심엽형행엽이 유일한 예로 매우 희귀한 자료이다. 이 행엽에 대해서는 신경철의 치밀하고도 폭넓은 검토가 있었는데, 결론은 북방의 원대자벽화묘나 효민둔 154호묘에서 출토된 판비의 경판을 모델로 삼아 낙동강 하류역에서 고안·제작된 것이라 하였다.[277] 이러한 결론은 검토 당시 북방에 4세기대 심엽형행엽의 출토례가 없는 상황을 고려한 것이었다. 그런데 이제 모용선비묘인 4세기대의 조양십이대88M1호묘에서 심엽형행엽의 유례가 확인됨으로써 재검토가 필요하게 되었다. 이들을 자세히 보면 대성동 3호분 행엽은 철판 1매를 오려서 만들었으며, 조양십이대88M1호묘 행엽은 금동판과 투조동판을 겹쳐서 만든 특징을 가진다. 즉 양자는 제작방법에 있어서 분명한 차이가 있다. 그런데 앞서 언급하였듯이 낙동강 하류역에서는 마구의 재지화가 일찍부터 이루어진 점과 4세기 후반대 모용선비의 마구가 주로 금동제인 데 비하여 금관가야의 마구는 대부분이 실용성이 강한 철제라는 점을 주목할 필요가 있다. 즉 대성동 3호분 출토 행엽은 북방의 심엽형행엽이 이 지역에서 특유의 철제로 전환되면서 북방과 다른 모습으로 나타난 것으로, 북방계 마구의 금관가야화를 상징적으로 보여주는 자료라 할 수 있다.

　이상에서 살펴본 바와 같이 가야지역에서는 3세기 말 이후 4세기 전반경 전기가야의 주요한 활동무대였던 낙동강 하류역에 북방계의 표비가 유입되면서 기마문화가 개시되었다. 이어서 4세기 후반대에는 새로운 형식의 판비와 등자, 안장 등으로 구성된 「전기가야 마구」가 형성되어 지배자 집단을 중심으로 중장기마전술이 보급되었으며, 한편으로는 장식용 마구인 심엽형행엽의 수용과 재지화에 성공함으로써 이후 전개되는 가야마구문화의 초석을 마련한 것으로 보여진다.

II. 전기가야 마구의 확산과 의의

　A.D 400년 고구려 광개토대왕의 남정으로 야기된 5세기 전반대 가야의 정세변동에 대해서는 대체로 전기가야의 몰락과 후기가야의 대두로 설

---

277) 申敬澈, 1994, 앞의 논문, p.292.

명되고 있다. 고고학적으로는 김해·부산지역의 경우 김해 대성동고분군의 축조중단이라는 현상과 함께 금관가야가 해체의 길로 접어들면서 이를 대신한 동래 복천동고분군 축조집단에 의해 전기가야의 세력이 연면한 것으로 설명되기도 한다.[278]

한편으로는 합천, 고령 등의 대가야지역과 함안의 아라가야 지역에서는 4세기대에는 전혀 볼 수 없었던 새로운 대형목곽묘를 비롯하여 갑주와 마구, 무기, 금공품 등이 출현하는 등 앞 시기와는 비교할 수 없는 커다란 변화가 일어난 현상이 주목되고 있다. 그리하여 이 새로운 변화를 배경으로 합천과 고령, 함안 등지에 이전과 성격을 달리하는 가야 정치체가 성립된 것으로 파악한 연구성과도 제출되어 있다.[279]

이러한 연구경향과 연구성과는 5세기 전반대 가야의 동향을 이해하는데 일정한 기준이 되고 있으며, 필자 역시 기본적으로 이와 같은 입장에 서 있다. 즉 가야사에 있어서 5세기 전반대의 시기는 전기가야가 해체되고 후기가야가 형성되어 가는 과도기적인 시기 또는 전기가야에서 후기가야로 이행해 가는 전환기적인 성격을 가진 시기로 이해할 수 있는 것이다.

이러한 관점에서 본 절에서는 전기가야에서 후기가야로 전환되어 가는 5세기 전반대의 마구에 나타난 전환기적 특징을 고찰해 보고자 한다. 이를 위해 가야지역에 마구가 등장하여 전기가야 마구가 형성되는 과정과 5세기에 들어서면서 가야 전역으로 확산된 가야마구가 지역별로 어떻게 나타나는 지를 살펴보고, 이를 기초로 5세기 전반대 가야마구에 나타나는 전환기적 특징에 대해서도 고찰해 보고자 한다.

---

278) 이에 대해서는 申敬澈, 1995, 앞의 논문 및 金斗喆, 2003, 앞의 논문 참조.
279) 趙榮濟, 2006, 「西部慶南 加耶諸國의 成立에 대한 考古學的 硏究」, 부산대학교 대학원 박사학위논문.

1. 지역별 양상

5세기대에 들어서면 가야마구는 앞 시기와 다른 새로운 변화가 일어난다. 먼저 마구에 있어서 표비, 판비, 등자, 심엽형행엽 등이 계속 성행하는 한편 새로운 형식의 마구가 개발되고 그 종류나 양이 비약적으로 많아진다. 또한 마구의 조합에 있어서도 비와 안장, 등자로 구성된 완전한 형태의 「기본마구」를 중심으로 마주와 마갑 등 중장기병용의 「갑마구」와 금동장의 화려한 「장식마구」도 등장한다. 그리고 분포에 있어서도 금관가야뿐만 아니라 대가야와 아라가야 등에서도 마구가 발견되는 등 이 시기부터 기마문화가 전 가야지역으로 확산되는 커다란 변화가 일어난다.

그러면 이하에서는 이 시기에 일어난 마구의 변화양상에 대해 지역별로 나누어 살펴보기로 하자.

1) 금관가야

이 시기 금관가야 마구는 김해 대성동고분군과 동래 복천동고분군 등 금관가야의 양대유적을 중심으로 전개된다. 그 종류를 보면 앞 시기부터 이어져 온 표비와 X자형함유금구판비, 횡방향함유금구판비, 목심철판피윤등, 심엽형행엽 등이 새롭게 변모하고 여기에 새로운 형식의 환판비와 안장, 운주, 마주 등이 개발되는 등 커다란 변화가 나타난다(그림 14 참조).

한편 마구의 조합에 있어서도 4세기대의 다소 불완전한 조합상에서 벗어나 비와 안장, 등자를 완벽하게 갖춘 「기본마구」가 일반화된다. 또한 행엽 등의 장식용 마구가 가미된 「장식마구」와 마주 또는 마갑을 갖춘 「갑마구」가 출현하는 등 가야마구의 기본적인 형태가 갖추어진다.

그러면 이러한 양상에 대하여 좀더 세부적으로 살펴보기로 하자. 먼저 비의 변화에 있어서 가장 먼저 주목되는 것은 인수의 가야화-재지화-이다. 앞서 언급하였듯이 낙동강 하류역에서는 시간의 흐름에 따라 짧은 표형의 이조선인수→철봉을 꼬아만든 일조선인수→삽자루형 이조선인수의 순으로 인수가 변화하는데, 그 계기는 역시 북방계 마구의 수용과 변용에 있는 것으로 본다. 이처럼 변화를 거듭하던 인수는 5세기에 들어서면서 하나로 완결되는데, 김해 대성동 11호분과 동래 복천동 22호분 출토 표비에 달린 긴 삽자루형의 이조선인수가 그것이다(그림 14-1 · 2). 즉 이 인수의 조형은 이미 4세기대부터 보이고 있으나 형태상 위의 예들에 비해 길이가 짧거나 삽자루형의 외환이 다양한 형태로 만들어지는 등 변화를 거듭하다가 이 시기에 들어서면서 위의 2예와 같은 인수로 정형화-재지화-된 것이다. 그리하여 5세기 전반대의 여러 형식 중 주류를 이루는 표비와 환판비의 기본적인 인수로 채용되기에 이른 것이다.

또 하나의 변화로는 횡방향함유금구판비의 성행을 들 수 있다. 이 형식의 판비는 원대자벽화묘 또는 효민둔 154호묘에서 보이는 북방의 선비계 판비와 같이 처음에는 경판의 형태가 둥근 것이 중심을 이룬다. 4세기 말경에는 사다리꼴로 바뀌어 5세기대의 대성동 57호분이나 양동리 196호분 출토품으로 계승되어 완전히 가야화된 것으로 보인다. 이후 각지로 전래되는데, 후술하는 아라가야의 함안 도항리 문3호분 출토품이 대표적인 예이다.

한편 이 시기의 비에 있어서 또 다른 큰 변화는 환판비의 출현을 들 수 있다. 이 형식의 비에 대해서는 일찍이 김두철의 선구적인 연구가 있었으며,[280] 이후 필자는 분류와 편년, 분포 등에 대해 검토한 적이 있었다.[281] 환판비는 함유금구의 형태에 따라 크게 X자형 · ⊥자형환판비로 구분된다. 이 중 X자형환판비는 모용선비묘인 요령성 방신촌 북구 M8호묘 출토품의 계보를 잇는 것으로 실물자료는 아직 없으나 4세기 후반대에 다양한

---

280) 金斗喆, 1993, 앞의 논문.
281) 柳昌煥, 2000, 앞의 논문.

선비계 마구와 동반되어 도입되었을 가능성이 크다. 이후 여러 마구들과 함께 재지에서 만들어지면서 점차 가야화되는데, 꼬아 만든 일조선인수가 달린 김해 대성동 20호분과 동래 복천동 35호분 출토품들이 그러한 예들이다.

⊥자형환판비에 대해서는 김두철의 견해가 유력해 보인다. 그는 선비계 또는 고구려계의 4세기대의 비가 한결같이 횡방향 또는 X자형의 함유금구를 취하고 있는 것에 비하여 ⊥자형환판비는 종방향을 취하고 있는 것에 주목하여 낙동강 하류역에서 자체 개량·발전시킨 것으로 보았다. 이처럼 금관가야지역에서 개발·생산된 ⊥자형환판비는 곧바로 대가야권과 아라가야권 등으로 확산되어 주류가 되는데, 후술하는 합천 옥전 23, 67-A, 68호분과 함안 도항리 경13호분 출토품들은 이를 실증적으로 보여주는 자료이다.

등자에 있어서도 많은 변화가 보인다. 형태와 재질은 앞 시기와 같은 목심철판피윤등이 주류를 이루는데, 다양한 형식이 만들어지는 것에서 차이가 난다. 외장철판의 형태차이에 따라 ⅠA1~ⅠA4식 등 모두 4가지 형식으로 구분된다. 먼저 ⅠA1식은 대성동 1호분, 복천동 21호분, 양동리 429호분 출토품으로, 이들은 병부의 상반부와 병부와 윤부의 접합부에 각각 따로 재단하여 만든 철판을 보강한 것이 특징적이다. 이 형식의 등자는 실연대가 확실한 北燕의 馮素弗墓(415년) 출토품과 형식학적으로 같은 것이어서 가야마구의 편년연구에 있어서 좋은 기준이 되는 것으로 매우 중요하다.

다음으로 ⅠA2식 등자는 목심의 측면에만 철판을 보강한 것으로, 주로 가야지역에서만 확인되어 낙동강 하류역에서 개발된 것으로 보아왔다. 그런데 최근 환인 오녀산성 M20호 주거지에서 ⅠA2식 등자와 매우 유사한 자료가 출토됨으로써 재검토를 필요로 하고 있다.[282]

한편 재지에서 개발된 것으로 판단되는 등자도 있다. ⅠA3식과 ⅠA4

식이 그것이다. 먼저 ⅠA3식은 동래 복천동 22호분과 35호분 출토품으로 목심의 측면과 병부의 상반부는 철판으로, 병부의 하반부와 윤부의 전후면은 단면 반원형의 철봉으로 보강한 것이 특징적이다. 이러한 등자는 위의 예를 비롯하여 주로 가야지역에서 확인되는 것인데, 경주 황남동 109호분 4곽 등 신라지역에서도 확인되어 가야와 신라지역에서 공통적으로 사용한 등자임을 알 수 있다. ⅠA4식 등자는 위의 ⅠA1식과 달리 목심의 병부와 윤상반부의 전후면에 각 1매의 역Y자상의 철판으로 보강한 것이 가장 큰 특징이다. 또한 동래 복천동 10호분 등자의 경우 답수부에 미끄럼 방지를 위한 3개의 스파이크가 장치되어 있는 등 신식등자로 이어지는 요소도 확인된다.

이러한 등자와 더불어 중장기병의 등장과 밀접한 관계가 있는 것은 방어용 마구인 마주와 마갑이다. 마주와 마갑을 갖춘 중장기병은 고구려와 선비 등 북방에서는 이미 4세기대부터 등장하는데, 가야에서는 마주와 마갑의 출토례로 보아 이때부터 등장한 것으로 보인다. 현재 이 시기에 알려진 마갑의 예는 대성동 11호분과 복천동 35호분 출토품 등 2예, 마주의 예는 김해 대성동 1, 57호분, 두곡 8호분, 동래 복천동 10호분 출토품 등 모두 5예가 알려져 있다. 숫자만으로는 대규모의 중장기마전술이 구사되었다거나 아니면 전쟁에서 얼마나 강력한 힘을 발휘했는지는 가늠하기 어렵다. 어쨌든 이러한 마주와 마갑은 고구려의 안악 3호분과 쌍영총, 삼실총 등의 고분벽화에 묘사되어 있는 것과 마찬가지로 이 지역에 개마무사, 즉 중장기병의 출현을 알려주는 자료로 볼 수 있을 것이다. 이로써 가야지역에서는 이 시기에 비로소 소수의 지배자들을 중심으로 마주와 마갑을 갖춘 중장기마전술을 습득하여 구사했음을 알 수 있다.

---

282) 遼寧省文物考古研究所, 2004, 『五女山城-1996~1999, 2003年桓仁五女山城調査發掘報告』, 文物出版社, 도판 42-8 참조.

이상에서와 같이 5세기 전반대의 금관가야지역에서는 비와 등자, 안장을 중심으로 하는 가야마구의 기본적인 조합이 완성된다. 뿐만 아니라 장식용 마구인 심엽형행엽, 청동제 마령, 환형운주 등 다양한 마구가 개발되는 등 앞 시기와 달리 마구의 종류와 형식이 다양해진다. 이를 기반으로 한 기마문화는 영남의 여러 가야지역으로 확산되어 본격적으로 유행하게 되는데, 특히 점차 약화되어 가는 금관가야를 대신하여 가야의 새로운 중심세력으로 대두하기 시작한 대가야와 아라가야 지역을 중심으로 다양한 마구문화가 펼쳐지게 된다.

2) 대가야권

주지하듯이 전기가야의 맹주국인 금관가야의 주무대였던 낙동강하류역에서 유행하던 기마문화는 5세기에 들어서면서 영남의 각 지역으로 전래되는데, 그 일파가 대가야지역으로 유입된다. 그 최초의 예는 대가야의 중심지로 알려져 있는 고령지역이 아닌 합천 옥전에서 발견되었다. 즉 합천 옥전 23, 67-A · B, 68호분 출토품들은 대가야 지역 최초의 마구로서, 실연대로는 5세기 전반대에 해당된다(그림 15 참조). 이들 자료를 보면 합천 옥전고분군에는 마구의 수용기부터 환판비와 안장, 등자 등으로 구성된 실용성이 강한 「기본마구」를 중심으로 장식용 마구인 심엽형행엽과 환형운주, 방어용 마구인 마주 등이 출현하는 등 커다란 변화를 보여준다.

그러면 이하에서는 이들에 대해서 좀 더 구체적으로 살펴보기로 하자. 먼저 말을 조종하거나 제어하는데 있어서 가장 기본적인 마구인 轡는 ⊥자형환판비만으로, 옥전 23, 67-A · B, 68호분에서 출토되었다. 이들 환판비는 ⊥자형의 환판, 횡장방형의 입문, 일조의 철봉을 비틀어서 만든 함 등이 특징적이다. 앞서 언급하였듯이 환판비는 5세기 초두에 금관가야에서 개발된 것이 분명하므로 위의 옥전의 예들은 금관가야 지역과 깊은 관계 속에서 출현한 것으로 생각된다. 그런데 자세히 보면 옥전의 환판비들은 출현기의 것에 비하여 약간 변모하였으며, 특히 함의 제작에 있어서 일조의 철봉을 비틀어 만든 기술은 금관가야의 것들과 분명한 차이를 보여준다. 이러한 차이가 시간의 흐름에 따른 형식학적인 변화를 반영한 것인지, 아니면 지역차를 보여주는 것인지는 단정할 수 없다. 다만 후술하는 등자에서 엿볼 수 있듯이 이 지역에서는 마구의 도입 직후부터 마구가 재지에서 제작되었을 가능성이 높으므로 후자에 무게를 두고 싶다.

등자는 위의 환판비들과 세트를 이루어 옥전 23, 67-A · B, 68호분에서 출토되었다. 모두 나무로 만든 본체에 철판을 보강하여 만든 목심철판피윤등이다. 이들은 병부는 두텁고 짧으며, 병두부는 평면 반원형을 이루며, 병부와 윤부의 측면폭은 동일하며, 답수부에는 스파이크를 장치하지 않은 점 등에서 공통된 특징을 가진다. 그런데 목심을 보강한 외장철판의 형태는 뚜렷하게 구별되는데, 이에 의해서 ⅠA2, ⅠA3, ⅠA4식으로 구분할 수 있다.

이들 목심등자는 앞서 언급한 바와 같이 그 원류가 낙동강 하류역에 있음은 분명한데, 이 중에서 먼저 주목되는 것은 ⅠA3식이다. ⅠA3식은 비와 안장과 세트를 이루어 옥전 68호분에서 출토되었는데, 이들은 지금까지 발견된 대가야지역의 마구 중에서 가장 빠른 것으로 낙동강 하류역에서 유입된 것으로 이해하고 있다. 그런데 옥전 68호분에서 출토된 ⅠA3식 등자를 자세히 보면 답수부의 중앙부에 철사를 감은 흔적이 남아 있다. 이는 사용과정에서 파손된 것을 수리한 흔적으로 보인다. 이처럼 옥전 68호분 출토 등자에 수리한 흔적이 남아 있는 것은 마구의 수용과 더불어 마구의 제작기술자 또는 제작기술도 동반되었음을 시사해 준다.

이를 기반으로 재지에서 제작된 것으로 보이는 등자도 있다. 위의 옥전 68호분 보다 약간 늦게 편년되는 67-A · B호분에서 출토된 ⅠA2식과 ⅠA4식이 그것이다. 이들의 원류 역시 앞서 언급하였듯이 낙동강 하류역에 있는 것은 확실하다. 다만 세부적으로 보면 본체를 보강한 외장철판의 형태에서 차이가 나기 때문에 위의 옥전 68호분의 등자와 달리 이 지역에서 개량되어 제작되었을 가능성이 큰 것으로 생각된다.

이상에서와 같이 옥전 23, 67, 68호분에서 출토된 마구는 앞 시기에는 전혀 보이지 않는 것으로, 이 시기에 돌발적으로 출현한 것임을 알 수 있다. 아울러 이들 마구의 특징으로 보아 낙동강 하류역에서 직접 유입된 것도 있지만 재지에서 제작된 것도 있음을 확인하였다.

그런데 지금까지의 자료만으로는 다라국의 고지로 알려져 있는 합천 옥전 지역에만 보이고, 정작 대가야의 중심지로 알려져 있는 고령지역에서는 마구자료가 전혀 확인되지 않는 것이 문제로 남아 있다. 이와 관련하여 주목되는 것은 고령 쾌빈동 1호분이다. 쾌빈동 1호분은 대형 목곽묘로 유구와 유물의 분석을 통해 선진문물을 소유한 김해지역 인간들의 이주와 정착에 의해 고령지역에 처음으로 등장한 지배자의 고분으로 추정되고 있다.[283]

이러한 연구성과에 대하여 이견이 없는 것은 아니지만 어쨌든 유구와 유물이 김해지역과 밀접한 관계가 있다는 것은 시사하는 바가 적지 않다. 즉 A.D 400년 고구려 광개토대왕의 남정으로 야기된 정세변동을 계기로 쾌빈동 1호분이 축조되었다면 고령지역에도 이 시기의 합천 옥전이나 후술하는 아라가야와 마찬가지로 김해지역에서 유행하던 기승용의 마구와 갑주 등의 문물이 유입되었음을 의미한다. 따라서 조사의 진전에 따라 고령지역에도 이 시기에 해당되는 마구가 출토될 것으로 기대한다.

---

283) 趙榮濟, 2006, 앞의 논문.

3) 아라가야

　5세기 전반대로 편년되는 아라가야의 고분에서 출토된 마구를 살펴보면 표비와 판비, 환판비, 등자 등이 확인된다. 이들 마구는 아라가야지역에 처음으로 유입된 마구로써 합천 옥전의 것에 비해 훨씬 다양하여 이 시기 가야마구의 동향을 밝히는데 있어서 매우 중요한 자료로 파악되고 있다(그림 19 · 20 참조).

　먼저 표비를 살펴보자. 문43호분과 경파괴분에서 출토되었는데, 이 중 빠른 형식으로 보이는 문43호분 표비는 이련식의 함과 이조의 철봉을 구부려서 양끝을 연결한 후 가운데를 눌러서 표형으로 만든 짧은 이조선인수가 특징적이다. 이러한 표비는 앞서 언급한 바와 같이 고구려와 금관가야에서 발견되는 4세기대 자료들과 연결된다. 이보다 약간 늦은 경파괴분출토 표비는 철봉을 꼬아 만든 이련식의 함을 가진 점에서 위의 문43호분출토품을 잇는 것으로 보이는데, 다만 인수가 삽자루형 외환의 이조선인수인 점에서 차이가 난다.

　판비는 마산 현동 43호분과 문3호분 출토 횡방향함유금구판비가 알려져 있다. 이들은 횡방향으로 부착된 함유금구와 철봉을 꼬아서 만든 이련식의 함으로 이루어진 점에서 공통된다. 다만 경판의 형태에 있어서 전자는 타원형, 후자는 사다리꼴 모양으로 다르다. 주지하듯이 횡방향함유금구판비는 금관가야의 중심고분군인 김해 대성동고분군과 동래 복천동고분군에서 4세기대부터 유행하는 자료인데, 4세기 말 무렵에는 마산 현동 유적에 도달하고 이어서 함안 도항리로 유입된 것으로 추정된다. 따라서 위의 2예는 4세기 말에서 5세기 초 무렵에 금관가야에서 아라가야로 유입된 것으로, 아라가야 마구의 출현 배경과 시기를 이해하는데 매우 중요한 자료가 되고 있다.

　이러한 횡방향함유금구판비와 함께 아라가야 마구의 출현 배경과 시기를 알 수 있는 자료는 X자형환판비이다. 이 형식의 판비는 유례가 많지 않으나 그 예를 보면 낙동강 하류역에서 개발된 것으로 판단된다. 금관가야를 벗어난 가야지역에서는 문36호분과 문10호분 출토품이 유일한 예이다. 문36호분과 문10호분의 예는 전형적인 X자형의 함유금구와 철봉을 꼬아 만든 이런식의 함을 가진 점에서 공통되는데, 인수는 각각 다르다.

이처럼 아라가야에서는 금관가야에서 4세기대부터 이어져 온 마구가 먼저 유입되었는데, 이어서 5세기대에 개발된 ⊥자형환판비와 등자가 유입된다. 먼저 ⊥자형환판비는 경13호분 출토품이 유일한 예이다. 함유금구는 전형에서 약간 변형되어 「人」자형을 이루며, 인수는 삽자루형 외환의 일조선인수로 만들어졌다. 앞서 살펴보았듯이 환판비는 5세기 초에 낙동강 하류역에서 개발되고 곧 이어서 합천과 함안 등지로 전래되어 재지화되는데, 경13호분 출토 환판비는 이러한 흐름 속에서 등장한 것으로 본다.

다음으로 등자를 살펴보면, 이 지역에 가장 먼저 출현한 등자는 문48호분 출토 목심철판피윤등으로 파악된다. 나무로 만든 본체는 대부분 결실되고 윤부를 보강했던 철판만이 일부 남아 있어 전체 형태는 잘 알 수 없다. 다만 남아 있는 형태로 보아 5세기 전반대에 김해 대성동과 합천 옥전 등에서 발견되는 ⅠA식 등자일 가능성이 큰 것으로 여겨진다. 이보다 약간 늦은 것으로 판단되는 경13호분 출토품은 병두부와 병과 윤의 내외 측면은 철판으로 보강하고 병두부 하부와 윤부의 전후면은 철봉으로 보강하였으며, 답수부에는 미끄럼 방지를 위한 스파이크를 장치하였다. 이러한 특징을 가지는 경13호분 출토 등자는 필자의 ⅠA3식에 해당되는 것으로, 출토례를 보면 5세기 1/4분기 또는 5세기 전엽으로 편년되는 경주 황남동 109호분 4곽, 동래 복천동 22, 35호분, 합천 옥전 68호분 등 광범위한 지역에 걸쳐 발견되고 있다. 따라서 경13호분 출토품은 이들과 거의 같은 시기에 제작된 것임을 알 수 있는데, 다만 답수부에 장치된 스파이크는 주로 5세기 후반대의 신식등자에서 볼 수 있는 것이므로 위의 예들 중에서도 가장 늦게 제작되었음을 알 수 있다.

이상에서 살펴 본 바와 같이 5세기 전반대의 아라가야지역에서는 다양한 형식의 비와 등자를 중심으로 한 마구가 성행하였음을 알 수 있다. 그런데 이들 마구를 자세히 보면 5세기 전반대라는 시간속에서 적어도 2회에 걸쳐서 큰 변화가 있었던 것으로 보인다. 즉 표형의 이조선인수 표비, 횡방향함유금구판비, X자형환판비 등으로 구성된 마구가 1차적으로 유입되고, 뒤이어서 삽자루형의 이조선인수를 가진 표비와 X자형환판비, ⊥자형환판비, ⅠA3식 목심등자 등이 2차적으로 유입된 것으로 관찰된다. 즉 극히 짧은 시간 속에서 마구의 교체가 이루어졌는데, 실연대로 말하면 전자는 5세기 1/4분기, 후자는 5세기 2/4분기에 해당된다.

이와 같은 변동의 배경에 대해서는 불확실하지만 결론부터 말하면 전자는 금관가야로부터의 이입품이며, 후자는 이를 기반으로 한 재지 생산품일 가능성이 높은 것으로 생각된다. 특히 전자는 낙동강 하류역에서 4세기대부터 성행한 북방계의 마구들이며, 후자는 5세기대 이후 낙동강 하류역에서 개발되거나 재지화된 마구라는 특징이 있다. 그리고 후자의 경우 문10호분 출토 X자형환판비와 같이 삽자루형외환의 이조선인수를 가진 유례가 금관가야를 비롯한 다른 지역에 없다는 점, 그리고 경13호분 출토 목심등자는 답수부에 장치된 스파이크와 도하트형의 윤부 등의 특징에서 다른 지역 출토품들과 분명히 구별된다. 따라서 이러한 예들은 5세기 2/4분기 무렵에 아라가야 지역에 마구의 제작기술이 정착되었음을 실증적으로 보여주는 자료로 보아야 할 것이다.

2. 전환기적 특징

지금까지 5세기 전반대 가야마구의 지역별 양상에 대하여 살펴보았다.

그리하여 이 시기에는 마구의 수용기와 달리 낙동강 하류역의 금관가야를 비롯하여 황강 하류역의 합천, 남강 하류의 함안지역 등에 다양한 마구가 분포하고 있음을 알 수 있었다.

이러한 이 시기의 가야마구는 앞서 언급하였듯이 A.D 400년 고구려 광개토대왕의 남정을 계기로 금관가야지역에서 출발하여 합천과 함안 등 가야의 여러 지역으로 전래된 것들이다. 그런데 자세히 살펴보면 그 양상이 각 지역마다 똑같지 않고 약간 다른 모습으로 나타나고 있다. 다시 말

표 20. 5세기 전반대 가야마구

구분		금관가야	대가야	아라가야	출토유구
표비		표형 이조선인수		표형 이조선인수	양78, 문43
		삽자루형 이조선인수			대11, 복22, 두곡8
		삽자루형 일조선인수			복21
		방형외환 일조선인수			복10
판비		꼬아만든 일조선인수			대57, 양196
		삽자루형 이조선인수			대57, 양107
				표형 이조선인수	문3
X자형 환판비		꼬아만든 일조선인수		꼬아만든 일조선인수	대20, 문36
		삽자루형 일조선인수			복35
				삽자루형 이조선인수	문10
⊥자형 환판비		삽자루형 이조선인수	삽자루형 이조선인수		복31, 옥67, 68
		삽자루형 일조선인수	경13		
안장		금동제, 철제	금동장, 철제		대1, 복22, 옥23, 67
등자		ⅠA1식			대1, 복21, 양429
		ⅠA2식	ⅠA2식		대57, 양78, 107, 옥23, 67, 68
		ⅠA3식	ⅠA3식	ⅠA3식	복22, 35, 옥68, 경13
		ⅠA4식	ⅠA4식		복10, 옥67
행엽		금은장·철제 심엽형	금동장 심엽형		대1, 복10, 옥23
운주		철제환형운주, 청동환	철제환형운주	청동제환형운주	대1, 복10, 22, 옥23, 68, 문48
마주		마주	마주		대1, 57, 복10, 두곡8, 옥23

* 범례 대 : 대성동고분군, 복 : 복천동고분군, 양 : 양동리고분군, 옥 : 옥전고분군, 문 : 도항리고분군

해 이 시기의 가야마구는 금관가야지역에서 성립된 고식마구를 모태로 하면서도 각 지역마다 마구의 종류와 형식, 제작방법 등에 있어서 공통점과 차이점이 동시에 드러나는 것이 관찰된다.

이처럼 5세기 전반대의 가야마구에 나타나는 지역별 공통점과 차이점이 곧바로 전환기적 특징을 보여주는 것이라 할 수 있다. 그러면 이하에서는 이를 중점적으로 살펴보도록 하겠다. 먼저 이 시기 각 지역에서 나타난 마구의 종류와 형식을 정리해 보면 표 20과 같다. 이에 의하면 5세기 전반대에 해당되는 각 지역 마구는 종류와 형식, 분포양상에 있어서 공통점과 차이점이 있음을 쉽게 알 수 있다. 이를 정리하면 다음과 같다.

① 금관가야, 대가야, 아라가야 분포 : ⊥자형환판비, ⅠA3식 등자, 환형운주
② 금관가야, 대가야 분포 : 삽자루형 이조선인수 ⊥자형환판비, ⅠA2·ⅠA4식 등자, 행엽, 마주
③ 금관가야, 아라가야 분포 : 표비, 판비, X자형환판비
④ 금관가야 분포 : 삽자루형 이(일)조선인수·방형외환의 일조선인수 표비, 꼬아 만든 일조선인수·삽자루형 일조선인수 판비, 삽자루형 일조선인수 X자형환판비, ⅠA1식 등자
⑤ 아라가야 분포 : 표형의 이조선인수 판비, 삽자루형 이조선인수 X자형환판비, 삽자루형 일조선인수 ⊥자형환판비

이와 같은 마구의 종류와 형식에 보이는 지역별 분포상의 차이는 당시 금관가야와 대가야, 아라가야와의 관계 등 여러 상황을 반영하고 있는 것으로 생각된다. 이에 대해서는 후술한다. 한편 마구의 종류와 형식뿐만 아니라 마구의 제작방법에 있어서도 공통성과 더불어 지역적인 차이도 있었던 것으로 보인다. 그것은 ⊥자형환판비와 등자를 통해 알 수 있다.

먼저 ⊥자형환판비는 금관가야와 대가야, 아라가야 등 세 지역 모두에

공통적으로 분포하고 있어 이 시기의 가야마구가 공통성을 가지고 있음을 보여주는 좋은 사례이다. 그런데 세부적으로 보면 지역적인 차이가 난다. 우선 형태에 있어서 정⊥자형의 환판과 삽자루형 이조선인수를 특징으로 하는 동래 복천동 31호분 출토품, 인수는 같지만 환판이 정人자형으로 변화한 합천 옥전 68호분 출토품, 환판과 인수 모두 위의 예들과 다른 도항리 경13호분 출토품 등으로 구분되는 등 지역적인 차이가 난다. 또한 함의 제작방법에 있어서도 여러 가닥의 철봉을 꼬아서 만든 복천동 출토품들과 일조의 철봉을 비틀어서 만든 옥전과 함안 출토품으로 구분되어 지역적인 차이가 있음을 분명히 보여준다.

⊥자형환판비와 더불어 세 지역 모두에서 유행한 고식등자 역시 그 진원지가 낙동강 하류역에 있는 것이지만 각 지역에서 나타난 모습을 보면 반드시 일률적인 것은 아니다. 예를 들면 복천동 22, 35호분, 옥전 68호분, 도항리 경13호분 출토 등자는 병부의 하반부와 윤부의 전후면을 철봉으로 보강한 점에서 ⅠA3식으로 분류되는 것이지만 윤부의 형태를 보면 복천동의 예들은 도하트형, 옥전의 예는 원형을 이룬 것에서 차이가 난다. 또한 도항리 경13호 등자는 ⅠA3식 가운데 유일하게 신식등자의 특징적인 요소인 스파이크가 답수부에 채용되는 등 또 다른 모습을 보여준다. 그리고 ⅠA4식으로 분류되는 옥전 67-A호분과 복천동 10호분 등자를 비교해 보면 각각 윤부의 형태가 도하트형 또는 삼각형이거나 윤상부를 보강한 철판의 양 끝 부분을 바깥쪽 또는 안쪽으로 경사지게 잘라내는 등 양자 간에는 분명한 차이가 난다.

이상에서와 같이 5세기 전반대의 가야마구는 금관가야의 마구를 모태로 형성된 것임은 분명하지만 지역별로 보면 마구의 종류와 형식, 제작방법 등에 있어서 공통점과 차이점이 있음을 알 수 있었다. 그러면 이러한 양상이 나타난 원인과 배경은 무엇일까? 이에 대해서는 고고자료의 분석만으로 알 수 없을 것이다. 그래서 위에서 이미 언급한 바 있는 금관가야와 주변 지역과의 관계 등 당시의 복잡한 상황을 반영하고 있는 것으로 생각하여 아래와 같은 몇 가지 가능성을 제시해 보고자 한다.

첫째, 주민의 이주 또는 문물의 선택적 수용 가능성이다. 앞서 여러 차례 언급하였듯이 A.D 400년 고구려 광개토대왕의 남정으로 야기된 한반도 남부의 정세변동을 계기로 마구를 비롯한 각종 문물이 가야의 여러 지역으로 확산된다. 확산의 원인은 남정 이후 약화된 금관가야의 유민들이 마구 등의 새로운 문화를 동반하여 각 지역으로 이주한 결과이거나 격동하는 정세에 대응하기 위해 각 지역의 토착인들이 마구 등의 새로운 문물을 선택적으로 수용한 결과일 가능성 등을 생각해 볼 수 있다. 이로써 각 지역에서 마구의 종류와 형식에 공통성과 차이점이 드러난 것으로 생각된다.

둘째, 대가야와 아라가야 지역으로 마구가 유입되는 시간적 차이를 반영하고 있을 가능성도 생각해 볼 수 있다. 그러한 근거는 무엇보다도 아라가야와 대가야의 수용기 마구의 양상에 차이가 있기 때문이다. 앞서 언급하였듯이 아라가야에 처음으로 유입된 마구는 표형의 이조선인수 표비와 횡방향함유금구판비, 꼬아 만든 일조선인수 X자형환판비 등으로 이들은 낙동강 하류역에서 4세기대부터 유행한 마구들이다. 이에 비해 대가야지역에서는 4세기대의 마구들이 발견된 예가 없으며, 이들 보다 늦은 5세기대에 들어서서 낙동강 하류역에서 재지화-가야화-된 ⊥자형환판비와 목심등자 등이 최초의 마구로 등장하고 있는 것이 확인된다. 이는 양 지역에 마구가 유입되는 시점에 차이가 있었음을 의미하는 것으로, 그 결과 마구의 종류와 형식 등에서 차이가 생겼을 가능성이 크다.

마지막으로는 금관가야에서 출발한 마구 제작기술자 또는 마구 제작기술이 각 지역의 토착기술과 결합되어 재현되면서 나타난 결과일 가능성도 생각해 볼 수 있다. 지금까지 여러 차례 언급한 바와 같이 이 시기의 가야마구의 원형은 금관가야 마구에 있는 것이 분명하며, 그리하여 각 지역의 마구가 형식학적으로 유사도가 매우 높게 나타난 것으로 본다. 다시 말해 이 시기 각 지역의 마구는 결국 금관가야 마구를 충실히 재현한 것으로 볼 수 있는데, 다만 각 지역에서 제작되는 과정에서 제작기술자 또는 토착기술에 의해 선택적 수용 또는 개량이 이루어졌을 가능성을 상정하지 않을 수 없다. 그 결과 각 지역마다 마구의 종류와 형식, 제작방법에 있어서 전기가야 마구의 공통성을 가지면서도 미세한 차이점이 생겨난 것으로 본다.

이처럼 이 시기의 가야마구에 나타난 공통성과 차이점이 생겨난 원인으로 세 가지 정도의 가능성을 생각해 보았다. 그런데 사실 이들 가능성 모두는 별개로 일어난 것은 아니며 유기적인 관계를 가지면서 일어난 것으로 생각되며, 그 결과 각 지역 마구의 양상이 일률적이지 않고 다양한 형태로 나타난 것으로 본다. 이 점을 5세기 전반대 가야마구에 나타난 전환기적 특징으로 이해하고자 한다.

이상에서 살펴 본 5세기 전반대 가야마구에 나타난 전환기적 특징은 그동안 여러 선학들이 주창한 바와 같이 A.D 400년 고구려 광개토대왕의 남정으로 야기된 한반도 남부지방의 정세변동이 중요한 배경이 된다. 결국 그로 인한 금관가야-전기가야-의 약화와 전기가야 마구의 대가야와 아라가야지역으로의 확산은 이후 대가야와 아라가야가 후기가야의 중심지로 발돋움하는데 중요한 배경의 하나가 된 것으로 본다.

3. 연대문제

필자는 이전에 동아시아 초기마구를 소재로 하여 분류와 편년, 전개과정에 대해서 고찰한 바 있다. 그 중 절대연대에 대해서는 紀年銘 등에 의해 절대연대가 알려져 있는 중국과 중국 동북지방 자료를 근거로 하여 추정한 바 있다.[284]

즉, 金盆嶺 21號墓의 騎馬俑(左側 單鐙, 302년)과 象山 7號墓(雙鐙,

322년)의 陶馬俑을 참고로 하면 늦어도 4세기 초두에는 등자를 동반하는 기마술이 개발되고 곧바로 雙鐙에 의한 騎馬文化가 성립된 것으로 보았다. 이러한 鐙 騎乘의 기마문화는 곧바로 중국 동북지방으로 유입되는데, 비·안장·등자·행엽 등으로 구성된 袁台子壁畵墓의 마구를 대표적인 예로 들었다. 이 墓의 연대는 보고자에 의해 東晉 4세기 초에서 4세기 중엽으로 추정된 후 연구자에 따라 다양한 연대가 제시되고 있는데, 이 중에서 남아 있는 墨書를 "永和十年二月己卯朔"(354年) 또는 "太和元年二月己巳朔"(366年)으로 추정 복원한 田立坤의 견해[285]가 참고된다. 즉 앞서 2장 Ⅲ절에서 묵서를 근거로 제시한 田立坤의 연대를 한반도와 북방에서 발견되는 마구의 발전과정과 가장 부합되는 것으로 판단하여 袁台子壁畵墓 출토 마구를 4세기 중엽 또는 4세기 3/4분기의 초두로 비정하였던 것이다. 이로써 앞서 살펴본 4세기대 전기가야 마구의 연대에 대한 근거는 마련된 것으로 본다.

그런데 본고에서 전환기로 이해하는 5세기 전반대 마구의 연대문제는 여전히 여러 분야에서 이견이 제출되고 있다. 주지하듯이 1980년대 초 동래 복천동고분군이 부산대학교 박물관에 의해 발굴조사되면서 다량의 갑주와 마구들이 출토되었다. 이를 계기로 마구에 대한 본격적인 연구가 이루어져 갑주와 마구를 부장한 고분들 대부분이 A.D 400년 고구려 광개토대왕의 남정 이후로 편년되었다. 그 후 김해 대성동고분군과 복천동고분군에서 4세기대로 편년되는 마구가 다량으로 발견되어 가야마구의 시간성이 확대되는 등 새로운 국면을 맞이하였다.[286] 그렇다고 해서 그 동안 5세기 이후로 편년된 유구의 연대를 4세기대로 소급시킬 근거가 마련된 것

---

284) 柳昌煥, 2004, 앞의 논문.
285) 田立坤, 2001, 앞의 논문.
286) 申敬澈, 1994, 앞의 논문.

은 아니다. 즉 5세기 이후로 편년되어 온 마구들보다 형식학적으로 빠르면서 4세기대로 편년되는 새로운 마구들이 발견된 것으로, 가야지역에 기승용 마구가 등장하는 것이 4세기부터라는 결론을 얻게 된 것이었다.

한편 위의 연대론과 달리 일본에서의 年輪年代 연구성과와 埼玉 稲荷山古墳 礫槨 출토 辛亥銘鐵劍 471년으로 보는 연구 등을 수용하여 그동안 5세기 이후로 편년되어 온 많은 유구들을 4세기대로 소급시킨 견해도 제출되어 있다.[287] 이러한 연대론에 대해서 여기에서 일일이 언급할 여유는 없으나, 다만 여기서 간과할 수 없는 것은 후자의 견해이다. 왜냐하면 후자의 견해에 의하면 필자가 본고에서 5세기 전반대로 이해하고 있는 대부분의 마구들이 4세기대로 소급되어야 하므로, 이에 대한 필자의 견해를 밝히고자 한다.

현재 5세기 전반대 가야마구의 실연대를 알 수 있는 자료는 전무한 실정이다. 따라서 다른 지역에서 실연대를 알 수 있는 자료와 비교하여 추정해 볼 수밖에 없다. 이와 관련하여 우선 중요한 자료로 다루어지고 있는 것은 北票 西官營子에서 발견된 馮素弗墓이다. 주지하듯이 이 墓의 주인공인 馮素弗은 北燕의 王族으로서 北燕의 太平七年(415年)에 沒한 것으로 명확히 기록되어 있다. 따라서 여기에서 출토된 등자는 동아시아 마구의 절대연대 연구에 있어서 중요한 위치를 차지하고 있음은 새삼 말할 필요도 없다. 이런 이유로 馮素弗墓 출토 등자는 국내외의 여러 연구자들에 의해 다각도로 검토된 바 있으며, 이에 대해서 필자도 견해를 덧붙인 바 있다.

馮素弗墓 출토 등자는 나무로 만든 본체에 금동판으로 보강한 이른바 목심금동판피목심등자이다. 외장 금속판의 재질은 다르지만 병부의 상반부와 병부와 윤부의 접합부에 따로 만든 금속판을 보강한 특징에서 필자

---

287) 朴天秀, 2005, 「가야고분의 편년」『伽倻文化』 제18호.

의 ⅠA1식에 해당된다. 즉 김해 대성동 1호분, 동래 복천동 21호분, 김해 양동리 429호분, 상주 신흥리 나-39호분, 일본의 대판부 칠관고분 출토품들과 같은 형식으로 분류되는 것이다. 다시 말해 이들은 목심등자를 분류하는데 중요한 기준인 외장철판의 형태상 동일 계통, 동일 형식의 것임에 분명한 것들이다. 이로써 이들 등자는 시간적으로 馮素弗墓 출토품과 그다지 큰 차이가 없음을 알 수 있다.

그런데 여기서 주의해야 할 것은 위의 영남지역 출토품 모두를 馮素弗墓 등자 이후로 편년할 이유는 없다는 것이다. 앞서 언급하였듯이 가야에서는 이미 4세기대부터 등자가 도입되었는데, 이때의 등자는 목심의 병부와 윤부의 접합부 전후면을 중심으로 철판을 보강한 것으로 이후의 것에 비해 극히 간소한 구조를 가진다. 동래 복천동 48, 60호분 출토 등자가 그러한 예이다. 그런데 이러한 구조를 가진 등자는 천안 두정동과 울산 중산리에서도 확인되고 있어 가야뿐만 아니라 신라와 백제 등에서도 유행한 4세기대의 특징적인 등자로 자리잡을 가능성도 충분히 예견된다. 어쨌든 이 형식의 등자는 이후 외장철판이 유사한 ⅠA1식으로 계승되는데, 이는 ⅠA1식 등자가 풍소불묘 축조 이전에 개발되었음을 강력히 시사해 준다. 따라서 현재 발견된 ⅠA1식 등자의 연대 추정에 있어 馮素弗墓의 연대가 중요한 기준임에 틀림없으나 반드시 415년 이후로 편년할 필요는 없다. 다만 현재의 자료 중 형식학적으로 馮素弗墓 출토품보다 빠른 자료는 없어 보인다. 결국 외장철판의 형태상 가장 유사한 것으로 판단되는 馮素弗墓와 대성동 1호분, 양동리 429호분 출토품은 시간적인 차이가 거의 없는 것으로 판단되며, 이들에 비하여 약간 변형된 일본 鞍塚古墳과 七觀古墳 출토 등자는 이들보다 늦은 것으로 판단된다.

이처럼 ⅠA1식 등자는 馮素弗墓의 연대와 거의 같은 시기에 가야지역에 유입된 것으로 보이는데, 이는 같은 고식등자에 속하는 ⅠA2~ⅠA4식 등자의 연대를 추정하는데 하나의 근거가 될 수 있다. 즉 고식등자는 형식학적으로 ⅠA1→ⅠA2·ⅠA3→ⅠA4식의 순서로 출현하는데, 이를 참고로 하면 위 등자들의 상한연대는 역시 5세기 이전으로 소급시키기 어려운 것이다. 이것이 필자가 이해하는 5세기 전반대 가야마구의 상한연대이다.

상한연대 못지 않게 논란이 되고 있는 것이 하한연대이다. 하한연대 역시 마구의 검토에 의한 것이 아니라 토기 등의 공반유물에 의한 고분의 상대편년을 근거로 한 것이라는데 문제가 있다. 필자는 이와 관련하여 천안 용원리 9호분 출토 등자를 주목하고 있다. 이 등자의 성격과 위치에 대해서는 후술하겠지만 여기에서 미리 말하면 용원리 9호분 등자는 필자의 ⅠA3식 등자 중에서 최종단계에 해당되는 것이다. 연대는 이와 공반된 신라계 철모와 당시의 역사적 배경을 근거로 433년에서 455년 사이에 해당되는 것으로 판단하고 있다. 이로써 고식마구-전기가야 마구-의 하한연대는 433년~455년 사이에서 구할 수 있는 것으로 본다.

한편 가야와 신라 마구의 연대문제와 관련 있는 마구 자료가 최근 이른바 太王陵으로 부르는 고구려 왕릉에서 출토되어 주목을 끌고 있다.[288] 태왕릉의 墓主에 대해서는 고국양왕설과 광개토대왕설로 양분되어 있는데, 이러한 문제는 필자의 역량을 벗어난 것이어서 생략하고 여기에서는 태왕릉 출토 등자와 관련된 문제에 대하여 필자의 견해를 간단히 밝혀두고자 한다. 태왕릉 출토품은 이른바 木心金銅板張龍文透彫輪鐙(그림 25-8)으로, 전체형태와 투조용문의 사실성, 답수부에 미끄럼 방지를 위한 스파이크가 장치되지 않은 점 등에서 황남대총 남분 출토품보다 선행형식이라는 데는 이견이 없어 보인다. 문제는 절대연대이다.

절대문제와 관련하여 먼저 桃崎祐輔는 태왕릉 출토 등자를 중국 요령성의 모용선비 삼연묘에서 출토된 윤등류(4세기 중엽~말)와 신라 황남대

288) 吉林省文物考古研究所 集安市博物館, 2004, 『集安高句麗王陵-1990~2003年集安高句麗王陵調查報告』, 文物出版社

총과 금관총(5세기 중엽~후반대) 출토 등자의 중간에 해당되는 특징을 가진 것으로, 형태상 고구려 칠성산 96호분(5세기 전반) 출토품과 가까운 것으로 보았다.[289] 결론적으로 태왕릉 출토 마구의 형식학적 위치와 瓦의 편년 보정을 통해 태왕릉을 412년에 沒한 광개토대왕의 陵墓로 파악하였다.[289] 이어 이희준은 이러한 桃崎祐輔의 견해를 비판하면서 태왕릉의 묘주를 고국양왕으로 보고 태왕릉과 칠성산 96호분 출토 등자를 4세기 후엽, 황남대총 남분 출토품을 5세기 전엽으로 비정하고 있다.[290] 이와 같은 양씨의 견해는 등자뿐만 아니라 집안지역 출토 와당, 관련자료 등을 종합적으로 검토하여 얻은 것으로 이해된다. 특히 桃崎祐輔는 그의 동아시아 기마문화의 계보에 대한 이해를 바탕으로 한 것으로 보이며,[291] 이희준은 그가 직접 언급하고 있는 것과 같이 경주 황남대총 남분의 연대론[292]과 관련지어 내린 결론으로 생각된다.

한편 필자는 태왕릉 출토 등자가 공표되기 이전에 동아시아 초기마구를 검토하면서 칠성산 96호분과 황남대총 남분 출토 등자에 대해서도 언급하였다.[293] 즉 동북아시아의 등자 중에서 銅製鍍金 또는 木心金銅板被製로서 병부가 길고 윤부가 도하아트형을 이룬 孝民屯 154號墓, 北溝 M8號墓, 十二台鄕磚廠88M1號墓, 三合成墓, 七星山 96號墳 출토 등자를 B型으로 분류하고(그림 12 · 25 참조), 七星山 96號墳→신라 황남대총 남분 출토 木心金銅板被輪鐙(그림 25-9)으로 이어지는 계보를 상정하였던 것

289) 桃崎祐輔, 2005, 「高句麗太王陵出土瓦 · 馬具からみた好太王陵說の評價」『海と考古學』, 海交史研究會考古學論集刊行會編.
290) 李熙濬, 2006, 「太王陵의 墓主는 누구인가?」『한국고고학보』 제59집.
291) 桃崎祐輔, 2005, 「東アジア騎馬文化の系譜 -五胡十六國 · 半島 · 列島をつなぐ馬具系統論をめざして-」『馬具研究のまなざし - 研究史と方法論』, 古代武器研究會 · 鐵器文化研究會聯合研究集會實行委員會.
292) 李熙濬, 1995, 「경주 皇南大塚의 연대」『嶺南考古學』 17.
293) 柳昌煥, 2004, 앞의 논문.

이다. 결과적으로 필자의 B型에 속하는 太王陵 출토품은 필자의 생각을 뒷받침하는 것으로 太王陵 · 七星山 96號墳→신라 황남대총 남분 출토 등자의 순으로 상대편년할 수 있다. 이러한 상대편년은 위의 양자와 일치하는 것이다.

이러한 등자들의 절대연대에 대해 살펴보면, 우선 七星山 96號墳 출토품은 앞서 동아시아 마구의 형식학적인 편년을 고려하여 5세기 1/4분기와 2/4분기 사이, 즉 5세기 전엽으로 비정한 바 있다. 따라서 이보다 형식학적으로 후행하는 황남대총 남분 출토품은 자연스럽게 5세기 중엽으로 편년할 수 있을 것이다. 한편 이와 관련하여 주목되는 자료는 합천 옥전 28, 95(그림 25-16), M1호분과 창녕 교동 3호분(그림 25-15)에서 출토된 I B3식 목심등자들이다. 이들은 앞서 제3장 I 절에서 검토한 바와 같이 5세기 중엽으로 편년되는 신라계 등자로서 황남대총 남분에서도 확인된다. 더욱이 황남대총 남분과 교동 3호분에는 I B3식과 함께 전면을 철판으로 보강한 I B5식(그림 25-10 · 11)도 공반되고 있어 양자간에 밀접한 관계가 있음을 알 수 있다. 이로써 위의 옥전고분과 창녕 교동, 황남대총 남분에서 출토된 등자들의 연대는 병행하는 것임을 알 수 있으며, 결국 황남대총 남분의 연대는 5세기 중엽 이전으로 소급되기 어렵다는 것을 또다시 확인할 수 있다.

이상에서 太王陵에서 출토된 등자를 비롯한 관련 등자는 太王陵 · 七星山 96號墳(5세기 전엽)→신라 황남대총 남분(5세기 중엽)의 순으로 편년하는 것이 타당한 것으로 생각한다.

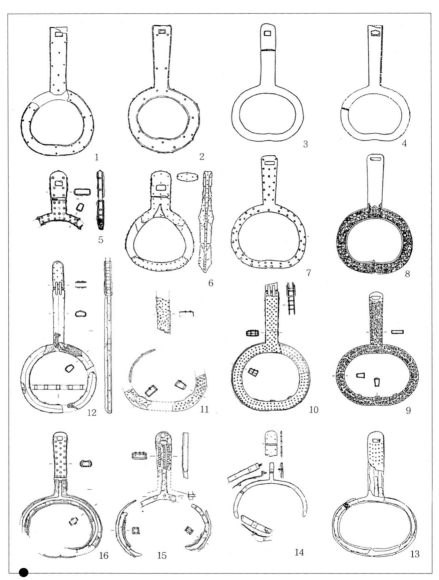

25 태왕릉 출토 등자와 관련 등자

1. 삼합성묘, 2. 북구 M8호묘, 3. 안양 효민둔 154호묘, 4. 조양십이태88M1호묘, 5. 대성동 1호분, 6. 풍소불묘, 7. 칠성산 96호분, 8. 태왕릉, 9·10·14. 황남대총 남분, 11·15. 교동 3호분, 12. 옥전 M1호분, 13. 황오리 14호분 제1부곽, 16. 옥전 28호분

Ⅲ. 후기가야 마구로의 전환과 전개

1. 후기가야 마구로의 전환양상과 배경

가야의 마구는 크게 전기가야 마구와 후기가야 마구로 대별된다.[294] 즉 전기가야 마구라 하면 낙동강 하류역을 중심으로 발전하던 4세기대의 마구와 이 마구가 여러 가야지역으로 확산되어 발전한 5세기 전반대까지의 마구를 말한다. 이에 반해 후기가야 마구란 그 전까지 공통성을 유지하던 고식마구, 즉 가야와 신라마구가 분화하여 가야의 경우 대가야와 아라가야지역을 중심으로 지역성이 나타나는 시기부터의 마구를 말한다.

후기가야 마구는 기본적으로 전기가야 마구의 전통을 잇는 것임에 틀림없어 보이지만 가야마구의 기본장구인 비와 등자를 보면 외부의 영향도 적지 않았음을 알게 된다. 이에 이하에서는 후기가야 마구로 전환되는 양상과 배경에 대해서 비와 등자를 소재로 하여 거시적 관점에서 고찰해 보고자 한다(그림 26 참조).

먼저 비에 있어서 가장 큰 변화의 하나로 굽은 타원형 외환의 일조선인수의 채용을 꼽을 수 있다. 앞서 언급한 바와 같이 전기가야 마구 단계에는 시간의 흐름에 따라 다양한 형태의 인수가 사용되었는데, 최종적으로 삽자루형 외환의 일조선인수로 완결된다. 김해 대성동 11호분과 동래 복천동 22호분의 예가 그 전형으로, 대가야와 아라가야 지역으로도 전래되어 가야의 주류 인수가 된다. 그런데 후기가야 마구로 전환되는 5세기 중엽 경에는 이러한 인수는 자취를 완전히 감추고 대신 굽은 타원형 외환의 일조선인수가 그 자리를 차지하게 된다. 더욱이 어느 특정 형식에 한정하

---

294) 金斗喆, 2000, 앞의 논문.

는 것이 아니라 표비와 환판비, 판비 등 모든 형식의 비에 일제히 채용되어 후기가야의 표지적인 인수가 된다.

또 하나의 두드러진 변화는 유환의 채용이다. 유환의 기능에 대해서는 일찍부터 대개 함과 인수의 연결을 원활히 해주는 중간고리로 이해되어 왔다. 필자 역시 이 견해에 전적으로 동의하면서 여기에 표비 또는 판비의 함유를 보호하기 위한 목적도 있다는 견해를 덧붙인 바 있다. 어쨌든 유환은 그 분포양상으로 보아 백제지역에서 개발되었을 가능성이 크며, 가야지역에서는 대체로 5세기 중엽부터 비의 주요한 부품으로 자리잡게 된다.

이상에서 후기가야 마구로의 전환과정에 있어서 비의 가장 큰 변화는 굽은 타원형외환의 일조선인수와 유환의 채용임을 알 수 있다. 그런데 이러한 새로운 요소는 전기가야 마구 또는 북방지역에서는 찾아 볼 수 없는 것이어서 주목된다. 그래서 자체에서 개발된 것으로는 보기 어렵고 외부에서 유입된 것으로 생각해 볼 수 있다. 현재로서는 백제지역이 가장 유력해 보인다. 그러한 이유는 우선 유환이 백제에서 개발되었다는데 이견이 없고, 또한 유환과 굽은 타원형외환의 일조선인수로 이루어진 이른바 「유환부표비」가 5세기 중엽 무렵에 청주 신봉동고분군의 주요 마구로 자리잡는 등 백제지역에서는 일찍부터 일반화되었기 때문이다.[295]

한편 전기가야 마구의 전통을 잇는 것도 있는데, ⊥자형환판비가 대표적인 예이다. 앞에서 언급한 바와 같이 이 형식의 비는 5세기 초두에 낙동강 하류역에서 개발되고 가야 전역으로 확산되어 유행한 전기가야의 대표적인 비이다. 그런데 후기가야 마구로 전환되면서 함유금구는 ⊥자형에서 人자형으로 변화하고, 인수는 삽자루형외환의 이조선인수에서 굽은 타원형외환의 일조선인수로 대체되고, 함과 인수는 유환을 중간고리로 하여

---

295) 柳昌煥, 2004, 앞의 논문.

연결되는 등 새롭게 변모한다. 즉 백제계의 인수와 유환의 채용 유무가 ⊥ 자형환판비를 고식 또는 신식으로 구분하는 중요한 기준이 된다. 그렇지 만 이 형식의 비를 특정하는 ⊥자형의 환판 자체는 전기가야로부터 이어 져 온 것임은 틀림없다. 결국⊥자형환판비를 통해서 볼 때 후기가야 마구 로의 전환은 전기가야 마구의 전통에 백제마구의 새로운 요소가 가미되어 이루어진 것임을 알 수 있다.

다음은 등자의 변화에 대해서 살펴보자. 주지하듯이 전기가야 마구에 서 후기가야 마구로의 전환 과정에 있어서 커다란 변화의 하나로 이른바 고식등자의 소멸과 신식등자의 출현 문제가 중요하게 대두된다. 이에 대 한 검토에 앞서 우선 고식등자와 신식등자의 특징을 정리해 보면 다음의 표 21과 같다.

아래의 표와 같이 고식등자와 신식등자는 여러 속성에서 차이가 나는 데, 이러한 속성의 차이를 통해 고식등자의 소멸과 신식등자의 출현 문제, 즉 고식등자에서 신식등자로의 연속과 단절 문제를 해결할 수 있을 것으 로 본다. 필자는 고식등자에서 신식등자로의 전환이 기본적으로 연속성 을 가진다는 입장에 서 있다. 그 근거는 전기가야의 고식등자 중 최종단계

표 21. 고식등자와 신식등자의 속성비교

구분	고식등자	신식등자
병부형태	비교적 두텁고 짧다.	비교적 세장하다.
병두형태	둥글게 만들어졌다.	각이 지게 만들어졌다.
윤부형태	윤상부에서 답수부까지 두께와 폭이 동일하다.	윤부의 측면폭에 비하여 훨씬 넓어진 광폭의 답수부가 많다.
단면형태	병부는 볼록렌즈형, 윤부는 제형을 이루는 것이 많다.	병부와 윤부는 장방형 또는 오각형을 이루는 것이 많다.
답수부 스파이크	답수부에 스파이크를 장치한 예가 거의 없다.	답수부에 스파이크를 장치한 예가 보편적이다.
외장철판	목심의 특정 부위에만 철판으로 보강했다.	목심의 사면 전체를 철판으로 보강한 예도 있다.

의 것으로 평가되는 합천 옥전 67-A호분과 동래 복천동 10호분 출토 ⅠA4식 등자에서 찾아 볼 수 있다. 이들 등자는 병부와 윤상반부를 역Y자상의 철판 1매로 보강한 점이 가장 큰 특징인데, 특히 동래 복천동 10호분 출토 등자는 답수부에 스파이크도 장치되어 있다. 이러한 철판보강법과 답수부에 스파이크를 장치한 전통은 고스란히 ⅠB4식 신식등자로 이어진다. 또한 ⅠB4식 신식등자 중 합천 옥전 8호분 출토품은 병부와 윤부의 단면이 각각 볼록렌즈형과 제형으로 이는 ⅠA4식 고식등자의 전통을 잇는 것이다. 즉 합천 옥전 8호분 출토 등자는 고식등자에서 신식등자로 전환되는 과도기에 제작된 등자로서 고식등자 : ⅠA4식→신식등자 : 옥전 8호분 출토품, ⅠB4식→ⅠB5식의 순으로 이어지는 변화과정을 그릴 수 있다. 이로써 신식등자는 고식등자의 전통을 잇는 재지 형식임을 분명히 알 수 있다.

그러나 문제는 여전히 남아 있다. 왜냐하면 합천 옥전 8호분 출토품과 같은 철판보강법과 윤부가 단면 제형으로 제작된 신식등자가 백제고분인 천안 용원리 12호분에서도 확인되기 때문이다. 더군다나 ⅠB4식 신식등자 중에서 단면 오각형을 특징으로 하는 이른바 「대가야형 등자」가 백제 고분인 원주 법천리 1호분, 천안 용원리 12호분, 청주 신봉동 92-93호분 등에서 확인되는 등 출토례가 증가하는 추세에 있다. 이와 같은 사실을 중시하면 ⅠB4식 등자를 전적으로 전기가야 등자의 전통을 잇는 재지형식, 즉 대가야 고유의 등자라고 하기는 어렵다. 다시 말해 ⅠB4식 신식등자가 백제에서 개발되어 대가야로 전래되었을 가능성도 배제할 수 없다는 것이다.[296]

이상에서 고식등자에서 신식등자로의 전환문제에 대해서 살펴보았다. 그 결과 철판보강법을 비롯한 여러 속성이 고식등자인 ⅠA4식에서 연속

---

296) 본고의 ⅠB4식 신식등자를 비롯하여 후기가야 마구들이 백제마구의 영향에 의한 것이라는 견해는 일찍이 申敬澈, 1989, 앞의 논문, pp.29~31에서 제기되었다.

된다는 것과 ⅠB4식 등자가 백제지역에 광범위하게 분포하고 있다는 사실을 알게 되었다. 이러한 점은 ⅠB4식 신식등자의 출현지를 가야 또는 백제 어느 지역으로 특정하기 어렵게 만든다. 다만 제작기술의 연속성과 분포양상 모두를 고려하면 ⅠB4식 신식등자는 전기가야 등자의 전통과 백제계 등자의 접촉을 배경으로 재지-대가야-에서 제작된 것으로 볼 수 있을 것이다.

이처럼 고식등자에서 신식등자로 연속되는 예도 있지만 백제지역에서 유입되어 재지화된 등자도 있다. ⅡB1식 신식등자가 그것이다. 이 등자는 병상반부의 전후면에 평면 장방형의 철판을, 병부와 윤부의 접합부에 역Y자상의 철판을 보강하였으며, 답수부는 현저히 넓어지고 그 표면에 다수의 스파이크를 장치하였다. 이러한 특징을 가진 ⅡB1식 등자는 출토례로 보아 대가야와 백제지역이 분포의 중심을 이룬다. 따라서 ⅡB1식의 출현지가 대가야인지, 백제인지는 단정하기가 쉽지 않다. 그런데 필자는 이전에 백제마구를 고찰할 기회를 가진 적이 있었는데,[297] 당시 연구에서 ⅡB1식 등자는 백제고분 중에서도 마구의 출토례가 가장 많은 청주 신봉동 고분군을 중심으로 한 백제지역에서 꽤 넓은 지역에 걸쳐서 사용된 백제계 등자로 추정한 바 있다.

지금까지 후기가야 마구로의 전환양상에 대해서 비와 등자를 통해서 살펴보았다. 그리하여 후기가야 마구로의 전환이 전기가야 마구의 제작기술과 백제마구의 접촉에 의해 이루어진 것으로 추정하였다. 즉 전기가야 마구와 달리 후기가야 마구로의 전환과 형성 배경에는 백제계 마구의 영향이 적지 않았음을 알 수 있었는데, 이하에서는 이를 중점적으로 살펴보도록 하겠다.

---

297) 柳昌煥, 2004, 앞의 논문.

앞서 살펴보았듯이 가야 마구는 낙동강하류역의 전기가야에서 시작되어 5세기에 들어서서 대가야와 아라가야지역으로 확산된다. 즉 5세기 전반대의 대가야와 아라가야의 마구는 전기가야의 중심국이었던 금관가야의 영향에 의해 형성된 것임은 의문의 여지가 없다. 그런데 후기가야 마구, 즉 신식마구에 백제마구의 영향이 반영되어 있는 것은 가야와 백제의 접촉을 생각하지 않을 수 없게 한다. 이와 관련하여 우선 주목되는 것은 천안 용원리 9호 석곽묘 출토 등자이다(그림 26-11). 이 등자는 병부와 윤부의 측면과 병상반부 전후면을 철판으로 보강하고 병하반부와 윤상반부 전후면에는 역Y자상의 철봉으로 보강한 특징적인 등자이다. 용원리 9호 석곽묘의 연대에 대해서는 여러 견해가 제출되어 있다.[298] 이에 대하여 필자는 공반된 등자를 동래 복천동 22, 35호분, 합천 옥전 68호분, 함안 도항리 경13호분, 경주 황남동 109호분 4곽 등 주로 가야와 신라지역에서 유행하던 ⅠA3식 등자와 같은 형식으로 보고 5세기 전반의 빠른 시기로 편년하고 있다.

그런데 여기에서 특히 주시해야할 것은 고식마구 단계에 가야와 신라지역에서 유행하던 ⅠA3식 등자가 어떤 계기와 경로를 통해 용원리에 유입되었는가 하는 문제이다. 이 문제는 우선 용원리 9호분에 공반된 신라계의 철모에서 해결의 실마리를 찾아 볼 수 있다. 용원리 9호분의 철모는 자루를 꽂는 부분에 원반모양의 테가 형성되어 있는 이른바 「有鐔鐵鉾」로 경주 월성로 가-13호분과 황남대총 남분 등 신라문화권을 중심으로 분포하는 신라계 철모로 알려져 있다. 이는 용원리 9호 석곽묘에 부장된 ⅠA3

---

298) 용원리 9호 석곽묘의 연대에 대해서는 공반된 黑釉 鷄首壺가 중국 東晉製라는 점에서 5세기 이전으로 추정한 보고자의 견해, 鷄首壺의 제작시점을 4세기 말경으로 보면서 부장시점을 5세기 전엽 무렵으로 비정한 성정용의 견해, 공반된 마구의 검토를 통하여 5세기 후엽으로 비정한 이상율의 견해, 이식의 검토를 통해서 5세기 전반의 빠른 단계로 본 이한상의 견해 등이 있다.

식 등자가 신라계의 철모와 함께 백제지역으로 유입되었음을 시사해 준다. 이처럼 신라계의 철모와 가야와 신라지역에서 유행하던 ⅠA3식 등자가 백제지역으로 유입된 계기나 배경에 대해서는 물질자료만으로는 단정할 수 없지만 문헌에 나타나는 이 시기 한반도의 정세를 통해 어느 정도 추정해 볼 수 있다.

이 시기 한반도의 정세를 보면 A.D 400년 고구려 광개토대왕의 대규모 남정에 이어 427년에는 고구려 장수왕이 평양으로 천도하는 등[299] 남진정책을 강화함으로써 백제는 이에 대비할 필요성이 높아졌다. 한편으로 신라는 고구려의 정치적, 군사적 영향에서 벗어나기 위해 주변의 강력한 세력인 백제와의 관계를 개선할 필요가 있었을 것이다. 그 결과 433년 백제는 사신을 신라에 보내 화친을 청해 이른바 「羅濟同盟」을 체결함으로써[300] 마침내 455년 고구려군의 백제 공격에 신라 눌지왕이 파병하여 백제를 원조하기에 이르게 된다.[301] 이러한 정세를 배경으로 백제와 신라의 마구는 자연스럽게 접촉하게 되었을 것이며, 그 결과 용원리 9호분에 ⅠA3식 고식등자와 신라계 철모가 부장된 것으로 생각한다.[302] 그 시점은 위의 433년과 455년 사이가 가장 유력해 보인다. 여기에 고식마구에서 신식마구로의 전환시기, 즉 전기가야 마구의 하한연대와 후기가야 마구의 상한연대가 있는 것으로 본다.

한편 5세기 전반대 가야의 동향에 대해서는 문헌상으로는 불확실하지만, 앞서 여러 차례 언급하였듯이 A.D 400년 고구려 광개토대왕의 남정을

---

299) 『三國史記』卷18, 高句麗本紀6, 長壽王 15年條.
300) 『三國史記』卷25, 百濟本紀3, 毗有王 7年條.
301) 『三國史記』卷3, 新羅本紀3, 訥祇痲立干 39年條.
302) 이로써 그동안 형식학적인 검토 결과를 근거로 가야 또는 신라에서 전래된 것으로 추정되어 온 청주 신봉동 82년 지표채집 고식 환판비의 출현 배경도 용원리 9호분 출토 등자와 같은 맥락에서 이해하면 자연스럽다.

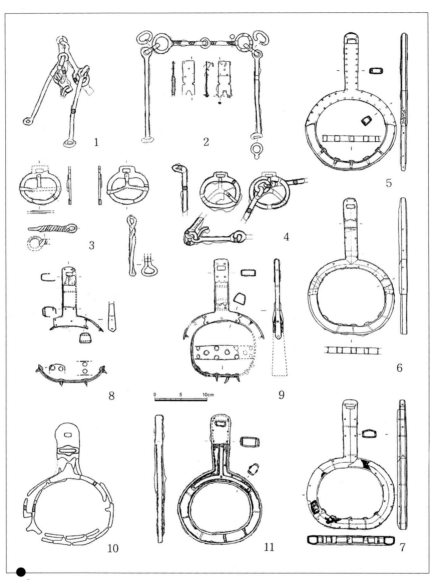

도 26 가야와 백제 마구 비교자료

1·5. 옥전 8호, 2. 신봉동 90A-4호, 3. 신봉동 82년 지표채집, 4. 옥전 M1호, 6. 법천리 1호, 7. 지산동 32호, 8. 신봉동 92-60호, 9. 옥전 20호, 10. 황남동 109호분 4곽, 11. 용원리 9호

계기로 전기가야의 맹주국인 금관가야가 몰락하기 시작하고 새로이 대가야와 아라가야가 부상하여 후기가야로 전환하는 시기로 이해되고 있다. 특히 대가야의 경우 위에서 검토한 바와 같이 433년부터 455년 사이에 전개된 신라와 백제의 밀접한 관계에 편승하여 백제와 접촉하였으며, 그리하여 백제계의 인수와 유환, 신식등자 등을 접하게 되고 이를 계기로 전기가야 마구와 다른 새로운 후기가야 마구문화를 형성하기 시작한 것으로 추정된다.

이상에서 후기가야 마구로의 전환양상과 배경에 대해서 비와 등자의 변화를 통해서 살펴보았다. 그 결과 후기가야 마구는 기본적으로 전기가야 마구와 백제마구의 접촉을 배경으로 하여 형성된 것으로 추정하였다. 이후 후기가야 마구는 대가야와 아라가야로 대표되는 후기가야의 발전에 발맞추어 발전과 확산을 거듭해 가는데 후기가야의 중심지와 주변부의 지배자급 고분에서 출토되는 다량의 마구들은 이를 여실히 보여준다.

2. 후기가야 마구의 성립과 발전

이 시기는 전기가야 마구-고식마구-가 소멸하고 후기가야 마구-신식마구-가 형성되어 확산되는 등 마구에 있어서 커다란 변화가 일어난 시기이다. 또한 지배자들을 중심으로 다양한 「장식마구」가 채용되어 마구의 위세품적인 성격도 두드러진다.

지역적으로는 후기가야의 중심국으로 등장한 대가야와 아라가야를 중심으로 전개되는데, 특히 대가야지역에서는 「대가야형 마구」가 성립되어 주변지역으로 확산되는 등 후기가야 마구의 지역색이 뚜렷해진다. 즉 5세기 전반대까지의 마구는 대체로 가야와 신라를 막론하고 전 영남지역에서 공통성을 지니고 있었는데, 고식마구가 소멸하고 신식마구가 등장하는 것

을 계기로 「가야마구」와 「신라마구」로 분화하여 각자의 지역성을 표방하
기에 이른다.

轡는 표비와 환판비, 판비 등 3종류가 제작된다. 이 중 표비와 환판비
는 고식마구의 전통을 계승한 것이지만 세부적으로는 굽은 타원형외환의
일조선인수와 유환을 채용하는 등 새롭게 변화한다. 판비는 내만타원형
판비와 f자형판비가 출현하여 유행한다. 내만타원형판비는 함유의 하연
중앙이 내측으로 약간 만입한 것이 특징으로, 처음에는 합천 옥전 M2호분
의 예로 보아 5세기 중엽에 출현하여 점차 환판비를 밀어내고 후기가야의
중심적인 비로 자리잡게 된다. 그 분포를 보면 대가야와 아라가야, 백제
등 광범위한 분포를 보이는데, 그 중심은 대가야지역에 있다. 이러한 이유
로 필자는 내만타원형판비를 新羅의 轡와 구별되는 대가야권의 지역성을
보여주는 「大加耶型 轡」로 상정한 바 있다. f자형판비는 경판의 형태가 f
자와 유사하다 하여 칭하게 된 것인데, 그 출토례를 보면 합천 옥전 M3호
분, 함안 도항리 문22호분, 고성 송학동 1A-1 · 1A6호분, 공주 송산리, 해
남 월송리 조산고분 등 주로 백제와 가야지역에 분포한다. 이로써 f자형판
비의 출현지가 백제 또는 가야지역일 가능성이 높은데, 현재로서는 특정
지역을 고정하기 어렵다.

등자는 목심등자가 주류인데, I B3 · I B4 · I B5 · IIB1 · IIB5식 등
모두 5형식이 제작되어 사용된다. 이 중 출토례가 가장 많은 것은 I B4식
과 I B5식이다. 이들은 철판보강의 차이에 따라 구분한 것이지만 ①병부
와 윤부는 세장하고, ②윤부의 대개 횡타원형을 이루며, ③답수부에는 대
개 미끄럼 방지를 위한 스파이크가 장치되어 있으며, ④병과 윤의 단면은
오각형을 이룬 것이 많은 점 등의 공통된 특징을 가진다. 이는 대체로 신
식등자의 공통된 특징이기도 하다. 한편 등자에 있어 또 다른 커다란 변화
는 IIB식 등자의 출현이다. IIB식 등자는 騎手가 발을 딛는 답수부를 현
저히 넓게 제작하고 여기에 다수의 스파이크를 장치한 것으로, 특히 답수

부가 현저히 넓어진 광폭으로 제작된 것은 목심등자의 발달과정에서 획기적인 개발이라 할 수 있다. 즉 폭이 넓어진 광폭의 답수부는 기수의 안정성과 기수의 피로를 줄이는데 매우 효과적이었을 것이다. 이러한 ⅠB식과 ⅡB식 등자는 출현 이후 가야의 주류 등자로 제작되어 사용된다.

이들과 다른 구조를 가진 등자도 있다. 합천 옥전 28, 95호분에서 출토된 ⅠB3식 등자가 그것이다. 병부와 윤부의 형태는 기본적으로 위의 ⅠB식과 비슷한데, 병하반부와 윤부의 전후면에 철판 대신 철봉으로 보강한 점에서 뚜렷한 차이를 보인다. 이처럼 철봉으로 보강한 예는 이미 ⅠA3식에 보이고 있어 고식등자의 전통을 계승한 것임을 쉽게 알 수 있다. 그런데 그 출토례를 보면 주로 신라지역에 분포하고 있으며, 더구나 가야지역에서 출토된 것도 대개 신라계 문물과 공반되고 있어 이 형식의 등자가 신라계임을 짐작케 한다. 한편 철제등자도 이 시기에 처음으로 등장한다. 합천 옥전 M3호분과 함안 도항리 현5호분에서 출토되었는데, 이들은 현재 가야의 철제등자 중 가장 빠른 시기에 해당되는 것이다. 합천 옥전 M3호분에서 출토된 2쌍의 철제등자는 형태와 크기가 각각 다른 것인데, 이 중 B세트 마구와 공반된 것은 세장한 병부와 답수부에 배치된 5개의 스파이크가 장착된 것을 특징으로 하는데, 이는 목심등자를 모방하여 재지에서 제작된 것임을 시사해 준다.

장식용 마구인 행엽은 심엽형행엽과 더불어 새로운 형식인 검릉형행엽과 편원어미형행엽이 출현한다. 이 중 심엽형행엽은 고령 지산동 35호분 출토품이 유일한 예로 평면형태와 제작방법상 가야 초기 행엽의 계통을 잇는 것으로 추정된다. 검릉형행엽은 이 시기 최고지배자의 무덤으로 추정되는 고령 지산동 44호분과 합천 옥전 M3호분, 그리고 함안 도항리 문54호분 등에서 발견되었다. 검릉형행엽은 주로 가야와 백제지역에 분포하고 있어 대개 백제·가야계 행엽으로 이해되고 있는데, 위에서 살펴본 f자형판비와 마찬가지로 특정지역을 고정하기는 어렵다. 어쨌든 그 분포의 양상이나 대가야권 최고지배자의 무덤으로 추정되는 지산동 44호분과 옥전 M3호분의 행엽으로 채용된 것은 대가야의 지역성을 나타내는 행엽임을 시사한다.

한편 이 시기에는 신라계의 행엽과 운주도 출현하는데, 편원어미형행엽과 무각소반구형운주가 대표적인 예이다. 주지하듯이 이들 행엽과 운주는 신라경주를 중심으로 그 주변에 분포하는 신라계 마구로서, 5세기 중엽부터 신라의 지배자들 사이에서 유행한 「장식마구」의 주요한 장구이다.[303] 그런데 편원어미형행엽과 무각소반구형운주가 조합을 이룬 마구가 합천 옥전 M1, 12, 35호분과 함안 도항리 현8, 현 15, 현22호분 등 꽤 많은 예가 확인되어 주목된다. 더욱이 위 고분들의 피장자가 해당 시기의 지배자들이라는 점에서 더욱 그러하다. 결과적으로 보면 이 시기에는 검릉형행엽을 표상으로 하는 「대가야형 마구」의 성립을 보았지만 편원어미형행엽을 표상으로 하는 「신라형 마구」도 수입하는 등 다양한 「장식마구」가 성행했음을 알 수 있다.

그런데 「장식마구」의 경우 대가야권과 아라가야 사이에는 지역적인 차이가 있는 것이 확인되어 주목된다. 위에서 살펴본 것과 같이 이 시기에 유행하는 「장식마구」는 검릉형행엽을 표상으로 하는 대가야적인 「장식마구」와 편원어미형행엽과 무각소반구형운주로 구성된 신라계의 「장식마구」가 대표적이다. 그런데 대가야권의 경우 신라계의 「장식마구」가 먼저 채용되고 그 후에 대가야적인 「장식마구」가 채용된다. 이에 비하여 아라가야에서는 대가야권에서 소멸한 신라계의 「장식마구」를 채용한 것에서 차이를 보인다. 이러한 차이는 단순히 시간적인 차이를 반영하는 것이 아니라 신라와 대가야권 또는 신라와 아라가야와의 관계를 반영한 것으로

---

303) 金斗喆, 1992, 앞의 논문.

보인다.

이러한 개별마구의 변화 외에도 주목되는 현상은 마구의 複數副葬이다. 마구의 복수부장이란 여러 세트의 마구를 한꺼번에 부장한 것을 말하는 것으로, 대가야권의 합천 옥전 M1, M3호분과 고령 지산동 45호분에서 확인된다. 이중 질과 양적인 면에서 가장 뚜렷한 것은 합천 옥전 M1호분과 M3호분의 예이다. 주지하듯이 합천 옥전 M1호분은 발전기 다라국의 왕묘로서, 여기에서는 세트 불명의 마주 외에 A·B·C로 구분되는 3세트의 마구가 출토되었다. 이 중 말을 무장하기 위한 마갑이 조합된 B세트는 「갑마구」로서 주로 출전할 때 사용된 마구·마장이고, 나머지 A·C세트는 「장식마구」로 주로 시위나 의례 등과 같은 政治的인 行事를 할 때 사용한 마구·마장으로 여겨진다. 다시 말하면 옥전 M1호분의 피장자는 생전에 복수세트의 마구를 소유하고 있으면서 사용 목적에 따라 마구를 선택해 사용한 것이다. 이러한 양상은 합천 옥전 M3호분에서도 확인된다. 즉 3세트로 구분되는 복수세트의 마구는 위의 옥전 M1호분 마구와 마찬가지로 피장자 생전에 특정 목적에 따라 구분하여 사용한 마구일 가능성이 높다. 이와 같은 마구의 복수부장 현상은 이 시기 피장자의 성격과도 밀접한 관계가 있는 것으로 생각되는데, 이에 대해서는 후술하기로 한다.

이상에서 III기의 가야마구의 종류와 특징에 대하여 살펴보았는데, 특히 고령 지산동과 합천 옥전에서 성립된 「大加耶型 馬具」는 이후 합천 반계제, 함양 백천리, 거창 말흘리, 남원 월산리 등으로 전래된다. 이는 대가야의 세력확장 경로와 그에 따른 대가야권역과 일치하고 있다.

3. 후기가야 마구의 변질과 백제 · 신라마구의 수용

6세기 전엽 이후가 되면 후기가야의 마구는 앞 시기와 또 다른 변화가 나타난다. 먼저 비에 있어서 앞 시기에 유행하던 내만타원형판비와 환판비는 거의 소멸되고 새로운 형식의 원환비와 단환판비를 변용한 복환판비가 주류를 이룬다. 이 중 원환비는 철봉을 구부려서 만든 원형 또는 타원형의 함유에 함과 인수, 유환을 여러 가지 방법으로 연결하여 만든 비로, 다른 형식에 비해 함유가 말의 뺨에 미치는 압박이 가장 낮으며 함과 인수의 움직임이 자유로워서 실용성이 가장 높은 비로 인식되고 있다. 鈴木治의 선구적인 연구에 의하면 유럽에서는 기원전부터 나타나 성행하였는데, 우리나라의 경우 6세기대에 백제와 가야지역을 중심으로 성행하고 있어 주목된다. 어쨌든 이 원환비는 재질과 구조상 장식마구와 동반되는 판비와 달리 실용성이 강한 마구가 분명한 것으로 전 시기의 판비를 대체해 유행한 원인이 이 시기부터 점차 약해져 가는 가야의 정세를 어느 정도 반영한 것이 아닌가 생각된다.[304]

등자에 있어서도 큰 변화를 보이는데, 앞 시기까지 주류를 이루던 목심등자도 일부 보이지만 철제등자와 호등이 주류를 이룬다. 먼저 호등은 나무로 만든 본체에 철판을 부분적으로 보강하여 만든 목제호등이 대부분이다. 현재 가야에서는 고령 지산동 영1호분, 합천 옥전 74, 75호분, 반계제 다A호분, 고성 내산리 28호분 1곽 출토품 등 5점이 전부이지만 이전에 비하면 그 예가 점차 증가하는 추세이다. 호등은 안장에 매다는 병부와 기수의 발이 들어가는 壺部로 구성되는데, 특히 발을 감싸는 호부의 구조가 다른 형식의 등자에 비해 실용성이 떨어지며 만드는 공정도 복잡하다. 따라서 마상전투나 수렵 등과 같은 격렬한 기마에는 적합하지 않으며 지배자나 그에 속하는 여성들이 사용한 의장용의 등자로 추정된다. 이러한 목제호등은 대가야권뿐만 아니라 백제와 신라지역에서도 확인되는 등 꽤 넓은

---

304) 李尙律, 2005, 앞의 논문, p.44 참조.

분포범위를 보인다. 출현 배경이나 계보 등의 문제는 아직 자료수가 부족하여 속단할 수 없으나 구조상 위의 목제호등들이 목심등자 중에서도 특히 백제지역에서 개발되어 대가야지역으로 전래되어 성행한 IIB1식 목심등자의 제작기술을 기반으로 제작되었을 가능성이 크다는 점에서 잠정적으로 백제와 대가야에서 개발된 것으로 파악해 둔다.

다음으로 철제등자는 앞 시기의 합천 옥전 M3호분의 예로 보아 목심등자를 변용한 것으로, 재질상 내구성과 실용성이 가장 강화된 등자임이 분명하다. 그런데 대가야권의 상백리고분, 남원 두락리 1호분, 아라가야의 암각화고분, 창14-2호분, 소가야지역의 송학동고분군 등에서 그 출토례가 점차 증가하고 있는 추세이긴 하지만 가야의 등자는 끝까지 목심등자가 주류를 이룬다.

장식용 마구인 행엽과 운주 역시 큰 변화를 보이는데, 앞 시기에 등장해 대가야의 지역성을 표방한 검릉형행엽도 존재하지만 새로운 형식의 심엽형행엽이 등장한다. 고령 지산동 45호분과 합천 옥전 M4, M6호분, 상백리고분 등 출토례가 꽤 많은데, 주목되는 것은 이들 행엽이 이른바 인동타원문심엽형 행엽에 속한다는 점이다. 주지하듯이 이 형식의 행엽은 6세기에 들어서서 등장하는 신라계 행엽이다.[305] 신라계 마구는 운주에서도 보인다. 이 시기의 운주를 보면 여전히 철제의 환형운주가 가장 높은 비율을 차지하고 있기는 하나 철지금동장 또는 철지은장의 판형운주와 반구형운주, 패제운주 등도 확인된다. 이들 중 반구형운주와 패제운주는 역시 신라 경주를 중심으로 유행한 마구이다.[306]

이상의 검토에서 이 시기에는 검릉형행엽을 표상으로 하는 대가야적인 마장이 없는 것은 아니지만 대가야의 지배자들 사이에서는 인동타원문

---

305) 李尚律, 1993, 앞의 논문, p.72 참조.
306) 金斗喆, 1992, 앞의 논문 참조.

심엽형 행엽과 패제운주로 구성된 신라마장을 도입하였음을 알 수 있다. 이러한 신라계의 마장이 도입된 계기나 배경에 대해서는 많은 검토가 필요할 것으로 생각되지만, 무엇보다도 신라계의 마구와 금동관, 컵형토기 등이 부장된 합천 옥전 M6호분의 부장품의 성격을 참고로 하면 이 무렵에 형성된 대가야와 신라의 혼인동맹(522~529)을 배경으로 신라 경주에서 대가야지역으로 유입되었을 가능성이 크다.[307]

한편 백제계 마구의 유입도 충분히 상정해 볼 수 있는데, 합천 옥전 M11호분 출토마구는 백제계일 가능성이 큰 것으로 생각된다. 옥전 M11호분은 다라국의 마지막 왕묘로 추정되는 고분으로 매장주체시설은 횡혈식석실이다. 석실내부는 무참하게 도굴되어 부장품의 대부분이 유실되었지만 다행히 몇 점의 마구가 남아 있었다. 남아 있는 마구는 청동피금 안장, 은장 육각패제운주, 장니부속구, 교구 등으로, 이것만 보더라도 상당히 화려한 유형의 마구 · 마장이었음을 알 수 있다. 현재 백제지역에서 이와 직접 비교할 만한 자료가 없는 상황에서 이를 백제계로 추정하는 것은 무리인지도 모르겠다. 그런데 옥전 M11호분은 매장주체부가 이른바 고아동 벽화고분 유형으로 백제의 송산리형 석실계통이며,[308] 더욱이 부장품 가운데 금제이식[309]과 금동제의 화형 관장식, 여러 점의 관정 등도 백제계 문물로 파악되고 있다. 이처럼 옥전 M11호분의 매장시설과 중요 부장품이 백제계인 점이 분명하다면 공반된 마구 역시 백제계일 가능성은 매우 높다 할 수 있다.

이상에서와 같이 이 시기에는 신라계 마구와 백제계 마구가 약간의 시

---

307) 趙榮濟, 1994, 앞의 논문 참조.
308) 홍보식, 2006, 「대가야의 문화교류」 『악성 우륵의 생애와 대가야의 문화』, 대가야학술총서 3.
309) 이한상, 1999, 「장신구를 통해 본 대가야연맹 -이식의 분석을 중심으로-」 『대가야의 정치와 문화적 특성』, 제1회 대가야사 학술 세미나.

차를 두고 지배자들 사이에 도입된 것으로 보이는데, 이처럼 가야의 지배자들 사이에 동쪽과 서쪽의 강대국인 신라와 백제의 마장이 도입된 것은 예사롭지 않아 보인다. 이러한 사실은 이 시기의 혼란 상황, 즉 신라와 백제라는 강대한 세력의 압박 속에 처한 가야의 정세를 반영한 것일 가능성이 크다. 이렇게 본다면 전자는 위에서 언급한 바와 같이 대가야와 신라의 婚姻同盟을, 후자는 541년과 545년 백제 聖王의 주도하에 열린 이른바 「임나부흥회의」를 배경으로 대가야지역에 도입되었을 것이다.

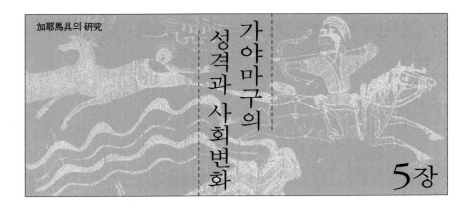

加耶馬具의 研究

가야마구의 성격과 사회변화

5장

Ⅰ. 가야마구의 유형과 분포

1. 유형과 성격

앞서 3장과 4장에서 살펴보았듯이 가야 마구는 전기가야의 맹주국이었던 금관가야의 주무대인 낙동강 하류역에 처음으로 등장한다. 그 시기는 4세기 전반 무렵으로 그때부터 후기가야의 맹주국이었던 대가야가 멸망하는 562년까지 출현과 성행, 소멸의 과정을 반복하면서 변화와 발전을 거듭한다. 그러한 과정에서 표비만을 동반하는 매우 기본적인 마구에서부터 비와 안장, 등자를 완벽하게 구비한 마구, 여기에 방어용의 마주와 마갑을 구비한 마구, 금동·은·청동 등과 같은 매우 화려한 귀금속으로 만든 장식용의 마구에 이르기까지 실로 다양한 마구가 나타난다.

이처럼 다양한 마구의 실존과 사용 여부는 가야고분에서 다량으로 출토되는 여러 마구들을 통해 알 수 있는 것으로 생각된다. 즉 고분에서 출토되는 마구는 당시 유행하던 마구의 모습을 거의 그대로 반영하고 있는 것으로 생각된다. 이러한 점을 염두에 두고 마구의 조합양상과 사용재질의 차이를 기준으로 고분에서 출토되는 마구의 유형을 분류하면 다음의 표 22와 같이 8가지 類型을 설정할 수 있다. 이러한 마구의 출토유형은 당시 가야 사회에서 유행하던 마구의 유형을 그대로 반영한 것으로 가야 마구의 성격을 파악하는데 있어서 매우 중요한 실마리가 된다. 그러면 이하에서는 위와 같은 관점을 가지고 가야 마구의 성격을 검토해 보고자 한다.

먼저 비와 안장, 등자로 구성된 Ⅰ유형의 「基本馬具」는 騎手가 말 위에서 말을 조종하고 신체의 안정을 유지하는데 필요한 기본적인 마구ㆍ마장이다. 그것은 삼국과 가야의 고분에서 가장 많은 출토례를 보여주는 것에서도 알 수 있듯이 삼국과 가야의 「기본마구」로 인정된다. 이러한 「기본마구」는 마구의 조합이나 재질이 가장 간소한 것이어서 실용적 성격이 강한 것이었음을 알 수 있다. 따라서 기본마구는 주로 문인이나 여성, 수렵용, 그리고 전장에서 기동력을 중시하는 「輕裝騎兵」의 마구였을 것으로 추정된다.

다음으로 기본마구에 말을 武裝하기 위한 방어용 마구인 마주와 마갑

표 22. 가야마구의 유형

가야마구의 유형			
Ⅰ유형	騎手가 馬上에서 말을 조종하고 신체의 안정을 유지하는데 필요한 비, 안장, 등자를 갖춘 마구로서 이를 「기본마구」라 한다.	Ⅰa유형	철제의 기본마구 일부로 구성
		Ⅰb유형	철제의 기본마구 일식으로 구성
Ⅱ유형	기본마구에 말을 무장하기 위한 방어용 마구인 마주 또는 마갑이 조합된 마구이다. 이를 「갑마구」라 한다.	Ⅱa유형	기본마구＋마주 또는 마갑으로 구성
		Ⅱb유형	기본마구＋마주와 마갑으로 구성
Ⅲ유형	기본마구 혹은 갑마구에 장식성이 강한 마구가 조합된 것으로 대개 금동, 은, 청동 등의 화려한 재질로 제작된 마구이다. 이를 「장식마구」라 한다.	Ⅲa유형	기본마구＋철제의 장식용 마구 일부
		Ⅲb유형	기본마구＋은ㆍ청동제 마구
		Ⅲc유형	갑마구＋금동장 마구
		Ⅲd유형	기본마구＋금동장 마구

이 조합된 II유형의 「甲馬具」는 고구려 고분벽화를 통해 그 성격을 추정해 볼 수 있다.[310] 안악 제3호분과 약수리 벽화고분의 행렬도, 삼실총의 공성도, 鎧馬塚 등에 그려진 鎧馬의 모습은 「갑마구」의 전형적인 예로 판단된다. 즉 II유형의 「갑마구」는 역사상의 중장기병 또는 鎧馬武士의 마구·마장을 반영한 것으로 보고자 한다. 따라서 II유형은 위의 I유형과 같이 기동력을 중시하는 「輕裝騎兵」과 달리 전장에서 적진을 돌파하여 무너뜨리는 이른바 충격전술을 구사하는 등 강력한 힘을 발휘하는 「重裝騎兵」의 마구·마장의 성격을 가진 것으로 판단된다.

이상에서와 같이 I유형과 II유형의 마구는 일상 또는 전장에서 사용되는 실용적 성격을 가진 마구로 이해되는데, 특히 I유형은 「경장기병」, II유형은 「중장기병」의 마구·마장으로 이해 할 수 있다.

이와 같은 실용적 성격의 마구·마장과 더불어 장식적 성격을 가진 마구·마장도 유행하였는데, III유형의 「裝飾馬具」가 그것이다.[311] 이 III유형의 마구는 「기본마구」 또는 「갑마구」에 장식성이 강한 마구가 조합된 것으로 대개 금동·은·청동 등 화려한 귀금속으로 제작되었다. 「장식마구」를 구조와 재질 등의 측면을 중시하여 「비실용적」 마구로 이해하는 연구자도 있다. 강유신의 견해가 대표적으로, 그는 고분에서 출토된 마구들 중 재질, 장식, 구조적인 면 등에 있어서 실용이나 전투 등의 용도에 적합하지 않은 것들이 다수 보인다고 하면서 특히 금공장식이 베풀어진 안장은 실용으로서의 효용성보다는 위세품으로서의 성격을 지닌 것으로 보았

---

310) 朝鮮畫報社, 1985,『高句麗古墳壁畫』, 北韓考古學術叢書⑧.
311) 「裝飾馬具」란 필자가 2000, 앞의 논문에서 명명한 「儀裝用馬具」를 말한다. 여기에서 '儀裝'은 '儀式'과 연결되어 「의장용마구」라 하면 그 기능과 성격이 '儀式用'에 한정된 것이라는 느낌을 준다. 그래서 이 점을 불식시키고 그 기능과 성격을 보다 폭넓게 뜻하는 「裝飾馬具」로 용어를 바꾸고자 한다. 그리하여 장식을 목적으로 개발된 행엽, 운주 등의 개별 마구는 「裝飾用馬具」라 하여 이들의 조합인 「裝飾馬具」와 구분하여 사용한다.

다.[312)]

　이에 대하여 김두철은 소위 「비실용마구」라 불리는 것에 대한 개념규정이 확실치 않음을 지적하였다. 즉 그는 '비실용이란 말이 그 마구가 단지 매납을 위해 제작된 것인지, 아니면 구조적으로 보아 실용적으로 사용하기에 적합하지 않다는 것이지, 어떠한 면이 실용적이지 못한가에 대한 설명이 부족한 것이다.' 라고 하면서 '신라에서 많이 출토되는 金工鞍 등은 실용에는 응할 수 있다 하여도 그 장식성 등으로 볼 때 사용용도가 구별될 수 있는 의장용 안으로 구별하는 것은 가능하다고 본다.' 고 하였다.[313)]

　이상과 같은 견해 중에서 강유신의 견해는 다소 모호한 점이 있는 것으로 생각한다. 즉 그가 말하는 비실용적인 의장용 마구가 김두철이 지적하였듯이 단순히 부장용으로 제작된 마구를 말하는 것인지 아니면 실용성이 낮은 마구를 말하는 것인지 이에 대한 정확한 설명이 없다.

　이와 관련하여 金銅裝鞍 복원을 기초로 이에 대한 문제점을 지적한 神谷正弘 등의 견해는 주목할 만하다. 그들은 한국과 일본의 고분출토 鞍 중에서 金銅板透彫金具 · 瓔珞付金具로 장식된 鞍과 특히 신라고분 출토의 銀板透彫金具나 金銅板透彫金具의 아래에 비단벌레 날개를 붙인 鞍은 의장용으로 제작되었을 가능성을 제기하면서 王侯 · 貴族이 국가적인 儀式 「出陣 · 凱施式 · 外交使節歡迎式 · 卽位式 · 葬送儀禮」에 參列할 때에 사용되었을 가능성이 있다고 하였다. 또 「儀裝用鞍」이라 하여도 현재의 경우 儀式用鞍과 實用鞍의 분류는 곤란하다 하였다. 그리고 양산 부부총 鞍이나 계명대학교 소장 鞍金具와 같이 부자연스런 金具의 접합법을 채용하

---

312) 姜裕信, 1997, 앞의 논문.
313) 金斗喆, 1998, 「新羅馬具 硏究의 몇 課題」 『新羅文化』 제15집, 동국대학교 신라문화 연구소, pp.22~23.

고 있는 鞍은「葬送·副葬用鞍」으로 제작되었을 가능성을 제기하였다. 결론적으로 신라와 가야제국에서는「實用·儀裝用鞍」과 소수의「葬送·副葬用鞍」이 존재했다고 추정하였다.[314] 이러한 神谷正弘 등의 견해에 대하여 필자는 기본적으로 가야와 신라고분 출토 마구를 이해하는데 매우 중요한 견해로 공감한다. 그런데 가야와 신라고분 출토품을 살펴보면 위와 같은 안장뿐만 아니라 기본마구인 비와 등자의 경우에도 장식적인 성격이 강한 예들이 많다. 이들 역시 위의 안장과 더불어 국가적인 여러 의식을 행할 때 사용되었을 것이다.

한편 부장된 마구의 실용과 관련하여 주목되는 자료는 고분 출토품 중에서 이른바 보수흔이 관찰되는 마구들이다. 합천 옥전 68호분에서는 환판비와 안장, 목심등자 등이 세트를 이루어 출토되었는데, 이 중 목심등자에 보수흔이 남아 있다. 목심등자의 답수부 중앙부에는 일반적인 예와 달리 두께 0.4cm 전후의 철봉을 감은 흔적이 뚜렷이 남아 있는 것이 관찰되는데, 이는 사용과정에서 파손된 답수부를 보수한 것으로 보인다. 그리고 산청 생초 9호분 출토 환판비에 있어서도 환판비와 굴레의 가죽끈을 잇는 부속품인 구금구를 보수한 흔적이 분명하게 남아 있다.[315] 이상과 같은 마구의 보수 사례는 마구가 부장 이전에 사용되었음을 보여주는 흔적으로 고분 출토 마구를 실용품으로 이해하는데 기초적인 근거가 된다.

이상의 검토에서 필자는 가야와 삼국의 고분에서 출토되는 마구를 극소수를 제외하면 기본적으로 피장자 생전에 사용한 것이거나 이를 반영한 것이라는 관점에서 해석하고자 한다. 이로써 III유형으로 설정된「장식마구」는 후술하듯이 실용적 성격이 강한「기본마구」또는「갑마구」에 비해

---

314) 森實·尾谷義彦·神谷正弘(金斗喆 譯), 1995,「韓國 慶尙南道 梁山夫婦塚出土 金銅裝鞍의 復元」『博物館硏究論集』4, 부산광역시립박물관.
315) 趙榮濟·柳昌煥·張相甲·尹敏根, 2006,『山淸 生草古墳群』, 경상대학교박물관, p.68.

비교적 장식적 성격이 강한 마구·마장으로서 당시의 최고지배자 또는 지배자들의 시위나 의례 등의 국가적인 행사시 사용된 마구·마장으로 보고자 한다. 「장식마구」의 구체적인 성격과 내용에 대해서는 다음 장에서 살펴보기로 하겠다.

2. 분포

1) 금관가야

지금까지 금관가야에서 발견된 마구는 모두 34세트가 확인된다. 이들 마구는 이 지역 지배자들의 묘역으로 인정되는 김해 대성동고분군을 위시하여 양동리고분군과 동래 복천동고분군 등에서 출토되었다. 이들 34세트의 마구를 앞서 설정한 금관가야 마구의 편년에 의거하여 종류별, 재질별로 정리한 것이 다음의 표 23이다. 그리고 앞서 설정한 가야마구의 유형에 따라 금관가야 마구의 유형과 분포를 정리하면 표 24와 같다. 여기에서는 앞서 정리한 표 22에 의거하여 시간의 흐름에 따른 금관가야 마구의 유형과 분포의 양상, 특징에 대하여 살펴보고자 한다.

금관가야지역에 마구가 처음으로 등장한 것은 4세기 전반대로, 동래 복천동 38호분과 69호분 출토 마구가 그 예이다. 그런데 이들 고분에서 출토된 마구는 표비와 교구만으로 騎乘하는데 있어서 최소한의 마구만을 갖춘 것으로, 처음에는 불완전한 세트의 「기본마구」가 도입되면서 이 지역에 기마문화가 시작되었음을 알려준다. 이후 4세기 3/4분기가 되면 자료의 수가 증가하면서 좀 더 완전한 세트에 가까운 「기본마구」를 중심으로 IIIb유형의 「장식마구」도 나타난다. 또한 동래복천동고분군뿐만 아니라 김해 대성동고분군에서도 확인된다. 이처럼 이 시기에는 이전 시기와 달리 금관가야의 양대 중심지로 인정되는 김해 대성동고분군과 동래 복천동

표 23. 금관가야 마구의 종류와 재질

분기	연대	유구명	비							안	등자			행엽				운주					마주	마갑	마령
			표	X	횡	f	x	⊥	원	장	목	철	호	심	어	검	기	환	판	반	두	기			
I기	4c 2/4	복천동 38호	○																							
		복천동 69호	○																							
	4c 3/4	대성동 2호	○	ⓑ						○											ⓑ				
		대성동 47호	○							○																
		복천동 42호	○																							
		복천동 43호	?																							
		복천동 60호	○							○																
		복천동 71호	○																							
		복천동 86호	?																							
	4c 4/4	대성동 3호												○											
		대성동 39호	○																							
		대성동 41호			○																					
		대성동 42호		○																						
		양동리321호			○					○																
		복천동 48호	○							○																
		복천동 54호			○																					
		복천동 95호			○																					
II기	5c 전반	대성동 1호								●	○			●							ⓑ		○		
		대성동 8호								○						○									
		대성동 11호	○																						○	
		대성동 14호	?																							
		대성동 20호				○					○															
		대성동 57호			○						○													○		
		양동리 78호	○								○															
		양동리107호			○						○															
		양동리196호			○																					
		양동리429호									○															
		두곡 8호	○																					○		
		복천동 31호						○																		
		복천동 35호						○		○	○													○		
		복천동 93호	○		○						○								○							
		복천동 10호	○				○			○	○			○					○					○		ⓑ
		복천동 21호	○								○															
		복천동 22호	○								○								○							

범례 표=표비, x=x자형함유금구판비, 횡=횡방향함유금구판비, f=f자형판비, x=X자형환판비, ⊥=⊥자형환판비, 원=원환비, 목=목심등자, 철=철제등자, 호=호등. 심=심엽형행엽, 어=편원어미형행엽, 검=검릉형행엽, 기=기타. 환=환형운주, 판=판형운주, 반=반구형운주, 무=무각소반구형운주, 기=기타, ○=철, ⓑ=청동, ⑤=철지은 일부, ◎=철지은, ◐=철지금동 일부, ●=철지금동

고분군을 중심으로 실용성이 강한 「기본마구」의 사례가 많아지는데, 이는 이 지역에 기마 습속 또는 기마문화의 확산과 정착을 반영한 것으로 생각한다. 이러한 상황에서 「장식마구」도 등장한다. 김해 대성동 2호분 출토 마구가 그 예로, 표비 2점과 동제판비 1점, 목심등자, 동제운주로 구성된 Ⅲb유형의 「장식마구」가 처음으로 등장한 것이다. 이와 같은 양상은 4세기 4/4분기로 이어진다. 즉 전체 8세트의 마구 중 7세트의 「기본마구」를 중심으로 1세트의 「장식마구」가 확인된다.

이상에서와 같이 금관가야 마구 Ⅰ기에는 실용성이 강한 「기본마구」

표 24. 금관가야 마구의 유형과 분포

분기	연대	마구의 유형								계
		Ⅰa	Ⅰb	Ⅱa	Ⅱb	Ⅲa	Ⅲb	Ⅲc	Ⅲd	
Ⅰ기	4c 2/4	복천동 38 복천동 69								2
	4c 3/4	대성동 47 복천동 42 복천동 43 복천동 60 복천동 71 복천동 86					대성동 2			7
	4c 4/4	대성동 39 대성동 41 대성동 42 양동리321 복천동 48 복천동 54 복천동 95				대성동 3				8
Ⅱ기	5c 전반	대성동 14 대성동 20 양동리 78 양동리107 양동리196 양동리429 복천동 31 복천동 93		대성동 11 대성동 57 두곡 8 복천동 35		대성동 8		대성동 1		14
		복천동 21	복천동 22					복천동 10		3
계		24	1	4		2	1	2		34

가 중심을 이루는데, 5세기대로 들어서면 약간의 변화가 일어난 것으로 보인다. 즉 금관가야 마구 Ⅱ기에는 Ⅰa유형의 「기본마구」, Ⅱa유형의 「갑마구」, Ⅲa·Ⅲc유형의 「장식마구」가 공존한다. 분포에 있어서도 김해 대성동고분군과 동래 복천동고분군을 중심으로 김해 양동리와 두곡 등 그 범위가 약간 넓어진다. 이러한 마구의 양상은 5세기 초 고구려 광개토대 왕의 남정을 계기로 금관가야의 세력이 약화되긴 했으나 완전한 몰락은 금관가야 마구 Ⅱ기 이후임을 말해주는 것으로 해석할 수 있다.[316]

2) 대가야권

지금까지 대가야권에서 발견된 마구는 모두 58세트에 이른다. 이들 마 구는 이 지역의 중심고분군인 고령 지산동고분군과 합천 옥전고분군을 중 심으로 모두 53기의 고분에서 출토되었다. 이들 마구를 앞서 설정한 대가 야권의 마구의 편년에 의거하여 종류별, 재질별로 정리하면 다음의 표 25 와 같다. 그리고 앞서 설정한 가야마구의 유형에 따라 대가야권 마구의 유 형과 분포를 정리한 것이 표 26이다. 한편 표 25를 보면 우선 대가야지역 에서는 이 지역에 마구가 수용되는 5세기 전반 무렵부터 대가야가 멸망하 는 562년까지 다양한 유형의 마구가 끊임없이 만들어지고 사용된 것을 알 수 있는데, 이하에서는 지역별 분포와 유형의 분포 양상에 대하여 좀더 구 체적으로 살펴보기로 하자.

먼저 지역별 분포양상을 살펴보면 전체 58예 중에서 지산동 13, 옥전 35, 본관동 1, 합천 3, 함양 3, 거창 1, 남원 2예 등이 분포하고 있는 것이 확

---

316) 신경철과 김두철은 고구려군의 남정 이후 약화된 김해 대성동 세력을 동래 복천동 세력이 대체한 것으로 보고 있으며, 특히 김두철은 부산이 신라로 편입된 것은 복천동 10·11호분(5세기 2/4분기) 이후라 하였다.
申敬澈, 1995, 「金海大成洞·東來福泉洞古墳群 點描」『釜大史學』제19집.
金斗喆, 2003, 「부산지역 고분문화의 추이 -가야에서 신라로-」『港都釜山』제19호.

표 25. 대가야권 마구의 종류와 재질

분기	연대	유구명	비				안	등자			행엽				운주					마주	마갑	사행	기생	마령
			표	판	환	원	장	목	철	호	심	어	검	기	환	판	반	무	패	마주	마갑	사행	기생	마령
I기	5c전반	옥전 68호			○		○	○							○	○								
		67-A호			○		○	○							○									
		67-B호						○							○									
		23호			○		◐	○					●		○							○		
II기	5c중엽	M1호			○		●	Ⓢ				●			Ⓢ	○		●		○	○			
		M2호		●			○	Ⓢ				Ⓢ				●								
		5호						○							○									
		8호	○					○							○									
		12호			○							Ⓢ			?			◎						
		28호			○			○							○					○	○			
		35호			○		◐	○					◎		○			◎		○				
		42호	○				○								○									
		91호						○			○												○	
		95호	?					o							○									ⓑ
		지산동 32호	○					○							○									ⓑ
		33호	?				○	○							○									
		35호		○				○					Ⓢ		○									
		문-3호	○					○							○									
		문30호	?				●	○						○	◐	●								
		경2호	○												○									
		경10호			○			○							○	○								
III기	5c후엽	옥전 M3호		●			●	○	○				●		ⓑ		ⓑ			○		○		●
		7호	○																					
		20호		○			○	○													○			
		24호	○					○							?									
		70호		○			○	○							○									
		72호	●					○																
		82호	○					○																
	6c초	옥전 M7호						Ⓢ							○	●								
		76호	○					○																
		지산동 44호	Ⓢ					ⓑ					●		○		◎							
		44-25호	Ⓢ					○							○									ⓑ
		반계제 가A	○					○							○									◎
		백천리1-3호	Ⓢ					Ⓢ									Ⓢ							
		말흘리 2호	○					○																
		월산리 M1-A	○					○																
IV기	6c전엽	옥전 M4호					○				●				○		●	●						
		M6호			○		○				●				○		●	○						
		74호					○	○							○	○								
		75호					○		○						○									
		85호		○			?																	
		86호														○								
		지산동 45호		○			●	◐			●				○		●							
		문18호		○			○								○	○								
		경67호	○				○								○									
		영1호	○				○		○							Ⓢ								
		본관동 36호	○				?								○	Ⓢ								
		반계제 다A	Ⓢ				○		○												○	●		
		봉계리171호			○																			
		상백리 고분						○																
		중생원촌1호		○				○		Ⓢ							○						○	
		두락리 1호			○		○	○															○	
V	중엽	옥전 M11호						●												◎				

범례 표=표비, 판=판비, 환=환판비, 원=원환비, 목=목심등자, 철=철제등자, 호=호등, 심=심엽형행엽, 어=편원어미형행엽, 검=검릉형행엽, 기=기타, 환=환형운주, 판=판형운주, 반=반구형운주, 무=무각소반구형운주, 패=패제운주, 사행=사행상철기, ○=철, ⓑ=청동, Ⓢ=철지은 일부, ◎=철지은, ◐=철지금동 일부, ●=철지금동

인된다. 이와 같은 분포양상에서 몇 가지 사실을 알 수 있다. 우선 각 지역의 마구의 분포비율을 대비해 보면 고령과 합천지역이 전체의 약 90% 정도로 절대다수를 차지하고 있으며 나머지 지역은 극소수에 불과하다는 것이다. 특히 대가야권의 최고지배자 혹은 지배자의 묘역으로 인정되는 고령 지산동고분군과 합천 옥전고분군에 분포하는 비율이 전체의 82%에 이를 정도로 압도적으로 많은 것을 알 수 있다. 반면에 나머지 지역의 경우

표 26. 대가야권 마구의 유형과 분포

분기	연대	마구의 유형								계
		Ⅰa	Ⅰb	Ⅱa	Ⅱb	Ⅲa	Ⅲb	Ⅲc	Ⅲd	
Ⅰ기	5c 전반	옥전 67-B	옥전 68 옥전 67-A					옥전 23		옥전 4
Ⅱ기	5c 중엽	옥전 5 옥전 8 옥전 42 지산 문3 지산 경2 지산 경10	옥전 95 지산 33		옥전M1(B) 옥전 28	지산 35	옥전M1(C) 옥전 12 지산 32	옥전 35 옥전 91	옥전M1(A) 옥전M2 지산 문30	옥전13 지산 6
Ⅲ기	5c 후엽	옥전 7 옥전 24 옥전 82	옥전 70	옥전 20				옥전M3 (A·B)	옥전M3(C) 옥전 72	옥전 9
	6c 초	옥전 76 말흘 2 월산 M1-A					지산44-25 백천 1-3	반계 가A	옥전 M7 지산 44	옥전 2 지산 2 합천 1 함양 1 거창 1 남원 1
Ⅳ기	6c 전엽	옥전 74 옥전 75 옥전 85 옥전 86 지산 경67 지산 45(A) 봉계 171 상백 고분	지산 문18 두락 1				지산 영1 본관 36 상백 1		옥전 M4 옥전 M6 지산 45 반계 다A 옥전 M11	옥전 6 지산 5 고령 1 합천 2 함양 2 남원 1
Ⅴ기	6c 중엽								옥전 M11	옥전 1
계		21	7	1	2	1	8	6	12	58

에는 합천 반계제고분군이나 함양 백천리고분군 등과 같이 대개 대형 봉토를 가진 고총으로 이루어진 지방의 중심고분군에서만 마구가 분포하고 있는 것을 알 수 있다. 이러한 지역별 분포양상의 차이는 결국 기승용 마구가 대가야권 전역에 광범위하게 보급되거나 계층에 관계없이 널리 사용된 것이 아니라는 것을 의미한다. 결국 이 지역의 양대 고분군인 고령 지산동고분군과 합천 옥전고분군을 축조한 집단을 중심으로 합천 반계제 또는 함양 백천리와 같은 주변부 집단의 재지 수장층에 한정해 사용되었음을 시사해 준다.

다음은 각 유형의 분포양상에 대하여 살펴보자. 위의 표 26에서 알 수 있듯이 대가야권에서는 8유형의 마구가 모두가 존재하는데, 이 중 I 유형의 기본마구는 전체의 50%를 차지하고 있으며, 또한 마구분포의 중심지인 고령과 합천지역뿐만 아니라 함양, 거창, 남원 등 대가야권에 폭넓게 분포하고 있음을 알 수 있다. 그리고 「장식마구」인 III유형은 대가야권의 최고지배자 혹은 지배자의 무덤이 조영된 고령 지산동고분군과 합천 옥전고분군에서의 분포비율이 압도적으로 많으며, 반계제고분군, 백천리고분군과 같은 주변부의 유력 고분군에서는 극히 한정적으로 출토되고 있음을 알 수 있다. 이와 같은 유형의 분포양상은 대가야지역에서 어느 정도 보편화된 마구는 I 유형의 기본마구이며, 그 밖의 마구 유형은 마구를 사용한 집단이라 하더라도 중심부와 주변부 집단 사이에 일정한 차별이 있었음을 말해 준다.

한편 마구와 각 유형의 분포양상에서 특히 주목되는 것은 옥전고분군이다. 옥전고분군에서 출토된 마구의 비율은 대가야권 전체 마구 중 60%가 넘을 정도로 압도적으로 많은 것이 확인된다. 또한 마주와 마갑이 조합된 II유형의 「갑마구」와 「갑마구」에 금동장마구가 조합된 IIIc유형의 「장식마구」도 옥전고분군이 절대다수를 차지하고 있다. 그리고 고분의 규모와 부장품의 질과 양적인 차이에 따른 피장자의 상하위계가 나누어지는 것에 부합하여 마구의 유형도 달리하고 있음을 알 수 있다. 이로써 대가야 지역에서 마구를 가장 선호한 집단은 옥전고분군을 조영한 집단임을 알 수 있으며, 이는 옥전고분군 축조집단의 성격이 기마 · 군사적이었음을 강하게 시사해 준다.[317]

　이상에서 살펴 본 대가야권 마구의 지역별 분포와 각 유형의 분포양상을 정리하면 다음과 같다. 첫째, 대가야권에서 보편적으로 사용한 마구는 I유형의 「기본마구」이단. 둘째, 기본마구라 하더라도 이 지역의 양대 고분군인 고령 지산동고분군과 합천 옥전고분군 축조집단을 중심으로 사용되었으며, 주변지역에서는 대개 고총고분이 축조된 유력 고분군의 지배자들에 한정되어 사용된다. 셋째, III유형의 「장식마구」는 이 지역의 양대 고분군인 고령 지산동고분군과 합천 옥전고분군에서의 출토량이 절대다수를 차지하고 있으며, 주변지역의 경우는 질적으로 약간 떨어지는 「장식마구」가 유력 고분군의 최고지배자급의 무덤에만 한정되어 출토되고 있음을 알 수 있었다. 넷째, 이러한 대가야권 마구의 지역별 · 유형별 분포양상은 결국 마구가 권역 내의 전 지역에 보급될 정도로 일반화된 것은 아니며, 중심지를 비롯하여 주변부의 유력지역 일부에 한정하여 사용된 것을 반영하는 것으로 생각된다. 또한 이들 마구 사용집단 또는 소유계층 사이에 있어서도 사용 마구의 유형이 일률적이지 않고 집단간 · 계층간에 뚜렷한 차별이 있었던 것으로 보인다.

3) 아라가야

　아라가야 지배자집단의 묘역인 도항리 · 말산리고분군에서 발견된 마

---

317) 이러한 점은 마구와 공반되는 무기와 무구를 통해서도 잘 알 수 있다. 즉 마구 출토 고분에는 거의 예외 없이 대도, 철모, 철촉, 갑주 등이 공반되고 있어 옥전고분군을 축조한 집단의 성격이 騎馬 · 軍事的이었음을 강하게 시사한다.

구는 모두 24예이다. 이들 마구를 앞서 설정한 아라가야 마구의 편년과 가야마구의 출토유형에 의거하여 정리하면 다음의 표 27, 28과 같다.

이에따라 먼저 유형별 분포를 보면 Ⅰa유형 9예, Ⅰb · Ⅱb유형 각 1예, Ⅲb유형 2예, Ⅲc유형 1예, Ⅲd유형 10예 등으로 구분된다. 이러한 유형별 분포에서 주목되는 것은 실용성이 강한 Ⅰa유형의 「기본마구」와 장식성이 강한 Ⅲd유형의 「장식마구」가 절대다수를 차지하고 있다는 것이다. 이 점은 후술하는 것과 같이 아라가야 마구의 성격과도 깊은 관련이 있는 것으로 생각한다.

다음으로 시간의 변화에 따른 각 유형의 분포양상을 살펴보면, 우선 Ⅰ기에는 Ⅰa유형의 「기본마구」가 중심을 이룬다. 문3, 문36, 문43호분 출토 마구가 그것인데, 판비와 환판비, 표비 등 말을 제어하는데 기본적인 마구인 비만 동반하고 있는 것이 특징적이다. 한편 이 시기에는 단 1예에 불과하지만 「장식마구」도 존재한다. 문48호분에서는 위의 문3, 문36, 문43호분과 달리 판비, 목심등자, 청동제 환형운주 4점, 철지금 · 은제 혁금구 20점, 교구 등으로 구성된 마구가 출토되었는데, 이는 Ⅲd유형에 해당된다. 이처럼 이 시기에는 「기본마구」를 중심으로 일부 「장식마구」가 존재한다.

이와 같은 Ⅰ기의 양상은 Ⅱ기로 이어진다. 즉 Ⅱ기의 문10호분과 경13호분, 경파괴분에서는 표비 또는 환판비와 목심등자로 이루어진 「기본마구」가 중심을 이룬다. 이처럼 「기본마구」가 중심을 이룬 Ⅰ기와 Ⅱ기의 양상은 Ⅲ기가 되면 변화하여 새로운 양상을 보여준다. 이 시기에는 Ⅰb유형의 「기본마구」, Ⅱb유형의 「갑마구」, Ⅲb · Ⅲd유형의 「장식마구」가 존재하는데, 자료가 많지 않아서 단정할 수는 없지만 이 시기에 사용자의 신분 또는 용도에 따른 마구 · 마장의 분화가 심화된 것을 배경으로 이러한 현상이 거의 동시에 나타난 것이 아닐까?

어쨌든 Ⅲ기의 변화를 계기로 아라가야에서는 점차 「장식마구」가 중심을 이루어 가고 있는 것이 위의 표에 뚜렷하게 보인다. 즉 Ⅳ기에서 Ⅵ

표 27. 아라가야 마구의 종류와 재질

분기	연대	유구명	비							안장	등자			행엽				운주					마주	마갑	마령
			표	횡	내	f	x	⊥	원	장	목	철	호	심	어	검	기	환	판	반	무	패	주	갑	령
I기	5c초	문 3호분		○																					
		문 36호분					○																		
		문 43호분	○																						
		문 48호분		◑								○						◑							
II기	5c전반	문 10호분					○																		
		경 13호분						○				○													
		경 파괴분	○																○						
III기	5c중엽	현 4호분								○	○			◎											
		문 38호분	○							○	○														
		문 39호분								○	○							◑	◑						
		마 갑 총	○																				○	○	
IV기	5c후엽	현 5호분			◑		○			Ⓢ		○									○				
		현 8호분										○			◎	◎					◎		○		ⓑ
		현 15호분			◑										◑						◑				
		현 22호분			◑							○			◎			○			○				
		문 54호분			Ⓢ							○					◎	◎							○
		문1호석곽										○						○							
		창 14-1호			○																				
V기	6c초	암각화고분					○					○					●					Ⓢ			
		경 3호분									ⓑ						●								
		창 14-2호						○			○			●					○						
VI기	6c전엽	역451-1호								○	●					●					ⓑ				ⓑ
		문 4호분										○		●							●				
		문 47호분																		○					

범례 표=표비, 횡=횡방향함유금구판비, 내=내만타원형판비, f=f자형판비, x=X자형환판비, ⊥=⊥자형환판비, 원=원환비, 목=목심등자, 철=철제등자, 호=호등. 심=심엽형행엽, 어=편원어미형행엽, 검=검릉형행엽, 기=기타, 환=환형운주, 판=관형운주, 반=반구형운주, 무=무각소반구형운주, 패=패제운주, ○=철, ⓑ=청동, Ⓢ=철지은 일부, ◎=철지은, ◑=철지금동 일부, ●=철지금동

표 28. 아라가야 마구의 유형과 분포

분기	연대	마구의 유형								계
		Ⅰa	Ⅰb	Ⅱa	Ⅱb	Ⅲa	Ⅲb	Ⅲc	Ⅲd	
Ⅰ기	5c초	문 3 문36 문43							문48	4
Ⅱ기	5c전반	문10 경13 경파괴분								3
Ⅲ기	5c중엽		문38		마갑총		현 4		문39	4
Ⅳ기	5c후엽	창14-1 문 1					문54	현 8	현 5 현15 현22	7
Ⅴ기	6c초								암각화고분 경 3 창14-2	3
Ⅵ기	6c전엽	문47							역451-1 문 4	3
계		9	1		1		2	1	10	24

기까지의 13세트의 마구 중 「기본마구」는 단 2세트에 불과하고 나머지 11
세트는 모두 「장식마구」인 것이다. 특히 「장식마구」 중에서도 가장 화려
한 Ⅲd유형이 8세트로 압도적으로 많은 것이 주목된다.

한편 앞서 언급한 바와 같이 아라가야에서는 실용성이 강한 Ⅰa유형의
「기본마구」와 장식성이 강한 Ⅲd유형의 「장식마구」가 압도적으로 많은
것이 특징적이다. 그런데 여기에서 주목해야 될 것은 우선 이 지역에서 마
구가 출토된 고분의 피장자는 각 시기의 최고지배자이거나 그에 버금가는
지배자들일 가능성이 크다는 점이다. 그리고 Ⅲ기 이전에는 Ⅰa유형의
「기본마구」가, 그 이후에는 Ⅲd유형의 「장식마구」가 절대다수를 차지하
고 있다는 점이다. 이러한 두 가지 점에서 아라가야 마구의 성격을 규명해
볼 수 있다. 즉 아라가야에서는 마구가 널리 보급되어 일반화된 것은 아니

며, 특정 계층, 구체적으로는 지배계층의 전유물로 제작·사용되었을 것이다.

이상에서 살펴 본 아라가야 마구의 유형별 분포와 시간의 흐름에 따른 각 유형의 분포양상은 첫째, 마구의 출현과 성립 단계인 5세기 전반대에는 실용성이 높은 「기본마구」가 중심을 이룬다. 둘째, 신분과 용도에 따른 마구·마장의 분화가 이루어진 5세기 중엽 이후에는 다양한 유형의 「장식마구」가 유행하여 아라가야의 멸망기까지 이어진 것으로 보인다. 셋째, 이처럼 시간의 흐름에 따라 변화하는 아라가야의 마구는 기본적으로 아라가야 지배계층의 권위를 상징하는 專有物 또는 威勢品的인 성격을 가진 것으로 판단된다.

II. 가야의 기마·기병

4~6세기대의 고분에서 다량으로 발견되는 마구는 삼국과 가야에 기마풍습이 유행하였음을 보여주는 실물자료이다. 이러한 마구는 대체로 무기·무구와 공반된다. 즉 고분에서 출토되는 마구와 무기·무구의 조성을 보면 삼국과 가야에 기병 또는 중장기마전술이 도입되어 전쟁에 있어서 중요한 역할을 담당하였음을 짐작할 수 있게 한다.

삼국·가야시대의 기병 또는 기마전술의 실태에 대해서는 실물자료 외에도 『三國史記』를 위시한 여러 문헌기록과 고구려 고분벽화를 통하여 어느 정도 복원이 가능하다. 특히 고구려 고분벽화에 그려진 기마풍속도는 당대의 실상을 생생히 묘사하고 있어 기병과 기마전술 연구에 있어 기본적인 자료로 이용되고 있다.

그래서 여기에서는 가야의 기병의 모습을 알아보기 위해서 먼저 당시의 기마풍속을 생생히 묘사한 고구려 고분벽화를 관찰하여 고구려에 어떤 유형의 기병이 존재했는가를 살펴보기로 한다. 다음으로 가야의 기병에 대해서는 고분에서 출토된 마구와 무기·무구의 조성을 검토하고 이를 고구려의 벽화고분에서 추출된 기병의 유형과 비교해 봄으로써 그 존재형태에 대해서 접근해 보고자 한다.

1. 고구려의 기마 · 기병

1) 선행연구의 검토

고구려의 기마 또는 기병과 관련하여 1984년 堀田啓一은 고대 한국과 일본의 마주를 검토하면서, 당시까지 확인된 약 50여기의 고구려벽화고분 의인물풍속도 중에서 기마풍속이 묘사된 것을 관찰하고 아래와 같이 4종류로 분류하였다.[318)]

① 수렵도의 고분 8기 : 장천 1호분, 덕홍리벽화고분, 약수리벽화고분, 무용총, 대안리 1호분, 안악 1호분, 통구 12호분, 매산리 사신총 등.
② 기마병의 행렬도 고분 6기 : 안악 3호분, 약수리벽화고분, 덕홍리벽화고분, 태성리 1호분, 대안리 1호분, 감신총 등.
③ 기마병의 단독도 고분 6기 : 쌍영총, 개마총, 무용총, 매산리사신총, 약수리벽화고분, 덕홍리벽화고분 등.
④ 기마병의 전투도 고분 2기 : 통구 삼실총, 통구 12호분 등.

---

318) 堀田啓一, 1984, 「古代日朝の馬冑について」『橿原考古學研究所論集』7, pp.71~72.

이와 같은 고구려 고분벽화에 묘사된 기마풍속도의 분류는 김두철의 연구로 계승되었다. 그는 고구려 기마전사단의 성격과 그 변화의 내용을 살피기 위해 먼저 고구려 고분벽화의 인물풍속도 중에서 기마병이나 鎧馬武士가 묘사된 분묘를 堀田啓一의 분류를 기초로 다음과 같은 3종류로 다시 분류하였다.[319)]

① 기병의 행렬도 묘사 고분 : 안악 3호분, 덕흥리벽화고분, 약수리벽화고분, 태성리 1호분, 대안리 1호분, 감신총, 평양역전벽화고분.
② 기병의 단독도 묘사 고분 : 쌍영총, 개마총, 무용총, 매산리사신총, 약수리벽화고분, 덕흥리벽화고분, 마선구 1호분.
③ 기병의 전투도 묘사 고분 : 통구 삼실총, 통구 12호분.

그리고 이들 벽화 중에서 벽화의 상태가 비교적 양호한 안악 3호분, 덕흥리벽화고분, 약수리벽화고분 등 3기의 벽화 내용을 중점적으로 살펴서 고구려 기마전사단의 성격과 변천을 추정하였다. 그 내용을 정리해 보면, 먼저 안악 3호분과 덕흥리벽화고분의 행렬도에 묘사된 사람과 말 모두 갑주로 완전무장한 중장기병들이 묘주의 좌우 외측에 배치된 것에 주목하여 묘주의 정예 호위병의 성격을 가진 것으로 파악하였다. 또 약수리 벽화고분의 후열 우측열에 배치된 12기의 중장기병은 밀집대형을 이루고 있다는 점에서 하나의 병력집단을 이루어 강력한 밀집 대형의 중장창기병대의 성격을 가진 것으로 보았다. 그리하여 고구려의 중장기병은 안악 3호분과 덕흥리 벽화고분이 축조된 4세기 후반대에서 5세기 초까지는 호위병적인 성격을, 약수리 벽화고분이 축조된 5세기 초부터는 독립된 기마전사단의 성격을 가지는 것으로 보았다.[320)]

---

319) 金斗喆, 2000, 앞의 논문, p.309.
320) 金斗喆, 2000, 앞의 논문, pp.309~329 참조.

이상과 같은 堀田啓一과 김두철의 고구려벽화고분에 묘사된 고구려의 기병 또는 기마풍속의 분류와 관찰, 해석은 고구려뿐만 아니라 4~6세기대 동아시아의 기병과 기마풍속의 연구에 있어서 기초적이면서도 매우 유효한 관점으로 생각된다.

2) 고구려의 기마 · 기병

여기에서는 고구려 벽화고분에 묘사된 기마와 기병의 사례를 관찰하여 고구려 기병의 존재형태를 살펴보고자 한다.

(1) 고분벽화에 묘사된 기마 · 기병[321]

① 안악 3호분(그림 27-1)

황해남도 안악군 오국리에 있는 여러방무덤으로, 벽화의 주제는 생활풍속이다. 이 고분은 지금까지 알려진 벽화고분 가운데 규모가 가장 클 뿐만 아니라 벽화의 내용도 가장 풍부하다. 앞방 동벽을 중심으로 그려진 행렬도를 보면 墓主의 좌우 외측에는 마갑과 마주로 무장한 鎧馬를 타고 갑주와 장창으로 완전무장한 4騎의 개마무사가 그려져 있다. 그리고 행렬의 최후미에는 작은 북을 치고 있는 기승인 1기와 사람과 말 모두 갑주를 착용하지 않고 장창으로 무장한 경장기병과 의장 기수 17기 등 모두 18기의

---

321) 고구려 벽화고분의 편년에 대해서는 전호태, 2004, 『고구려 고분벽화의 세계』, 서울대학교출판부, pp.113~118의 표8을 참조하였다. 그리고 벽화의 내용에 대해서는 위의 책을 비롯하여 아래의 책들을 참조하였다.
서울대학교출판부, 2000, 『북한의 문화재와 문화 유적 I』 고구려편.
서울대학교출판부, 2000, 『북한의 문화재와 문화 유적 II』 고구려편.
전호태, 2000, 『고구려 고분벽화 연구』, 사계절.
국립공주박물관, 2004, 『고구려 고분벽화 모사도』.
이하 고구려 고분벽화에 묘사된 기마 · 기병의 내용은 대부분 위의 서울대학교 출판부의 책을 참고하였으므로 이하 특별한 경우가 아니면 각주는 가능한 생략한다.

기승인이 그려져 있다. 이 고분의 주인공과 연대에 대해서는 여러 가지 설이 제기되어 있으나, 묵서의 내용을 기초로 한 357년 전후 축조설이 가장 유력하다.

② 안악 1호분

황해남도 안악군 대추리에 있는 외방무덤으로, 벽화의 주제는 생활풍속이다. 널방 서벽에는 말을 타고 달리면서 활을 쏘기 직전의 사냥꾼의 모습이 그려져 있다. 연대는 4세기 말로 편년된다.

③ 태성리 1호분

남포시 강서구역 태성리에 있는 두방무덤으로, 벽화의 주제는 생활풍속이다. 널방 서벽에 밖을 향해 행진하는 기마 행렬도를 그렸는데, 훼손이 심하여 전체 모습은 알 수 없다. 연대는 4세기 후반으로 편년된다.

④ 평양역전벽화고분

평양시 중구역 연화동에 있는 두방무덤으로, 벽화의 주제는 생활풍속이다. 앞방 남벽 좌측에 기마인물의 대열이 그려져 있는 것으로 알려져 있으나 자세한 내용은 알 수 없다. 연대는 4세기 후반으로 편년된다.

⑤ 덕흥리벽화고분(그림 27-2)

평안남도 남포시 강서구역 덕흥동에 있는 두방무덤으로, 벽화의 주제는 생활풍속이다. 앞방 동벽과 남벽의 천장에는 말을 타고 달리면서 활로 사슴 등을 사냥하는 기마수렵도가 그려져 있다. 그리고 앞방의 동벽과 남벽 및 북벽에그려진 행렬도에는 여러 형태의 기마·기병의 모습이 확인된다. 먼저 앞방 동벽에는 墓主를 중심으로 그 좌우 외측에는 마갑과 마주로 무장한 鎧馬를 타고 갑주와 장창으로 무장한 개마무사가 각각 6騎와 5騎

가 있으며, 그 안쪽에는 말과 사람 모두 아무런 무장을 하지 않은 여러 기의 기마대열이 배치되었다. 앞방 북벽과 남벽의 동측에도 기마대열이 보이는데, 사람과 말 모두 아무런 무장을 하지 않은 것으로 보인다. 이 고분은 앞방 안벽 상단에 쓰여진 14행 154자의 묵서에 의해 永樂18년(408)에 축조되었음을 알 수 있다.

⑥ 약수리벽화고분(그림 27-3)

평안남도 남포시 강서구역 약수리에 있는 두방무덤으로, 벽화의 주제는 생활풍속 및 사신이다. 먼저 앞방 서벽과 남벽에는 말을 타고 달리면서 활로 사슴과 호랑이 등을 사냥하는 기마수렵도가 그려져 있다. 그리고 앞방의 동벽과 남벽에 그려진 행렬도에는 여러 형태의 기마·기병의 모습이 확인된다. 행열은 기본적으로 3열 종대를 이루고 있다. 행열 전열부의 외측 좌우에는 각각 6기, 5기가 행진하고 있는데, 이중 좌의 최선두에 있는 旗手 외에는 좌우의 앞의 3기는 사람과 말 모두 갑주를 착용하지 않고 의장창을 세워 든 기수(輕裝騎兵)이고 그 뒤의 2기는 樂士로 추정된다. 중앙열과 외측 우측열 사이에는 행진의 반대 방향으로 질주하고 있는 3기가 보이는데, 이들은 행렬 보조자 또는 전령으로 추정된다.[322] 수레를 탄 주인공의 좌우에도 기승인이 보이는데, 오른쪽에는 전열부에 배치된 기수와 마찬가지로 사람과 말 모두 갑주를 무장하지 않고 의장창을 세워 든 旗手(경장기병) 4騎를, 왼쪽에는 사람과 말 모두 아무런 무장을 하지 않은 6騎를 배치하였다. 그리고 행열도의 후열 우측열 끝에는 마주와 마갑으로 무장한 鎧馬를 타고 장창과 갑주로 무장한 鐵騎 12騎가 밀집 횡대형을 이루고 있다. 그 왼쪽에는 말은 무장하지 않았으나 갑주로 무장한 기병이 왼손

322) 金斗喆, 2000, 앞의 논문, p.314.

에 칼을 들고 전진하고 있는데, 그 모습으로 보아 오른쪽에 있는 12기의 중장창기병대의 지휘자로 짐작된다. 또한 그의 왼쪽 약간 뒤쪽에도 역시 갑주로 무장하고 깃발을 매단 장창을 왼손에 들고 전진하는 기병이 그려져 있는데, 旗手로 생각된다. 이 고분의 축조연대는 4세기 말~5세기 초로 비정되고 있는데, 연대는 5세기 초가 유력해 보인다.

⑦ 장천 1호분

중국 길림성 집안현에 있는 두방무덤으로, 벽화의 주제는 생활풍속과 장식무늬이다. 앞방 좌측벽 하단부에 십여명의 사냥꾼들이 활과 화살을 갖추고 말을 타고 달리면서 범, 노루, 사슴 등을 사냥하는 기마수렵도가 그려져 있다. 연대는 5세기 전반으로 편년된다.

⑧ 마선구 1호분

중국 길림성 집안현에 있는 두방무덤으로, 벽화의 주제는 생활풍속이다. 좌측실에는 말을 타고 달리면서 활을 쏘아 사슴을 사냥하는 기마수렵도를, 현실에는 마주와 마갑으로 무장한 鎧馬를 타고 갑주로 완전무장한 개마무사를 그렸다. 연대는 5세기 전반으로 편년된다.

⑨ 무용총

중국 길림성 집안현 태왕향 우산촌에 있는 두방무덤으로, 벽화의 주제는 생활풍속과 사신이다. 널방 좌측벽에는 사냥꾼들이 말을 타고 달리면서 호랑이와 사슴 등을 활로 쏘는 장면을 그린 기마수렵도를, 현실 우측벽에는 말과 사람 모두 아무런 무장을 하지 않은 채 춤추는 모습을 구경하는 기마인물을 그렸다. 연대는 5세기 전반으로 편년된다.

⑩ 삼실총

중국 길림성 집안현 태왕향 우산촌에 있는 세 개의 널방무덤으로, 벽화의 주제는 생활풍속과 사신이다. 제일널방 좌측벽에 그려진 공성도에는 마주와 마갑으로 무장한 鎧馬를 타고 갑주와 장창으로 완전무장한 개마무사 2騎의 기마전 모습이 보인다. 그 모습을 보면 추격자는 장창을 양손에 들고 도망가는 사람을 찌르려는 자세이며, 도망자는 몸을 돌려 뒤를 돌아보며 급히 달아나고 있다. 연대는 5세기 전반으로 편년된다.

⑪ 통구 12호분

중국 길림성 집안현 태왕향 우산촌에 있는 두개의 돌방무덤으로, 벽화의 주제는 생활풍속과 장식무늬이다. 남측 널방에는 말을 타고 달리면서 활을 쏘아 사냥하는 기마수렵도가, 북측 널방 좌측벽의 전투도에는 2기의 개마무사가 그려져 있다. 이 중 전투도의 개마무사를 살펴보면, 먼저 말에서 내려 칼로 적을 참수하는 개마무사의 경우 사람은 갑옷과 투구로 중무장하였으나 말은 마주와 마갑 중 마주만으로 무장하였다. 그리고 앞쪽에 있는 다른 1騎는 사람과 말 모두 갑옷과 투구로 중무장하고 장창을 비껴들고 질주하는 모습으로 그려져 있어 주목된다.[323] 이러한 통구 12호분의 전투도는 고구려 개마무사의 무장형태를 반영한 것으로, 즉 사람과 말 모두 갑주로 완전히 무장하는 형태와 사람은 완전히 중무장하면서 말은 마주만으로 약간 불완전하게 무장하는 형태가 있었음을 보여주는 자료이다. 연대는 5세기 전반으로 편년된다.

---

323) 국립공주박물관, 2004, 앞의 책, p.21 참조.

⑫ 팔청리벽화고분

　평안남도 대동군 팔청리에 있는 두방무덤으로, 벽화의 주제는 생활풍속과사신이다. 벽화는 회벽 위에 그렸는데, 앞방 동벽에는 행렬도의 제일 앞쪽 우측에 마주와 마갑으로 무장한 鎧馬를 타고 갑주와 장창으로 완전 무장하고 행진하는 개마무사 1騎가 그려져 있다. 연대는 5세기 전반으로 편년된다.

⑬ 감신총

　남포시 와우도구역 신령리에 있는 두방무덤이다. 벽화의 주제는 생활 풍속이다. 무덤방 안에는 회를 바르고 그 위에 벽화를 그렸는데, 앞방 남 벽에는 기마 행렬도를, 널방 서벽에는 기마 수렵도를 그렸다.[324] 연대는 5 세기 전반으로 편년된다.

⑭ 수렵총

　남포시 와우도구역 화도리에 있다. 현실 벽화 중의 사냥 그림으로 인 해 수렵총으로 명명되었는데, 보통 매산리사신총으로도 불린다.[325] 회벽 위에 생활풍속 및 사신도를 그렸다. 널방 북벽에 그려진 묘주의 왼쪽에는 사람과 말을, 현실 서벽에는 말을 타고 사냥하는 기마수렵도가 그려져 있 다. 연대는 5세기 후반으로 편년된다.

⑮ 대안리 1호분

　남포시 대안구역 은덕동에 있는 두방무덤으로, 벽화의 주제는 생활풍 속과 사신이다. 앞방 남벽 동쪽에는 말을 타고 달리면서 활로 사냥하는 기

---

324) 국립공주박물관, 2004, 위의 책, pp.8~13.
325) 전호태, 2000, 앞의 책, p.395.

마수렵도가, 전실 동벽에는 마주와 마갑으로 무장한 鎧馬를 타고 갑주와 장창으로 완전무장한 중장기병 4기 이상이 밀집대형을 이루고 행진하는 기병의 행렬도가 그려져 있다. 연대는 5세기 후반으로 편년된다.

⑯ 쌍영총

남포시 용강군 용강읍에 있는 두방무덤으로, 벽화의 주제는 생활풍속과 사신이다. 널길 서벽에는 활과 화살을 갖추고 말을 탄 기마인물을, 널길 동벽에는 마갑과 마주로 무장한 鎧馬를 타고 갑주와 장창으로 무장하고 행진하는 개마무사 1騎가 그려져 있다. 연대는 5세기 후반으로 편년된다.

⑰ 개마총

1916년 평양시 삼석구역 노산리에서 발굴된 외방무덤이다. 천정에 적혀 있는 '무덤주인이 鎧馬를 타는 모습(塚主着鎧馬之像)'이라는 해서체의 명문에 의해 '鎧馬塚'이라 부르게 되었다. 널방 천장에 그려진 개마행렬도 중에는 말 주인이 마주와 마갑으로 완전무장한 鎧馬를 타려는 장면이 있다. 그런데 이 鎧馬를 타려는 말 주인은 아무런 무장을 하지 않은 것이 주목되는데, 아마 전쟁 때와는 다른 상황에서의 모습을 표현한 것으로 생각된다. 한편 연도에도 기마행렬이 그려져 있는데, 말은 역시 마주와 마갑으로 완전무장한 鎧馬임이 분명하다. 다만 말을 탄 사람이 갑주로 무장했는지는 불확실하다.[326] 연대는 6세기 전반대로 편년된다.

(2) 고분벽화를 통해 본 고구려의 기병

이상에서와 같이 고분벽화에 나타난 고구려의 기마와 기병의 모습을

---

326) 국립공주박물관, 2004, 앞의 책, p.37의 그림 참고.

관찰해 보았는데, 그 결과 고구려에는 적어도 다음과 같은 3가지 유형의 기병이 존재했던 것으로 추정된다.

① 長槍 武裝型

사람과 말 모두 방어용 갑주는 무장하지 않았으며, 장창만으로 무장한 기병을 장창 무장형이라고 한다. 약수리벽화고분 행렬도의 3열 종대의 행렬 중 행렬의 제일 앞쪽 외측 좌우와 주인공의 우측에서 儀仗槍을 오른손으로 세워 들고 말을 타고 행진하는 총 11騎의 기병이 전형적인 예이다(그림 27-3).

이와 같은 장창 무장형의 기병은 사람과 말 모두 갑주로 중무장한 개마무사 또는 중장기병과 구별되는 경장기병으로 생각된다. 구체적으로는 『삼국사기』의 기병출전 사례 중에서 주로 적을 추격할 때 출병한 기병을 표현한 「輕騎」 또는 「勁騎」는 장창 무장형을 가리키는 것으로 본다.

② 長槍 · 甲冑 武裝型

장창과 갑주로 무장하고 아무런 무장을 하지 않은 말을 탄 기병을 장창 · 갑주 무장형이라고 한다. 약수리벽화고분의 전실동벽, 남벽 행렬도 중 오른쪽 마지막 열에 배치된 밀집대형의 鐵騎 12騎의 왼쪽에 배치된 기병을 전형적인 예로 들 수 있다(그림 27-3).

이와 같은 장창 · 갑주 무장형은 고구려 고분벽화 외에도 찾아 볼 수 있다. 우선 唐代의 기병 출병도를 묘사한 敦煌156窟 壁畵에 묘사된 기병을 들 수 있는데(그림 28-1), 이 벽화에 묘사된 기병은 장창과 갑주로 중무장한 반면에 말은 마주 또는 마갑을 갖추지 않은 형태로[327] 위의 고구려 고분벽화에서 확인되는 장창 · 갑주 무장형과 다르지 않는 것으로 생각된다.

한편 시간적으로나 공간적으로 곧바로 연결시키기는 어려우나 위의 고구려와 당의 기병과 유사한 예는 유럽 세계에서도 확인되어 주목된다.

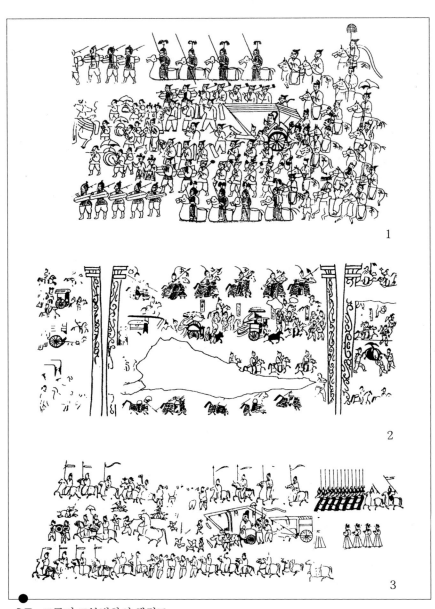

27 고구려 고분벽화의 행렬도
1. 안악 3호분, 2. 덕흥리 벽화고분, 3. 약수리 벽화고분

28 동아시아의 기마 · 기병

1. 돈황 156굴, 2. 무용총 3. 北魏麥積山麥察 제127굴, 4. 안악 3호분, 5. 서위 돈황296굴, 6. 통구 12호분, 7. 쌍영총, 8. 삼실총

주지하듯이 중세유럽 십자군의 중추는 중장기병으로, 그 전형은 물론 사람과 말 모두 갑주로 중무장한 모습이었다. 그런데 이때 중장기병이라 하더라도 騎士는 언제나 장창과 갑주로 중무장하였으나 말은 마주나 마갑 등 그 어떤 방어용의 갑마구도 무장하지 않은 예도 적지 않아 보인다.[328] 그러한 예는 16세기의 유럽전쟁을 묘사한 그림에서도 볼 수 있다. 즉 이때의 말을 탄 기병은 대부분이 장창과 갑주로 중무장한 것에 비해 이들이 탄 말은 마주와 마갑으로 무장한 예와 전혀 무장하지 않은 예 등이 있음을 알 수 있다.[329]

이상과 같은 사례로 볼 때 장창 · 갑주 무장형은 마주 또는 마갑이 없는 점에서 약간 불완전한 형태이긴 하지만 말을 탄 기병이 장창과 갑주로 완전 무장했다는 점에서 경장기병보다는 중장기병에 가까운 유형이라 할 수 있다.

③ 鎧馬武士型

장창과 갑주로 무장하고 방어용 마구인 마주 또는 마갑으로 무장한 말을 탄 기병을 개마무사형이라고 한다.

개마무사형에는 2가지 형태가 보이는데, 먼저 마갑 없이 마주만으로 무장한 유형으로 통구 12호분의 벽화에 보이는 말에서 내려 적을 참수하는 기병을 전형적인 예로 들 수 있다(그림 28-6). 이러한 통구 12호분의 예는 마갑 없이 마주만으로 말을 무장한 점에서 전형적인 鎧馬의 모습과는 차이가 난다. 그런데 완전하지는 않지만 말에 방어용의 마주를 씌웠고, 말

---

327) 이에 대하여 金斗喆, 2000, 앞의 논문, p.317에서는 敦煌156窟 壁畵에 묘사된 기병은 이전의 남북조 시기의 기병과 달리 기병의 기동성을 살리기 위해서 말에 마주와 마갑을 씌우지 않은 것이라 하였다. 필자 역시 이에 공감한다.

328) 버나드 로 몽고메리(승영조 옮김), 1995, 『전쟁의 역사 I』, 책세상, pp.261~263.

329) 버나드 로 몽고메리(승영조 옮김), 1995, 앞의 책, p.329 참조.

을 탄 기병이 장창과 갑주로 완전무장하고 있는 것에서 후술하는 개마무사형 또는 중장기병과 밀접한 관계가 있는 것은 틀림없을 것이다.

다음으로 장창과 갑주로 무장하고 마주와 마갑으로 완전무장한 鎧馬의 유형으로 안악 3호분, 덕흥리벽화고분, 약수리벽화고분, 삼실총, 쌍영총, 통구 12호분 등에 묘사된 개마무사를 전형적인 예로 들 수 있다(그림 27, 28 참조). 이처럼 사람과 말 모두 갑주와 마주, 마갑으로 중무장하고 장창과 대도 등으로 무장한 騎兵은 고대와 중세의 전쟁에 등장하는 전형적인 중장기병의 모습과 다르지 않다. 『三國史記』에 등장하는 鐵騎는 이를 가리킨 것으로 이해된다.

2. 가야의 기마 · 기병

이제까지 고구려 벽화고분에 그려진 기마와 기병의 모습을 관찰한 결과 고구려에는 적어도 3가지 유형의 기병이 존재했음을 알 수 있었다. 즉 長槍 武裝型, 長槍 · 甲冑 武裝型, 鎧馬武士型 등이 그것이다.

이와 같은 고구려 기병의 모습은 가야고분에서 출토되는 마구와 무기 · 무구를 통해서도 복원해 볼 수 있는데, 그것은 고구려와 가야의 양 지역에서 발견되는 마구와 무기 · 무구와 같은 실물자료의 유사성이 적지 않기 때문이다. 이러한 관점에서 지금부터는 가야고분에서 출토된 마구와 무기 · 무구의 공반관계를 유형화하고 이를 기초로 가야의 기마 · 기병과 피장자의 성격에 대해서 살펴보고자 한다(표 29~31 참조).

1) 유형의 설정

가야고분에서 발견되는 마구와 무기 · 무구의 공반관계를 유형화하면 다음과 같이 크게 A~E라는 5개의 類型을 설정할 수 있다.[330]

(1) A型

「기본마구 · 기본무기」 공반형을 A형으로 설정한다. 이 유형은 비 · 안
장 · 등자로 구성되는 기본마구 일부 또는 일식과 대도 · 철모 · 철촉으로
구성되는 기본무기 일부 또는 일식이 공반된 것을 특징으로 한다. 금관가
야의 김해 대성동 20, 41, 42호분, 김해 양동리 196, 429호분, 동래 복천동
31, 48, 60, 95호분과 대가야권의 고령 지산동 33, 경2, 경10, 경67, 문18호
분, 합천 옥전 24, 42, 74, 75, 76, 86, 95호분, 거창 말흘리 2호분, 남원 두락
리 1호분, 그리고 아라가야의 함안 도항리 문3, 문10, 경파괴분, 문38, 창
14-1, 문1, 문47호분 등의 출토품이 해당된다.

(2) B型

「기본마구 · 기본무기 · 갑주」 공반형을 B형으로 설정한다. 이 유형은
위의 A형에 갑주 일부 또는 일식이 공반된 것이 특징이다. 즉 A형의 개량
형 또는 발전형으로 생각된다. 금관가야의 김해 대성동 47, 39, 14호분, 김
해 양동리 78, 107, 321호분, 동래 복천동 38, 69, 42, 43, 71, 86, 54, 93, 21,
22호분과 대가야권의 지산동 문3 · 45-1호분, 합천 옥전 68, 67-A · B, 5, 8,
70호분, 남원 월산리 M1(A)호분, 함양 상백리고분 및 아라가야의 함안 문
36, 문43, 경13호분 등의 출토품이 해당된다.

(3) C型

「기본마구 · 기본무기 · 갑주 · 갑마구」 공반형으로, 갑마구인 마주 또
는 마갑의 조합관계에 따라 C1형과 C2형으로 세분된다.
　　C1형 : 「기본마구 · 기본무기 · 갑주 · 갑마구 일부」 공반형을 C1형으

---

330) 고구려, 백제, 신라, 가야의 고분에서는 여러 종류의 마구와 무기가 출토되는데, 이
　　중 비 · 안장 · 등자는 기본마구, 대도 · 철모 · 철촉은 기본무기로 인정된다.

표 29. 금관가야권 마구와 무기 · 무구

年代	遺構名	馬 具	武器 · 武具
4c 2/4	복천동 38호분	鑣轡	環頭大刀 1, 大刀 1, 鐵劍 4, 鐵鉾 17, 鐵鏃 200, 板甲, 札甲, 縱長板冑 1
	복천동 69호분	鑣轡, 鉸具	環頭大刀 3, 鐵鉾 4, 鐵鏃群, 板甲 2, 冑
4c 3/4	대성동 2호분	鑣轡 2, 銅製板轡 1, 木心鐙子, 銅製雲珠	鐵鉾, 물미, 鐵槍 12, 三枝槍, 鐵鏃, 板甲, 縱長板冑
	대성동 47호분	鑣轡, 木心鐙子, 鉸具	板甲, 冑
	복천동 42호분	副槨 : 鑣轡, 鉸具	主槨 : 鐵鏃群, 板甲, 冑
	복천동 43호분	副槨 : 鑣轡, 鉸具	主槨 : 鐵鉾, 鐵鏃, 板甲
	복천동 60호분	鑣轡, 木心鐙子	大刀, 鐵鉾, 鐵鏃
	복천동 71호분	鑣轡, 鉸具	大刀, 鐵鉾, 鐵鏃, 副槨 : 板甲
	복천동 86호분	轡	鐵鉾, 鐵鏃, 板甲 3, 縱長板冑 3
4c 4/4	대성동 3호분	心葉形杏葉 1	鐵劍, 鐵鉾, 甲冑
	대성동 39호분	鑣轡	大刀, 鐵鏃, 板甲
	대성동 41호분	板轡	大刀
	대성동 42호분	板轡, 鉸具	鐵鉾, 鐵鏃
	양동리321호분	板轡, 木心鐙子 1쌍, 鉸具	大劍, 鐵鉾, 鐵鏃, 甲冑
	복천동 48호분	鑣轡, 木心鐙子, 鉸具	主槨 : 鐵鉾, 鐵鏃
	복천동 54호분	板轡	鐵鏃, 冑
	복천동 95호분	副槨 : 板轡	主槨 : 鐵鉾 7, 鐵鏃
5c 전반	대성동 1호분	金銅製鞍裝, 木心鐙子 1쌍, 金銀裝心葉形杏葉 2, 靑銅環, 馬冑, 鉸具	鐵劍, 鐵鉾, 鐵槍, 鐵鏃
	대성동 8호분	鞍裝, 杏葉 2, 鉸具	鐵鉾, 鐵鏃
	대성동 11호분	鑣轡, 馬甲	鐵鉾, 鐵鏃, 甲冑
	대성동 14호분	轡	鐵鏃, 冑片
	대성동 20호분	環板轡, 木心鐙子	鐵鏃
	대성동 57호분	板轡 2, 木心鐙子, 馬冑, 鉸具	鐵鉾, 甲冑
	양동리 78호분	鑣轡, 木心鐙子 1雙	大劍, 鐵鏃, 甲冑
	양동리107호분	板轡, 木心鐙子	鐵鉾, 鐵鏃, 甲冑
	양동리196호분	板轡	鐵鏃
	양동리429호분	木心鐙子 1雙, 鉸具	鐵鉾, 鐵鏃
	두곡 8호분	鑣轡, 馬冑	頸甲
	복천동 31호분	環板轡, 鉸具	主槨 : 鐵鏃
	복천동 35호분	環板轡, 鞍裝, 木心鐙子, 馬甲?, 鉸具	
	복천동 93호분	鑣轡, 板轡, 鞍裝, 木心鐙子, 環形雲珠, 革金具	縱長板冑
	복천동 10호분	鑣轡, 環板轡, 鞍裝, 木心鐙子 2雙, 馬冑, 心葉形杏葉 2, 靑銅製馬鈴, 環形雲珠, 鉸具	三枝槍, 板甲, 縱長板冑 主槨(11號) : 大刀 3, 大劍 2, 鐵鏃群 5, 鐵鉾 13, 물미 2
	복천동 21호분	鑣轡, 木心鐙子, 鉸具	鐵鏃, 札甲, 頸甲, 縱長板冑
	복천동 22호분	鑣轡, 鞍裝, 木心鐙子 1雙, 環形雲珠, 鉸具	大刀, 鐵鉾, 鐵鏃, 頸甲

5장. 가야마구의 성격과 사회변화 319

표 30. 대가야권 마구와 무기 · 무구(1)

年代	遺構名	馬具	武器 · 武具
5c 전 반	옥전 68호분	環板轡, 鞍裝, 木心鐙子 1쌍, 四脚環形雲珠 3, 四脚板形雲珠, 鉸具	環頭大刀, 鐵鉾, 板甲
	옥전67-A호분	環板轡, 鞍裝, 木心鐙子 1쌍, 鉸具	環頭大刀, 鐵鉾, 胄
	옥전67-B호분	環板轡, 木心鐙子 1쌍, 鉸具	大劍, 鐵鉾, 鐵鏃, 札甲, 胄
	옥전 23호분	環板轡, 鐵地金銅裝鞍裝(座金具), 木心鐙子, 鐵地金銅裝心葉形杏葉 3, 環形雲珠 2, 馬胄, 鉸具	環頭大刀 2, 大劍, 鐵鉾, 물미, 鐵鏃群 3, 頸甲, 胄
5c 중 엽	옥전 M1호분	A Set : 環板轡, 金銅裝鞍裝, 鐵地銀裝木心鐙子(釘), 鐵地金銅裝扁圓魚尾形杏葉 10, 鐵地銀裝六脚環形雲珠(釘), 四脚板形雲珠, 金銅裝無脚半球形雲珠 30, 鉸具. B Set : 環板轡, 木心鐙子, 馬甲. C Set : 環板轡, 木心鐙子, 鐵地銀裝扁圓魚尾形杏葉 6, 鐵地銀裝無脚半球形雲珠 6. Set不明 : 馬胄	大刀(環頭) 11, 鐵鉾·물미 10, 鐵鏃群11(300), 札甲 2, 頸甲, 胄 3
	옥전 M2호분	鐵地金銅裝板轡, 鞍裝, 木心鐙子, 銀裝扁圓魚尾形杏葉 10(釘), 鐵地金銅裝四脚板形雲珠, 鉸具	
	옥전 5호분	鐵轡, 木心鐙子 1쌍, 雲珠, 鉸具	大刀(環頭) 2, 鐵鉾, 鐵鏃 15, 札甲
	옥전 8호분	鐵轡, 木心鐙子 1쌍, 環形雲珠, 鉸具	環頭大刀, 鐵鉾, 鐵鏃 15, 胄
	옥전 12호분	鞍裝, 鐵地銀裝扁圓魚尾形杏葉 5(釘), 鐵地銀製無脚半球形雲珠 4, 鐵地銀裝雲珠(脚), 鉸具	
	옥전 28호분	環板轡, 鞍裝, 木心鐙子 1쌍, 環形雲珠, 馬胄, 馬甲, 鉸具	大刀(環頭) 6, 大劍 4, 鐵鉾 4, 鐵鏃群 4, 板甲, 札甲＋頸甲, 胄
	옥전 35호분	環板轡, 靑銅被金鞍裝, 木心鐙子 1쌍, 鐵地銀裝扁圓魚尾形杏葉 4, 鐵地銀製無脚半球形雲珠, 馬胄, 鉸具	大刀(環頭) 3, 大劍, 鐵鉾 5, 鐵鏃群 3, 札甲, 胄
	옥전 42호분	環板轡, 鞍裝, 環形雲珠, 鉸具	環頭大刀, 鐵鉾
	옥전 91호분	木心鐙子 1쌍, 心葉形杏葉, 馬甲	大刀, 鐵鉾, 鐵鏃 20
	옥전 95호분	轡, 木心鐙子 1쌍, 五脚環形雲珠, 鉸具	大刀(環頭) 2, 鐵鏃群 3
	지산동32호분	鐵轡, 木心鐙子, 環形雲珠, 靑銅製馬鈴, 鉸具	大刀, 鐵鉾 2, 鐵鏃群, 板甲, 胄 2,
	지산동33호분	轡, 鞍裝, 木心鐙子 1雙, 環形雲珠, 鉸具	環頭大刀, 鐵鏃
	지산동35호분	板轡, 鞍裝, 木心鐙子 1쌍, 銀裝心葉形杏葉(一部)	大刀, 鐵鉾 2
	지산동문 3호	鐵轡, 木心鐙子 1雙, 環形雲珠, 鉸具	環頭大刀(甲鳳) 2, 鐵鉾 2, 鐵鏃群, 胄
	지산동문30호 주석실	木心鐙子 1쌍, 金銅裝杏葉 2(地板·釘), 金銅裝五脚環形雲珠 2, 鐵地金銅裝四脚板形雲珠, 鉸具	環頭大刀, 鐵鉾 4, 물미 1, 鐵鏃群 5
	지산동경 2호	鐵轡, 環形雲珠, 鉸具	環頭大刀, 鐵鏃
	지산동경10호	環板轡, 木心鐙子, 環形·四脚板形雲珠, 鉸具	環頭大刀, 鐵鉾, 鐵鏃
5c 후 엽	옥전 M3호분	A Set : 鐵地銀裝板轡(鏡板), 鐵地銀裝鞍裝鉸具(座金具), 木心鐙子 1쌍, 鐵地銀裝劍菱形杏葉 3, 金銅製馬鈴 2, 靑銅製馬鈴 5, 馬胄. B Set : 鐵地金銅裝板轡(鏡板), 金銅裝鞍裝, 鐵製鐙子 1쌍, 鐵地金銅裝劍菱形杏葉 3, 馬胄. C Set : 鐵地金銅裝板轡(鏡板), 鐵地銀裝鞍裝鉸具(座金具), 鐵製鐙子 1쌍, 蛇行狀鐵器 2, 鉸具. Set不明 : 環形雲珠 5(2점 : 靑銅), 鐵地金·銀裝四脚板形雲珠, 靑銅製三脚半球形雲珠.	環頭大刀 7, 大刀 6, 大劍, 鐵鉾 10, 물미 5, 四枝槍 2, 鐵鏃群 10, 札甲 2, 頸甲 4, 金銅裝胄, 小札胄
	옥전 7호분	鐵轡	

표 30-1. 대가야권 마구와 무기 · 무구(2)

年代	遺構名	馬 具	武器 · 武具
5c 후엽	옥전 20호분	板轡, 鞍裝, 木心鐙子 1쌍, 馬甲, 鉸具	大刀(環頭) 2, 鐵鉾 2, 鐵鏃群 3, 頸甲, 冑
	옥전 24호분	鑣轡, 木心鐙子 1쌍, 雲珠, 鉸具	鐵鉾 3, 鐵鏃群 2
	옥전 70호분	板轡, 鞍裝, 木心鐙子 1쌍, 五脚環形雲珠, 鉸具	環頭大刀, 鐵鉾 2, 鐵鏃群 2, 頸甲, 冑
	옥전 72호분	鐵地金銅裝板轡	
	옥전 82호분	板轡, 木心鐙子 1쌍	
6c 초	옥전 M7호분	鐵地銀裝鞍裝鉸具(釘), 木心鐙子 1쌍, 環形雲珠 3, 鐵地金裝·鐵地銀裝板形雲珠, 鉸具	大刀, 鐵鉾·물미, 鐵鏃, 札甲
	옥전 76호분	板轡, 木心鐙子 1쌍, 鉸具	鐵鉾
	지산동 44호분 주석실	銀裝板轡(周緣部), 靑銅被金鞍裝, 木心鐙子, 銀·靑銅劍菱形杏葉 2, 環形雲珠 2, 靑銅·鍍銀四脚半球形雲珠 2, 鉸具	大刀, 銀裝鐵鉾 1, 물미 1, 鐵鏃, 冑
	지산동 44호분 25호석곽	鐵地銀被板轡(釘), 鞍裝, 木心鐙子 1쌍, 環形雲珠, 靑銅馬鈴 2, 鉸具	
	반계제가A호분	板轡 2, 鞍裝, 木心鐙子 1쌍, 八脚環形雲珠, 靑銅製馬鈴 3, 馬冑, 鉸具	環頭大刀 2, 鐵鉾·물미, 鐵鏃群 3, 冠帽付小札冑
	백천리1-3호분	鐵地銀被板轡(釘), 鐵地銀被鞍裝(釘), 木心鐙子 1쌍, 鐵地銀被四脚板形雲珠(釘)	環頭大刀, 鐵鉾·물미 1, 鐵鏃
	말흘리 2호분	鑣轡, 木心鐙子 1쌍, 鉸具	鐵鉾
	월산리M1-A호	板轡, 鞍裝, 木心鐙子, 꺾쇠形鐙子, 鉸具	大刀, 鐵鉾 2, 鐵鏃, 頸甲, 冑
6c 전엽 ~562	옥전 M4호분	鞍裝, 鐵地金銅裝心葉形杏葉, 環形雲珠, 鐵地金製五脚貝製雲珠 3, 金製四脚半球形雲珠 5, 鉸具	單鳳文環頭大刀 2, 鐵鏃
	옥전 M6호분	圓環轡, 鞍裝, 鐵地金銅被心葉形杏葉 5, 環形雲珠, 八脚貝製雲珠 3, 鐵地金銅製四脚半球形雲珠 3, 鉸具	單鳳文環頭大刀, 銀裝鐵鉾, 鐵鏃
	옥전 74호분	木心鐵板被壺鐙 1쌍, 鉸具	鐵鉾, 鐵鏃
	옥전 75호분	鞍裝, 木心鐵板被壺鐙 1쌍	環頭大刀, 鐵鉾, 鐵鏃 50
	옥전 85호분	複環板轡, 鞍裝鉸具	
	옥전 86호분	四脚板形雲珠, 鉸具	大刀, 鐵鉾
	지산동 45호분 1호석실	A Set : 꺾쇠形鐙子 1쌍, 鉸具 B Set : 環板轡, 鐵地金銅·鐵地銀被鞍裝 2, 木心鐙子 1쌍, 鐵地金銅·鐵地銀裝心葉形杏葉 9, 環形雲珠 2, 金銅·銀裝四脚半球形雲珠	環頭大刀, 鐵鉾·물미, 鐵鏃, 札甲
	지산동문 18호	板轡, 木心鐙子片, 鐵地銀板形雲珠, 鉸具	鐵鉾, 鐵鏃
	지산동경 67호	鑣轡, 木心鐙子, 環形雲珠, 鉸具	鐵鏃
	지산동영 1호	鑣轡, 鞍裝鉸具, 壺鐙, 銀裝革金具(一部), 鉸具	大刀, 물미, 鐵鏃, 札甲
	본관동 36호분 석곽	板轡, 鞍裝鉸具, 環形雲珠 3, 鐵地銀裝四脚板形雲珠 2(釘), 鉸具	
	반계제다A호분	銀裝板轡(釘), 木心鐵板被壺鐙, 鐵地銀裝四脚板形雲珠 2, 蛇行狀鐵器, 金銅裝寄生, 鉸具	大刀, 鐵鉾 2, 물미 1, 鐵鏃群
	봉계리171호분	圓環轡	
	상백리 고분	鐵製鐙子	大刀, 鐵鏃, 板甲
	상백리 고분 중생원촌 1호	板轡, 鐵製鐙子, 鐵地銀裝心葉形杏葉, 雲珠, 蛇行狀鐵器	札甲, 冑
	두락리 1호분	複環板轡, 鞍裝, 鐵製鐙子, 雲珠, 蛇行狀鐵器	鐵鉾, 鐵鏃
	옥전 M11호분	靑銅被金鞍裝, 銀裝六脚貝製雲珠, 障泥附屬具, 鉸具	大刀, 鐵鉾

표 31. 아라가야 마구와 무기 · 무구

年代	遺構名	馬 具	武器 · 武具
5c 초	문 3호분	板轡, 鉸具	大刀, 鐵鉾 2
	문 36호분	環板轡	環頭大刀, 鐵鉾 2, 鐵鏃 19, 冑
	문 43호분	鑣轡, 鉸具	大刀, 鐵鉾 2, 물미 2, 鐵鏃, 冑
	문 48호분	板轡(方 · 圓環結合引手壺), 木心鐙子, 靑銅製環形雲珠 4, 鐵地金 · 銀製革金具 20, 鉸具	大刀 6(環頭1), 鐵鉾 3, 물미 2, 三枝槍, 鐵鏃群, 札甲
5c 전반	문 10호분	環板轡	鐵鏃
	경 13호분	環板轡, 木心鐙子 1쌍, 鉸具	大刀, 大劍, 鐵鉾 2, 물미 2, 鐵鏃, 板冑
	경 파괴분	鑣轡, 革金具, 鉸具	鐵鉾, 鐵鏃
5c 중엽	현 4호분	鞍裝, 木心鐙子, 鐵地銀裝心葉形杏葉	大刀, 鐵鉾, 鐵鏃, 札甲, 冑
	문 38호분	鑣轡, 鞍裝, 木心鐙子 1쌍	물미(鐵鉾), 鐵鏃
	문 39호분	鞍裝, 木心鐙子, 鐵地金銅裝環形雲珠(脚), 鐵地金 · 銀裝板形雲珠, 鉸具	鐵鏃, 冑
	마 갑 총	鑣轡, 馬冑, 馬甲, 鉸具	環頭大刀, 大刀, 鐵鉾 6, 鐵鏃, 冑
5c 후엽	현 5호분	環板轡, 板轡(鐵地金銅製銀鍍金釘), 鐵地銀裝鞍橋(稻粒頭釘), 鐵製鐙子, 無脚小半球形雲珠, 革金具, 鉸具	大刀 3, 鐵鉾 2, 물미 1, 鐵鏃
	현 8호분	木心鐙子, 靑銅製馬鈴, 鐵地銀裝心葉形杏葉 3, 鐵地銀裝扁圓魚尾形杏葉 13, 鐵地銀裝無脚半球形雲珠 49, 馬冑, 馬甲, 鉸具	環頭大刀 2, 大刀, 大劍, 鐵鉾 3, 물미 2, 鐵鏃群 3, 札甲, 頸甲, 冑
	현 15호분	鐵地銀裝鞍橋(稻粒頭釘), 鐵地金銅裝鞍裝鉸具, 鞍裝손잡이, 鐵地金銅裝扁圓魚尾形杏葉 7, 鐵地金製無脚半球形雲珠 4, 靑銅製雲珠(脚), 鉸具	鐵鉾, 물미 2, 鐵鏃群
	현 22호분	鐵地金銅裝I字形板轡, 鞍裝손잡이, 木心鐙子, 鐵地銀製扁圓魚尾形杏葉 3, 環形雲珠 2, 銀裝無脚小半球形雲珠 9, 鐵地金銅裝飾金具15, 鉸具	大刀, 鐵鉾 3, 물미 2, 鐵鏃, 冑
	문 54호분	鐵地銀裝板轡(周緣部 · 釘), 鞍裝손잡이, 木心鐙子, 鐵地銀裝劍菱形杏葉 3, 鐵地銀裝環形雲珠(脚), 靑銅製三環鈴, 鉸具	環頭大刀 3, 鐵鉾 2, 물미 3, 鐵鏃 43, 冑
	문1호석곽	鑣轡(?), 木心鐙子, 環形雲珠, 鉸具	鐵鏃
	창 14-1호	板轡, 鐵製鐙子	大刀, 鐵鏃
6c 초	암각화고분	環板轡, 鞍裝손잡이, 鐵製鐙子, 鐵地金銅裝杏葉, 銀裝四脚貝製雲珠 4((貴金具 · 圓頭釘), 鉸具	環頭大刀, 물미, 鐵鏃 14, 札甲
	경 3호분	靑銅製鞍裝鉸具(座金具), 鐵地金銅製杏葉, 鉸具	물미
	창 14-2호	圓環轡, 鞍裝손잡이, 鐵製鐙子, 鐵地銀金銅裝心形杏葉, 環形雲珠, 鉸具	環頭大刀, 물미
6c 전엽	역451-1석	圓環轡, 鐵地金銅裝鞍裝(鉸具), 鞍裝손잡이, 鐵地金銅裝劍菱形杏葉 3, 鐵地金銅裝革金具, 靑銅製馬鈴, 鉸具	鐵鉾, 물미
	문 4호분	鞍裝鉸具 2, 鐵地金銅裝心葉形杏葉 2(鋲:鐵地銀製), 鐵地金製四脚半球形雲珠 6(鋲:鐵地銀製)	
	문 47호분	鑣轡, 四脚半球形雲珠 3, 鉸具	鐵鏃

로 설정한다. 이 유형은 위의 B型에 갑마구인 마주 또는 마갑이 공반된 것을 특징으로 한다. 금관가야의 김해 대성동 11, 57호분, 김해 두곡 8호분과 대가야권의 합천 옥전 20호분 등의 출토품이 해당된다.

C2형 : 「기본마구 · 기본무기 · 갑주 · 갑마구 일식」 공반형을 C2형으로 설정한다. 이 유형은 마주와 마갑 중 일부만 공반된 위의 C1형과 달리 마주와 마갑이 일식을 이룬 점이 가장 큰 특징이다. 대가야권의 합천 옥전 28호분과 M1호분(Bset), 아라가야의 함안 마갑총 등의 출토품이 전형적인 예이다.

(4) D型

「기본마구 · 기본무기 · 갑주 · 장식용 마구」 공반형으로, 장식용 마구의 조합관계에 따라 D1~D4형으로 세분된다.

D1형 : 「기본마구 · 기본무기 · 갑주 · 철제 장식용 마구」 공반형을 D1형으로 설정한다. 이 유형은 앞서 설정한 B형에 장식용 마구인 철제의 심엽형행엽이 공반된 것이 특징으로, B형의 개량형 또는 확대형으로 추정된다. 금관가야의 김해 대성동 3, 8호분과 대가야권의 고령 지산동 35호분 등의 출토품이 전형적인 예이다.

D2형 : 「기본마구 · 기본무기 · 갑주 · (은)청동제 마구」 공반형을 D2형으로 설정한다. 이 유형은 앞서 설정한 B형에 은 · 청동제 마구가 공반된 것이 특징으로, 위의 D1형과 마찬가지로 B형의 개량형 또는 확대형으로 볼 수 있다. 금관가야의 김해 대성동 2호분과 대가야권의 고령 지산동 32, 영1호분, 합천 옥전 M1호분(C세트), 함양 백천리 1-3호분, 함양 상백리 1호분 및 아라가야의 함안 도항리 현4, 문54호분 등의 출토품이 해당된다.

D3형 : 「기본마구 · 기본무기 · 갑주 · 갑마구 · 장식용 마구」 공반형을 D3형으로 설정한다. 이 유형은 앞서 설정한 C형에 철제 또는 금동제의 장식용 마구가 공반된 것이 특징으로, C형의 개량형 또는 확대형으로 볼

수 있다. 금관가야의 김해 대성동 1호분과 동래 복천동 10호분, 대가야권의 합천 옥전 23, 35, 91, M3(A·B세트)호분, 합천 반계제 가A호분 및 아라가야의 함안 도항리 현8호분 출토 마구가 해당된다.

D4형 : 「기본마구·기본무기·갑주·금동장 마구」 공반형을 D4형으로 설정한다. 이 유형은 앞서 설정한 B형에 장식성이 뛰어난 금동장 마구가 공반된 것이 특징으로, B형의 개량형 또는 확대형으로 볼 수 있다. 대가야권의 고령 지산동 문30, 44, 45호분, 합천 옥전 M1(A), M3(C세트), M4, M7, M6, M11호분, 합천 반계제 다A호분과 아라가야의 함안 도항리 문48, 문39, 현15, 현22, 현5, 경3, 창14-2, 역451-1호분, 암각화고분 출토 마구가 해당된다.

(5) E型

4~6세기대의 가야고분에 부장된 마구는 거의 대부분이 대도와 철모 및 철촉 등의 무기 또는 갑주와 함께 부장되는 것을 특징으로 한다. 그런데 무기 또는 무구 없이 마구만 단독으로 부장된 예들도 더러 있는데, 이를 일괄하여 E형으로 설정한다. 이를 좀 더 자세히 살펴보면, 「기본마구」 공반형(합천 옥전 7, 85호분, 봉계리 171호분)과 「기본마구·갑마구」 공반형(동래 복천동 35호분), 「기본마구·장식용 마구」 공반형(합천 옥전 12, 72, M2호분, 고령 지산동 44호분 25호 석곽, 본관동 36호분, 함안 도항리 문4호분) 등이 확인된다.

2) 유형의 성격

(1) A型

「기본마구·기본무기」 공반형인 A형의 성격은 우선 고구려 약수리벽화고분의 행열도에 그려져 있는 旗手와 연결시켜서 생각해 볼 수 있다. 즉 앞서 살펴보았듯이 약수리벽화고분 행렬도 중에는 3열 종대의 행렬의 제일 앞쪽 외측 좌우에는 3기의 기병이, 행렬 주인공의 우측에는 4기의 기병이 儀仗槍을 오른손으로 세워 들고 말을 타고 행진하고 있다. 다시 말해 이들은 사람과 말 모두 갑주로 무장하지 않고 깃발을 매단 의장창만을 들고 행렬의 선두에서 행진하고 있는 旗手로서 중장기병과 대응되는 경장기병으로 추정된다.

한편 약수리벽화고분의 앞방 서벽과 남벽의 기마 수렵도[331]와 쌍영총 널길서벽의 기마인물,[332] 무용총 널방의 좌측벽 기마 수렵도[333]의 무장도 주목된다. 이들 기마 수렵도는 비, 안장, 등자로 구성된 기본마구를 갖춘 말을 타고 달리면서 활로 짐승을 사냥하는 모습에서 공통된다. 물론 이러한 기마 수렵도는 사냥과 직접 관련되는 것으로, 전쟁에 출병하는 모습과는 다를 것으로 생각된다. 다만 위 기마 수렵도에 나타나는 무장의 형태가 가야의 A형과 연결된다는 점에서, 말을 타고 짐승을 사냥하는 騎射의 무장형태가 가야에서는 A형으로 나타난 것이 아닌가 생각된다.

이와 같은 고구려 벽화고분의 사례에서 가야의 A형은 약수리 벽화고분에 기수로 표현된 경장기병과 위 기마수렵도에 나오는 기마와 연결되는 것으로 이해하고자 한다. 다시 말하면 기본마구와 기본무기로 무장한 가야의 A형 기병은 고구려의 「장창 무장형」 기병과 연결된다. 그리고 『삼국사기』에서 주로 적의 추격전에 출병한 기병을 표현한 '勁騎' 또는 '輕騎'는 A형 기병과 같은 輕裝騎兵을 가리킨 것으로 보고자 한다.

(2) B型

「기본마구 · 기본무기 · 갑주」 공반형인 B형은 위의 A형의 개량형 또

---

331) 서울대학교출판부, 2000, 『북한의 문화재와 문화유적 I』 고구려편, p.258.
332) 서울대학교출판부, 2000, 『북한의 문화재와 문화유적 II』 고구려편, p.62.
333) 서울대학교출판부, 2000, 『북한의 문화재와 문화유적 I』 고구려편, p.275.

는 확대형으로, 말은 아무런 무장을 하지 않았으나 기병은 장창과 갑주로 무장하였다.

이러한 B형 기병의 모습은 앞서 언급한 바와 같이 약수리벽화고분의 전실동벽과 남벽에 그려진 행렬도에서 찾을 수 있다.[334] 이 행렬도를 보면 墓主의 오른쪽 마지막 열에는 마주와 마갑으로 무장한 鎧馬를 타고 장창과 갑주로 무장한 鐵騎 12騎가 밀집 횡대형을 이루고 있다. 그 왼쪽에는 말은 무장하지 않았으나 갑주로 무장한 기병이 왼손에 칼을 들고 전진하고 있는데, 그 모습으로 보아 우측의 鐵騎 12騎로 구성된 밀집기병대의 지휘자로 짐작된다. 그리고 그의 왼쪽 약간 뒤쪽에도 역시 갑주로 무장하고 깃발을 매단 장창을 왼손에 들고 전진하는 기병이 그려져 있는데, 이는 12騎의 鐵騎와 관련된 重裝儀仗槍騎兵으로 추정된다.

이처럼 기병은 장창 또는 대도로 무장하였으나, 말은 아무런 무장을 하지 않은 사례는 꽤 많다. 앞서 언급한 唐代의 기병 출병도를 묘사한 敦煌 156窟 壁畵의 기병의 무장이 그러하며, 또한 기병은 갑주로 무장하였으나 말은 아무런 무장을 하지 않은 신강 출토 채회경기병용[335]도 같은 예로 들 수 있다.

이상에서와 같이 가야의 B형은 약수리벽화고분에 묘사된 철기 12기의 지휘자 또는 그 옆의 重裝儀仗槍騎兵, 그리고 敦煌156窟 壁畵에 그려진 唐代의 기병과 연결되어 진다. 이들 사례는 기병은 갑주로 무장하였으나 말은 아무런 무장을 하지 않은 것에서 공통된다. 따라서 사람과 말 모두 갑주로 완전무장한 고구려의 鐵騎 또는 鎧馬武士와 구별되는데, 다만 위의 사례나 가야의 B형 기병들 대부분이 장창을 들고 갑주로 완전무장하고 있는 것에서 앞서 설정한 고구려의 長槍 · 甲冑 武裝型과 마찬가지로 鐵騎

---

334) 서울대학교출판부, 2000, 『북한의 문화재와 문화유적 I』 고구려편, p.264.
335) 長谷川 道隆, 1989, 「北朝時代の武士陶俑」 『古代文化』, 1989-4.

또는 重裝騎兵과 유사한 성격을 가진 기병으로 생각된다.

(3) C型

C1형 : 「기본마구 · 기본무기 · 갑주 · 갑마구 일부」 공반형인 C1형은
위의 B형에 말을 보호하기 위한 마주 또는 마갑이 공반된 것이 특징이다.
이와 같이 기병은 주로 장창을 들고 갑주로 완전무장하였으나 말은 마주
또는 마갑 중 어느 하나만으로 무장한 C1형의 유례는 고구려 통구 12호분
북측 묘실 널방 좌측벽 전투도에서 확인할 수 있다.[336] 그 내용을 보면 갑
주로 무장한 기사가 말에서 내려 역시 갑주로 무장한 적의 투구를 잡고 오
른손에 잡은 칼로 적의 목을 치는 모습이 그려져 있는데, 그 뒤에 서 있는
전투에서 승리한 기병의 말을 보면 기본마구에 마주로 무장하였다. 이와
같은 통구 12호분 적장 참수도에 나오는 승리한 기병과 그가 탄 말의 모습
은 C1형의 모습과 바로 연결되는 것으로 생각된다.

한편 적장 참수도의 고구려 기병과 C1형의 성격과 관련해서 주목되는
자료는 무엇보다도 적장 참수도 앞에 그려진 鎧馬武士 1기의 모습이다.
적장 참수도 앞쪽에는 마주와 마갑으로 무장한 鎧馬를 타고 장창과 갑주
로 완전무장하고 앞으로 나아가는 鎧馬武士 1기가 그려져 있는데, 여기에
묘사된 말은 적장 참수도의 말과 다르게 마주와 마갑으로 완전무장한 鎧
馬라는 점을 주목할 필요가 있다. 즉 통구 12호분의 예는 고구려에 마주만
으로 무장한 鎧馬와 마주와 마갑으로 완전무장한 鎧馬 등 적어도 2유형의
鎧馬가 존재했음을 시사한다. 이들 양자는 역시 鎧馬武士 즉 중장기병적
성격을 가진 것임은 분명하다. 이상과 같은 통구 12호분 벽화의 사례는 마
주 또는 마갑으로 무장한 鎧馬와 장창과 갑주로 무장한 가야의 C1형이 고

---

336) 국립공주박물관, 2004, 앞의 책, p.21.

구려의 鐵騎 또는 중장기병과 매우 가까운 성격의 것임을 말해 주는 것으로 생각한다.

C2형 : 이 유형은 기본마구와 기본무기에 마주와 마갑, 갑주를 착용하여 사람과 말 모두 완전무장한 점이 가장 큰 특징이다. 이처럼 사람과 말 모두 갑주로 완전무장한 모습은 고구려 벽화고분에서 상당히 많이 찾아볼 수 있다. 먼저 안악 3호분의 대행렬도에 그려진 기병을 들 수 있다. 안악 3호분의 앞방 동벽 벽화의 좌우 외측에는 마갑과 마주로 무장한 鎧馬에 전신을 갑주로 무장하고 왼손에 장창을 든 중장기병 각 4騎가 배치되어 있다. 이들 4기의 중장기병은 김두철이 지적하였듯이 행렬의 좌우 외측에서 주인공을 호위하는 친위병적인 성격을 가진 기병으로 생각된다.

이와 같은 안악 3호분과 같은 양상은 덕흥리 벽화고분의 행렬도에도 보인다. 즉 이 벽화고분의 행렬도에는 마갑과 마주로 무장된 鎧馬를 타고 갑주와 장창으로 武裝한 중장기병이 주인공을 중심으로 우측에 5기, 좌측에 6기가 배치되어 있다. 이들 역시 안악 3호분과 같이 주인공을 호위하는 친위병적인 성격을 가진 중장기병일 것이다.

한편 약수리 벽화고분에 묘사된 기병의 경우는 위의 예들과 약간 다르다. 앞방 동벽, 남벽 행렬도의 후열의 우측열에 묘사된 12騎의 기병은 마주와 마갑, 갑주, 장창으로 무장하고 12騎의 밀집 중장기병대를 형성하고 있다. 즉 위의 안악 3호분이나 덕흥리벽화고분과 달리 독립된 기병대를 이루고 있는 것에서 뚜렷이 구별된다.[337] 이러한 약수리벽화고분과 같은 양상은 대안리 1호분의 앞방 동벽 벽화의 행렬도에도 보인다. 이는 김두철이 지적한 것과 같이 고구려에서 5세기대 이후 밀집 중장기병대가 운영되었음을 보여주는 중요한 자료이다.

---

337) 이에 대해 金斗喆, 2000, pp.315~319에서는 안악 3호분과 덕흥리 벽화고분의 친위병적인 성격에서 벗어나 독립된 기마전사단으로 전환되는 중요한 근거로 들고 있다.

이상과 같은 사례는 행렬도에 보이는 중장기병의 모습인데, 이와 달리 기병의 단독도 또는 전투도 등에서도 중장기병의 모습을 찾을 수 있다. 예를 들면 쌍영총, 마선구 1호분 현실 鎧馬武士, 통구 삼실총의 공성도, 통구 12호분 북쪽 무덤칸 안칸 왼쪽벽의 전투도[338] 등에는 마주와 마갑으로 무장한 鎧馬를 타고 갑주와 장창으로 완전무장한 중장기병의 모습을 볼 수 있다. 이 중에서도 특히 통구 삼실총의 공성도에는 鎧馬를 타고 장창과 갑주로 중무장한 두 철기가 장창을 휘두르며 쫓고 쫓기는 모습이 매우 사실적으로 그려져 있어 당시의 기마전의 한 양상을 생생히 보여준다.

이상과 같은 고구려 벽화고분의 예로 볼 때, C2형은 사람과 말을 갑옷으로 완전무장시키고 대도, 철모, 철촉으로 무장한 고구려의 鎧馬武士型과 연결되는 것으로 생각된다. 다시 말해 鎧馬와 갑주로 중무장한 고구려의 鎧馬무사 또는 鐵騎가 가야지역에서는 C2형으로 나타난 것으로 본다.

(4) D型

D1형 : 「기본마구 · 기본무기 · 갑주 · 철제 장식마구」 공반형인 D1형은 A형 또는 B형의 개량형 또는 확대형으로, 기본적으로는 앞의 양 유형과 유사한 고구려의 長槍 武裝型 또는 長槍 · 甲冑 武裝型으로 복원해 볼 수 있다.

그런데 이 유형은 A · B형과 달리 주로 행엽이 공반되고 있는 것에 주목할 필요가 있다. 주지하듯이 행엽은 장식마구 중에서도 대표적인 마구로 인정되므로 이를 포함한 마장은 「실용적」 또는 「전투적」인 마장이라기보다는 역시 「장식적」 또는 「비전투적」 성격이 강한 마장이라 할 수 있다. 이로써 D1형의 성격을 짐작할 수 있는데, 이 점은 출토고분의 성격을 살

---

338) 국립공주박물관, 2004, 앞의 책, p.21.

퍼보면 더욱 분명해진다. 김해 대성동 3호분과 8호분은 4세기 4/4분기와 5세기 1/4분기 금관가야 최고지배자의 무덤으로, 고령 지산동 35호분은 5세기 중엽 대가야의 지배자급의 무덤으로 추정된다.

이상의 검토에서와 같이 D1형은 대표적인 장식용 마구인 행엽이 포함된 마장이라는 점과 출토고분의 피장자가 해당 지역·시기의 최고지배자이거나 지배자로 추정된다는 점에서 무장적 성격보다는 의장적 성격이 강한 것으로 판단된다.

D2형 :「기본마구·기본무기·갑주·(은)청동제 마구」 공반형인 D2형은 앞서 살펴보았듯이 B형의 개량형 또는 확대형으로 볼 수 있다. 따라서 이 유형은 우선 B형과 유사한 기병으로 복원될 가능성이 높다. 즉 장창과 갑주로 무장하고 있는 것에서 고구려의 長槍·甲冑 武裝型과 같이 重裝騎兵的 성격에 가까운 것으로 생각할 수 있다.

그런데 D2형은 B형과 달리 은·청동제의 마구가 공반된 것이 특징이므로, 이 점에 주목할 필요가 있다. 즉 공반된 은·청동제의 마구가 D2형의 성격을 규정한다는 것이다. 그래서 D2형에 공반된 은·청동제 마구를 살펴보면 김해 대성동 2호분에서는 동제판비와 동제운주가, 고령 지산동 32호분에서는 청동제의 마령이, 고령 지산동 영1호분에서는 은피의 혁금구가, 백천리 1-3호분에서는 철지은피의 원두정으로 장식된 판비와 안장·운주가, 함양 상백리 1호분과 함안 도항리 현4호분에서는 철지은피의 심엽형행엽이, 함안 도항리 문54호분에서는 철지은제의 판비와 검릉형행엽 등이 확인된다. 이처럼 은·청동제의 마구는 주로 장식이 가미되는 판비, 안장, 행엽, 운주, 마령 등에서 확인되는데, 이는 곧 「실용적」 또는 「전투적」인 성격보다 「장식적」 또는 「비전투적」인 성격을 반영한 것으로 판단된다.

한편 출토고분의 성격을 통해서도 D2형의 성격을 추정해 볼 수 있다. 먼저 김해 대성동 2호분은 4세기 3/4분기의 금관가야의 王墓로, 고령 지산동 32호분은 대가야의 최고지배자급 무덤으로, 함양 백천리 1-3호분과 상백리 1호분은 대가야의 지배를 받는 재지 수장층의 무덤으로, 함안 도항리 현4호분과 문54호분은 5세기 후반대 아라가야의 최고지배자 또는 지배자급의 무덤으로 추정된다. 그런데 고령 지산동 영1호분은 고분의 규모로 보면 최고지배자급의 무덤으로 보기 어렵다. 다만 이 고분에서 「비전투적」인 성격의 목심철판피호등이 공반된 것으로 보아 피장자는 지배계층 또는 그와 밀접한 관계가 있는 신분자임이 분명하다 할 것이다.

이상의 검토에서와 같이 은·청동제의 장식용 마구가 포함된 D2형은 해당 지역·시기의 최고지배자 또는 그에 버금가는 지배자들의 기마·기병으로 판단된다.

D3형 : 「기본마구·기본무기·갑주·갑마구·장식용 마구」 공반형인 D3형은 앞서 살펴 본 C형에 철제 또는 금동장의 장식마구가 공반된 것이 특징이다. 따라서 이 유형은 C형에 가까운 「중장기병적」 성격을 가지면서도 후술하는 D4형 등과 유사한 「의장적」 성격도 가진다.

이와 같은 D3형의 성격은 출토 고분의 성격을 살펴보면 더욱 분명해진다. 먼저 김해 대성동 1호분은 대형 목곽묘로 5세기 1/4분기 금관가야의 王墓로, 동래 복천동 10호분은 5세기 2/4분기의 재지 수장층의 무덤으로 추정되고 있다. 그리고 대가야권의 합천 옥전 23, 35, 91, M1(C), M3(A, B)호분, 합천 반계제 가A호분 등의 피장자는 해당 지역·시기의 최고지배자 또는 그에 버금가는 지배자들로 추정되고 있다. 이 중에서도 합천 옥전 23호분은 다라국 성립기의 왕묘로, M1호분은 발전기의 왕묘로, M3호분은 전성기의 왕묘로 추정되고 있다. 또한 함안 도항리 현8호분은 5세기 후반대 아라가야의 왕묘로 인정된다.

이상과 같이 D3형이 부장된 고분의 피장자들은 거의 예외 없이 해당 지역·시기의 최고지배자 또는 그에 가까운 지배자들임을 알 수 있다. 또한 5세기 전반대에는 금관가야와 다라국의 최고지배자(=왕)들의 마장과 무장으로, 5세기 후반대에는 후술하는 D4형과 비슷하거나 그보다 약간 하위에 해당되는 유형으로 판단된다. 그런데 5세기 후반대의 다라국의 왕 묘로 추정되는 합천 옥전 M3호분에서는 D3형과 D4형의 2가지 유형이 함 께 출토되어서 주목된다. 즉 공반된 마구의 성격을 근거로 하면 갑마구가 공반된 전자는 군사적인 행사에, 금동장 마구가 공반된 후자는 국가의 정 치적 행사에 사용하였을 가능성이 크다.

D4형 : 「기본마구·기본무기·갑주·금동장 마구」 공반형인 D4형은 금동장 마구를 착장한 말을 타고 철모와 갑주로 완전무장한 기병의 모습 으로 그려진다. 이러한 D4형의 모습은 역시 고구려 고분벽화 등에서 찾아 보기 어렵다. 그래서 출토 고분의 규모나 부장품의 질과 양을 통해 그 성 격을 추정해 볼 수밖에 없다.

먼저 대가야권의 경우 고령 지산동 문30, 44, 45호분은 수혈식석곽을 매장주체부로 하는 대형 고총으로, 피장자들은 5세기 중엽부터 대가야가 멸망하는 562년까지 순차적으로 대가야를 통치했던 최고지배자(=왕)들 또는 그에 준하는 지배자들로 추정된다. 그리고 합천 옥전 M1(A), M3(C), M4, M7, M6, M11호분의 피장자들 역시 위의 대가야와 같은 시기에 옥전 고분군을 중심으로 성장 발전한 다라국의 최고지배자(=왕)들 또는 그에 버금가는 지배자들일 가능성이 높다. 또한 황강 중류역이 대가야에 편입 된 이후 축조된 합천 반계제 다A호분의 피장자 역시 대가야의 허용 아래 이 지역을 통치했던 재지 수장으로 알려져 있다.

다음으로 아라가야의 양상을 살펴보면, 도항리 문48호분은 대형 목곽 묘로서, 대형 봉토를 가진 고총의 출현 이전 시기인 5세기 1/4분기 아라가 야의 최고지배자 무덤으로 추정된다. 그리고 대형 고총이 출현하는 5세기 중엽부터 6세기 초에 걸쳐서 축조된 문39, 현15호, 현22, 현5, 경3, 창14-2 호분과 암각화고분 등의 피장자들 역시 아라가야의 최고지배자 또는 그에 버금가는 지배자들로 추정된다.

이로써 금동장 마구를 착장한 말을 타고 철모와 갑주로 완전무장한 D4
형은 출토 고분의 성격으로 보아 당시 권역내의 최고지배자 또는 지배자
급에 해당되는 것임을 알 수 있다. 한편 금동장 마구를 공반하는 마구는
「장식마구」중에서도 가장 화려한 것으로 주로 최고지배자 또는 지배자들
의 시위나 의례 등에 사용하는 마구로 추정된다. 즉 권위를 상징하는 威勢
品的인 성격의 마구라 하면 이 유형을 가장 먼저 일컬어야 할 것이다. 즉
D4형은 전장에 직접 투입되는 기병은 아니며, 의장적 성격이 강한 기병으
로서 대가야와 아라가야로 대표되는 후기가야 최고지배자들(=왕) 또는 그
에 버금가는 지배자들과 권역내 지방 수장층일 가능성이 크다. 또한 화려
한 금동장 마구를 착장한 말을 타고 철모와 갑주로 완전무장한 모습은 후
기가야 최고지배자들의 정치·군사적 성격을 반영하고 있는 것으로 생각
된다.

(5) E型

무기나 무구 없이 마구만으로 구성된 것으로, 앞서 언급하였듯이 3가
지 형태로 나타난다. 먼저 「기본마구」 공반형에 해당되는 합천 옥전 7, 85
호분과 합천 봉계리 171호분에서는 말을 다루는데 있어 가장 기본적인 장
구인 비가 공통적으로 공반하며, 이외의 마구로는 합천 옥전 85호분 출토
안장교구가 유일하다. 이처럼 무기·무구가 아예 없으면서 마구 마저도
극히 빈약한 위 고분들의 성격에 대해서는 유구의 위치나 규모, 다른 부장
품의 질과 양을 통하여 추정해 볼 수밖에 없다. 이와 관련하여 합천 옥전
7, 85호분의 피장자를 왕족 또는 상위계층에 속하는 여성일 가능성이 높
은 것으로 추정한 연구결과는 시사하는 바가 많다.[339]

---

339) 趙榮濟, 1997, 「玉田古墳群의 階層分化에 대한 硏究」 『嶺南考古學』 20, p.44.

이와 같이 피장자가 여성일 가능성이 높은 마구 부장고분으로는 「기본 마구ㆍ장식용 마구」 공반형에 해당되는 합천 옥전 12, 72, M22호분 등이 다. 이들 3기의 고분에서 출토된 마구를 살펴보면, 먼저 옥전 12호분에서 는 안장, 철지은제의 못으로 장식된 편원어미형행엽 6점, 철지은제의 무 각소반구형운주 4점, 철지은제의 각을 가진 운주, 교구 등이 출토되었다. 그리고 옥전, M2호분에서는 철지금동 판비, 안장, 목심등자, 은장 못으로 장식된 편원어미형행엽 10점, 철지금동 사각판형운주, 교구 등이, 옥전 72 호분에서는 철지금동제 판비가 출토되었다. 이와 같은 마구의 조합은 말 할 필요도 없이 화려한 「장식마구」에 해당되는 것인데, 이로써 왕족 또는 상위계층의 여성들도 이와 같이 화려한 「장식마구」를 착장한 말을 타고 국가적인 행사에 참석했던 것으로 추정된다.

이처럼 무기나 무구 없이 「장식마구」만을 착장한 말을 탄 사람은 가야 의 왕족 또는 상위계층의 여성들 외에도 近侍 또는 侍從들로 추정되는 남 성들도 있었던 것으로 보인다. 예를 들면 고령 지산동 44호분 25호 석곽과 본관동 36호분 석곽 피장자가 그러하다.

주지하듯이 고령 지산동 44호분 25호 석곽은 44호분에 배치된 32기의 순장곽 가운데 마구가 부장된 유일한 고분이다. 이 고분에서는 철지은피 의 못으로 장식된 판비, 안장, 목심등자 1쌍, 환형운주, 청동제 마령 2점, 교구 등 여러 종류의 마구가 출토되었으며, 더구나 대부분이 가야 마구 중 에서도 의장성이 풍부한 Ⅲb유형에 속하는 것이다. 이처럼 풍부하고도 화 려한 마구가 출토된 이 고분에 아무런 무기나 무구가 출토되지 않은 것은 의문스러운데, 이 점에 대해서는 이미 주목할 만한 견해가 나와 있다. 일 찍이 삼국시대의 순장양상을 검토한 김종철은 지산동 44호분 25호 석곽 의 피장자에 대해 "주석실에 금동제 마구류 일습이 별도로 있어 자신이 승마를 했던 것으로 보이며, 경주 금령총 출토 도제기마인물상 가운데 종 자상처럼 승마를 하며 주인을 시종한 것으로 보인다."라고 추정하였

다.[340]

한편 본관동 36호분 석곽의 피장자에 대해서는 보고서에 "석곽의 피장자는 석실의 주인공을 위한 피장자로 생각된다."라고 설명되어 있다.[341] 이로써 양 석곽의 피장자는 주곽인 44호분과 36호분의 피장자를 가까이에서 모시던 侍從 또는 近侍이거나 굳이 무기나 무구를 소지할 필요가 없는 文官일 가능성이 높은 것으로 본다.

이상을 정리하면 가야에서는 무기나 무구 없이 마구만을 부장한 고분도 적지 않은데, 이들 고분의 피장자들은 왕족 또는 근시, 상위계층에 해당되는 여성이거나 시종 또는 문관일 가능성이 큰 것으로 보인다.

3) 유형의 전개와 의의

(1) A型

지금까지 가야지역에서 발견된 A형 중 가장 빠른 시기에 해당되는 것은 4세기 3/4분기로 편년되는 복천동 60호분의 예이다. 표비, 목심등자, 대도, 철모, 철촉으로 구성된 기본마구 일부와 기본무기 일식이 공반된 복천동 60호분의 마장과 무장은 A형의 전형을 보여준다.

그런데 후술하듯이 이 유형에서 개량 또는 확대된 것이 「기본마구 · 기본무기 · 갑주」 공반형인 B형으로 추정되는 것이 유의된다. 이는 A형이 B형보다 일찍 출현하였거나 아니면 거의 시차 없이 함께 출현했음을 의미한다. 이러한 추정이 가능하다면 4세기 전반대에 출현한 B형의 예를 고려하면 A형 역시 복천동 60호분의 예보다 빠른 자료가 출토될 것으로 기대된다. 어쨌든 복천동 60호분에 출현한 A형은 5세기 1/4분기까지는 대성동

---

340) 金鍾徹, 1984,「古墳에 나타나는 三國時代 殉葬樣相 -加耶 · 新羅지역을 중심으로-」『尹武炳博士回甲紀念論叢』, p.266.
341) 啓明大學校博物館, 1995,『高靈本館洞古墳群 - 第34 · 35 · 36號墳 및 石槨墓群』, p.64.

고분군과 복천동고분군, 양동리고분군 등 금관가야 지역을 중심으로 성행하게 된다.

한편 5세기 전반대에는 가야의 초기마구가 금관가야에서 다른 여러 가야지역으로 확산되는데, 이때 A형의 마장·무장도 동반한 것으로 보인다. 5세기 1/4분기로 편년되는 함안 도항리 문3호분의 예가 그것으로 여기에서는 판비, 교구, 대도, 철모 등으로 구성된 마장과 무장이 출토되었다. 이처럼 5세기 전반대까지 금관가야를 중심으로 유행하던 A형은 5세기 중엽에 들어서는 가야의 여러 지역으로 확산된다. 특히 대가야권과 아라가야를 중심으로 유행하는데, 도항리 문47호분과 옥전 74호분이 축조되는 6세기 전엽에 이르기까지 꾸준히 유행한 것으로 보인다.

이상에서와 같이 A형은 가야지역에 기승용마구가 도입되는 시기부터 출현하여 5~6세기대에 성행하다가 가야의 멸망과 더불어 소멸된 것으로 추정된다. 그리고 그 예를 보면 금관가야 9예, 대가야 14예, 아라가야 7예 등 모두 30예로서 가야지역에서 확인되는 여러 마장·무장의 유형 중에서 가장 많은 수량을 차지한다. 또한 4세기대와 5세기 전반대에는 금관가야를 중심으로, 이후에는 다른 지역으로도 점차 확산되어 대가야지역을 중심으로 유행하는 특징이 있다.

(2) B型

「기본마구·기본무기·갑주」 공반형인 B형은 가야지역에 마구가 수용되는 시기와 동시에 나타난다. 4세기 2/4분기로 편년되는 복천동 38호분과 69호분의 마장과 무장이 그 예이다. 복천동 38호분에서는 표비와 함께 환두대도, 대도, 철검, 철모, 철촉, 판갑, 찰갑, 종장판주가, 69호분에서는 표비와 함께 환두대도, 철모, 철촉군, 판갑, 주가 출토되었다. 이러한 양 고분의 마장과 무장은 「기본마구·기본무기」 공반형인 A형에서 개량·확대된 것인데, 그 출현 시기와 배경이 가야지역에 마구가 수용되는 것과 밀접한 관계가 있는 것으로 생각된다.

이와 같이 가야지역에 기승용 마구의 도입과 동시에 출현한 B형은 앞서 살펴 본 A형과 함께 5세기 전반대까지 금관가야의 중심적인 유형으로 성행한다. 이후 금관가야 마구가 가야의 여러 지역으로 확산되는 것에 동반되어 대가야와 아라가야 지역에도 나타나는데, 대가야권의 고령 지산동 45-1호분과 상백리고분의 예로 보아 6세기 전엽 이후에도 존속하였을 가능성이 높다.

현재 금관가야 16예, 대가야 10예, 아라가야 3예 등 모두 29예가 확인되는데, 출토 사례로 보아 4세기대에는 금관가야의 중심적인 유형으로 성행하다가 5세기 중엽 이후에는 대가야권에서만 성행하는 특징이 있다.

(3) C型

C1형 : 「기본마구·기본무기·갑주·갑마구 일부」 공반형인 C1형은 금관가야지역 3예, 대가야지역 1예 등 4예가 전부로서, 그 예가 많지 않은 편이다. 금관가야에서는 5세기 1/4분기로 편년되는 대성동 11호분과 57호분, 두곡 8호분의 예가 이에 해당된다.

이 중 대성동 11호분에서는 표비와 함께 갑마구인 마갑, 철모, 철촉, 갑주가, 대성동 57호분에서는 판비 2점과 함께 목심등자, 마주, 철모, 갑주가 출토되었다. 그리고 두곡 8호분에서는 표비와 마주, 경갑이 출토되었다. 이처럼 금관가야를 중심으로 5세기 1/4분기에 출현하여 성행한 C1형은 한동안 보이지 않다가 5세기 후엽으로 편년되는 대가야권의 옥전 20호분에 나타난다. 이 고분에서는 판비, 안장, 목심등자 등의 기본마구 일식과 마갑으로 구성된 갑마구와 환두대도, 철모, 철촉군, 경갑, 주 등으로 구성된 무기·무구가 출토되어 위의 대성동 11호분의 예와 같은 양상을 보여준다.

이상에서와 같이 5세기 1/4분기에 처음으로 금관가야지역에 출현한

C1형은 기본마구와 기본무기, 그리고 갑주에 마주 또는 마갑으로 구성된 마장과 무장이 특징적이다. 그런데 거의 같은 시기에 축조되었음에도 불구하고 대성동 11호분에서는 마갑이, 대성동 57호분과 두곡 8호분에서는 마갑 없이 마주만 출토되어 주목된다. 어쨌든 이 유형은 갑마구 중 마갑만 부장된 5세기 후엽의 옥전 20호분 단계까지 이어진다.

C2형 : 「기본마구 · 기본무기 · 갑주 · 갑마구 일식」 공반형인 C2형은 사람과 말 모두 갑주로 완전무장한 것이 가장 큰 특징으로, 대가야권의 옥전 28호분과 M1호분의 B세트, 아라가야의 함안 마갑총의 예로 보아 5세기 중엽에만 확인된다.

먼저 옥전 28호분에서는 환판비, 안장, 목심등자, 환형운주, 교구, 환두대도 · 대도, 大劍, 철모, 철촉군, 판갑, 찰갑, 경갑, 주 등의 마구 · 무구류와 함께 방어용 마구인 마주와 마갑이 일식을 이루어 출토되었다. 이로써 합천 옥전 28호분의 예는 사람과 말 모두 갑주로 완전 무장하고 대도와 철모, 철촉 등의 무기를 갖춘 전형적인 중장기병의 모습과 연결된다. 이러한 중장기병의 모습은 5세기 중엽 옥전고분군의 수장묘로 인정되는 옥전,M1호분에서도 확인된다. 옥전 M1호분에는 복수 세트의 마구가 부장되어 주목되는데, 이 중 환판비, 목심등자, 마갑으로 구성된 B세트의 마구는 피장자의 기본장구로 인정되는 마주와 환두대도, 철모 · 물미, 철촉군, 찰갑, 경갑, 주 등과 조합을 이루고 있어 사람과 말의 무장이 위의 옥전 28호분의 예와 같이 전형적인 중장기병의 모습과 연결된다.

이처럼 옥전고분군에서 발견된 C2형의 예는 가야의 중장기병의 존재 형태와 관련하여 매우 중요한 자료인데, 이 지역을 벗어난 곳에서 발견된 예로는 아라가야의 함안 마갑총 출토품이 유일하다. 주지하듯이 함안 마갑총에서는 동아시아에서는 드물게 거의 완전한 형태의 실물 마갑이 출토되어 주목을 받고 있다. 마갑은 총 길이 226~230cm, 너비 43cm~48cm 크기로, 소찰의 모양과 크기 및 구성형태에 따라 크게 3부분으로 나누어진다. 즉 좁고 긴 소찰로 이루어진 목가리개 부분과 작은 소찰로 이루어진 가슴 부분, 큰 장방형의 소찰로 이루어진 몸통 부분으로 이루어진 구조로 파악된다. 한편 마갑과 더불어 표비, 마주, 환두대도, 철모, 철촉, 주 등도 세트를 이루어 발견되었는데, 이로써 마갑총의 마장과 무장은 위의 옥전 28호분 또는 M1호분의 예처럼 전형적인 중장기병의 모습과 같은 것임을 알 수 있다.

(4) D型

D1형 : 「기본마구 · 기본무기 · 갑주 · 철제 장식용 마구」 공반형인 D1 형은 앞서 살펴 본 것처럼 A형 또는 B형에서 개량 또는 확대된 것이다. 즉 「기본마구 · 기본무기」 공반형인 A형에 장식마구인 철제의 심엽형행엽이 공반된 것이 D1형인 것이다.

이처럼 A형 또는 B형에서 비롯된 D1형은 가야지역에 기승용 마구가 도입되는 시기보다 다소 늦은 4세기 4/4분기에 처음으로 금관가야에 나타난다. 대성동 3호분 출토품이 그 예로서 철검, 철모, 갑주와 함께 장식마구인 철제의 심엽형행엽 1점이 공반되었다. 뒤이어서 5세기 1/4분기의 대성동 8호분에서는 안장, 행엽 2점, 교구, 철모, 철촉이, 5세기 중엽으로 편년되는 지산동 35호분에서는 판비, 안장, 목심등자, 심엽형행엽, 대도, 철모 2점으로 구성된 D1형의 마장 · 무장이 출토되었다. 이로써 D1형은 4세기 4/4분기에 출현하여 5세기 중엽까지 존속한 것으로 추정된다.

D2형 : 「기본마구 · 기본무기 · 갑주」 공반을 특징으로 하는 B형에 은 · 청동제의 마구가 가미된 D2형은 4세기 3/4분기로 편년되는 대성동 2호분의 예가 가장 이른 시기에 해당된다.

대성동 2호분에서는 표비 2, 판비, 목심등자, 운주 등의 마구와 철모, 물미, 철창 12, 삼지창, 철촉, 판갑, 종장판주 등의 무기 · 무구가 출토되었다. 이러한 마구와 무기 · 무구 조성은 B형의 전형적인 예에 속하는데, 판비와 운주가 동제인 점에서 구별된다. 이처럼 4세기 3/4분기에 금관가야 지역에 출현한 D2형은 어떤 이유에서인지 알 수 없으나 이 지역에서는 더 이상 보이지 않는다.

그런데 5세기 중엽에 들어서면 대가야와 아라가야 지역에 다시 출현하여 성행하는데, 먼저 대가야의 중심지인 지산동 32호분에서는 표비, 목심등자, 환형운주, 교구, 대도, 철모, 철촉군, 판갑, 주 등과 함께 청동제의 마령이 출토되었다. 또 대가야의 지방 수장묘인 함양의 백천리 1-3호분에서는 철지은피의 못으로 장식성을 가미한 판비, 안장, 사각판형운주와 목심등자, 환두대도, 철모·물미, 철촉 등이 출토되었다. 그리고 함양의 상백리고분 중생원촌 1호분에서도 판비, 철제등자, 운주, 사행상철기, 찰갑, 주 등과 함께 철지은피의 심엽형행엽이 출토되었다.

다음으로 아라가야 지역에서는 2예가 확인된다. 도항리 현4호분에서는 안장, 목심등자, 대도, 철모, 철촉, 찰갑, 주 등과 함께 철지은제의 심엽형행엽이, 도항리 문54호분에서는 경판 주연부를 철지은제의 못으로 장식한 판비, 안장손잡이, 목심등자, 철지은제 검릉형행엽 3, 환형운주, 철지금동제의 운주 각, 청동제 삼환령, 교구, 환두대도, 철모, 물미, 철촉군, 주 등이 출토되어 D2형의 존재를 보여준다.

이상과 같이 D2형은 B형의 개량형 또는 확대형으로 4세기 후반대에 금관가야지역에 처음으로 나타났으며, 이후 한동안 보이지 않다가 5세기 중엽부터 대가야와 아라가야에 나타나서 가야가 멸망할 때까지 존속한다.

D3형 :「기본마구·기본무기·갑주·장식마구·갑마구」 공반형인 D3형은 금관가야 2예, 대가야 5예, 아라가야 1예 등 모두 8예가 확인된다. 이 중 금관가야의 대성동 1호분 예가 가장 빠른 시기에 해당된다. 5세기 1/4분기로 편년되는 대성동 1호분에서는 기본마구인 안장, 목심등자, 교구, 철검, 철모, 철창, 철촉과 더불어 갑마구인 마주, 장식마구인 금은장심엽형행엽 2점과 청동환이 출토되어 D3형의 전형적인 모습을 보여준다.

이처럼 5세기에 들어서면서 출현한 D3형은 5세기 2/4분기로 편년되는 금관가야의 복천동 10호분과 옥전 23호분으로 이어진다. 먼저 복천동 10호분에서는 마주와 심엽형행엽 2점, 청동제마령과 함께 표비, 환판비, 안장, 목심등자 2쌍 등의 기본마구 일식, 그리고 삼지창, 판갑, 종장판주가 출토되었다. 한편 복천동 10호분의 주곽인 11호분에서는 마구는 단 1점도 없으나 대도, 대검, 철촉군, 철모, 물미 등 다수의 무기·무구가 출토되어 주목되는데, 이는 부곽인 10호분에 마구가 다량으로 부장된 것에 비하여 무기류의 부장이 불완전한 현상을 보완해 주는 것으로 생각된다.

다음으로 옥전 23호분의 D3형은 금관가야지역을 벗어난 가야지역에서 발견된 최초의 예이자 대가야지역 최초의 예로서 주목된다. 기본마구인 환판비, 철지금동의 안장교구와 조합된 안장, 목심등자와 장식용 마구인 철지금동의 심엽형행엽, 환형운주, 갑마구인 마주 등의 마구류와 함께 환두대도, 대검, 철모, 물미, 철촉군, 경갑, 주 등이 출토되어 D3형의 전형을 보여준다.

이상과 같이 5세기 전반대에 금관가야의 중심지에서 출현한 D3형은 점차 주변지역으로 확산되어 대가야권의 옥전고분군에도 나타난다. 이어서 5세기 후반대에는 대가야권과 아라가야의 대형분에서 주로 발견되며, 반계제 가A호분의 예로 보아 6세기대까지 존속하였을 가능성이 높다. 그리고 금관가야 2예, 대가야 5예, 아라가야 1예 등 모두 8예가 확인되는데, 이로써 보아 5세기 1/4분기에 금관가야지역에서 출현한 후 5세기 중엽 이후에는 주로 대가야지역에서 성행한 유형임을 알 수 있다.

D4형 : 「기본마구·기본무기·갑주·금동장 마구」 공반형인 D4형은 마구와 무기·무구의 조성으로 보아 금동장마구가 가미된 B형의 개량형 또는 확대형으로 추정된다.

앞서 살펴 본 것과 같이 B형은 금관가야지역에 기승용 마구가 도입되면서부터 출현하였는데, 이러한 B형에 금동장마구가 가미된 D4형의 출현은 상당히 늦어서 5세기 1/4분기로 편년되는 아라가야의 도항리 문48호분 단계부터 출현한다. 도항리 문48호분에서는 판비, 목심등자, 환형운주, 혁금구, 교구, 환두대도, 대도, 철모, 물미, 삼지창, 철촉군, 찰갑 등이 출토되었는데, 이중 환형운주와 혁금구는 각각 청동과 철지금·은으로 만든 금동장마구이다. 이처럼 5세기 전반대에 출현한 D4형은 위의 도항리 문54호분 출토품이 유일한 예이다.

그런데 5세기 중엽 이후가 되면 그 예가 급증하여 다른 유형에 비하여 압도적으로 많이 나타난다. 특히 대가야와 아라가야의 대형분을 중심으로 나타나는 것이 특징으로, 옥전 M11호분의 예로 보아 가야가 멸망하는 시기까지 유행한 것으로 보인다. 이러한 D4형은 모두 19예로 가야마구의 선진지역인 금관가야에서는 단 1예도 확인되지 않는다. 반면에 대가야권 10예, 아라가야 9예 등으로 주로 후기가야의 2대 중심지로 인정되는 곳에서 성행한 유형으로 확인된다.

이상 본 절에서 검토한 결과를 정리하면 다음과 같다. 우선 고구려 고분벽화에 묘사된 기마·기병의 사례를 관찰한 결과 고구려에서는 「長槍武裝型」, 「長槍·甲冑 武裝型」, 「鎧馬武士型」 등 3가지 유형의 기병이 존재하고 있었던 것으로 추정된다. 그리고 이들 기병의 성격은 행렬도에 보이는 旗手, 국왕의 친위기병대, 밀집기병대의 지휘관, 밀집기병대 등의 역할을 수행한 것으로 보여진다. 이와 같은 고구려 기병의 모습은 가야에서도 찾아 볼 수 있는데, 그 존재형태는 고분에 부장된 유물로써 추정해 볼 수 있었다. 즉 고분에 부장된 마구와 무기·무구의 조성에 의하면 가야에는 A~E형의 기마 또는 기병이 존재했음을 알 수 있다.

A형은 「기본마구·기본무기」공반형으로, 고구려의 장창 무장형과 연결되며 경장기병과 가까운 것으로 보았다. B형은 「기본마구·기본무기·갑주」 공반형으로, 고구려의 「장창·갑주 무장형」과 연결되며 경장기병과 구별되는 중장기병과 가까운 것으로 본다. C형은 2개의 유형으로 구분

되는데, 「기본마구 · 기본무기 · 갑주 · 갑마구 일부」 공반형인 C1형과 「기본마구 · 기본무기 · 갑주 · 갑마구 일식」 공반형인 C2형은 사람과 말 모두 갑주로 중무장한 고구려의 「개마무사형」과 연결된다. 즉 C1형과 C2형은 가야지역에 역사상의 중장기병이 도입되었음을 실증적으로 보여주는 자료인 것이다. 이러한 A~C형은 실용적 또는 전투적 성격의 기마 · 기병이 가야지역에 존재하면서 운용되었음을 시사한다.

한편 D형은 장식적 또는 비전투적 성격의 기마 · 기병으로 파악하였다. 즉 이들 유형은 장식성이 강한 철제 마구가 공반되거나 금동 · 은 · 청

표 32. 기마 · 기병의 유형과 분포

연대	유형											계
	A	B	C1	C2	D1	D2	D3	D4	E			
4c 2/4		금관 2										2
4c 3/4	금관 1	금관 5				금관 1						7
4c 4/4	금관 4	금관 3			금관 1							8
5c전반	금관 4	금관 6	금관 3		금관 1	금관 2					금관 1	17
		대가 3				대가 1						4
	아라 3	아라 3						아라 1				7
5c중엽	대가 5	대가 3		대가 2	대가 1	대가 2	대가 2	대가 2			대가 2	19
	아라 1			아라 1		아라 1		아라 1				4
5c후엽	대가 1	대가 1	대가 1				대가 1	대가 2	대가 2		대가 1	9
	아라 2						아라 1	아라 3		아라 1		7
6c 초	대가 2	대가 1					대가 2	대가 2			대가 1	8
								아라 3				3
6c전엽 ~	대가 6	대가 2					대가 2	대가 5	대가 2		대가 1	18
	아라 1					아라 1	아라 1					3
계	30	29	4	3	3	8	9	19	4	1	6	116

범례 금관 = 금관가야(34) 대가 = 대가야(58) 아라 = 아라가야(24)
　A 형 : 「기본마구 · 기본무기」
　B 형 : 「기본마구 · 기본무기 · 갑주」
　C1형 : 「기본마구 · 기본무기 · 갑주 · 갑마구 일부」
　C2형 : 「기본마구 · 기본무기 · 갑주 · 갑마구 일식」
　D1형 : 「기본마구 · 기본무기 · 갑주 · 철제 장식용 마구」
　D2형 : 「기본마구 · 기본무기 · 갑주 · 은 · 청동제 마구」
　D3형 : 「기본마구 · 기본무기 · 갑주 · 갑마구 · 장식용 마구」
　D4형 : 「기본마구 · 기본무기 · 갑주 · 금동장 마구」
　E 형 : 「기본마구」「기본마구 · 갑마구」「기본마구 · 장식용 마구」 공반형

동 등의 화려한 재질로 제작된 「장식마구」가 중심을 이룬다. 또한 부장고분의 피장자는 고분의 규모나 부장품의 양과 질에서 해당 지역·시기의 최고지배자이거나 지배자로 추정된다. 이로써 D형은 무장적 성격보다는 의장적 성격이 강했음을 알 수 있다. 특히 대가야와 아라가야의 왕묘를 중심으로 발견된 D4형은 금동장 마구를 착장한 말을 타고 철모와 갑주로 완전무장한 모습으로 복원된다. 즉 후기가야 최고지배자들의 정치적, 군사적 성격을 실증적으로 보여주는 것이라 할 수 있다.

이러한 A~D형과 달리 마구만을 부장한 예도 보인다. E형이 그것으로, E형이 부장된 고분의 피장자는 왕족 또는 근시 및 상위계층에 속하는 여성이거나 남성 문관으로 추정하였다.

이상에서와 같이 가야의 기마·기병은 고분에 부장된 마구와 무기·무구의 조성에서 크게 전투적인 경장·중장기병의 형태와 비전투적이면서 지배자들의 권위를 상징하는 기마·기병의 형태가 존재했음을 알 수 있다. 또한 기병과 관련 없는 여성 또는 시종무관들도 일정한 형태의 마장을 갖춘 말을 탄 것으로 확인되었다.

Ⅲ. 장식마구의 성격과 지역성

기승용 마구가 가야지역에 처음 등장한 것은 4세기 전반 무렵으로 이때는 주로 금관가야의 주요 활동무대였던 낙동강 하류역을 중심으로 유행하였다. 이후 5세기에 들어서면서 점차 가야의 여러 지역으로 확산되어 대가야와 아라가야를 중심으로 폭발적으로 증가하여 가야가 역사 무대에서 사라지는 562년까지 끊임없이 성행하였다.

이와 같은 가야 마구는 앞서 언급한 바와 같이 공반된 마구의 조합양상과 사용재질의 차이에 의해서 크게 「基本馬具」, 「甲馬具」, 「裝飾馬具」로 구분된다. 이 가운데 이 절에서 검토하고자 하는 「장식마구」는 다시 기본마구와 철제의 장식용 마구를 공반하는 Ⅲa유형, 기본마구와 은 · 청동제 마구를 공반하는 Ⅲb유형, 금동장 마구와 「갑마구」를 공반하는 Ⅲc유형, 금동장마구를 공반하는 Ⅲd유형으로 세분된다.

한편 「장식마구」는 「기본마구」 또는 「갑마구」에 장식용 마구를 공반하는 것으로 대개 금동 · 은 · 청동 등의 호화로운 귀금속으로 장식되어 있는 것이 특징이다. 따라서 실용성보다는 장식성이 강한 마구로 이해되고 있으며, 또한 후술하듯이 가야의 지배자들이 지배력을 유지하고 강화하기 위한 권위의 상징물 또는 위세품적인 성격도 가지고 있는 것으로 생각된다.

그런데 가야 마구는 대부분이 고분의 부장품으로 남아 있는 것이어서 그 사용목적과 기능을 명확하게 규명하기가 쉽지 않다. 더욱이 고분의 부장품으로 남겨진 마구가 과연 실용품인가? 아니면 부장용으로 제작된 것인가? 하는 문제도 여전히 과제로 남아 있다. 그렇지만 본고에서는 앞서 검토한 바와 같이 고분에 부장된 마구는 기본적으로 당시 가야에서 유행했던 기마 또는 마구의 모습을 그대로 반영한 것으로 본다. 그것은 기마문화가 대단히 발전했던 고구려의 경우 그 실체를 그대로 고분벽화에 남겼는데, 벽화에 묘사된 고구려의 마구 · 마장과 가야고분에서 출토되는 마구 · 마장이 유사한 예가 많기 때문이다.[342]

이상과 같은 관점에서 이 절에서는 가야고분 출토 「裝飾馬具」를 집성하여 그 성격과 분포, 지역성에 대해 고찰하고자 한다.

---

342) 고분에 부장된 마구의 성격에 대해서는 中條英樹, 2000, 「馬具副葬行爲にみる表象考察のための基礎作業」 『第7回鐵器文化硏究集會表象としての鐵器副葬』, 鐵器文化硏究會, pp.121~140이 참고된다.

1. 장식마구의 출토례

1) 금관가야

(1) 대성동 1호분

주곽과 부곽을 갖춘 대형 목곽묘이다. 주곽의 북서쪽 모서리에서 안장, 목심등자 1쌍, 금은장심엽형행엽 2점, 청동환, 마주, 교구 등의 마구가 모여서 출토되었다. IIIc유형으로, 5세기 1/4분기로 편년된다.

(2) 대성동 2호분

대형 목곽묘이다. 남쪽 장벽의 중앙에서 표비 2점과 동제판비 1점이, 그 밖의 부분에서 목심등자와 동제운주가 출토되었다. IIIb유형으로, 4세기 3/4분기로 편년된다.

(3) 대성동 3호분

주곽과 부곽을 갖춘 목곽묘이다. 철제의 심엽형행엽 1점이 유일한 마구로 주곽의 상부에서 출토되었다. IIIa유형으로, 4세기 4/4분기로 편년된다.

(4) 대성동 8호분

대형 목곽묘이다. 목곽의 내부가 도굴되면서 부장 당시의 모습이 거의 훼손되었다. 안장과 행엽 2점이 출토되었다. IIIa유형으로, 5세기 1/4분기로 편년된다.

(5) 복천동 10호분

목곽묘로 11호분의 부곽이다. 목곽의 내부 중앙부에서 표비, 환판비, 안장, 목심등자 2쌍, 마주, 심엽형행엽 2점, 청동제마령, 환형운주, 교구 등이 출토되었다. IIIc유형으로, 5세기 2/4분기로 편년된다.

2) 대가야권

(1) 옥전 23호분

대형 목곽묘이다. 목곽의 내부가 도굴되었지만 마구는 환판비, 철지금
동장 좌금구와 조합된 안장, 목심등자, 철지금동장심엽형행엽 3점, 환형
운주 2점, 마주, 교구 등으로 비교적 많은 양이 발견되었다. IIIc유형으로,
5세기 2/4분기로 편년된다.

(2) 옥전 35호분

대형 목곽묘로, 피장자의 발치쪽에서 갑주와 함께 출토되었다. 출토된
마구는 환판비, 청동피금안장, 목심등자 1쌍, 철지은장편원어미형행엽,
철지은장무각소반구형운주, 마주, 교구 등이 출토되었다. IIIc유형으로, 5
세기 중엽으로 편년된다.

(3) 옥전 72호분

목곽묘로, 피장자의 발치 왼쪽에서 철지금동장의 판비 1점이 출토되었
다. IIId유형으로, 5세기 후엽으로 편년된다.

(4) 옥전 91호분

목곽묘로, 피장자의 발치쪽에서 목심등자, 심엽형행엽, 마갑이 출토되
었다. IIIc유형으로, 5세기 중엽으로 편년된다.

(5) 옥전 M1호분

직경 21m에 이르는 대형 봉분을 가진 고총으로, 다라국 발전기의 왕묘
로 추정된다.[343] 주곽에 안치된 피장자의 발치쪽에서 단독으로 부장된 마
주를 제외하면 모두 3세트의 마구가 발견되었다. 3세트의 마구는 출토위
치에 의해서 환판비, 금동장안장, 철지은장의 못으로 장식된 목심등자, 철

지금동장편원어미형행엽 10점, 철지은장육각환형운주, 사각판형운주, 금동장무각소반구형운주 30점, 교구 등으로 구성된 A세트와 환판비, 목심등자, 마갑으로 구성된 B세트 및 환판비, 목심등자, 철지은장편원어미형행엽 6점, 철지은장무각소반구형운주 6점으로 구성된 C세트로 구분된다. A세트는 Ⅲd유형, B세트는 Ⅱb유형, C세트는 Ⅲb유형으로 구분되며, 5세기 중엽으로 편년된다.

(6) 옥전 M2호분

직경 14m 전후의 대형 봉분을 가진 고총으로, 피장자의 발치쪽에서 철지금동장판비, 안장, 목심등자, 은장 못을 가진 편원어미형행엽 10점, 철지금동장사각판형운주, 교구가 출토되었다. Ⅲd유형으로, 5세기 중엽으로 편년된다.

(7) 옥전 M3호분

직경 21m에 이르는 대형 봉분을 가진 고총으로, 유구의 규모와 유물의 질과 양에서 다라국 전성기의 왕묘로 인정된다. 마구는 모두 4세트가 출토되었다. 이 중 B세트는 피장자의 머리쪽에서, A·C세트는 피장자의 발치쪽에서 출토되었다. 이를 정리하면 철지은장판비, 철지은장안장교구, 목심등자 1쌍, 철지은장검릉형행엽 3점, 금동마령 2점, 청동마령 5점, 마주로 구성된 A세트와 철지금동장판비, 금동장안장, 철제등자 1쌍, 철지금동장검릉형행엽 3점, 마주로 구성된 B세트 및 철지금동장판비, 철지은장안장교구, 철제등자 1쌍, 사행상철기 2점, 교구 등으로 구성된 C세트로 구분된다. 그리고 마구는 청동제환형운주 2점, 환형운주 3점, 철지금·은장

---

343) 趙榮濟, 1994, 「陜川玉田古墳群の墓制について」 『朝鮮學報』 제150집.

사각판형운주, 청동제삼각반구형운주 등은 세트 불명이다. A세트와 B세트는 Ⅲc유형, C세트는Ⅲd유형으로 구분되며, 5세기 후엽으로 편년된다.

(8) 옥전 M4호분

직경 15m 전후의 대형 봉분을 가진 고총으로, 도굴 구덩이에서 안장, 철지금동장심엽형행엽, 환형운주, 철지금제오각패제운주 3점, 금제사각반구형운주 5점, 교구 등이 발견되었다. Ⅲd유형으로, 6세기 전엽으로 편년된다.

(9) 옥전 M6호분

직경 11m 전후의 대형 봉분을 가진 고총으로, 피장자의 발치쪽에서 원환비, 안장, 철지금동장심엽형행엽 5점, 환형운주, 팔각패제운주 3점, 철지금동장사각반구형운주 3점, 교구 등이 출토되었다. Ⅲd유형으로, 6세기 전엽으로 편년된다.

(10) 옥전 M7호분

직경 18m에 이르는 대형 봉분을 가진 고총으로, 피장자의 발치쪽에서 철지은장 못의 안장교구, 목심등자 1쌍, 환형운주 3점, 철지금·은장판형운주, 교구 등이 출토되었다. Ⅲd유형으로, 6세기 초로 편년된다.

(11) 옥전 M11호분

횡혈식석실을 매장주체부로 하는 대형 고총으로, 다라국 최후의 왕묘로 추정된다. 청동피금안장, 은장육각패제운주, 장니부속구, 교구 등이 출토되었다. Ⅲd유형으로, 6세기 중엽으로 편년된다.

⑿ 지산동 32호분

수혈식석곽을 매장주체부로 하는 대형 고총이다. 마구는 표비, 목심등자, 환형운주, 청동제마령, 교구 등으로 피장자의 발치쪽으로 생각되는 석곽의 서남쪽에서 출토되었다. Ⅲb유형으로, 5세기 중엽으로 편년된다.

⒀ 지산동 35호분

수혈식석곽을 매장주체부로 하는 대형 고총이다. 마구는 판비, 안장, 목심등자 1쌍, 은장심엽형행엽 등으로 남단벽쪽에 집중적으로 부장된 토기 위에서 무구류와 함께 출토되었다. Ⅲc유형으로, 5세기 중엽으로 편년된다.

⒁ 지산동 44호분 주석실

직경 27m에 이르는 대형 봉분을 가진 고총으로 매장주체부는 수혈식석곽이다. 중앙부에 축조된 주석실에서 주연부 은제의 판비, 청동피금안장, 목심등자, 청동·은제검룡형행엽 2점, 환형운주 2점, 청동·도은사각반구형운주 2점, 교구 등의 마구류가 출토되었다. Ⅲd유형으로, 6세기 초로 편년된다.

⒂ 지산동 44호분 25호 석곽

44호분의 순장곽으로, 부장곽의 토기류 위에서 철지은피 못의 판비, 안장, 목심등자 1쌍, 환형운주, 청동마령 2점, 교구 등이 출토되었다. Ⅲb유형으로, 6세기 초로 편년된다.

⒃ 지산동 45호분 1호 석실

직경 28m에 이르는 대형 봉분을 가진 고총으로 매장주체부는 수혈식석곽이다. 마구는 봉분의 중앙부에 축조된 1호 석실에서 2세트가 출토되었다. 출토위치에 의해서 꺾쇠형 등자 1쌍, 교구로 구성된 A세트와 환판비, 철지금동·철지은피안장 2점, 목심등자 1쌍, 철지금동·철지은장심엽형행엽 9점, 환형운주 2점, 금동·은장사각반구형운주 등으로 구성된 B세트로 구분된다. A세트는 Ⅰa유형, B세트는 Ⅲd유형으로 구분되며, 6세기 전엽으로 편년된다.

(17) 지산동 문30호분 주석실

봉분의 직경이 18m에 이르는 고총으로, 매장주체부는 수혈식석곽이다. 주석실의 내부에서 목심등자 1쌍, 금동장행엽 2점, 금동장오각환형운주 2점, 동지금장·철지금동장사각판형운주, 교구 등이 출토되었다. Ⅲd유형으로, 5세기 중엽으로 편년된다.

(18) 지산동 영1호 석곽묘

유구의 높은 쪽 경사면에 반원형의 주구가 설치된 수혈식석곽묘이다. 마구는 표비, 안장교구, 호등, 은장혁금구, 교구 등으로 북단벽쪽에서 출토되었다. Ⅲb유형으로, 6세기 전엽으로 편년된다.

(19) 본관동 36호분 석곽

대형 봉분을 가진 고총으로, 마구는 판비, 안장교구, 환형운주 3점, 철지은장사각판형운주 2점, 교구 등이 출토되었다. Ⅲb유형으로, 6세기 전엽으로 편년된다.

(20) 반계제 가A호분

봉분의 직경이 16m에 이르는 고총으로, 매장주체부는 수혈식석곽이다. 마구는 판비 2점, 안장, 목심등자 1쌍, 팔각환형운주, 청동마령 3점, 마주, 교구 등으로 피장자의 발치쪽에서 출토되었다. Ⅲc유형으로, 6세기 초로 편년된다.

⑵ 반계제 다A호분

봉분의 직경이 16m에 이르는 고총으로, 매장주체부는 수혈식석곽이
다. 마구는 은피 못의 판비, 목심철판피호등, 철지은피사각판형운주 2점,
사행상철기, 금동장기생, 교구 등이 출토되었다. Ⅲd유형으로, 6세기 전엽
으로 편년된다.

⑵ 백천리 1-3호분

봉분의 직경이 12.5m에 이르는 고총으로, 매장주체부는 수혈식석곽이
다. 마구는 철지은피 못의 판비, 철지은피 못의 안장, 목심등자 1쌍, 철지
은피 못의 사각판형운주 등으로 피장자의 머리쪽에서 출토되었다. Ⅲb유
형으로, 6세기 초로 편년된다.

⑵ 상백리고분 중생원촌 1호

수혈식석곽으로 내부에서 판비, 철제등자, 철지은피심엽형행엽, 운주,
사행상철기 등이 출토되었다. Ⅲb유형으로, 6세기 전엽으로 편년된다.

3) 아라가야

(1) 현4호분

대형 고총으로 매장주체부는 수혈식석곽이다. 석곽의 내부에서 안장,
목심등자, 철지은제심엽형행엽이 출토되었다. Ⅲb유형으로, 5세기 중엽
으로 편년된다.

(2) 현5호분

고총으로 매장주체부는 수혈식석곽이다. 마구는 환판비, 철지금동장

판비, 철지은피 못의 안장, 철제등자, 무각소반구형운주, 혁금구, 교구 등으로 석곽 내 북쪽 부분에서 출토되었다. IIId유형으로, 5세기 후엽으로 편년된다.

(3) 현8호분

고총으로 매장주체부는 수혈식석곽이다. 마구는 목심등자 1쌍, 청동제마령, 철지은제심엽형행엽 3점, 철지은제편원어미형행엽 13점, 철지은제무각소반구형운주 49점, 마주, 마갑 등으로 피장자의 좌우와 발치쪽에서 출토되었다. IIIc유형으로, 5세기 후엽으로 편년된다.

(4) 현15호분

고총으로 매장주체부는 수혈식석곽이다. 피장자의 발치쪽에서 철지은제 못으로 장식된 안장, 철지금동장안장교구, 안장손잡이, 철지금동장편원어미형행엽 7점, 철지금·청동무각소반구형운주 4점, 청동제운주 각, 교구 등이 출토되었다. IIId유형으로, 5세기 후엽으로 편년된다.

(5) 현22호분

고총으로 매장주체부는 수혈식석곽이다. 피장자의 발치쪽에서 철지금동장f자형판비, 안장손잡이, 목심등자, 철지은제편원어미형행엽 3점, 환형운주 2점, 은장무각소반구형운주 9점, 철지금동장식금구 15점, 교구 등이 출토되었다. IIId유형으로, 5세기 후엽으로 편년된다.

(6) 문4호분

고총으로 매장주체부는 횡혈식석실이다. 석실 내에서 안장교구 2점, 철지금동장심엽형행엽 2점, 철지금·은제사각반구형운주 6점의 마구류가 출토되었다. IIId유형으로, 6세기 전엽으로 편년된다.

(7) 문39호분

고총으로 매장주체부는 수혈식석곽이다. 석곽 내에서 안장, 목심등자, 철지금동장각의 환형운주, 철지금·은장판형운주, 교구 등의 마구가 출토되었다. Ⅲd유형으로, 5세기 중엽으로 편년된다.

(8) 문48호분

대형 목곽묘로, 피장자의 발치쪽으로 생각되는 남쪽 부분에서 판비, 목심등자, 청동제환형운주 4점, 철지금·은제혁금구 20점, 교구 등의 마구가 출토되었다. Ⅲd유형으로, 5세기 초로 편년된다.

(9) 문54호분

고총으로 매장주체부는 수혈식석곽이다. 피장자의 좌우와 발치쪽에서 철지은제주연부·못의 판비, 안장손잡이, 목심등자, 철지은제검릉형행엽 3점, 환형운주, 철지금동운주 각, 청동제삼환령, 교구 등이 출토되었다. Ⅲb유형으로, 5세기 후엽으로 편년된다.

(10) 암각화고분

고총으로 매장주체부는 수혈식석곽이다. 마구는 환판비, 안장손잡이, 철제등자, 철지금동장행엽, 은장책금구·원두정의 사각패제운주 4점, 교구 등으로 석곽 내 남쪽 단벽 부근에서 출토되었다. Ⅲd유형으로, 6세기 초로 편년된다.

(11) 경3호분

수혈식석곽묘로, 청동좌금구의 안장교구, 철지금동제행엽, 교구 등이 출토되었다. Ⅲd유형으로, 6세기 초로 편년된다.

⑿ 창14-2호분

고총으로 매장주체부는 수혈식석곽이다. 피장자의 머리쪽에서 원환비, 안장손잡이, 철제등자, 철지은·금동제심엽형행엽, 환형운주, 교구 등의 마구가 출토되었다. Ⅲd유형으로, 6세기 초로 편년된다.

⒀ 역451-1호분

수혈식석곽묘로, 원환비, 철지금동제교구의 안장, 안장손잡이, 철지금동장검릉형행엽 3점, 철지금동장혁금구, 청동제마령, 교구 등의 마구가 출토되었다. Ⅲd유형으로, 6세기 전엽으로 편년된다.

2. 장식마구의 성격

가야의 장식마구는 앞서 살펴 본 것과 같이 Ⅲa~Ⅲd의 4유형으로 구분된다. 이하에서는 장식마구를 구성하는 개별마구와 이와 공반된 무기·무구, 그리고 마구 출토고분의 성격을 종합적으로 검토함으로써 장식마구의 성격을 고찰하고자 한다.

1) Ⅲa유형

Ⅲa유형은 철제의 심엽형행엽이 공반된 것이 특징이다. 주지하듯이 행엽은 장식용 마구 중에서도 대표적인 마구로 인정되므로 이와 공반된 마장은 기본적으로 실용적인 성격보다는 장식적인 성격이 강한 것이라 할 수 있다.

그런데 여기에서 주목되는 것은 가야의 초기마구가 다수 출토되고 있는 금관가야의 지배자들 고분에서 Ⅲa유형이 출토되고 있는 점이다. 즉 Ⅲa유형의 마구는 금관가야의 지배자들의 고분으로 추정되는 4세기 4/4

분기의 대성동 3호분과 5세기 1/4분기의 대성동 8호분에서 출토되었는데, 이 중 전자에서는 심엽형행엽 1점, 철검, 철모, 갑주가, 후자에서는 안장, 행엽 2점, 교구, 철모, 철촉이 출토되었다. 이와 같은 양 고분의 마구와 무기·무구의 조성은 고구려 고분벽화에서 확인되는 「長槍 武裝型」 또는 「長槍·甲冑 武裝型」[344]과 연결되는 것이 분명하며, 따라서 양 고분의 피장자는 武裝的 성격을 가진 지배자일 가능성이 높다.

이상에서와 같이 기본마구에 철제의 장식용 마구 일부가 공반된 Ⅲa유형의 마구는 장식용 마구가 포함된 점에서 기본적으로 장식적 성격이 강한 마구·마장으로 여겨진다. 또한 공반된 무기·무구와 출토고분의 성격 등을 종합적으로 고려하여 武裝的 성격을 지닌 지배자들의 마구·마장으로 이해하고자 한다.

2) Ⅲb유형

기본마구에 은·청동제의 장식용 마구가 공반된 Ⅲb유형은 기본마구인 비 또는 안장의 일부를 은 또는 청동으로 제작하거나 은제 또는 청동제의 행엽과 운주, 마령이 공반된 것을 특징으로 한다.

이와 같은 Ⅲb유형 마구의 성격에 대해서는 우선 마구의 재질 또는 마구의 일부가 은·청동제라는 점과 마구의 조합에 주목할 필요가 있다. 그래서 이 유형에 해당되는 마구를 살펴보면 대성동 2호분에서는 동제판비와 동제운주가, 지산동 32호분에서는 청동제의 마령이, 지산동 영1호분에서는 은피의 혁금구가, 백천리 1-3호분에서는 철지은피의 원두정으로 장식된 판비와 안장 및 운주가, 상백리 1호분과 도항리 현4호분에서는 철지

---

344) 이에 대해서는 앞서 제6장 Ⅱ절에서 살핀 바 있다. 즉 「長槍 武裝型」이란 人馬 모두 방어용의 갑주로 무장하지 않고, 장창만으로 무장한 기병을 말한다. 또 「長槍·甲冑 武裝型」이란 장창과 갑주로 무장하고 아무런 무장을 하지 않은 말을 탄 기병을 말한다.

은장심엽형행엽이, 도항리 문54호분에서는 철지은장판비와 검릉형행엽이 출토되었다. 이처럼 은·청동제의 마구는 주로 장식이 베풀어진 판비, 안장, 행엽, 운주, 마령 등에서 확인되는데, 이는 곧 이 유형의 마구가 장식적 성격의 마구임을 보여주는 것으로 판단된다.

다음으로 출토고분을 살펴보면 대성동 2호분은 4세기 3/4분기의 금관가야의 왕묘로, 지산동 32호분은 대가야의 최고지배자 무덤으로, 백천리 1-3호분과 상백리 1호분은 대가야의 지배를 받는 지방 수장층의 무덤으로, 도항리 현4호분과 문54호분은 5세기 후반대 아라가야의 최고지배자 또는 지배자의 무덤으로 추정된다. 그리고 지산동 영1호분은 소형분이어서 지배자의 무덤으로 보기는 어렵지만 구조상 마상전투나 수렵 등과 같은 격렬한 기마에 적합하지 않은 장식적 성격이 강한 목심철판피호등이 공반되고 있어 이 고분의 피장자가 지배자들과 매우 가까운 자임을 시사해 준다.

이상을 정리하면 IIIb유형은 은·청동제의 장식용 마구가 포함된 마장이라는 점과 출토고분의 피장자가 대체로 해당 지역·시기의 최고지배자 또는 그에 버금가는 지배자라는 점에서 장식적인 성격이 강한 마구일 가능성이 높다고 할 수 있다. 그런데 여기에서 간과할 수 없는 것은 이 유형의 마구가 출토된 고분의 무기·무구의 조성상인데, 이들 고분에서는 거의 예외 없이 대도·철모·철촉과 갑주가 공반하고 있는 점이다. 즉 IIIb유형의 「장식마구」가 부장된 고분의 피장자는 앞서 살펴 본 IIIa유형과 같이 고구려의 「장창·갑주 무장형」과 유사한 중장기병의 모습으로 복원될 가능성이 높다. 이로써 IIIb유형의 마구·마장은 앞서 검토한 IIIa유형과 마찬가지로 기본적으로 장식적인 성격을 가진 것임이 분명하며, 또 공반된 무기·무구를 고려하여 무장적 성격을 지닌 최고지배자 또는 그에 준하는 지배자들의 마구·마장으로 추정하고자 한다.

3) IIIc유형

　금동장마구에 갑마구가 공반된 IIIc유형은 무엇보다도 마주와 마갑으로 완전무장한 이른바 鎧馬에 금동장의 행엽과 운주 등으로 장식되어 있는 것이 특징이다. 이 점과 더불어 공반된 무기·무구를 동시에 고려해 보면 IIIc유형은 2가지의 성격을 가진 것으로 보인다. 그 첫째는 마주와 마갑 등의 갑마구로 완전무장한 鎧馬를 타고 장창과 갑주로 무장한 고구려의 「鎧馬武士型」[345] 또는 역사상의 중장기병의 전형적인 모습과 연결시킬 수 있다. 둘째는 鎧馬에 호화로운 금동장의 행엽과 운주 등의 장식용 마구로 구성된 것은 실용적인 성격과 함께 장식적인 성격을 반영한 것으로 이해된다.

　이와 같은 양면성을 가진 IIIc유형의 성격은 출토고분의 성격을 살펴보면 더욱 분명해진다. 먼저 대성동 1호분은 대형 목곽묘로 5세기 1/4분기 금관가야의 왕묘로, 복천동 10호분은 5세기 2/4분기의 재지 수장의 무덤으로 추정되고 있다. 그리고 대가야권의 옥전 23, 35, 91, M1(C), M3(A, B)호분, 반계제 가A호분 등은 해당 지역·시기의 최고지배자 또는 그에 버금가는 지배자들의 무덤으로 추정되고 있다. 이 중에서도 특히 옥전 23호분은 다라국 성립기의 왕묘로, M1호분은 다라국 발전기의 왕묘로, M3호분은 다라국 전성기의 왕묘로 인정된다.[346]

　이상과 같이 IIIc유형이 출토된 고분의 피장자들은 거의 예외 없이 해당 지역·시기의 최고지배자 또는 그에 가까운 지배자들임을 알 수 있다.

---

345) 이에 대해서도 앞서 제6장 II절에서 구체적으로 살핀 바 있다. 즉 「鎧馬武士型」이란 장창과 갑주로 무장하고 마주와 마갑으로 완전무장한 鎧馬를 탄 기병을 말하는 것으로, 앞서 언급한 「長槍武裝型」과 「長槍·甲冑 武裝型」과 마찬가지로 高句麗 古墳壁畫에서 많은 유례가 확인된다.
346) 趙榮濟, 1994, 앞의 논문.

또한 5세기 전반대에는 금관가야와 다라국의 최고지배자(=王)들의 마구·마장으로, 5세기 후반대에는 다라국을 포함한 대가야와 아라가야의 최고지배자 또는 지배자의 마구·마장으로 사용되었음을 알 수 있다.

그런데 여기에서 주목되는 것은 5세기 후반대 다라국의 왕묘로 추정되는 옥전 M3호분에 세트 불명의 마구를 포함하여 모두 4세트의 마구가 출토된 점이다. 이들 4세트의 마구 중에서 A·B세트는 Ⅲc유형, C세트는 Ⅲd유형에 해당하는 것이어서 「장식마구」의 세부적인 성격을 이해하는 데에 실마리가 될 것으로 생각된다. 즉 이들 복수 세트의 마구·마장은 피장자가 생전에 기마의 목적에 따라 선택하여 사용하기 위한 것으로, 갑마구로 구성된 이른바 鎧馬를 특징으로 하는 Ⅲc유형의 A·B세트는 出戰 또는 儀仗隊 行列 등을 할 때, 금동장마구로 구성된 호화로운 Ⅲd유형의 C세트는 政治的 示威 또는 巡幸 등을 할 때 타는 말의 「장식마구」일 가능성이 높은 것으로 생각된다.

4) Ⅲd유형

이 유형은 금동으로 장식된 비, 안장, 등자 등의 기본마구와 역시 금동으로 장식된 행엽, 운주 등의 장식용 마구로 구성되어 있는 것이 특징이다. 즉 이 유형의 마구는 장식용 마구뿐만 아니라 기본마구까지 금동으로 장식된 점에서 「장식마구」 중에서도 가장 호화로운 마구로 볼 수 있다.

이러한 점은 출토고분의 규모나 부장품의 질과 양을 통해서도 짐작해 볼 수 있는데, 먼저 대가야의 경우 지산동 문30, 44호분 주석실, 45호분 1호 석실은 수혈식석곽을 매장주체부로 하는 대형 고총으로, 그 피장자들은 5세기 중엽부터 6세기 중엽까지 순차적으로 대가야를 통치했던 최고지배자(=왕)들 또는 그에 버금가는 지배자들로 추정된다. 그리고 옥전 M1(A), M3(C), M4, M7, M6, M11호분의 피장자들 역시 5세기 중엽부터 562년 대가야가 멸망하는 시기까지의 옥전고분군을 조영한 다라국의 최고지배자(=王)들 이거나 그에 준하는 지배자들일 가능성이 높다. 또한 이 유형의 마구가 공반된 합천 반계제 다A호분의 피장자는 황강 중류역이 대가야에 편입된 후 대가야의 허용 아래 이 지역을 통치했던 지방 수장으로 여겨진다.

다음으로 아라가야의 양상을 살펴보면, 도항리 문48호분은 대형 목곽묘로, 대형 봉분을 가진 고총의 출현 이전 시기인 5세기 전반대 아라가야의 최고지배자 무덤으로 추정된다. 그리고 대형 고총이 출현하는 5세기 중엽 이후부터 6세기 전엽까지의 시기에 걸쳐 축조된 도항리 문39, 현15, 현22, 현5, 경3, 창14-2호분과 암각화고분 등의 피장자들 역시 아라가야의 최고지배자 또는 그에 버금가는 지배자들로 추정된다.

이상에서와 같이 금동장마구를 공반하는 Ⅲd유형의 「장식마구」는 해당 지역·시기의 최고지배자 또는 그에 버금가는 지배자의 마구·마장으로 이해하고자 한다.

한편 Ⅲd유형의 「장식마구」와 공반하는 무기·무구를 살펴보면, 거의 예외 없이 철모와 갑주가 공반하고 있는 점이 주목된다. 즉 가야에 있어서 가장 호화로운 Ⅲd유형의 「장식마구」를 착장한 말을 탄 주인공은 위에서와 같이 후기가야의 중심국인 대가야와 아라가야의 최고지배자(=왕) 또는 그에 버금가는 지배자, 그리고 지방 수장들임이 분명해 보인다. 특히 철모와 갑주로 완전무장한 모습은 동쪽과 서쪽에서 압박해 들어오는 신라와 백제의 틈바구니에서 긴박했던 가야 최고지배자들의 정치적, 군사적 상황을 반영하고 있는 것이 아닐까 한다.

3. 장식마구의 분포와 지역성(표 33 참조)

1) 금관가야

복천동 38호분과 69호분에서 발견된 짧은 표형의 이조선인수를 가진 표비는 늦어도 4세기 전반 무렵에는 낙동강 하류역의 금관가야에 기승용의 마구가 출현하였음을 알려준다. 즉 이때부터 가야에서는 말을 타고 질주하는 기마문화와 이에 동반된 마구가 유행하기 시작한 것으로 생각된다.

이와 같이 4세기대부터 출현한 가야 초기마구는 철제의 표비를 기본으로, 여기에 드물지 않게 X자형함유금구판비와 횡방향함유금구판비 및 목심의 취약한 부분을 철판으로 보강한 C型 목심등자로 구성된 철제의 「기본마구」가 중심을 이룬다. 한편 극히 드물긴 하지만 장식용 마구도 일부 확인되는데, 4세기 3/4분기로 편년되는 대성동 2호분에서 출토된 표비 2점, 동제판비 1점, 목심등자, 동제운주와 이보다 약간 늦은 4세기 4/4분기로 편년되는 대성동 3호분에서 출토된 심엽형행엽 1점이 그 예이다. 이들 마구는 각각 Ⅲb유형 또는 Ⅲa유형의 「장식마구」에 해당되는 것으로, 이는 이 지역에 초기마구가 유행하는 4세기대에 이미 마구의 위세품적인 성격이 형성되기 시작하였음을 보여주는 자료로 볼 수 있다.[347]

Ⅲa유형과 Ⅲb유형의 성격에 대해서는 앞서 검토한 바 있듯이 무장적 성격을 지닌 최고지배자 또는 그에 버금가는 지배자들의 마구·마장으로 추정되는데, 특히 4세기대의 마구·마장에 그러한 성격이 더욱 농후해 보인다. 그것은 우선 대성동 2호분과 3호분에 공반된 장식용 마구가 동제이

---

347) 마구의 위세품적인 성격은 대성동 2호분과 3호분 출토 X자형함유금구동제판비와 심엽형행엽의 유례가 발견된 북방의 영향에 의한 것으로 생각된다. 다만 북방의 선비지역에서는 4세기 후반대에 금동장의 「裝飾馬具」가 위세품으로 정착하여 널리 유행한데 비하여 금관가야에서는 철제의 「기본마구」가 압도적으로 많은 것이 확인되는 것에서 차이가 난다. 이는 양 지역 마구문화의 차이를 반영한 것으로 생각된다.

거나 철제의 심엽형행엽 1점에 불과한 것에서 같은 유형이지만 5세기 중엽 이후의 고분에서 발견되는 호화로운 Ⅲa·Ⅲb유형과 분명한 차이를 보이는 것에서 알 수 있다. 더구나 대성동 2호분에는 철모, 석돌, 철창 12점, 삼지창, 철촉, 판갑, 종장판주가, 대성동 3호분에는 철검, 철모, 갑주가 공반되고 있어 양 고분의 피장자가 무장적 성격이 강한 者임을 분명히 보여주고 있기 때문이다.

이와 같은 4세기대 「장식마구」의 양상은 5세기대에 들어서도 큰 변화는 없었던 것으로 보인다. 즉 5세기 전반대에 해당되는 17예의 마구 중 「장식마구」는 단 3예에 불과하고 나머지는 실용적 성격의 「기본마구」 또는 「갑마구」에 해당되기 때문이다. 이러한 가운데 가장 주목되는 것은 대성동 1호분의 마구이다. 이 고분에서는 철지금동장의 안장과 함께 목심등자 1쌍, 금은장의 심엽형행엽 2점, 청동환 1점, 마주 1점으로 구성된 Ⅲc유형의 마구가 출토되었다. 이와 같은 대성동 1호분의 마구는 금관가야에서는 유일하게 금동장 마구를 공반한 것이어서 주목된다. 주지하듯이 이 고분은 5세기 1/4분기 금관가야의 왕묘로 인정되며, 이로써 Ⅲc유형의 「장식마구」는 5세기 전반대의 금관가야 최고지배자의 마구·마장으로 채용되었음을 알 수 있다.

이상을 정리하면 가야 초기마구의 중심지인 금관가야에서는 표비와 목심등자로 구성된 철제의 「기본마구」가 중심을 이루며, 드물게 「장식마구」도 도입하였음을 알 수 있었다. 그런데 「장식마구」라 하더라도 대성동 1호분의 금동장 안장과 금은장심엽형행엽을 제외하면 철제 또는 청동제가 대부분으로, 화려한 재질로 장식된 다양한 「장식마구」가 제작되는 5세기 후반대와는 많은 차이를 보이고 있다. 그리고 「장식마구」가 출토된 고분에서는 거의 예외 없이 대도, 철모, 철촉, 갑주로 구성된 무기·무구가 공반되며, 특히 대성동 1호분과 복천동 10호분에는 말을 무장하기 위한 마주도 공반되고 있어 이 지역에서의 기마는 무장적 또는 군사적 성격과 밀접한 관련이 있는 것으로 보인다. 이는 곧 금관가야 지배자들의 정치적, 군사적 성격을 반영한 것으로 해석할 수 있을 것이다.

2) 대가야권

후기가야의 중심국으로 발전한 대가야는 지금의 고령을 중심으로 강력한 세력을 형성하여 합천, 함양, 거창, 산청 등지에 수많은 유적과 유물을 남겼다. 이 중에서 대가야의 왕과 지배자들의 묘역인 고령 지산동고분군과 후기가야의 유력국으로 부상한 다라국의 왕과 지배자들의 묘역인 합천 옥전고분군에서는 다수의 마구가 출토되었다. 특히 이들 고분군에서는 본고에서 검토하는 장식마구가 집중적으로 분포하고 있어 주목되는데, 이하에서는 이를 중심으로 시간의 흐름에 따른 그 변화의 양상을 살펴보고자 한다.

먼저 5세기 전반대로 편년되는 I 기는 대가야권 '마구의 출현기'로 이 시기에는 다라국 지배자들의 묘역으로 추정되는 합천 옥전고분군에서만 확인된다. 옥전 23, 67, 68호분 출토품들이 그 예이다. 이 중 옥전 23호분에는 환판비, 철지금동장좌금구와 조합된 안장, 목심등자, 철지금동장심엽형행엽 3점, 환형운주 2점, 마주 1점이 공반되었다. 이는 IIIc유형 「장식마구」의 전형으로, 이 지역에 마구가 등장하는 시기부터 「장식마구」가 도입되었음을 보여주는 자료이다. 특히 옥전 23호분은 황강 하류역에 자리잡은 다라국의 성립을 보여주는 대표적인 고분으로 볼 수 있으므로 IIIc유형이 5세기 전반대 가야-다라국-의 최고지배자들이 채용한 「장식마구」임을 잘 알 수 있다.[348]

한편 IIIc유형의 「장식마구」는 앞서 검토한 바와 같이 전장에서 말을

---

348) 이 점은 앞서 살펴 본 금관가야의 수장 또는 지배자의 무덤으로 인정되는 김해 대성동 1호분과 복천동 10호분의 마구가 IIIc유형이라는 것에서도 충분히 인정된다.

무장하기 위해 개발된 마주 또는 마갑으로 대표되는 「갑마구」와 조합된 점에서 실용적 성격을 겸비한 것으로 생각된다. 이 점은 옥전 23호분의 마구와 무기·무구를 통해서도 알 수 있다. 즉 이 고분에는 Ⅲc유형의 「장식마구」와 환두대도 2점, 대검 1점, 철모와 석돌, 철촉군, 경갑, 주 등의 무기·무구가 공반되고 있어 이 고분의 피장자가 군사적 성격이 강한 지배자임을 강하게 시사해 준다.

5세기 중엽으로 편년되는 Ⅱ기는 '대가야형 등자의 성립과 마구 제작기술의 정착'으로 요약되는 시기이다. 이때의 「장식마구」는 모두 8예로, 이를 유형별로 정리하면 Ⅲb유형(지산동 32, 35호분, 옥전 12, M1호분 C세트), Ⅲc유형(옥전 35, 91호분), Ⅲd유형(옥전 M1호분 A세트, M2호분)으로 구분된다. 이 중 Ⅲb유형의 지산동 32, 35호분 마구는 각각 청동제마령 및 은장심엽형행엽과, 옥전 12호분과 옥전 M1호분 C세트 마구는 철지은장의 편원어미형행엽 및 무각소반구형운주와 공반된 것이 특징이다. 또 Ⅲc유형의 옥전 35·91호분 마구는 장식용 마구인 행엽과 갑마구인 마주 또는 마갑이 공반된 것이 특징이다. 그리고 Ⅲd유형의 옥전 M1호분 A세트와 M2호분 마구는 편원어미형행엽이 공반된 것이 특징이다.

이와 같이 5세기 중엽에는 여러 유형의 「장식마구」가 한꺼번에 유행하면서 해당 지역의 최고지배자 또는 지배자급의 권위의 상징물 또는 위세품으로 애용된 것으로 보인다. 이와 관련해 특히 주목되는 것은 옥전 M1호분의 마구이다. 주지하듯이 옥전 M1호분은 발전기 다라국의 왕묘로 인정되는 유구인데, 여기에서는 세트 불명의 마주 외에 A·B·C로 구분되는 3세트의 마구가 출토되었다. 이 중 말을 무장하기 위한 마갑이 조합된 B세트는 Ⅱb유형의 「갑마구」로 주로 출전할 때 사용한 마구·마장으로 볼 수 있고, 나머지 A·C세트는 각각 Ⅲd·Ⅲb유형의 「장식마구」로서 주로 시위나 의례 등과 같은 政治的인 行事를 할 때 착장하는 마구·마장으로 볼 수 있다. 다시 말해 M1호분의 피장자는 생전에 복수세트의 마구를 소유하고 있으면서 목적에 따라 「장식마구」를 선택·사용함으로써 이 시기 다라국 수장의 권위를 유지·강화했던 것으로 생각된다.

한편 이 시기의 마구·마장에 있어서 주목되는 것은 옥전 12, 35, M1, M2호분에서 출토된 편원어미형행엽과 무각소반구형운주이다. 주지하듯 이 편원어미형행엽과 무각소반구형운주는 5세기 중엽부터 신라의 지배자들 사이에서 유행한 장식용 마구의 하나로 이해되고 있다.[349] 따라서 위의 옥전고분군에서 출토된 행엽과 운주는 신라권에서 반입되었거나 신라의 영향을 받아 이 지역에서 제작된 것임에 틀림없다. 그런데 이 시기 옥전고분군과 낙동강을 사이에 두고 가까이 있는 창녕지역에서도 이러한 마구가 확인되어 주목되는데, 창녕 교동 1·3호분[350]과 계성리 1호분 부곽[351]에서 출토된 편원어미형행엽과 무각소반구형운주가 그 예이다. 이와 같은 편원어미형행엽과 무각소반구형운주의 분포는 창녕지역을 중개로 하는 다라국-창녕지역-신라 사이에 형성된 밀접한 교류관계를 반영하고 있는 것으로 볼 수 있을 것이다.[352]

5세기 후엽에서 6세기 초로 편년되는 III기는 '대가야형 마구의 성립과 확산'으로 요약되는 시기이다. 이 시기의 「장식마구」는 모두 10예로서, 이를 유형별로 정리하면 IIIb유형(지산동 44-25호분, 백천리 1-3호분), IIIc유형(옥전 M3호분 A·B세트, 반계제 가A호분), IIId유형(옥전 72, M3, M7호분, 지산동 44호분 주석실) 등으로 구분된다.

이 시기는 지금까지 대가야권의 중심지인 고령 지산동과 합천 옥전에

---

349) 金斗喆, 1992, 앞의 논문 참조.
350) 沈奉謹 外, 1992, 앞의 책.
351) 李殷昌 外, 1991, 앞의 책.
352) 앞서 제4장 II절에서 언급하였듯이 옥전 M1호분에서는 신라계의 마구 외에도 창녕계 토기와 Roman-glass도 출토되었는데, 이들 자료는 이 시기 옥전 - 창녕 - 신라로 이어지는 긴밀한 교류관계를 반영한 것임에 틀림없을 것이다.

한정되어 분포하는 마구가 이때부터 황강 중상류의 반계제고분군과 함양 백천리고분군, 그리고 거창 말흘리고분을 거쳐 멀리 남원 월산리고분군까지 그 분포가 확대되고 있는 것이 특징이다. 즉 반계제 가A호분과 백천리 1-3호분 및 월산리 M1-A호분에서 출토된 내만타원형판비와 IIB1식 등자 등은 이 시기 대가야의 지역성을 보여주는 마구이기 때문이다. 더욱이 이와 같은 마구와 세트를 이룬 IIIb유형의 마구가 지산동 44-25호분과 백천리 1-3호분에, 또 IIIc유형의 마구가 옥전 M3호분과 반계제 가A호분에 부장된 것은 대가야의 중앙세력과 그 영향권에 있는 지방세력과의 밀접한 정치적 관계를 반영하고 있는 것으로 생각된다.[353]

한편 이 시기에도 마구의 복수부장 사례가 확인되는데, 옥전 M3호분에서 발견된 3세트의 마구가 좋은 예이다. 3세트로 구분되는 마구 중 A·B세트는 IIIc유형, C세트는 IIId유형의 「장식마구」이다. 이와 같은 복수세트의 마구는 앞서 살펴 본 옥전 M1호분 마구와 마찬가지로 피장자 생전에 기마의 목적에 따라 구분하여 사용한 마구일 가능성이 높다.

6세기 전엽으로 편년되는 IV기는 '호등의 출현과 신라계 마구의 도입'으로 요약되는 시기이다. 「장식마구」는 모두 6예로서, 이를 유형별로 정리하면 IIIb유형(지산동 영1호분, 본관동 36호분, 상백리 1호분), IIId유형(옥전 M4·M6호분, 지산동 45-1호분, 반계제 다A호분) 등으로 구분된다. 이와 같이 이 시기에는 IIIb·IIId유형이라는 복수의 「장식마구」가 유행하였는데, 특히 이전 시기와는 전혀 다른 심엽형행엽의 출현을 특징으로 들 수 있다.

다시 말해 III기에 출현하여 대가야의 마구·마장의 지역성을 보여주

---

353) 주지하듯이 반계제 가A호분과 백천리 1-3호분의 피장자는 대가야의 허용 아래 해당지역을 통치한 지방 수장으로 인정된다.

던 검릉형행엽은 소멸되고 새로운 형식의 심엽형행엽이 도입되는데, 지산동 45호분 1호 석실 출토 철지금은장의 소문심엽형행엽 2점과 이형문심엽형행엽 3점, 옥전 M4호분 출토 철지금동장의 인동타원문심엽형행엽 1점과 M6호분 출토 인동문계의 심엽형행엽 5점, 중생원촌 1호분 출토 철지은피의 인동타원문심엽형 1점 등이 그러한 예이다. 이들 모두는 5세기 전반대의 것과는 달리 대형화된 것이 특징이며, 특히 인동타원문계의 심엽형행엽은 신라계라는 점에서 주목된다. 즉 이 형식의 행엽은 대체로 6세기대에 들어서면서 출현하여 신라 경주를 중심으로 유행한 신라계의 행엽으로 알려져 있다.[354] 따라서 위의 대가야권 출토품들은 신라에서 반입되었거나 그 영향을 받아 재지에서 제작된 것으로 볼 수 있다. 이로써 이 시기 대가야의 「장식마구」는 신라계 마구·마장의 영향을 받은 것으로 추정되며, 이는 이 시기 대가야와 신라 사이의 밀접한 관계를 반영하고 있는 것일 가능성이 크다.

끝으로 대가야가 멸망하는 562년 이전, 즉 6세기 중엽에 해당되는 장식마구는 옥전 M11호분 출토품이 유일한 예이다. 옥전 M11호분은 석실의 내부가 도굴·파괴되면서 대부분의 부장품이 훼손되었는데, 다행히 석실의 정리 과정에서 몇 종류의 마구가 발견되었다. 금동장의 안장, 철지은장의 육각패제운주, 철제의 장니부속구가 그것으로, 이는 IIId유형의 장식마구에 해당된다. 이와 같은 마구가 출토된 옥전 M11호분은 옥전고분군에서 마지막으로 축조된 대형 고총으로 다라국 최후의 수장묘로 추정된다. 이로써 대가야의 지배자들은 처음부터 끝까지 자신들의 권위를 유지하고 강화하기 위한 위세품의 하나로 장식마구를 애용하였음을 알 수 있다.

---

354) 李尙律, 1993, 앞의 논문.

3) 아라가야

일찍이 금관가야에서 유행하던 기마문화와 마구는 5세기에 들어서면서 본격적으로 가야의 여러 지역으로 확산되는데, 5세기 초로 편년되는 도항리 문3, 문36, 문43, 문48호분에서는 아라가야 最古의 마구들이 확인된다. 이들은 대부분 표형의 이조선인수를 가진 표비와 횡방향함유금구 판비 및 타원형외환의 일조선인수를 가진 X자형환판비를 중심으로 일부 목심등자가 조합된 Ⅰ유형의「기본마구」에 해당된다.

한편 극히 드물긴 하지만「장식마구」의 존재도 확인되어 주목되는데, 문48호분 출토 마구가 그 예이다. 즉 이 고분에서는 철지금동장의 판비, 목심등자, 청동제의 환형운주 4점, 철지금·은제의 혁금구 20점 등으로 구성된 Ⅲd유형의「장식마구」가 확인되며, 이로써 아라가야에는 마구의 출현기부터 금동으로 장식된 호화로운「장식마구」가 도입되었음을 알 수 있다. Ⅲd유형의 마구에 대해서는 앞서 검토하였듯이 기본적으로 해당 지역 최고지배자 또는 그에 버금가는 지배자가 소유한 장식적 성격의 마구로 파악되는데, 문48호분의 피장자는 공반된 환두대도를 비롯하여 대도 6점, 철모 3점, 석돌 2점, 삼지창 1점, 철촉군, 찰갑 등의 무기·무구를 참고하면 철지금동장의 마구를 착장한 말을 타고 대도와 철모, 찰갑 등으로 중무장한 기마무사로 복원된다. 이로써 아라가야에서는 처음부터 Ⅲd유형의「장식마구」를 정치적, 군사적 성격을 지닌 지배자들의 마구·마장으로 채용하였던 것으로 판단된다.

이와 같은 양상은 계속 이어지는데, 우선 '아라가야 마구의 발전기'로 요약되는 5세기 중엽에는 도항리 문39호분과 현4호분에서「장식마구」가 출토되었다. 이 중 안장, 목심등자, 철지금동의 각을 가진 환형운주, 철지금·은제의 판형운주가 공반된 문39호분 출토품은 Ⅲd유형으로, 안장, 목심등자, 철지은제의 심엽형행엽이 공반된 현4호분 출토품은 Ⅲb유형으로 분류된다. 이와 같이 이 시기에는 Ⅲb유형과 Ⅲd유형이 확인되는데, 이들 마구가 부장된 도항리 문39호분과 현4호분의 피장자가 이 시기 아라가야의 최고지배자 또는 지배자급으로 인정된다는 점에서 「장식마구」는 이 시기에도 아라가야 지배자들의 마구·마장으로 채용되어 그들의 권위를 유지하고 강화하기 위한 위세품으로 자리잡은 것으로 생각된다.

5세기 후엽에서 6세기 초까지는 '아라가야 마구의 전성기'로 요약되는 시기이다. 이 시기에는 특히 전체 마구의 10예 중에서 8예가 청동·은·금동으로 장식된 「장식마구」일 정도로 호화로운 마구가 성행하는 것이 특징이다. 이 시기 「장식마구」를 유형별로 정리해 보면 Ⅲb유형(도항리 문54호분), Ⅲc유형(도항리 현8호분), Ⅲd유형(도항리 현15, 현22, 현5, 경3, 창14-2호분, 암각화고분) 등으로 구분된다. 이와 같이 이 시기에는 여러 유형의 「장식마구」가 성행하였는데, 특히 도항리 문54호분과 현8, 현15, 현22호분 출토 마구가 주목된다. 먼저 문54호분에서는 철지은제의 내만타원형판비와 철지은제의 검릉형행엽 등으로 구성된 Ⅲb유형의 「장식마구」가 출토되었는데, 앞에서 언급한 바와 같이 내만타원형판비와 검릉형행엽 등으로 구성된 「장식마구」는 합천 옥전 M3호분 출토품에서 보듯이 대가야권의 지역성을 보여주는 자료이다. 그리고 현8, 현15, 현22호분에서는 철·은·금동장의 편원어미형행엽과 무각소반구형운주 등으로 구성된 Ⅲc유형(현8호분)과 Ⅲd유형(현15, 현22호분)의 「장식마구」가 출토되었는데, 이러한 편원어미형행엽과 무각소반구형운주는 5세기 중엽 이후부터 신라의 지배자들 사이에서 유행한 장식용 마구이다. 이상과 같이 이 시기 아라가야의 최고지배자 또는 지배자들 사이에서 유행한 「장식마구」는 같은 시기의 대가야권과 신라의 최고지배자 또는 지배자들 사이에서 유행하던 「장식마구」와 밀접한 관계가 있는 것으로 파악된다.

'아라가야 마구의 쇠퇴기'로 파악되는 6세기 전엽 이후에 해당되는 마구는 도항리 문4호분과 문47호분 출토품 등 2예가 확인된다. 이 중 문4호분에서는 철지금동장의 심엽형행엽과 사각반구형운주 등으로 구성된 Ⅲd

표 33. 장식마구의 유형과 분포

연대	장식마구의 유형				계
	IIIa	IIIb	IIIc	IIId	
4c 2/4					
4c 3/4		대성동 2호			금관가야 1
4c 4/4	대성동 3호				금관가야 1
5c 전반	대성동 8호		대성동 1호	도항리 문48호	금관가야 2 아라가야 1
			복천동 10호 옥전 23호		금관가야 1 대 가 야 1
5c 중엽		옥전 12, M1호 지산동 32, 35호 도항리 현4호	옥전 35, 91호	옥전 M1, M2호 도항리 문39호	대 가 야 8 아라가야 2
5c 후엽		도항리 문54호	옥전 M3호 A·B 도항리 현8호	옥전 72, M3호 도항리 현5, 현15, 현22호	대 가 야 4 아라가야 5
6c 초		지산동 44-25호 백천리 1-3호	반계제 가A호	지산동 44호, 옥전 M7호 도항리 암각화, 경3, 창14-2호	대 가 야 5 아라가야 3
6c 전엽 ~ 562年		지산동 영1호 본관동 36호 상백리 1호		옥전 M4, M6, M11호 지산동 45-1호 반계제 다A호 도항리 역451-1, 문4호	대 가 야 8 아라가야 2
계	금관가야 2	금관가야 1 대 가 야 9 아라가야 2	금관가야 2 대 가 야 6 아라가야 1	대 가 야 11 아라가야 10	금관가야 5 대 가 야26 아라가야13

유형의 「장식마구」가 출토되었다. IIId유형의 성격은 앞에서도 언급한 바
와 같이 해당 시기·지역의 최고지배자 또는 그에 버금가는 지배자의 마
구·마장으로 규정된다. 이로써 아라가야의 지배자들은 대가야의 지배자
들과 마찬가지로 처음부터 끝까지 자신들의 권위를 유지하고 강화하기 위
한 위세품의 하나로 「장식마구」를 애용한 것으로 파악할 수 있다.

IV. 마구를 통해 본 사회변화

1. 대가야권의 성장과 발전

가야의 마구는 출토고분의 규모와 성격, 공반유물 등과 더불어 해당 정치체의 성장배경과 발전과정을 살펴보는 데 있어서 매우 유효한 자료로 평가된다. 그래서 여기에서는 앞서 살펴 본 가야고분에서 출토된 마구를 바탕으로 이와 공반된 무기·무구류와 그 밖의 중요 자료를 함께 살펴봄으로써 대가야권의 성장과 발전의 모습을 추정해 보고자 한다.

1) Ⅰ기(5세기 전반)

일찍이 낙동강 하류역의 금관가야에서 유행하던 기승용의 마구는 5세기에 들어서는 합천과 함안 등 가야의 여러 지역으로 확산되는데, 대가야권의 경우 다라국의 고지로 알려져 있는 합천 옥전고분군에 처음으로 등장한다. 5세기 전반대로 편년되는 옥전 68, 23, 67-A·B호분 출토 마구가 그러한 예들이다. 이때의 마구는 비와 등자, 안장으로 구성된 「기본마구」가 중심을 이루면서 드물긴 하지만 옥전 23호분에서와 같이 장식용 마구인 금동장심엽형행엽과 방어용 마구인 마주도 채용된다. 즉 실용성이 강한 「기본마구」를 중심으로 장식성이 강한 Ⅲc유형의 「장식마구」가 이 시기의 마구·마장으로 등장한 것이다.

한편 이들 마구가 출토된 고분의 무기·무구를 살펴보면 重裝騎兵의 武裝으로 이해되는 대도와 철모, 철촉, 갑주 등이 보편적으로 채용되고 있는 것이 주목된다. 이러한 무기·무구와 마구의 조합관계에 의하면 옥전 67-A호분과 67-B호분, 68호분의 피장자는 고구려의 장창·갑주 무장형과 유사한 重裝騎兵的 성격이 강한 B형, 장식용 마구와 방어용 마구인 마주가 공반된 옥전 23호분의 피장자는 중장기병적 성격과 의장적 성격을 겸비한 D3형에 해당된다.

　이처럼 이 시기에는 토기를 중심으로 소량의 철기를 부장하던 4세기대와 전혀 양상을 달리하고 있음을 알 수 있다. 즉 고분에서 출토된 마구와 무구의 조합상을 통해 볼 때 이 시기에는 輕裝騎兵과 함께 重裝騎兵이 출현하여 역동적인 사회로 변모하였음을 알 수 있다. 또한 이를 배경으로 지배자의 등장과 더불어 계층 분화도 나타난 것으로 보인다. 그러한 예는 고분의 규모와 부장품의 질과 양을 통해서 알 수 있는데, 이때는 옥전 23호분을 정점으로 하여 그 아래에 옥전 67-A·B호분이, 제일 아래쪽에는 옥전 68호분이 위치하는 계층구조를 상정할 수 있다. 즉 금동장관모와 금제이식 등의 威勢品을 비롯하여 금동장심엽형행엽과 마주로 조성된「裝飾馬具」등 이 시기의 최상급에 해당되는 문물이 부장된 옥전 23호분의 피장자는「다라국」성립기의 왕으로 추정되며, 옥전 67-A·B호분의 피장자는 상위지배계층, 옥전 68호분의 피장자는 하위지배계층으로 파악할 수 있다.[355]

　한편 이 시기의 마구 부장고분 중에서 또 다시 주목되는 것은 옥전 68호분이다. 위에서 언급한 바와 같이 이 고분은 소형의 목곽묘임에도 불구하고 마구를 비롯하여 환두대도, 삼각판혁철판갑 등이 공반되어 피장자의 성격이 고구려의 長槍·武裝型 또는 重裝騎兵과 연결되는 B형에 속하는 者임을 알 수 있다. 즉 옥전 68호분의 피장자는 생업에 종사하는 일반인들과 분리되는 전업적인 戰士로서 지배계층의 戰士的 성격을 반영하는 것으로 볼 수 있다.

　이상에서와 같이 합천 옥전지역에 나타난 5세기 전반대의 마구와 무기·무구에 나타난 새로운 양상은 앞서 여러 차례 언급하였듯이 A.D 400

---

355) 趙榮濟, 1997, 앞의 논문 참조.

년 고구려 광개토대왕의 남정으로 야기된 한반도 남부지방의 정세변동을 계기로 나타난 것이었다. 이를 배경으로 이 지역에서는 옥전 23호분의 피장자를 정점으로 하는 「다라국」의 성립에 이르게 된 것으로 생각된다.[356] 그리고 이를 주도한 지배계층은 마구와 무기 · 무구의 소유형태로 보아 騎馬戰士的 성격을 가진 집단으로 파악할 수 있을 것이다.

2) II기(5세기 중엽)

5세기 중엽이 되면 이른바 전기가야 마구가 소멸하고 후기가야 마구가 출현하는 등 마구에 있어서 커다란 변화가 일어난다. 그러한 변화로는 우선 마구가 부장된 고분의 수가 폭발적으로 증가하고 합천 옥전고분군뿐만 아니라 고령 지산동고분군에서도 확인되는 등 분포범위도 넓어진다.

특히 이 시기에는 마구의 제작기술이 완전히 재지화 · 정착화되는데, 목심등자의 경우 대가야권의 지역성을 나타내는 I B4식 또는 I B5식으로 정형화된다. 이러한 등자의 정형화는 이 시기에 들어서면서 기술자 집단의 정비와 재편이 이루어졌음을 시사해 준다. 또한 이러한 양상이 옥전과 지산동에서 거의 동시에 전개되는데 이는 이때부터 양자간에는 밀접한 상호작용이 있었음을 말해 주는 것으로 볼 수 있다.

이 시기의 마구는 I기와 마찬가지로 비, 등자, 안장 등의 「기본마구」가 주류를 이루면서 장식용 마구인 행엽, 운주를 비롯하여 방어용 마구인 마주와 마갑 등의 채용도 확대된다. 또한 재질에 있어서도 철제뿐만 아니라 금동 또는 은제 등의 호화로운 것도 증가한다. 그리고 重裝騎兵의 무기 · 무구인 갑주와 대도, 철모 등도 거의 예외 없이 마구와 세트를 이루어 출토되고 있다. 이와 같은 마구와 무기 · 무구의 양상은 이 시기에 호화로

---

356) 옥전 23호분으로 대표되는 5세기 전반대의 옥전고분군의 성격과 변동에 대해서는 趙榮濟, 2006, 앞의 논문 참조.

운 「장식마구」가 정착되고 더불어 重裝騎馬의 습속이 보다 일반화되었음을 의미한다.

　옥전고분군의 경우 마구를 비롯한 공반유물을 통해 5세기 전반대에 비해 지배집단 내의 계층분화가 심화되었음을 알 수 있다. 즉 마구의 소유형태에 의하면 Ⅲa~Ⅲd유형 장식마구-Ⅱb유형 갑마구-Ⅰa·Ⅰb유형 기본마구라고 하는 계층성이 인정된다. 이 중 위계가 가장 높은 Ⅲd유형의 소유자는 옥전 M1호분의 피장자가 대표적이다. 이 고분은 대형 봉토를 가진 고총이라는 점 외에도 Ⅱb유형의 갑마구와 삼엽환두대도, 갑주 등의 다종 다양한 마구와 무기·무구, 금동제과대, Roman-glass 등이 부장된 것을 보면 5세기 전·중엽의 옥전 고분 가운데 가장 우월한 고분임을 알 수 있다. Ⅱb유형 갑마구의 소유자는 옥전 28호분의 피장자가 대표적으로, 공반유물을 보면 사람과 말 모두 갑주로 완전무장하고 대도와 철모 등으로 무장한 고구려의 鎧馬武士와 연결된다. 즉 이 고분의 피장자가 유력자임을 알 수 있다. 그리고 Ⅰa·Ⅰb유형의 기본마구 소유자는 옥전 5, 8, 95호분 등으로, 부장품을 보면 마구뿐만 아니라 무구도 일부 탈락되었고, 질적으로도 위의 고분들에 비하면 격차가 있음을 알 수 있다. 이로써 옥전 M1호분의 피장자는 이 시기의 최고지배자, 옥전 28호분의 피장자는 상위지배계층, 옥전 5호분 등의 피장자는 하위지배계층이었을 것으로 추측된다.

　한편 고령 지산동고분군의 경우 이 시기부터 마구가 폭발적으로 보급되는 데, 지산동 32호분을 비롯하여 모두 7기의 고분에서 마구가 발견된다. 마구의 양상은 위의 옥전고분군과 거의 같으며, 기마·기병의 유형 역시 이 시기의 최고지배자로 보이는 지산동 33, 32호분과 문30호분에는 D형이, 나머지 유구에서는 경장기병적 성격의 A형 또는 중장기병적 성격의 B형이 발견되어 옥전고분군과 성격을 같이 한다. 즉 마구로 보는 한 고령 지산동 정치체의 발전은 5세기 중엽을 기점으로 본격화된 것으로 볼 수 있다.

이상을 정리하면 5세기 중엽의 대가야권에서는 옥전과 지산동의 마구
와 무기·무구를 소유한 지배계층을 중심으로 군사적 기반을 굳건히 하고
한편으로는 지배집단 내의 계층분화가 심화되어 점차 지배력이 강화되면
서 後期加耶의 중심세력으로 자리잡아 간 것으로 판단된다.

3) III기(5세기 후엽~6세기 초)

5세기 후엽에서 6세기 초의 시기에는 마구의 분포가 옥전과 지산동을
비롯하여 이른바 대가야양식 토기가 분포하는 황강 중상류의 반계제, 함
양 백천리, 거창 말흘리, 그리고 백두대간을 넘어서 전북의 남원 월산리에
이르기까지 광범위한 지역으로 확산된다.

이 시기의 마구를 다시 한 번 정리해 보면 먼저 비는 「大加耶型 轡」로
상정되는 내만타원형판비가 개발되는 등 의장용의 성격이 강한 판비가 주
로 사용된다. 등자는 앞서 살펴본 바와 같이 옥전과 지산동에서는 II기부
터 이어져 온 I B4식 또는 I B5식, IIB1식 등의 목심등자가 성행한다. 그
런데 이러한 型式의 목심등자들은 이 시기에 들어서는 옥전과 지산동뿐만
아니라 반계제 가A호분, 백천리 1-3호분, 말흘리 2호분, 월산리 M1-A호분
357) 등에서도 발견되는 등 분포범위가 넓어진다. 그리고 검릉형행엽이 등
장함으로써 편원어미형행엽을 표상으로 하는 신라마장과 비교되는 대가
야적인 마장이 성립된다. 즉 이 시기에 들어서는 검릉형행엽을 비롯하여
위의 내만타원형판비와 I B4·I B5·IIB1식 등자 등으로 구성된 특징적
인 「大加耶型 馬具」가 성립되었다.

---

357) 全榮來, 1983, 『南原, 月山里古墳群 發掘調査報告』, 원광대학교 마한백제문화연구소. 월
　　산리 M1-A호석실에서는 형태와 제법이 다른 등자 2쌍이 출토되었다. 이 중 꺾쇠형 등자
　　는 지산동 45호분 제1호석실 출토품과 매우 유사하며, 다른 1점은 일부만 남아 있어 불
　　확실하지만 필자의 I B4식 또는 I B5식 목심등자에 해당되는 것으로 판단된다.

한편 이 시기에 있어서도 신분에 따른 마구의 소유형태에 차이가 있었던 것으로 보인다. 즉 Ⅲb~Ⅲd유형 장식마구-Ⅱa유형 갑마구-Ⅰa·Ⅰb유형 기본마구로 이루어진 계층성이 인정된다. 이 중 위계가 가장 높은 Ⅲd유형 장식마구의 소유자는 옥전과 지산동의 최고지배자로 인정되는 옥전 M3호분과 지산동 44호분 피장자이다. 그 하위에 해당되는 Ⅲb, Ⅲc유형 장식마구 소유자는 대가야의 영향권에 있는 지방 수장으로 인정되는 백천리 1·3호분과 반계제 가A호분 피장자가 해당된다. 그리고 Ⅱa유형 갑마구는 옥전 20호분의 피장자이며, Ⅰa·Ⅰb유형 기본마구의 소유자는 옥전 7, 70, 76, 82호분과 말흘리 2호분 등의 피장자가 해당된다. 이와 같은 마구의 소유형태에 따른 階層구조는 이른바 대가야권의 집단 혹은 정치체의 위계를 반영하고 있는 것으로 본다. 즉 이 시기의 대가야권은 옥전과 지산동의 대형분들을 정점으로 하여 그 아래에 백천리와 반계제의 대형분이 위치하고 가장 아래쪽에는 각 고분군의 중·소형분들이 위치하는 구조를 이루었던 것으로 생각된다.

이처럼 이 시기에는 「대가야형 마구」가 성립되고 마구의 소유형태에 따른 계층분화가 심화되는 등 이 지역의 발전적인 모습을 보여준다. 특히 옥전과 지산동의 최고지배자들은 주로 의장용의 「장식마구」와 함께 대도와 철모, 갑주 등의 무장을 갖추고 있음으로써 무장적인 성격과 함께 정치적인 지도자로서의 성격을 가지기 시작한 것으로 추정된다.[358] 그리고 내

---

358) 이 시기 대가야의 위상을 상징적으로 보여주는 것이 『南齊書』東南夷傳 加羅國條의 기록이다. 이에 의하면 479년에 加羅王 荷知가 南齊에 사신을 보내어 '輔國將軍本國王'이라는 작호를 받고 있다. 이는 가야가 479년 전후에 大加耶聯盟을 완성하고 이를 대내외적으로 공인 받은 것을 단적으로 보여주는 것으로 생각된다. 그 주체는 말할 필요도 없이 후기가야의 맹주국으로 자리잡은 대가야의 최고지배자(왕)이다.
『南齊書』卷58, 列傳39, 東南夷傳, 加羅國條, "加羅國三韓種也建元元年國王荷知使來獻詔曰量廣始登遠夷洽加羅國荷知款關海外奉贄東遐可授輔國將軍本國王"

만타원형판비와 ⅠB4·ⅠB5·ⅡB1식 등자 등의 마구가 합천 반계제 가A
호분, 함양 백천리 1-3호분, 거창 말흘리 2호분, 남원 월산리 M1-A호분 등
에서 발견되는 등 옥전과 지산동에서 성립된 마구가 이 시기에 비로소 대
가야권역 일대로 확산되는 것이 확인된다. 이러한 현상은 이 시기를 기점
으로 옥전과 지산동집단을 중심으로 위의 주변지역과의 문화적 또는 정치
적인 연결이 본격화되었음을 말해주는 것으로 볼 수 있다.

4) Ⅳ~Ⅴ기(6세기 전엽~562년)

6세기 전엽에 들어서는 Ⅲ기의 양상이 유지되면서도 마구와 무구의 부
장양상에 변화가 일어난다. 즉 목심등자를 비롯한 마구의 부장 사례가 앞
시기에 비해 급감하는 것이 확인된다. 그러한 가운데 Ⅲ기에 처음으로 출
현한 철제등자는 상대적으로 급증하며, 또한 의장용의 목심철판피호등을
도입하는 등 마구에 있어서 새로운 변화도 엿보인다. 이처럼 이 시기에 실
용성이 우수한 철제등자의 채용이 확대됨과 동시에 마구·무구의 부장 사
례가 격감하는 것은 서쪽과 동쪽에서 압박해 들어오는 백제와 신라에 대
한 대가야권의 대응에 따른 결과로도 생각해 볼 수 있다. 즉 전장에서의
사용과 소모량이 급증하는 등 위기의 긴장도가 높아짐으로써 상대적으로
부장량이 줄어든 것이 아닌가 한다.[359]
한편 옥전 M4호분과 M6호분, 이보다 늦은 6세기 중엽으로 편년되는
옥전 M11호분 출토품들은 이 시기 마구의 양상을 잘 보여주고 있다. 즉

---

359) 『三國史記』와 『日本書紀』의 일련의 記事에 의하면, 6세기대 이후의 가야는 백제와 신라
의 각축장이 되고 있었다. 이러한 정세하에 대가야(연맹)는 任那復興會議와 같은 국제
회의를 통하여 외교적인 노력을 하면서, 한편으로는 군사력을 통한 적극적인 자구책을
마련하였을 것으로 추측된다. 그러한 과정에서 군사력의 근간인 병기의 대량 생산과 소
비가 필요했을 것이다. 이러한 현실적 상황이 이 시기에 마구와 무구의 副葬量 격감으로
나타난 것으로 이해하고자 한다.

이들 고분에서 출토된 마구들은 이 지역의 최고지배자들 사이에서는 여전히 금동장마구가 신분의 상징물 또는 위세품의 기능을 하면서 마구의 소유형태에 따른 계층성이 유지되었음을 잘 보여준다.

2. 아라가야의 성장과 발전

지금의 함안지역에는 『三國志』魏書東夷傳의 '安邪' 『日本書紀』 등의 '安羅', 『三國遺事』 五伽耶條의 '阿羅伽耶' 라는 국명을 가진 정치체가 존재하고 있었던 것으로 파악되고 있다.[360] 도항리·말산리에 축조되어 있는 대규모의 고분군은 그 유적으로 5세기대 이후 아라가야가 가야남부제국의 패자로서 고령의 대가야와 함께 가야 후기의 양대 중심세력으로 성장·발전하였음을 보여준다.

아라가야에 대한 고고학적인 연구는 중심고분군인 도항리·말산리고분군에 대한 수차례에 걸친 발굴조사와 더불어 묘제와 도질토기의 편년연구를 중심으로 형성기반, 발전단계, 영역, 대외관계 등 여러 분야에 걸쳐서 이루어졌으며, 그 결과 많은 성과를 이루었다.[361]

그런데 대부분의 연구가 도질토기를 중심으로 이루어졌고, 무구·마구·장신구와 같은 금속유물에 대한 연구가 거의 이루어지지 않은 것은

---

360) 金泰植, 1994, 「咸安 安羅國의 成長과 變遷」 『韓國史研究』, 86.
   南在祐, 2000, 「文獻으로 본 安羅國史」 『가야각국사의 재구성』, p.186.
   한편 문헌사학자들의 주장과 달리 고고학 자료를 치밀하게 검토하여 安邪國이 발전하여 阿羅加耶가 되었다는 주장이 근거 없는 것으로 파악하고 A.D 400년 고구려 광개토대왕의 남정으로 초래된 가야의 정세변동을 계기로 5세기 이후 아라가야가 성립되었다는 새로운 주장이 趙榮濟, 2006, 앞의 논문에서 제기되었다.
361) 아라가야에 대한 고고학적 연구현황과 성과는 李柱憲, 2000, 「阿羅伽耶에 대한 考古學的 檢討」 『가야각국사의 재구성』에 잘 정리되어 있다.

문제점으로 지적할 수 있다. 일반적으로 무구·마구·장신구 등의 금속 유물은 토기와 같이 시간성을 민감하게 반영하는 자료는 아니지만 정치체의 성장 배경이나 변천, 대외관계 등을 연구하는데 있어서 유용한 자료로 인식되고 있다. 그러므로 묘제, 도질토기와 함께 지배계층의 권위의 상징 또는 위세품적인 성격을 가진 마구 등의 금속유물에 대한 연구도 병행되어야 진정한 아라가야의 모습을 그려 낼 수 있을 것으로 생각된다.

이러한 점을 염두에 두고 이 절에서는 이 지역에서 출토된 금속유물 가운데 비교적 질과 양적으로 풍부한 마구를 통해 아라가야의 성장과 발전과정, 대외관계에 대하여 살펴보고자 한다.

1) Ⅰ기(5세기 초)

앞서 살펴보았듯이 가야지역에서는 4세기대에 마구가 등장하면서 기마문화가 개시된다. 이때는 전기가야의 맹주국이었던 금관가야를 중심으로 유행하며, 5세기에 들어서는 가야의 전 지역으로 확산된다.

그 여파가 함안지역에까지 이르는데, 도항리 문43호분의 표비와 문3호분의 횡방향함유금구판비, 문36호분의 X자형환판비가 그러한 예들이다. 이들 마구는 형식학적으로 보아 한반도 북부의 고구려·선비지역에서 시작해 늦어도 4세기 전반대에는 금관가야의 중심지인 낙동강 하류역에 도달한다. 이후 A.D 400년 고구려 광개토대왕의 남정으로 야기된 한반도 남부의 정세변동을 계기로 금관가야에서 이 지역으로 마구들이 전래되게 된다. 이와 같이 이 지역에는 5세기 초부터 기마문화가 시작된 것으로 볼 수 있는데, 처음에는 실용성이 강한 Ⅰa유형의 「기본마구」가 중심을 이루면서 드물게 Ⅲd유형의 「장식마구」도 도입된다.

한편 이들 마구들은 거의 예외 없이 대도와 철모 또는 철촉과 갑주 등의 무기·무구와 공반되고 있어 주목된다. 즉 앞서 살펴 본 마구와 무기·무구의 조합에 따른 기마·기병의 유형에 따르면 문3호분은 A형, 문36호분과 문 43호분은 B형, 문48호분은 D4형에 해당된다. 이처럼 기마문화의 수용기부터 나타난 위의 유형들은 앞서 검토하였듯이 각각 경장기병, 중장기병, 의장적 기마·기병의 성격을 가진 것으로 이 시기 아라가야의 무장적·군사적인 상황을 반영한 것으로 보인다. 아울러 이러한 마구와 무기·무구가 부장된 고분의 피장자들은 대부분 최고지배자 또는 지배자로 인정된다는 점에서 이 시기 아라가야의 지배자들은 마구와 무기·무구를 갖춘 무장적인 성격이 강한 자였음을 시사해 준다.

이상의 검토에서 이 시기 아라가야에서는 지배자들을 중심으로 마구와 무기·무구와 같은 최신의 문물을 도입함으로써 武裝的·軍事的 성격을 강화하는 등 이전 시기와는 다른 새로운 발전을 도모하기 시작한 것으로 본다.

2)II기(5세기 전반)

I기의 양상은 II기로 이어지는데, 도항리 문10호분 출토 삽자루형외환의 이조선인수와 조합된 X자형환판비, 경13호분 출토 삽자루형외환의 일조선인수와 조합된 ⊥자형환판비와 목심등자 등이 이 시기의 특징적인 마구이다.

이 시기의 마구는 기본적으로 마구의 선진지역, 즉 금관가야에서 도입된 수용기 마구의 계통을 잇는 것임에는 틀림없지만 이 지역에서 직접 제작된 것으로 본다. 예를 들면 문10호분에서 출토된 삽자루형 외환의 이조선인수를 가진 X자형환판비는 다른 지역에서 유례가 확인되지 않으며, 경13호분에서 출토된 목심등자의 답수부에 스파이크가 채용되는 요소 등은 다른 지역에서 찾아볼 수 없는 특성이다. 이처럼 수용기 마구에서 변용된 이 시기 마구의 특성은 이 지역에서 마구의 재지 생산이 본격적으로 시작되었음을 보여주는 것으로 생각된다.

마구의 유형은 I기와 마찬가지로 실용적인 성격을 가진 Ia유형의

「기본마구」가 중심을 이루며, 기마·기병은 대도와 철모, 철촉 등의 「기본무기」와 조합을 이룬 A·B형의 2가지 유형이 나타난다. 앞서 언급하였듯이 A형은 경장기병, B형은 중장기병과 연결된다. 이 중 경13호분에서는 환판비, 목심등자, 교구 등의 마구류와 대도, 대검, 철모 2, 물미 2, 철촉, 삼각판혁철판갑 등의 무기·무구류가 출토되어 중장기병적인 성격을 가진 B형의 전형을 보여준다.

이상에서 이 시기의 아라가야의 지배자들은 Ⅰ기와 마찬가지로 무장적·군사적 성격이 강했음을 알 수 있으며, 또한 이를 기반으로 지배력을 유지했음을 알 수 있다.

3) Ⅲ기(5세기 중엽)

5세기 중엽으로 편년되는 Ⅲ기에 들어서면 앞 시기까지 제작되어 유행하던 고식마구는 소멸하고 새로운 형식의 신식마구가 등장한다. 표비와 전면철판보강의 목심등자, 장식용 마구인 철지은제의 심엽형행엽, 그리고 장식용 마구인 마주·마갑 등은 이 시기의 특징적인 마구이다.

이러한 이 시기의 마구들은 앞 시기에 정착된 마구의 제작기술을 바탕으로 한 것이어서 이 단계에는 보다 다양한 마구들을 도입·제작하기 시작하였음을 보여주는 자료들이다. 이러한 새로운 마구의 도입과 제작은 마장에도 반영되어 앞 시기와 달리 「기본마구」와 「갑마구」, 「장식마구」 등 다양한 유형의 마장이 공존한다. 특히 「장식마구」의 경우 은·청동제의 장식용 마구와 조합된 Ⅲb유형과 금동장의 장식용 마구와 조합된 Ⅲd유형이 채용되는 등 「장식마구」의 비중이 높아지기 시작한 점이 주목된다.

이와 같은 마장과 더불어 다양한 유형의 기마·기병도 존재했음이 확인된다. 즉 A형과 C형, D형이라는 세 유형의 존재가 그러한 예이다. 이 중 주목되는 것과 C형과 D형이다. 앞서 살펴보았듯이 C형은 사람과 말 모두 갑주와 마주, 마갑 등으로 완전무장한 것으로 마갑총의 예가 전형적이다.

이러한 마갑총의 예는 고구려의 鎧馬武士 또는 鐵騎와 연결되는 것으로, 이 시기에 아라가야에 중장기병 또는 그와 관련된 전술이 보급되었음을 보여주는 자료로써 중요하다. 그리고 D형은 중장기병적 모습에 화려한 재질로 만들어진 장식용 마구가 포함된 것이 특징적이다. 즉 D형은 실전성과 의장성을 겸비한 것으로 이 시기 지배층의 기마·기병의 모습을 잘 보여준다.

이상과 같은 5세기 중엽의 마장과 기마·기병의 양상은 이 지역의 지배층들이 앞 시기부터 이어 온 무장적·군사적인 성격을 유지하면서도 王侯·貴族的인 것으로 변화하기 시작했음을 시사해 준다. 아울러 이러한 지배층의 모습은 이 단계의 아라가야가 정치·사회적으로 새롭게 成熟·발전한 것을 반영하고 있는 것으로 이해할 수 있을 것이다.

4) Ⅳ·Ⅴ기(5세기 후엽~6세기 초)

5세기 후엽부터 6세기 초의 시기는 아라가야 마구의 전성기라고 할 수 있다. 도항리 현5, 현8, 현22, 문54호분 등의 마구가 대표적인데, 은제 또는 금동제의 검릉형행엽과 편원어미형행엽, 무각소반구형운주 등으로 구성된 화려한 「장식마구」가 유행한 것을 이 시기의 특징으로 들 수 있다.

이 중 문54호분에서 출토된 검릉형행엽은 대개 백제·가야계의 장식용 마구로 이해되고 있으며, 현8, 현15, 현22호분에서 출토된 편원어미형행엽과 무각소반구형운주는 전형적인 신라의 장식용 마구로 알려져 있다. 따라서 이 시기는 백제·가야계 또는 신라계의 장식용 마구가 도입되어 새로운 형식의 화려한 「장식마구」가 유행하는 것을 특징으로 들 수 있다.

이러한 점은 마구의 유형을 보면 더욱 잘 알 수 있다. 즉 전체 10예 중에서 창14-1호분과 문1호 석곽묘 출토마구가 Ⅰa유형의 「기본마구」이고 나머지 모두는 Ⅲb 또는 Ⅲc, Ⅲd유형에 해당하는 호화로운 「장식마구」가 압도적으로 많은 것에서 알 수 있다. 그리고 기마·기병의 유형에 있어서도 의장성이 가장 강한 D4형이 절대다수를 차지하고 있는 것도 주목하지 않을 수 없다. 즉 이 시기 아라가야의 지배자들은 호화로운 「장식마구」와 최신의 무장을 갖춘 모습으로 복원되는 것이다.

이상과 같은 마구와 무기·무구의 조성은 이 시기 지배층들의 무장적, 정치적 성격을 잘 반영하고 있는 것이며, 또한 이 시기가 아라가야의 전성기였음을 말해주는 것으로 볼 수 있을 것이다.

5) Ⅵ기(6세기 전엽)

6세기 전엽에 해당되는 아라가야의 마구는 문4호분과 문47호분 출토품이 전부로 그 예가 많지 않다. 문4호분에서 출토된 안장교구와 철지금동제의 심엽형행엽 2점, 철지금제의 사각반구형운주 6점과 문47호분에서 출토된 표비와 사각반구형운주 3점 등이 그 예이다.

이 중 주목되는 것은 문4호분에서 출토된 마구인데, 이 고분에서 출토된 마구는 대가야 최고지배자의 고분으로 추정되는 고령 지산동 45호분 1호 석실의 마구와 형식학적으로 연결된다. 즉 양 고분에서 출토된 안장교구와 소문심엽형행엽, 사각반구형운주는 형태와 구조상 극히 유사한 것으로 이들을 제외하면 비슷한 예가 찾아지지 않는다. 따라서 문4호분과 고령 지산동 45호분 1호 석실에서 출토된 마구의 연관성은 양 지역 간의 밀접한 교류관계를 통하여 나타난 것으로 생각된다. 더욱이 양 고분의 피장자가 이 시기의 대가야와 아라가야의 최고지배자일 가능성이 높다는 점에서 양 지역 수장 간의 긴밀한 정치적인 관계를 반영한 것으로 보아도 좋을 것이다.

한편 문47호분과 문4호분의 마구·마장은 각각 Ⅰa유형의 「기본마구」와 Ⅲd유형의 「장식마구」에 해당되는 것인데, 문47호분에는 철촉이 공반되었으나 문4호분에는 아무런 무기·무구도 공반하고 있지 않아서 주목된다. 즉 이 시기 대가야의 최고 지배자들이 대부분 대도와 철모, 철촉, 갑주 등으로 무장한 것과는 다른 양상을 보이고 있는 것이다. 이와 같은 양 지역 수장들의 무장의 차이가 무엇을 의미하는지는 정확히 규정할 수는 없으나 양 지역이 처한 정치·군사적인 상황 등 당시의 정세를 반영한 결과일 가능성이 높다.

3. 대외관계

도항리·말산리고분군에 집중 분포하면서 수장층의 권위를 상징하는 위세품으로 기능하였던 아라가야의 마구는 각 지역의 마구와 상호작용하면서 변화·발전한 것으로 파악된다. 한편 마구 소유자의 성격이 수장층인 점을 고려하면 마구의 교류는 일상적인 물자교류의 차원을 넘어 정치적인 관계도 반영하고 있는 것으로 생각된다.[362]

이상과 같은 관점에서 이하에서는 아라가야를 중심으로 마구의 변천에 따른 대외관계에 대해서 간략하게 살펴보고자 한다.

먼저 I기에 도입된 마구는 표형의 이조선인수와 조합된 표비와 횡방향함유금구판비, 타원형외환의 이조철봉의 일조선인수와 조합된 X자형 환판비 등으로, 이러한 마구는 중국 동북지방의 선비계 마구의 영향 하에 금관가야 지역에 가장 먼저 도입되어 가야화된 것으로 파악되고 있다. 유례를 보면 문3호분 출토 횡방향함유금구판비는 양동리 196호분, 복천동 95호분 출토품, 문43호분 출토 표비는 복천동 69, 71호분 출토품들과 유사한 속성이 많다. 한편 4세기 4/4분기의 마산 현동 43호분 출토 횡방향함유 금구판비도 주목되는데, 대성동 41호분, 양동리 321호분, 포항 옥성리 가-

---

362) 『三國史記』의 馬 관련기사를 살펴보면 당시 각국간의 외교에 있어서 良馬를 예물로 주고받는 내용이 자주 보인다. 이때 良馬와 함께 마구도 동반하였을 것이다.

35호분[363)] · 나-29호분,[364)] 울산 중산리 ⅠB17호분 등에서 유례가 확인된다. 이상의 점에서 아라가야 Ⅰ기의 마구는 금관가야 지역과 밀접한 관계가 있음을 알 수 있다. 그리고 도입의 계기는 확실치 않으나 이 시기 고구려군의 남정으로 야기된 한반도 남부지방의 급격한 정세변동을 배경으로 하여 아라가야와 금관가야와의 밀접한 교류관계를 상정해 볼 수 있다.

이와 같은 금관가야와의 교류관계는 Ⅱ기에도 지속되는데, 이는 경13호분의 목심등자와 경파괴분의 표비가 잘 보여 준다. 먼저 경13호분의 목심등자는 복천동 22, 35호분, 옥전 68호분, 도계동 2호분 등에서 유례가 확인되는데, 이들은 필자의 ⅠA3식에 해당되며 금관가야에서 개발되어 각 지역으로 확산된 것으로 파악된다. 다음으로 경파괴분의 표비는 대성동 11호분, 복천동 21호분, 창원 도계동 19호분 출토품들과 유사한 속성이 많다. 이상과 같은 점을 통하여 볼 때 이 단계에도 금관가야와의 교류관계는 유지되었던 것으로 생각된다.

한편 이 시기에는 창원 도계동고분군의 중계 역할도 상정해 볼 수 있다. 그러한 이유는 먼저 이 고분군에는 금관가야계의 표비와 목심등자, 아라가야 양식의 화염형투창고배와 금관가야 양식의 외절구연고배가 공존하고 있는 점, 다음으로 이 고분군의 지리적 위치 등을 고려해 보면 이 시기에 금관가야-도계동고분군-아라가야를 잇는 교류망이 형성되었을 가능성도 충분히 있는 것이다.

이상과 같은 Ⅰ · Ⅱ기의 아라가야의 대외관계는 Ⅲ기부터 변화한다. 즉 이때부터는 대가야 · 신라와의 교류관계가 시작되었던 것으로 생각된다. 먼저 현4호분 출토 목심등자는 대가야와의 관계를 보여주는 자료이다. 이 고분에서 출토된 등자는 필자의 ⅠB5식에 해당되는 것으로, 대가

---

363) 國立慶州博物館, 2000,『玉城里 古墳群Ⅰ』.
364) 嶺南埋藏文化財研究院, 1998,『浦項玉城里古墳群Ⅰ』.

야의 중심고분군인 합천 옥전고분군과 고령 지산동고분군에 집중적으로 분포하는 「大加耶型 鐙子」로 파악되고 있으므로 양 지역 간에는 모종의 교류관계가 있었던 것으로 볼 수 있다. 그런데 여기에서 말하는 대가야와의 교류란 구체적으로는 합천 옥전고분군 축조집단, 즉 다라국과의 교류를 말한다. 그것은 도항리·말산리고분군과 옥전고분군의 수장묘에 한정해 異形有刺利器라는 특징적인 자료가 공통적으로 나타나는 것을 보더라도 양 지역 수장층 사이에는 긴밀한 관계가 있었음을 알 수 있다.

다음으로 신라와의 교류관계를 보여주는 자료로는 현4호분 출토 심엽형행엽이 있다. 즉 이 고분에서 출토된 심엽형행엽은 경주 황남동 110호분, 황남리 82호분, 황오리 14호분 등에서 확인되는 신라계의 행엽과 동일한 것이므로, 신라에서 직접 이입되었을 가능성이 높은 것으로 생각된다.

이와 같은 대가야·신라와의 교류관계는 IV기에도 지속되었던 것으로 파악된다. 먼저 대가야와의 교류를 보여주는 자료로는 문54호분의 내만타원형판비와 현22호분의 목심등자를 들 수 있다. 내만타원형판비는 아라가야의 3점을 비롯하여 옥전 M3, 70, M2호분, 지산동 44호분 주석실, 25호분 석곽, 합천 반계제 가A호분, 함양 백천리 1-3호분, 남원 월산리 M1-A호분 등에서 출토되었는데, 분포의 중심은 역시 대가야권이다. 현22호분의 목심등자는 옥전 M1, M3호분, 지산동 45호분 1호 석실에서 유례가 확인되는데, 특히 제속성상 옥전 M3호분 출토품과 가장 유사하다. 이상과 같은 점은 이 시기의 아라가야와 대가야의 상호교류 관계를 반영한 것으로 생각된다. 다음으로 신라와의 교류관계를 보여주는 것은 현8, 현15, 현22호분 출토 편원어미형행엽과 무각소반구형운주이다. 이들 2종의 마구는 전형적인 신라의 장식마구이므로 양 지역 간의 교류관계를 충분히 상정할 수 있을 것으로 생각된다.

이상과 같은 III·IV기의 대외관계는 V기가 되면 대가야와는 약화되고 신라·백제를 중심으로 이루어진 것으로 파악된다. 먼저 신라와의 관계를 보여주는 자료로 문5호분의 무각소반구형운주와 암각화고분의 자엽형행엽을 들 수 있다. 무각소반구형운주는 IV기에 아라가야에 도입된 전형적인 신라의 장식용 마구인데, 자엽형행엽 역시 신라계의 것으로 파악된다. 다음으로 백제와의 관계를 보여주는 자료로는 창14-2호분의 원환비를 들 수 있다. 원환비는 공간적으로는 백제와 가야 서남부지역, 시간적으로는 6세기 전반대에 집중 분포하고 있는 것으로, 가야 서남부지역의 원환비는 대개 백제계의 문물과 공반하고 있으므로 백제계 마구로 파악된다. 이상의 검토에서와 같이 V기에는 이전 단계부터 이루어져 온 신라와의 교류관계가 지속되면서 백제와의 교류관계도 새로이 형성되었던 것으로 파악된다.

끝으로 VI기에는 V기에 잠시 약화되었던 대가야와의 교류관계가 적극적으로 복구되었던 것으로 추정된다. 이는 문4호분과 지산동 45호분 1호 석실에 공반하는 마구가 단적으로 보여주는데, 즉 양분에 공반하는 안장교구, 소문심엽형행엽, 사각반구형운주 등은 형태와 구조상 극히 유사한 것으로 다른 지역에서 유례를 찾기 어려운 것이다. 이러한 점에서 양 지역 간의 밀접한 교류관계를 상정할 수 있다. 특히 양분의 피장자가 이 단계의 최고지배자일 가능성이 높으므로 양 지역 최고지배자 사이의 보다 긴밀한 정치적인 관계도 상정해 볼 수 있을 것이다.[365] 그리하여 아라가야와 대가야는 554년 백제와 신라의 관산성 전투에서 군사적 행동을 같이 할 정도로 긴밀한 관계로 발전한 것으로 생각된다.[366]

---

365) 이는 6세기 전엽의 문8호분에 대가야의 수장묘에 한정하여 부장되는 筒形器臺가 공반하고 있는 점에서도 잘 알 수 있다. 李柱憲, 2000, 앞의 논문, p.274 참조.
366) 南在祐, 1997, 앞의 논문.
　　　李文基, 1995, 「大加耶의 對外關係」『加耶史研究』, 경상북도.

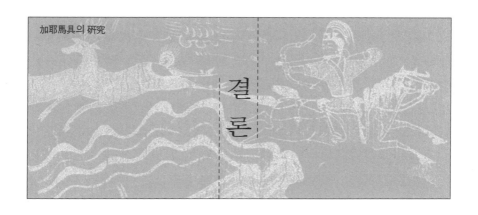

加耶馬具의 硏究

결
론

　이 책에서는 가야마구가 언제·어디서·어떻게 등장하여, 어떤 과정을 거치면서 변천해 갔는가, 그리고 그 성격이 어떠하였는가 등의 문제를 고찰하고 이를 바탕으로 가야사회의 성장과 발전과정을 살펴보고자 하였다.

　이를 위해서 먼저 가야마구의 편년과 계보를 파악하기 위해 목심등자와 환판비의 편년과 계보 문제에 대해서 검토해 보았다. 목심등자는 답수부와 병부, 외장철판의 형태에 따라 9개의 형식을 설정하였으며, 이들은 기능과 내구성의 증대 문제, 수요증가에 따른 대량생산의 문제를 해소하는 방향으로 변화해 가는 것으로 파악하였다. 그리고 공반유물에 의한 교차편년 등을 통해 실연대를 부여한 후 형식과 속성의 출현과 소멸에 주목하여 Ⅰ~Ⅴ기로 분기하고 시간의 흐름에 따라 나타나는 등자의 계통과 특징을 고찰하였다. Ⅰ기인 4세기대는 부여와 고구려, 선비 등의 지역에서 성행하던 기마문화의 영향을 받아서 목심등자가 출현하는 단계로서, 이때는 낙동강 하류역의 금관가야에만 한정해 출토될 뿐 다른 가야지역에서는 보이지 않는 것이 특징이다. Ⅱ기인 5세기 전반대에는 A.D 400년 고구려 광개토대왕의 남정을 계기로 목심등자가 여러 가야지역으로 확대되고 각 지역에서 실용을 위한 개량이 거듭되면서 다양한 형식이 출현하게 된다. Ⅲ기인 5세기 중엽에는 대가야의 지역성을 보여주는 ⅠB4·ⅠB5식으로 정형화되는 등 등자의 제작이 각 지역에서 정착되게 된다. Ⅳ기인 5세기 후엽~6세기 초에는 ⅠB4·ⅠB5식과 함께 대량생산이 가능한 ⅡB1식이 도입되면서 騎手의 신분과 용도에 따라 형식을 달리하는 등 등자의 새로운 발전과 함께 분화가 일어나게 된다. 끝으로 Ⅴ기인 6세기 전엽~대가야가 멸망하는 562년까지는 목심등자의 부장 사례가 급격히 줄어들게 된다. 반면에 의장용의 목심철판피호등이 새로이 출현하고 내구력이 뛰어난 철제등자의 사용 사례가 증가하게 된다.

이와 같은 목심등자와 더불어 가야마구의 편년연구에 있어서 빠뜨릴 수 없는 것이 비이다. 그러한 비 가운데 가야의 주요 지역에서 골고루 분포하고 있는 환판비의 분류와 편년, 분포의 문제에 대하여 살펴보았다. 분류에 있어서 환판비를 구성하는 함유·인수·함·연결방법에 주목하여 각 요소에서 관찰되는 속성과 그 변화, 그리고 속성 간의 조합관계를 검토하여 ⊥자형환판비는 Ⅰ~Ⅳ의 4형식, X자형환판비는 Ⅰ~Ⅶ의 7형식으로 분류하였다. 실연대에 대해서는 환판비의 여러 속성 중에서 시간성을 가장 민감하게 반영하고 있는 것으로 판단되는 인수의 출현과 소멸의 시기를 검토하여 5세기 초~6세기 전엽에 해당되는 것으로 추정하였다. 그 변화의 과정을 정리하면, 먼저 5세기 초를 전후한 시기는 환판비의 출현단계로 이 때는 중국 동북지방에서 유행하던 선비계 마구의 영향에 의해 낙동강 하류역에서 여러 형식의 환판비가 공존하는 것이 특징이다. 5세기 2/4분기는 환판비의 재지화 단계로 앞 단계와 연속성을 가지면서 대가야권과 아라가야 등지에서 지역성을 보이는 환판비가 제작되면서 각지에서 재지화를 이루게 된다. 그리하여 5세기 중엽에 들어서면서 특정형식으로 정형화되어 가는데, 특히 ⊥자형환판비의 경우 굽은 타원형 외환의 일조 선인수를 특징으로 하는 Ⅳ형식으로 완결된다. 결과적으로 보면 5세기 중엽에 이르러 환판비와 앞서 살펴 본 목심등자가 특정형식으로 정형화된 것으로 파악되는데, 이는 마구 제작기술 또는 기술자 집단의 정비와 밀접한 관계가 있는 것으로 추정된다. 6세기대에 들어서는 환판비에서 파생된 새로운 형식의 복환판비가 출현하는데, 가야지역에서는 환판비의 출토례가 줄어드는 것을 알 수 있었다.

이상과 같은 목심등자와 환판비의 분류와 편년에 대한 검토는 주로 한반도 남부지방의 사례를 대상으로 한 것이다. 그런데 가야마구는 기본적으로 부여, 고구려, 선비지역 마구의 영향에 의해 출현·발전한 것이 분명하므로 이들 지역 마구와 동시에 검토할 필요성이 요청된다. 이러한 검토가 가야마구의 계보와 편년 연구를 위한 출발점이 되는 것임은 두말할 필요가 없을 것이다.

그리하여 동아시아 출토 마구 중에서 최근 출토 사례가 증가하고 있는 초기마구 중에서 비와 등자를 중심으로 분류와 편년, 계보, 전개 등의 문제에 대하여 검토하였다. 그 결과 동아시아 초기마구는 선비계 마구에서 비롯되어 중국 동북지방→한반도→일본열도로 확산·전파되었음을 알 수 있었다. 즉 4세기 전후의 중국 동북지방에서는 표형의 이조선인수 또는 조형 삽자루형의 이조선인수와 조합된 표비를 갖춘 기승용 마구가 출현하고, 4세기 중엽경에는 금속제의 등자를 갖춘 전형적인 선비계 마구가 완성된다. 이러한 중국 동북지방의 마구는 한반도 남단의 김해 대성동과 동래 복천동고분군 등으로 전래되며, 이를 계기로 가야지역에 마구가 보급되면서 기마문화가 발전하게 된다. 한편 5세기 전반에 들어서는 倭로도 전래되는데, 그 주요한 창구는 전기가야의 맹주국이었던 금관가야였음을 알 수 있었다. 이처럼 중국 동북지방과 한반도, 일본열도 등 광범위한 지역에서 성행한 동아시아 초기마구-선비계 마구-는 5세기 중엽에 들어서는 각 지역에서 지역성이 뚜렷한 새로운 형식의 마구가 개발·생산되면서 완전히 소멸된다.

이상과 같은 마구의 분류와 편년, 계보에 대한 검토 결과는 가야마구, 즉 금관가야 · 대가야권 · 아라가야 마구를 이해하기 위한 출발점이 되는 것으로, 이를 바탕으로 가야마구가 지역적으로 어떻게 성립되어 전개되어 가며 그러한 배경이 무엇인가를 살펴보았다. 이를 요약하면, 먼저 4세기 대에는 낙동강 하류역에 자리잡은 전기가야의 맹주국인 금관가야를 중심으로 북방의 선비계 마구가 도입되면서 기마문화가 개시된다. 이를 계기로 마구의 재지화, 즉 금관가야화가 꾸준히 시도되어 4세기 후반대에 들어서는 비와 등자, 안장 등을 기본 조합으로 하는「전기가야 마구」가 성립되게 된다. 곧 이어서 장식용 마구인 심엽형행엽의 재지화도 이루어짐으로써 가야마구의 초석을 마련하게 된다.

5세기에 들어서는 전기가야 마구가 낙동강 하류역을 거슬러 올라가 합천 옥전지역에 이르고, 한편으로는 남강 하류역의 함안지역에까지 이르는 등 가야의 여러 지역으로 확산되는 커다란 변화가 일어난다. 이러한 마구의 새로운 변화는 A.D 400년 고구려 광개토대왕의 남정으로 야기된 가야의 정세변동을 계기로 전기가야가 해체되고 후기가야가 형성되어 가는 전환기적인 시기에 일어난 것이었다. 이처럼 전기가야에서 후기가야로 전환되는 5세기 전반대에 일어난 가야마구의 변화는 마구의 종류와 형식의 수가 다양해지기도 하지만 각 지역에서 자체적으로 마구제작이 시작되었다는 점이 중요하다. 그리하여 마구의 종류와 형식, 제작방법에 있어서 금관가야 마구를 모태로 하면서도 각 지역에서 다양한 형태의 마구가 나타나게 되는데, 이는 이후 대가야와 아라가야가 후기가야의 중심지로 성장하는데 중요한 배경이 된다.

이처럼 5세기에 전반대에 금관가야와 대가야, 아라가야지역에서 거의 비슷한 유형으로 발전하던「전기가야 마구」는 표비와 환판비 등에 굽은 타원형 외환의 일조선인수와 유환이 채용되고, 고식등자가 소멸되고 ⅠB4 · ⅡB1식의 신식등자가 등장하면서「후기가야 마구」로 전환되게 된다. 이러한 후기가야 마구로의 전환은 기본적으로 전기가야 마구와 연속성을 갖는 것이지만 시야를 돌려보면 외부의 영향도 무시할 수 없음을 알수 있었다. 즉 백제지역에서 다수 발견되는 굽은 타원형 외환의 일조선인수와 유환, ⅠB4·ⅡB1식의 신식등자는 후기가야 마구의 형성에 백제마구의 영향이 적지 않았음을 시사하는 자료로, 433년부터 전개되는 신라와백제의 우호관계를 배경으로 이에 편승한 대가야와 백제의 상호작용에 의해 후기가야 마구가 형성된 것으로 추정된다.

　이로써 5세기 중엽경에 성립된 후기가야 마구는 지역적으로는 후기가야의 중심국으로 등장한 대가야와 아라가야를 중심으로 발전하게 된다. 특히 대가야권의 지산동과 옥전에서는 내만타원형판비와 ⅠB4·ⅡB1식등자, 검릉형행엽으로 구성된 「大加耶型 馬具」가 성립되고 곧 이어서 합천 반계제, 함양 백천리, 거창 말흘리, 남원 월산리 등 여러 지역으로 전래된다. 이러한 「대가야형 마구」의 분포는 대가야의 세력확장 경로와 그에따른 이른바 大加耶 聯盟諸國의 위치와 거의 일치하고 있어 마구를 통한대가야의 중앙과 지방의 관계를 반영한 것으로 볼 수 있다. 한편 이 시기에는 몇 가지 주목되는 현상이 나타난다. 즉 고분의 위계에 따른 마구유형의 차별화와 대형분을 중심으로 마구의 복수부장, 그리고 신라의 지배층에서 성행하던 편원어미형행엽과 무각소반구형운주로 구성된 「장식마구」의 수입이 그것이다. 이러한 새로운 현상은 마구의 위세품적인 성격을통해 지배층의 지배력의 강화를 보여주는 것으로 추정된다.

　6세기 전엽이 되면 이전까지 발전하던 「후기가야 마구」가 변질되고 새로운 형식의 백제·신라마구가 채용된다. 이때는 후기가야 비의 주류를이루던 내만타원형판비와 환판비는 대부분 소멸되고 제작이 간편하고 실용성이 강한 원환비가 사용된다. 등자는 목심등자도 일부 보이지만 철제등자와 호등이 주류를 이루게 된다. 또한 검릉형행엽을 표상으로 하는 대가야적인 마장을 대신하여 대가야와 신라의 혼인동맹(522~529)을 계기로 도입된 신라계의 인동타원문심엽형행엽과 패제운주로 구성된 마장이 사용된다. 이보다 약간 늦은 시기에는 백제계 마구의 수용도 이루어진다. 「다라국」 최후의 왕묘로 인정되는 옥전 M11호분은 매장주체부인 석실뿐만 아니라 마구를 비롯한 대부분의 유물이 백제계로 파악되기 때문이다.

이상과 같은 가야마구의 변화와 발전은 전체적으로 가야제국이 성장하여 발전해나가는 방향과 거의 일치하며 또한 당시의 가야가 처한 대내외적 상황을 반영한 것이라 할 수 있다. 이처럼 가야마구의 변화와 가야의 정세와 그 변동은 불가분의 관계를 가진 것으로 생각되는데, 이를 좀 더 구체화하기 위해서는 당시 가야의 사람들이 사용한 마구의 성격을 밝히는 것이 그 첫 번째 과제라 할 수 있다.

가야마구의 성격을 이해하기 위해서는 고분에 다량으로 부장된 마구의 성격을 규명하는 것이 중요할 것으로 생각하여, 먼저 마구의 조합양상과 사용·재질의 차이를 기준으로 크게 「기본마구」, 「갑마구」, 「장식마구」로 유형화하였다. 그리고 각 유형의 성격을 검토했는데, 「기본마구」는 기수가 마상에서 말을 조종하고 신체의 안정을 유지하는데 필요한 비, 안장, 등자 일부 또는 일식을 갖춘 마구인데, 주로 문인이나 여성, 그리고 전장에서 기동력을 중시하는 경장기병의 마구로서 가야지역에서 가장 널리 보급된 마구임을 알 수 있었다. 그리고 「갑마구」는 「기본마구」에 말을 무장하는데 필요한 마주 또는 마갑을 갖춘 것으로 중장기병의 마구·마장으로 파악하였다. 끝으로 「장식마구」는 당시의 최고지배자 또는 지배자들의 시위나 의례 등의 국가적인 행사시 사용된 마구로 이해하였다. 이러한 가야마구의 유형과 성격에 대한 검토결과는 고분에서 발견된 마구가 부장품이 아닌 실제로 사용된 마구이거나 그를 반영한 것이라는 관점을 뒷받침하는 것임은 두 말할 필요가 없을 것이다.

이러한 관점을 바탕으로 가야의 기마·기병의 실태에 대하여 좀더 구체적으로 살펴보고자 하였다. 이를 위하여 먼저 고구려 고분벽화에 묘사된 기마 · 기병의 사례를 관찰하였다. 주지하듯이 고구려에서는 일찍부터 기마와 기병이 비상하게 발전하는데, 특히 사람과 말 모두 갑주로 완전무장한 鐵騎를 운용하는 등 삼국과 가야 중에서 가장 폭넓게 기마와 기병을 운용한 국가였다. 다만 실물자료가 거의 남아 있지 않기 때문에 고분벽화의 관찰을 토대로 기병의 실체를 추정해 본 결과 「長槍 武裝型」, 「長槍 · 甲冑 武裝型」, 「鎧馬武士型」이라는 3가지 유형의 기병이 확인되었다. 이러한 고구려 기병의 모습은 가야의 고분 부장품-마구, 무기 · 무구-에 거의 그대로 반영되어 있는데, 즉 가야의 고분에 부장된 마구와 무기 · 무구의 조성에 의하면 A~E형의 5가지 유형으로 구분되는 기마 · 기병이 존재한 것으로 추정된다.

　　이 중 「기본마구 · 기본무기」로 무장한 A형은 고구려의 「장창 무장형」과 연결되는 경장기병, 「기본마구 · 기본무기 · 갑주」로 무장한 B형은 고구려의 「장창 · 갑주 무장형」과 유사한 중장기병, 그리고 「기본마구 · 기본무기 · 갑주 · 갑마구」로 무장한 C형은 사람과 말 모두 갑주로 중무장한 것에서 고구려의 「개마무사형」 혹은 鐵騎와 연결되는 것으로 판단된다. 이로써 가야에서는 A~C형이라는 실용적 또는 전투적 성격이 강한 기마 · 기병이 운용되었음을 알 수 있었다. 한편 장식적 또는 비전투적 성격의 기마 · 기병도 존재했는데, D형이 그러한 예이다. D형은 위의 유형들과 달리 장식성이 강한 금동 · 은 · 청동 등의 화려한 재질로 제작된 장식용 마구를 공반하는 것이 특징적이다. 즉 장식성이 강한 「장식마구」와 밀접한 관계가 있는 것으로, 이를 갖춘 피장자는 고분의 규모나 부장품의 양과 질에서 해당 지역 · 시기의 최고지배자이거나 지배자로 추정된다. 이로써 D형은 무장적 성격보다는 의장적 성격이 강한 자의 무장임을 알 수 있는데, 특히 금동장 마구를 착장한 말을 타고 철모와 갑주로 완전무장한 대가야와 아라가야의 D4형은 후기가야의 최고지배자들의 정치적, 군사적 성격을 반영한 것이다. 이와 같은 A~D형과 달리 마구만을 부장한 예도 있다.

E형이 그것으로, 이 유형에 속하는 피장자는 공반된 부장품의 성격으로 보아 왕족, 근시, 상위계층에 속하는 여성, 문관에 해당되는 신분자일 가능성이 높은 것으로 보았다.

이러한 가야마구의 기마·기병적인 성격과 더불어 주목되는 것은 가야에서 「장식마구」가 성행하였다는 것이다. 「장식마구」는 「기본마구」 또는 「갑마구」에 장식용 마구를 공반하는 것이 특징적이며, 특히 금동·은·청동 등의 호화로운 귀금속으로 제작되거나 장식된 것이어서 실용성보다는 장식성이 강한 마구로 파악된다. 또한 주로 가야의 최고지배자 또는 지배자의 고분에 한정하여 부장된 것에 주목하여 가야 지배자들의 전유물로서 그들의 사회·정치적 권위와 지위를 유지·강화하기 위한 위세품적인 성격을 지닌 것으로 해석하였다. 이로써 「장식마구」가 부장된 고분의 피장자는 공반된 무기·무구와 출토고분의 성격 등을 종합적으로 고려하여 금관가야와 대가야, 아라가야로 대표되는 가야의 중앙과 지방의 정치적·군사적 지배자로 추정하였다.

이상과 같은 가야마구의 편년과 계보, 성격 등은 가야사회의 성장과 발전을 반영한 것으로 보고 대가야권과 아라가야 사회의 성장과 발전과정에 대해서 고찰하였다. 그 내용을 요약하면, 먼저 대가야권이라 하면 이른바 대가야식의 토기가 분포하는 지역을 말하는데, 이 지역에서 마구가 제일 먼저 출현한 곳은 「다라국」 지배자들의 묘역으로 알려져 있는 옥전고분군이다. 실연대로는 5세기 전반대로 지배계층을 중심으로 마구의 보급이 확대되면서 경장기병과 함께 중장기병이 출현하여 역동적인 사회로 변모하였다. 그리하여 옥전 23호분을 정점으로 하는 「다라국」의 성립에 이르게 된다. II기인 5세기 중엽이 되면 이른바 전기가야 마구가 소멸하고 후기가야 마구가 출현하는 등 마구에 있어서 커다란 변화가 일어난다. 그러한 변화로는 우선 마구가 부장된 고분의 수가 폭발적으로 증가하고 합천 옥전고분군뿐만 아니라 고령 지산동고분군에서도 확인되는 등 그 분포범위도 넓어진다. 특히 이 시기에는 마구의 제작기술이 완전히 재지화·정착화되어 대가야권의 지역성을 나타내는 등자가 출현하는데, 이로써 고령 지산동을 중심으로 대가야가 본격적으로 발전하게 되는 것으로 본다. Ⅲ기인 5세기 후엽~6세기 초의 시기에는 「대가야형 마구」의 분포가 옥전과 지산동을 비롯하여 이른바 대가야양식 토기가 분포하는 황강 중상류의 반계제, 함양 백천리, 거창 말흘리, 그리고 백두대간을 넘어서 전북의 남원 월산리에 이르기까지 광범위한 지역에서 확인된다. 이는 대가야의 세력 확장 경로와 그에 따른 이른바 대가야연맹제국의 위치와 일치하는 것이다. 마구로 본 이 시기의 대가야권역은 옥전과 지산동의 대형분들을 정점으로 그 아래에 백천리와 반계제의 대형분이 위치하고 가장 아래쪽에는 각 고분군의 중·소형분들이 위치하는 구조를 이룬다. 이러한 계층구조는 대가야의 발전이 전성기에 이르렀음을 반영한 것임에 다름아니다. Ⅳ~Ⅴ기인 6세기 전엽~6세기 중엽의 시기에는 검릉형행엽을 표상으로 하는 「대가야형 마구」가 소멸하고 신라계 또는 백제계의 마장이 수장층의 마장으로 채용되며, 한편으로는 마구와 무구의 부장량이 급감하는 등 마구에 있어서 커다란 변화가 일어난다. 이러한 현상은 서쪽과 동쪽에서 압박해 들어오는 백제와 신라에 대한 대가야권의 대응을 반영한 것으로 보았다.

아라가야는 대가야와 더불어 후기가야의 중심국으로서, 지금의 함안을 중심으로 성립되었다. 이 지역에서는 5세기에 들어서서 처음으로 마구가 등장하는데, 즉 Ⅰ기인 5세기 초 무렵에 낙동강 하류역의 전기가야에서 유행하던 표비를 수용하면서 기마문화가 개시된다. 이 시기의 마구는 대개 최신의 무기·무구와 공반하는데, 이로써 이 시기는 최신의 마구와 무기·무구를 갖춘 무장적 성격의 수장층에 의해 새로이 발전하게 된 것으로 본다. 이러한 양상은 Ⅱ기로 이어져 수장층은 삽자루형외환의 이조선인수와 조합된 X자형환판비와 스파이크를 채용한 ⅠA3식 등자, 대도와 철모, 갑주 등의 무장을 기반으로 지배력을 확대해 간 것으로 추정된다.

Ⅲ기의 5세기 중엽경에는 고식마구가 소멸하고 새로운 형식의 신식마구 출현하는 시기로서, 특히 마주와 마갑을 갖춘 중장기병이 등장하고 심엽형행엽 등으로 구성된 「장식마구」의 비중이 높아지기 시작한다. 이러한 마구의 변화는 수장층의 성격이 무장적·군사적인 것에서 정치적·귀족적인 것으로 변화하기 시작했음을 반영하는 것이다. 이는 곧 아라가야의 발전을 의미하는 것임에 다름아니다. Ⅳ~Ⅴ기인 5세기 후엽~6세기 초에는 장식성이 강한 판비와 광폭의 답수부를 가진 등자의 보급이 확대되고 편원어미형행엽과 무각소반구형운주로 구성된 신라계의 장식마구도 보급된다. 이와 같은 양상은 마구의 전성기를 반영한 것으로 이는 곧 아라가야의 발전이 전성기에 이르렀음을 시사해 준다. Ⅵ기의 6세기 전엽에는 마구의 출토례가 극히 적고 마구의 조합관계도 불안정해진다. 한편으로는 마구를 통한 고령 대가야 수장층과의 교류관계도 이루어진다. 이러한 상황은 서쪽과 동쪽에서 압박해 들어오는 백제와 신라에 대한 대가야와 아라가야의 긴박한 정세를 반영한 것으로 파악하였다.

이상이 본 연구에서 검토한 내용이다. 그런데 본고의 내용에도 부족한 점이 많이 있는 것으로 생각한다. 먼저 본고에서는 현재 이루어지고 있는 마구의 연구 경향과 마찬가지로 마구의 계통론을 중심으로 분류와 편년, 지역성 등의 문제를 검토하였다. 그렇지만 이러한 문제를 본고에서 완전히 해결한 것은 아니며 여전히 해결하지 못한 부분이 많이 남아 있는 것으로 생각된다. 그러한 이유는 무엇보다도 현재 남아 있는 마구가 금속제만으로 당시 마구의 일부라는데 근원적인 문제가 있는 것으로 생각된다. 더욱이 남아 있는 금속제 마구의 경우도 구조가 복잡하기도 하지만 당시의 마구문화를 정확히 이해하지 못하는 상황에서 개별마구 중심으로 연구가 이루어졌기 때문이다. 이러한 문제를 해결하기 위해서는 무엇보다도 거시적인 관점에서 세트로서의 마구-마장-에 대한 연구가 이루어져야 할 것으로 생각된다.

그리고 고분에 부장된 마구와 무기·무구의 조합관계를 기준으로 가야의 기마·기병의 유형을 설정하고 그 성격을 밝혔는데, 이러한 기마·기병이 당시 사회와 전쟁에 있어서 어떻게 운용되었는지에 대해서는 검토하지 못하였다. 이러한 문제는 고고자료와 문헌자료와의 거시적인 접목을 통하여 해결할 수 있을 것으로 기대하면서 앞으로의 과제로 삼고자 한다.

끝으로 마구의 변천과 마구 출토 고분의 성격을 기초로 대가야권과 아라가야의 성장과 발전을 고찰하였는데, 이러한 물질자료에는 사회의 한 단면이 반영되어 있기는 하지만 사회전체의 모습을 모두 보여준다고 할 수 없을 것이다. 이로 인하여 주로 지배계층에 속하는 피장자의 성격과 그 변화를 중심으로 논의를 진행할 수밖에 없었다. 이러한 문제는 앞으로 묘제와 토기, 생활유적, 생산유적 등에 대한 연구와 자료가 축적되고 이에 대한 종합적인 연구가 이루어지면 보완될 것으로 기대한다.

표 34. 金官加耶 馬具 一覽表(1)

番號	遺構名 (墓制)	馬 具					出典
		制御用馬具	安定用馬具	裝飾用馬具	甲馬具	其他	
金海 大成洞古墳群							
1	大成洞 1號墳 (木槨墓)		金銅製鞍裝 木心鐙子 1쌍	金銀裝心葉形杏葉 2 靑銅環	馬冑	鉸具	01 02
2	大成洞 2號墳 (木槨墓)	鑣轡 2 銅製板轡 1	木心鐙子	銅製雲珠			01
3	大成洞 3號墳 (木槨墓)			心葉形杏葉 1			01
4	大成洞 8號墳 (木槨墓)		鞍裝	杏葉 2		鉸具	01
5	大成洞 11號墳 (木槨墓)	鑣轡			馬甲		01
6	大成洞 14號墳 (木槨墓)	轡					01
7	大成洞 20號墳 (木槨墓)	環板轡	木心鐙子				01
8	大成洞 39號墳 (木槨墓)	鑣轡					01
9	大成洞 41號墳 (木槨墓)	板轡					01
10	大成洞 42號墳 (竪穴式石槨墓)	板轡				鉸具	01 03
11	大成洞 47號墳 (木槨墓)	鑣轡	木心鐙子			鉸具	04
12	大成洞 57號墳 (木槨墓)	板轡 2	木心鐙子		馬冑	鉸具	02 04
金海 良洞里古墳群							
1	良洞里 78號墳 (木槨墓)	鑣轡	木心鐙子 1쌍				05
2	良洞里 93號墳 (竪穴式石槨墓)	轡					05
3	良洞里107號墳 (木槨墓)	板轡	木心鐙子				05
4	良洞里162號墳 (木槨墓)	鑣轡					05
5	良洞里196號墳 (木槨墓)	板轡					05
6	良洞里216號墳 (木槨墓)	轡				鉸具	05
7	良洞里227號墳 (木槨墓)	轡				鉸具	05
8	良洞里229號墳 (木槨墓)	板轡					05

표 34. 金官加耶 馬具 一覽表(2)

番號	遺構名 (墓制)	馬 具					出典
		制御用馬具	安定用馬具	裝飾用馬具	甲馬具	其他	
9	良洞里275號墳 (木槨墓)	轡					05
10	良洞里305號墳 (木槨墓)	轡				鉸具	05
11	良洞里311號墳 (木槨墓)	轡					05
12	良洞里317號墳 (竪穴式石槨墓)	轡					05
13	良洞里321號墳 (竪穴式石槨墓)	板轡	木心鐙子 1쌍			鉸具	05
14	良洞里340號墳 (木槨墓)	轡					05
15	良洞里369號墳 (木槨墓)	轡					05
16	良洞里371號墳 (木槨墓)	轡				鉸具	05
17	良洞里382號墳 (木槨墓)	轡					05
18	良洞里385號墳 (木槨墓)	轡				鉸具	05
19	良洞里387號墳 (竪穴式石槨墓)	轡	木心鐙子 1쌍			鉸具	05
20	良洞里408號墳 (木槨墓)	轡					05
21	良洞里429號墳 (竪穴式石槨墓)		木心鐙子 1쌍			鉸具	05
22	良洞里456號墳 (木槨墓)	轡					05

金海 禮安里古墳群

番號	遺構名 (墓制)	制御用馬具	安定用馬具	裝飾用馬具	甲馬具	其他	出典
1	金海禮安里39號 (竪穴式石槨墓)	板轡	木心鐙子			鉸具	06
2	金海禮安里57號 (竪穴式石槨墓)	環板轡				鉸具	06

金海 杜谷古墳群

番號	遺構名 (墓制)	制御用馬具	安定用馬具	裝飾用馬具	甲馬具	其他	出典
1	金海 杜谷8號墳 (木槨墓)	鑣轡			馬冑		07

東萊 福泉洞墳群

番號	遺構名 (墓制)	制御用馬具	安定用馬具	裝飾用馬具	甲馬具	其他	出典
1	福泉洞 東1號	轡	鞍裝	杏葉		鉸具	08
2	福泉洞 東2號 (竪穴式石槨墓)			杏葉			08
3	福泉洞(東)7號 (竪穴式石槨墓)			扁圓魚尾形杏葉 2			08

결론 **401**

표 34. 金官加耶 馬具 一覽表(3)

番號	遺構名 (墓制)	馬 具					出典
		制御用馬具	安定用馬具	裝飾用馬具	甲馬具	其他	
4	福泉洞 4號墳 (竪穴式石槨墓)		鞍裝	雲珠		鉸具	09
5	福泉洞10號墳 (木槨墓: 11號墳 副槨)	鑣轡 環板轡	鞍裝 木心鐙子 2쌍	心葉形杏葉 2 青銅製馬鈴 環形雲珠	馬冑	鉸具	10
6	福泉洞15號墳 (竪穴式石槨墓)			扁圓魚尾形杏葉 4			10
7	福泉洞16號墳 (木槨墓)	轡				鉸具	14
8	福泉洞21號墳 (副槨 木槨墓)	鑣轡	木心鐙子			鉸具	11
	福泉洞22號墳 (主槨 石槨墓)	鑣轡	鞍裝 木心鐙子 1쌍	環形雲珠		鉸具	
9	福泉洞31號墳 (木槨墓: 32號墳 副槨)	環板轡				鉸具	12
10	福泉洞23號墳 (竪穴式石槨墓)	f字形板轡	木心鐙子	雲珠		鉸具	13
11	福泉洞35號墳 (36號墳 副槨 木槨墓)	環板轡	鞍裝 木心鐙子 1쌍		馬甲?	鉸具	14
12	福泉洞38號墳 (木槨墓)	鑣轡					03
13	福泉洞 39號墳 主槨(石槨墓)	板轡				鉸具	12
14	福泉洞 42號墳 (木槨墓)	鑣轡					03 16
15	福泉洞 43號墳 副槨(木槨墓)	轡				鉸具	03 16
16	福泉洞 47號墳 (石室墓)	轡 馬具一式					16
17	福泉洞 48號墳 (木槨墓)	鑣轡	木心鐙子				03 16
18	福泉洞 49號墳 (竪穴式石槨墓)			鐵地銀裝扁圓魚尾形杏葉 3 雲珠 4			16
19	福泉洞 53號墳 副槨 (木槨墓)	鑣轡					17
20	福泉洞 54號墳 副槨 (木槨墓)	板轡					18
21	福泉洞 60號墳 (木槨墓)	鑣轡	木心鐙子				19
22	福泉洞 69號墳 (木槨墓)	鑣轡					03 19

표 34. 金官加耶 馬具 一覽表(4)

番號	遺構名 (墓制)	馬 具					出典
		制御用馬具	安定用馬具	裝飾用馬具	甲馬具	其他	
23	福泉洞 71號墳 (木槨墓)	鑣轡					03 19
24	福泉洞 86號墳 (木槨墓)	轡					15
25	福泉洞 93號墳 副槨(木槨墓)	鑣轡 板轡	鞍裝 木心鐙子	環形雲珠 革金具 6		鉸具	20
26	福泉洞 95號墳 副槨(木槨墓)	板轡					20
27	福泉洞111號墳 (竪穴式石槨墓)	轡				鉸具	15
28	福泉洞112號墳 (竪穴式石槨墓)	轡		杏葉 3		鉸具	15
29	福泉洞123號墳 (木槨墓)	轡				鉸具	15
釜山 蓮山洞墳群							
1	蓮山洞 1號墳 (竪穴式石槨墓)	轡					21
2	蓮山洞 8號墳 (高塚, 石槨墓)		鐙子	鐵地金銅裝 扁圓魚尾形杏葉 1			22
釜山 堂甘洞墳群							
1	堂甘洞 38號墳 (竪穴式石槨墓)		木心鐙子				23
釜山 杜邱洞 林石遺蹟							
1	林石 5號墳 (橫口式石室墓)	鐵地金銅裝板轡		鐵地金銅裝棘葉形杏葉 3 雲珠 1 辻金具 7		鉸具	24

결론 403

●표 34. 金官加耶 馬具 一覧表 出典●

01. 申敬澈·金宰佑, 2000, 『金海 大成洞古墳群 I -槪報-』, 慶星大學校博物館 硏究叢書 第4輯.

02. 金宰佑, 2004, 「嶺南地方의 馬冑에 대하여 -金海 大成洞古墳出土 馬冑를 소재로-」, 『嶺南考古學』 35.

03. 申敬澈, 1994, 「加耶 初期馬具에 대하여」 『釜大史學』 第18輯.

04. 申敬澈·金宰佑外, 2003, 『金海 大成洞古墳群III -展示館敷地의 發掘調査 및 47·52 號墳-』, 慶星大學校博物館 硏究叢書 第10輯.

05. 林孝澤·郭東哲, 2000, 『金海良洞里古墳文化』, 東義大學校博物館學術叢書 7.

06. 釜山大學校博物館, 1985, 『金海禮安里古墳群 I 』.

07. 李尙律, 1999, 「加耶의 馬冑」 『加耶의 對外交渉』 第5回 加耶史 學術會議.

08. 東亞大學校博物館, 1984, 「東萊福泉洞古墳」 『上老大島』.

09. 申敬澈·宋桂鉉, 1985, 「東來福泉洞 4號墳과 副葬遺物」 『伽倻通信』 第11·12合輯號.

10. 鄭澄元·申敬澈, 1983, 『東萊福泉洞古墳群 I 』, 釜山大學校博物館.

11. 釜山大學校博物館, 1990, 『東萊福泉洞古墳群 II 』.

12. 全玉年·李尙律·李賢珠, 1989, 『東萊福泉洞古墳群第2次調査槪報』.

13. 李尙律, 1990, 「東萊福泉洞23號墳과 副葬遺物」 『加耶通信』 第19·20合輯.

14. 申敬澈, 1985, 「古式鐙子考」 『釜大史學』 第9輯.

15. 宋桂鉉·洪潽植·李海蓮, 1995, 「東萊 福泉洞古墳群 第5次 發掘調査 槪報」 『博物館 硏究論集』 3, 釜山廣域市立博物館.

16. 釜山大學校博物館, 1990, 「東萊福泉洞古墳群 第3次調査槪報」 『嶺南考古學』 7.

17. 釜山直轄市立博物館, 1992, 『東萊福泉洞53號墳』.

18. 釜山廣域市立博物館 福泉分館, 2001, 『東萊福泉洞古墳群 -52·54號-』.

19. 釜山大學校博物館, 1996, 『東萊福泉洞古墳群III -제4차 발굴조사 57號, 60號-』.

20. 釜山廣域市立博物館 福泉分館, 1997, 『東萊福泉洞古墳群 93·95號墳』.

21. 福泉博物館, 2003, 『釜山 蓮山洞遺蹟』.

22. 申敬澈, 1987, 「釜山 蓮山洞 8號墳 發掘調査槪報」 『年報』 第10輯, 釜山直轄市立博物館.

23. 釜山大學校博物館, 1983, 『釜山堂甘洞古墳群』.

24. 朴志明·宋桂鉉, 1990, 『釜山杜邱洞林石遺蹟』.

표 35. 大加耶圈 馬具 一覽表(1)

番號	遺構名 (墓制)	馬 具					出典
		制御用馬具	安定用馬具	裝飾用馬具	甲馬具	其他	
高靈 池山洞古墳群							
1	池山洞 32號墳 (高塚, 石槨墓)	鑣轡	木心鐙子 1쌍	環形雲珠 靑銅製馬鈴		鉸具	01
2	池山洞 33號墳 (高塚, 石槨墓)	轡	鞍裝 木心鐙子 1쌍	環形雲珠		鉸具	01
3	池山洞 35號墳 (高塚, 石槨墓)	板轡	鞍裝 木心鐙子 1쌍	銀裝心葉形杏葉(一部)			01
4	池山洞 44號墳 主石室 (高塚, 石槨墓)	銀裝板轡 (周緣部)	靑銅被金鞍裝 木心鐙子	銀·靑銅製劍菱形杏葉 2 環形雲珠 2 靑銅·鍍銀四脚半球形 雲珠 2		鉸具	02
5	池山洞 44號墳 25號 石槨 (竪穴式石槨墓)	鐵地銀被 板轡(釘)	鞍裝 木心鐙子 1쌍	環形雲珠 靑銅製馬鈴 2		鉸具	02
6	池山洞 45號墳 1號石室 (高塚, 石槨墓)	環板轡	鞍裝 2(鐵地金銅, 鐵 地銀被) 木心鐙子 1쌍 꺾쇠形鐙子 1쌍	心葉形杏葉 9 (鐵地金銅, 鐵地銀裝) 環形雲珠 2 四脚半球形雲珠 (金銅, 銀裝)		鉸具	02
7	池山洞 문 3호 석곽묘	鑣轡	木心鐙子 1쌍	環形雲珠		鉸具	03
8	池山洞 문 18호 석곽묘	板轡	木心鐙子片	環形雲珠 四脚板形雲珠		鉸具	03
9	池山洞 문 30號墳 主石室 (高塚, 石槨墓)		金銅製鞍裝鉸具 2 木心鐙子 1쌍	金銅裝杏葉 2(地板, 釘) 金銅裝五脚環形雲珠 2 鐵地金銅裝四脚板形雲珠		鉸具	04
10	池山洞 경 2호 석곽묘	鑣轡		環形雲珠		鉸具	05
11	池山洞 경10호 석곽묘	環板轡	木心鐙子	環形雲珠 四脚板形雲珠		鉸具	05
12	池山洞 경67호1차석곽	鑣轡	木心鐙子	環形雲珠		鉸具	05
13	池山洞 영 1호 석곽묘	鑣轡	鞍裝鉸具 木心鐵板被壺鐙	銀被革金(一部)		鉸具	06
高靈 本館洞古墳群							
1	本館洞36號墳 (高塚, 石槨墓)	板轡	鞍裝鉸具	環形雲珠 3 鐵地銀裝四脚板形雲珠 2(釘, 고리)		鉸具	07

表 35. 大加耶圈 馬具 一覽表(2)

番號	遺構名 (墓制)	馬 具					出典
		制御用馬具	安定用馬具	裝飾用馬具	甲馬具	其他	

陝川 玉田古墳群

番號	遺構名 (墓制)	制御用馬具	安定用馬具	裝飾用馬具	甲馬具	其他	出典
1	玉田 M1號墳 (高塚, 石槨墓) A Set	環板轡	金銅裝鞍裝 鐵地銀裝木心鐙子 1쌍(釘)	鐵地金銅裝扁圓魚尾形杏葉10 鐵地銀裝六脚環形雲珠(釘) 四脚板形雲珠 金銅裝無脚小半球形雲珠 30		鉸具	15
	B Set	環板轡	木心鐙子 1쌍		馬甲		
	C Set	環板轡	木心鐙子 1쌍	鐵地銀裝扁圓魚尾形杏葉 6 鐵地銀裝無脚半小球形雲珠6			
	Set 불명				馬冑		
2	玉田 M2號墳 (高塚, 石槨墓)	鐵地金銅裝板轡	鞍裝 木心鐙子 1쌍	鐵地銀裝扁圓魚尾形杏葉 10(釘) 鐵地金銅裝四脚板形雲珠		鉸具	15
3	玉田 M3號墳 (高塚, 石槨墓) A Set	鐵地銀裝板轡	鐵地銀裝鞍裝鉸具 (座金具) 木心鐙子 1쌍	鐵地銀裝劍菱形杏葉 3 金銅製馬鈴 2 靑銅製馬鈴 5	馬冑	鉸具	16
	B Set	鐵地金銅裝板轡	銅金裝鞍裝 鐵製鐙子 1쌍	鐵地金銅裝劍菱形杏葉 3	馬冑		
	C Set	鐵地金銅裝板轡	鐵地銀裝鞍裝鉸具 (座金具) 鐵製鐙子 1쌍	蛇行狀鐵器 2			
	Set 불명			環形雲珠 3 靑銅製環形雲珠 2 鐵地金·銀裝四脚板形雲珠 靑銅製三脚半球形雲珠			
4	玉田 M4號墳 (高塚, 石槨墓)		鞍裝	鐵地金銅裝心葉形杏葉 環形雲珠 鐵地金製五脚貝製雲珠 3 金製四脚半球形雲珠 5		鉸具	17
5	玉田 M6號墳 (高塚, 石槨墓)	圓環轡	鞍裝	鐵地金銅裝心葉形杏葉 5 環形雲珠 八脚貝製雲珠 3 鐵地金銅裝四脚半球形雲珠 3		鉸具	17
6	玉田 M7號墳 (高塚, 石槨墓)		鐵地銀裝鞍裝鉸具(釘) 木心鐙子 1쌍	環形雲珠 3 鐵地金·銀裝板形雲珠		鉸具	17
7	玉田 M11號墳 (橫穴式石室墓)		靑銅被金鞍裝	鐵地銀裝六脚貝製雲珠 障泥附屬具		鉸具	13
8	玉田 5號墳 (木槨墓)	鑣轡	木心鐙子 1쌍	雲珠		鉸具	08
9	玉田 7號墳 (木槨墓)	鑣轡					08

表 35. 大加耶圈 馬具 一覽表(3)

番號	遺構名(墓制)	馬具					出典
		制御用馬具	安定用馬具	裝飾用馬具	甲馬具	其他	
10	玉田 8號墳 (木槨墓)	鑣轡	木心鐙子 1쌍	環形雲珠		鉸具	09
11	玉田 12號墳 (木槨墓)		鞍裝	鐵地銀裝扁圓魚尾形 杏葉 5(鋲) 鐵地銀裝無脚半小球形 雲珠 4 鐵地銀裝雲珠(脚)		鉸具	10
12	玉田 20號墳 (木槨墓)	板轡	鞍裝 木心鐙子 1쌍		馬甲	鉸具	10
13	玉田 23號墳 (木槨墓)	環板轡	鐵地金銅裝鞍裝(座金具) 木心鐙子 1쌍	鐵地金銅裝心葉形杏葉 3 環形雲珠 2	馬冑	鉸具	11
14	玉田 24號墳 (木槨墓)	鑣轡	木心鐙子 1쌍	雲珠		鉸具	10
15	玉田 28號墳 (木槨墓)	環板轡	鞍裝 木心鐙子 1쌍	環形雲珠	馬冑, 馬甲	鉸具	11
16	玉田 35號墳 (木槨墓)	環板轡	銅地金裝鞍裝 木心鐙子 1쌍	鐵地銀裝扁圓魚尾形杏葉 4 鐵地銀裝無脚小半球形雲珠	馬冑	鉸具	08
17	玉田 42號墳 (木槨墓)	環板轡	鞍裝	環形雲珠		鉸具	09
18	玉田67-A號墳 (木槨墓)	環板轡	鞍裝 木心鐙子 1쌍			鉸具	12
19	玉田67-B號墳 (木槨墓)	環板轡	木心鐙子 1쌍			鉸具	12
20	玉田 68號墳 (木槨墓)	環板轡	鞍裝 木心鐙子 1쌍	四脚環形雲珠 3 四脚板形雲珠		鉸具	13
21	玉田 70號墳 (木槨墓)	板轡	鞍裝 木心鐙子 1쌍	五脚環形雲珠		鉸具	09
22	玉田 72號墳 (木槨墓)	鐵地金銅裝 板轡					15
23	玉田 74號墳 (竪穴式石槨墓)		木心鐵板被壺鐙 1쌍			鉸具	12
24	玉田 75號墳 (竪穴式石槨墓)		鞍裝 木心鐵板被壺鐙 1쌍				12
25	玉田 76號墳 (竪穴式石槨墓)	板轡	木心鐙子 1쌍			鉸具	12
26	玉田 82號墳 (木槨墓)	板轡	木心鐙子 1쌍				15
27	玉田 85號墳 (竪穴式石槨墓)	複環板轡	鞍裝鉸具				17
28	玉田 86號墳 (竪穴式石槨墓)			四脚板形雲珠		鉸具	17
29	玉田 91號墳 (木槨墓)		木心鐙子 1쌍	心葉形杏葉	馬甲		14

표 35. 大加耶圈 馬具 一覽表(4)

番號	遺構名 (墓制)	馬具					出典
		制御用馬具	安定用馬具	裝飾用馬具	甲馬具	其他	
陜川 玉田古墳群							
30	玉田 95號墳 (木槨墓)	銜	木心鐙子 1쌍	五脚環形雲珠		鉸具	14
陜川 磻溪堤古墳群							
1	磻溪堤가A號墳 (高塚, 石槨墓)	板轡 2	鞍裝 木心鐙子 1쌍	八脚環形雲珠 靑銅製馬鈴 3	馬冑	鉸具	18
2	磻溪堤다A號墳 (高塚, 石槨墓)	銀裝板轡 (鉸)	木心鐵板被壺鐙 1쌍	鐵地銀裝四脚板形雲珠 2(鉸) 金銅裝寄生 蛇行狀鐵器		鉸具	18
陜川 鳳溪里古墳群							
1	鳳溪里171號墳 (竪穴式石槨墓)	圓環轡(?)					19
咸陽 白川里古墳群							
1	白川里1-3號墳 (高塚, 石槨墓)	鐵地銀裝板轡(釘)	鐵地銀被鞍裝(釘) 木心鐙子 1쌍	鐵地銀被四脚板形雲珠 (鉸)			20
咸陽 上栢里古墳群							
1	上栢里古墳群 (竪穴式石槨墓)		鐵製鐙子				21
2	上栢里古墳群 衆生院村 1號 (竪穴式石槨墓)	板轡	鐵製鐙子	鐵地銀裝心葉形杏葉 雲珠 蛇行狀鐵器			21
居昌 말흘리古墳群							
1	말흘리 2號墳 (竪穴式石槨墓)	鑣轡	木心鐙子 1쌍			鉸具	22
南原 月山里古墳群							
1	月山里M1-A號墳 (高塚, 石槨墓)	板轡	木心鐙子 꺾쇠形鐙子 1쌍			鉸具	23
南原 斗洛里古墳群							
1	斗洛里 1號墳 (高塚, 石槨墓)	複環板轡	鞍裝 鐵製鐙子 1쌍	雲珠 蛇行狀鐵器			24

● 표 35. 大加耶圈 馬具 一覽表 出典 ●

01. 金鍾徹, 1981, 『高靈池山洞古墳群』, 啓明大學校博物館.

02. 尹容鎭・金鍾徹, 1979, 『大加耶古墳發掘調査報告書』, 高靈郡.

03. 嶺南埋藏文化財研究院, 2004, 『高靈 池山洞古墳群Ⅰ』.

04. 嶺南埋藏文化財研究院, 1998, 『高靈池山洞30號墳』.

05. 慶尙北道文化財研究院, 2000, 『高靈池山洞古墳群』.

06. 김용성・김대환・안병권, 2004, 『高靈 池山洞 古墳群』, 嶺南大學校博物館.

07. 啓明大學校博物館, 1995, 『高靈本館洞古墳群 - 第34・35・36號墳 및 石槨墓群』.

08. 趙榮濟・柳昌煥・河承哲, 1999, 『陜川 玉田 古墳群Ⅷ』, 慶尙大學校博物館.

09. 趙榮濟, 1988, 『陜川玉田古墳群Ⅰ』, 慶尙大學校博物館.

10. 趙榮濟・柳昌煥・李瓊子, 1998, 『陜川 玉田 古墳群Ⅶ』, 慶尙大學校博物館.

11. 趙榮濟・柳昌煥・李瓊子, 1997, 『陜川 玉田 古墳群Ⅵ』, 慶尙大學校博物館.

12. 趙榮濟・柳昌煥・河承哲, 2000, 『陜川 玉田 古墳群Ⅸ』, 慶尙大學校博物館.

13. 趙榮濟・柳昌煥・李瓊子, 1995, 『陜川 玉田 古墳群Ⅴ』, 慶尙大學校博物館.

14. 趙榮濟・柳昌煥, 2003, 『陜川 玉田 古墳群Ⅹ』, 慶尙大學校博物館.

15. 趙榮濟・朴升圭・金貞禮・柳昌煥・李瓊子, 1992, 『陜川 玉田 古墳群Ⅲ』, 慶尙大學校博物館.

16. 趙榮濟・朴升圭, 1990, 『陜川玉田古墳群Ⅱ』, 慶尙大學校博物館.

17. 趙榮濟・朴升圭・柳昌煥・李瓊子・金相哲, 1993, 『陜川 玉田 古墳群Ⅳ』, 慶尙大學校博物館.

18. 김정완・임학종・권상열・손명조・정성희, 1987, 『陜川礦溪堤古墳群』, 國立晋州博物館.

19. 沈奉謹, 1986, 『陜川鳳溪里古墳群』, 東亞大學校博物館.

20. 釜山大學校博物館, 1986, 『咸陽白川里1號墳』.

21. 金東鎬, 1972, 『咸陽上佰里古墳發掘調査報告』, 東亞大學校博物館.

22. 한영희・김정완, 1985, 『거창말흘리고분』, 국립진주박물관.

23. 全榮來, 1983, 『南原月山里古墳群發掘調査報告』, 圓光大學校馬韓・百濟文化研所.

24. 尹德香・郭長根, 1989, 『斗洛里』, 全北大學校博物館.

표 36. 阿羅加耶 馬具 一覽表(1)

番號	遺構名 (墓制)	馬 具					出典
		制御用馬具	安定用馬具	裝飾用馬具	甲馬具	其他	

咸安 道項里 · 末山里古墳群

番號	遺構名 (墓制)	制御用馬具	安定用馬具	裝飾用馬具	甲馬具	其他	出典
1	현 4號墳 (高塚, 石槨墓)		鞍裝 木心鐙子片	鐵地銀裝心葉形杏葉			01
2	현 5號墳 (高塚, 石槨墓)	環板轡 鐵地金銅 銀裝板轡(吳)	鐵地銀裝 鞍裝(稻粒頭釘) 鐵製鐙子	無脚小半球形雲珠 革金具		鉸具	02
3	현 8號墳 (高塚, 石槨墓)		木心鐙子 1쌍	鐵地銀裝心葉形杏葉 3 鐵地銀裝扁圓魚尾形 杏葉 13 鐵地銀裝無脚半球形 雲珠 49 靑銅製馬鈴	馬冑 馬甲	鉸具	02
4	현 15號墳 (高塚, 石槨墓)		鐵地銀裝 鞍裝(稻粒頭釘) 鐵地金銅裝鞍裝鉸具 鞍裝손잡이	鐵地金銅裝扁圓魚尾形 杏葉 7 鐵地金製無脚半球形 雲珠 4 靑銅製革金具		鉸具	03
5	현 22號墳 (高塚, 石槨墓)	鐵地金銅裝 f字形板轡	鞍裝손잡이 木心鐙子 1쌍	鐵地銀裝扁圓魚尾形 杏葉 3 環形雲珠 2 銀裝無脚小半球形 雲珠 22 鐵地金銅裝飾金具 15		鉸具	04
6	문 3號墳 (木槨墓)	板轡				鉸具	05
7	문 4號墳 (橫穴式石室墓)		鞍裝鉸具 2	鐵地金銅裝心葉形 杏葉 2(鋏:鐵地銀製) 鐵地金製四脚半球形 雲珠 6(鋏:鐵地銀製)			06
8	문 10號墳 (木槨墓)	環板轡					05
9	문 36號墳 (木槨墓)	環板轡					06
10	문 38號墳 (竪穴式石槨墓)	鑣轡	鞍裝 木心鐙子 1쌍				06
11	문 39號墳 (竪穴式石槨墓)		鞍裝 木心鐙子	鐵地金銅裝環形雲珠(脚) 鐵地金·銀板形雲珠		鉸具	06
12	문 43號墳 (木槨墓)	鑣轡				鉸具	03

표 36. 阿羅加耶 馬具 一覽表(2)

番號	遺構名 (墓制)	馬 具					出典
		制御用馬具	安定用馬具	裝飾用馬具	甲馬具	其他	
13	문 47號墳 (橫穴式石室墓)	鑣轡		四脚半球形雲珠 3		鉸具	03
14	문 48號墳 (木槨墓)	板轡(方·圓環結合引手壺)	木心鐙子	青銅製環形雲珠 4 鐵地金·銀製 革金具 20		鉸具	03
15	문 54號墳 (竪穴式石槨墓)	鐵地銀裝板轡 (周緣部,釘)	鞍裝손잡이 木心鐙子 1쌍	鐵地銀裝劍菱形杏葉 3 鐵地銀裝環形雲珠(脚) 青銅製三環鈴		鉸具	04
16	문 1號石槨墓 (竪穴式石槨墓)	鑣轡(?)	木心鐙子	環形雲珠		鉸具	07
17	馬甲塚 (木槨墓)	鑣轡			馬冑 馬甲	鉸具	07
18	岩刻畵古墳 (高塚, 石槨墓)	環板轡	鞍裝손잡이 鐵製鐙子 1쌍	鐵地金銅裝杏葉 銀製四脚貝製雲珠 4 (責金具, 圓頭釘)		鉸具	08
19	경 3號墳 (竪穴式石槨墓)		青銅製鞍裝鉸具 (座金具)	鐵地金銅製杏葉		鉸具	09
20	경 13號墳 (木槨墓)	環板轡	木心鐙子 1쌍			鉸具	09
21	경 破壞墳 (高塚, 石槨墓)	鑣轡		革金具		鉸具	09
22	창 14-1號墳 (高塚, 石槨墓)	板轡	鐵製鐙子				10
23	창 14-2號墳 (高塚, 石槨墓)	圓環轡	鞍裝손잡이 鐵製鐙子	鐵地金銅裝心葉形杏葉 環形雲珠		鉸具	10 11
24	역 451-1호 석곽묘	圓環轡	鐵地金銅裝鞍裝鉸具 鞍裝손잡이	鐵地金銅裝劍菱形杏葉 3 鐵地金銅裝革金具 青銅製馬鈴		鉸具	12
25	동6-1號墳 (石槨墓)			鐵地金銅裝心葉形杏葉 1 環形雲珠(脚:鐵地金銅裝)			15

昌原 道溪洞古墳群

1	道溪洞 1號墳 (石槨墓)		木心鐙子	環形雲珠		鉸具	14
2	道溪洞19號墳 (木槨墓)	鑣轡		環形雲珠		鉸具	14

馬山 縣洞遺蹟

1	縣洞 43號墳 (木槨墓)	板轡				鉸具	13

● 표 36. 阿羅加耶 馬具 一覽表 出典 ●

01. 朝鮮總督府, 1920, 「第二編 咸安郡ノ上, 舊咸安郡」『大正六年度古蹟調査報告』.

02. 國立昌原文化財研究所, 2004, 『咸安 道項里古墳群 Ⅴ』.

03. 國立昌原文化財研究所, 2000, 『咸安 道項里古墳群 Ⅲ』.

04. 國立昌原文化財研究所, 2001, 『咸安 道項里古墳群 Ⅳ』.

05. 國立昌原文化財研究所, 1997, 『咸安 道項里古墳群 Ⅰ』.

06. 國立昌原文化財研究所, 1999, 『咸安 道項里古墳群 Ⅱ』.

07. 國立昌原文化財研究所, 2002, 『咸安 馬甲塚』.

08. 國立昌原文化財研究所, 1996, 『咸安 岩刻畵古墳』.

09. 慶南考古學研究所, 2000, 『道項里 末山里遺蹟』.

10. 朴東百·李盛周·金亨坤·金奭周, 1992, 『咸安 阿羅加耶의 古墳群(Ⅰ)』, 昌原大學校博物館.

11. 秋淵植, 1987, 「咸安 道項里 加耶古墳群 發掘調査豫報」『嶺南考古學』3.

12. 慶南發展研究院歷史文化센터, 2004, 『함안 말산리 451-1번지 유적』.

13. 朴東百·李盛周·金亨坤, 1990, 『馬山縣洞遺蹟』, 昌原大學校博物館.

14. 朴東百·秋淵植, 1987, 『昌原道溪洞古墳群 Ⅰ』, 昌原大學博物館.

15. (財)東亞文化財研究院, 2006, 「함안 도항리 6號墳 및 6-1號墳 구역 발굴조사 현장설명회(3차)자료」.

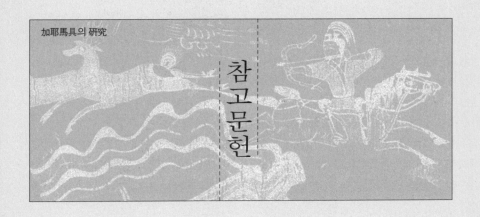

加耶馬具의 硏究

참고문헌

1. 문헌사료

『三國史記』

『三國遺事』

2. 단행본(국내-국외 순, 저자명의 가나다 순)

姜裕信, 1999, 『韓國 古代의 馬具와 社會 -신라·가야를 중심으로-』, 學硏文化社.

金泰植, 1993, 『加耶聯盟史』, 一潮閣.

金泰植·宋桂鉉, 2003, 『韓國의 騎馬民族論』, 마문화연구총서Ⅶ, 한국마사회 마사박물관.

南都泳, 1996, 『韓國馬政史』, 마문화연구총서Ⅰ, 한국마사회 마사박물관.

李基萬, 1984, 『馬와 乘馬』, 家畜別叢書③, 鄕文社.

李蘭暎·金斗喆, 1999, 『韓國의 馬具』, 마문화연구총서Ⅲ, 한국마사회 마사박물관.

李始永, 1991, 『韓國馬文化發達史』, 한국마사회.

任東權·鄭亨鎬, 1997, 『韓國의 騎上武藝』, 마문화연구총서Ⅱ, 한국마사회 마사박물관.

楊泓, 1980, 『中國古兵器論叢』, 文物出版社.

東潮, 1997, 『高句麗考古學硏究』, 吉川弘文館.

坂本美夫, 1985, 『馬具』, 考古學 ライブラリ34.

森浩一(編), 1993, 『埋馬もれた文化』, 馬の文化叢書1 古代, 馬事文化財團.

川又正智, 1994, 『ウマ驅ける古代アジア』, 講談社選書メチエ11.

增田精一, 1996, 『日本馬事文化の源流』, 芙蓉書房出版.

3. 발굴 보고서 · 보고문, 도록(국내-국외 순)

1) 국내(저자명의 가나다 순)

慶南考古學硏究所, 2000, 『道項里 末山里遺蹟』.

慶尙北道文化財硏究院, 2000, 『高靈池山洞古墳群』.

慶星大學校博物館發掘調査團, 1991, 「金海大成洞古墳群 -第2次發掘調査槪要-」.

啓明大學校博物館, 1988, 『星州星山洞古墳 特別展圖錄』.

啓明大學校博物館, 1995, 『高靈本館洞古墳群 -第34 · 35 · 36號墳 및 石槨墓群』.

國立慶州博物館 · 慶州市, 1990, 『慶州市月城路古墳群』.

國立慶州博物館, 2000, 『玉城里 古墳群 Ⅱ』.

국립김해박물관 · 부산광역시립박물관복천분관, 2000, 『고고학이 찾은 선사와 가야』.

국립대구박물관, 2000, 『압독 사람들의 삶과 죽음』.

國立文化財硏究所, 1995, 『淸原 米川里 古墳群』.

국립문화재연구소, 2001, 『羅州 伏岩里 3號墳』.

國立全州博物館, 1994, 『扶安 竹幕洞 祭祀遺蹟』.

國立全州博物館, 1998, 『扶安 竹幕洞 祭祀遺蹟 硏究』.

국립중앙박물관, 1999, 『특별전 백제』.

國立中央博物館, 2000, 『法泉里Ⅰ』, 古蹟調査報告 第三十一册.

國立中央博物館, 2001, 『昌原 茶戶里遺蹟』.

국립진주박물관, 1990, 『도록』, 通川文化社.

國立昌原文化財硏究所, 1992, 「會議資料 咸安 道項里古墳群發掘調査(1次年度)」.

國立昌原文化財硏究所, 1993, 「會議資料 咸安 道項里古墳群發掘調査(2次年度)」.

國立昌原文化財硏究所, 1994, 「會議資料 咸安 道項里古墳群發掘調査(3次年度)」.

國立昌原文化財硏究所, 1996, 『咸安 岩刻畵古墳』.

國立昌原文化財硏究所, 1997, 『咸安 道項里古墳群Ⅰ』.

國立昌原文化財研究所, 1999, 「固城 內山里古墳群 發掘調査 현장설명회자료」.

國立昌原文化財研究所, 1999, 『咸安 道項里古墳群 Ⅱ』.

國立昌原文化財研究所, 2000, 『咸安 道項里古墳群 Ⅲ』.

國立昌原文化財研究所, 2001, 『咸安 道項里古墳群 Ⅳ』.

國立昌原文化財研究所, 2002, 『咸安 馬甲塚』.

國立昌原文化財研究所, 2002, 『固城 內山里古墳群 Ⅰ』.

國立昌原文化財研究所, 2004, 『咸安 道項里古墳群 Ⅴ』.

國立昌原文化財研究所, 2005, 『固城 內山里古墳群 Ⅱ』.

國立清州博物館, 1990, 『三國時代馬具特別展』.

國立清州博物館, 1990, 『청주신봉동B지구널무덤발굴조사보고』, 1990.

金東鎬, 1972, 『咸陽上佰里古墳發掘調査報告』, 東亞大學校博物館.

今西龍, 1920, 「咸安第郡三十四號墳調査記」『大正六年度古蹟調査報告』.

김양미, 1995, 「함안 도항리 54호수혈식석곽분 발굴조사개보」『年報』, 昌原文化財研究所.

김용성・김대환・안병권, 2004, 『高靈 池山洞 古墳群』, 嶺南大學校博物館.

金鍾徹, 1981, 『高靈池山洞古墳群』, 啓明大學校博物館.

金載元・尹武炳, 1962, 『義城塔里古墳』, 國立博物館古蹟調査報告 第3册.

김정완・임학종・권상열・손명조・정성희, 1987, 『陜川磻溪堤古墳群』, 國立晋州博物館.

김정완・권상열・임학종, 1990, 『固城栗垈里2號墳』, 國立晋州博物館.

東亞大學校博物館, 1984, 「東萊福泉洞古墳」『上老大島』, 古蹟調査報告 第八册.

東亞大學校博物館, 2000, 「固城 松鶴洞古墳群 現場說明會 資料」.

東亞大學校博物館, 2000, 「고성 송학동 제1B-1호분 현장설명회 자료」.

東亞大學校博物館, 2001, 「固城 松鶴洞古墳群 發掘調査 槪要」.

東亞大學校博物館, 2003, 『發掘遺蹟과 遺物』.

文化公報部 文化財管理局, 1974, 『天馬塚 發掘調査報告書』.

文化財管理局・文化財研究所, 1994, 『皇南大塚 南墳發掘調査報告書』.

문화재연구소, 1989, 『익산입점리고분발굴조사보고서』.

朴東百・秋淵植, 1987, 『昌原道溪洞古墳群Ⅰ』, 昌原大學博物館.

朴東百・李盛周・金亨坤, 1990, 『馬山縣洞遺蹟』, 昌原大學校博物館.

朴東百・李盛周・金亨坤・金奭周, 1992, 『咸安 阿羅伽耶의 古墳群(Ⅰ)』, 昌原大學校博

物館.

朴志明·宋桂鉉, 1990,『釜山杜邱洞林石遺蹟』, 釜山直轄市立博物館調查報告書 第4册.

釜山廣域市立博物館, 1997,『東萊福泉洞古墳群 -第5次 發掘調查 99~109號墓-』.

釜山廣域市立博物館 福泉分館, 1997,『東萊福泉洞古墳群 93·95號墳』.

釜山廣域市立博物館 福泉分館, 2001,『東萊福泉洞古墳群 -52·54號-』.

釜山直轄市立博物館, 1992,『東萊福泉洞53號墳』, 釜山市立博物館調查報告書 第6册.

釜山大學校博物館, 1983,『釜山堂甘洞古墳群』, 釜山大學校博物館遺蹟調查報告 第7輯.

釜山大學校博物館, 1985,『金海禮安里古墳群 I』, 釜山大學校博物館遺蹟調查報告 第8輯.

釜山大學校博物館, 1986,『咸陽白川里1號墳』.

釜山大學校博物館, 1990,「東萊福泉洞 古墳群 第3次 調查槪報」『嶺南考古學』7.

釜山大學校博物館, 1990,『東萊福泉洞古墳群 II』.

釜山大學校博物館, 1995,『昌寧桂城古墳群』.

釜山大學校博物館, 1996,『東萊福泉洞古墳群III -제4차 발굴조사 57號, 60號-』.

徐聲勳·成洛俊, 1984,『海南月松里造山古墳』, 國立光州博物館.

宋桂鉉·洪潽植·李海蓮, 1995,「東萊 福泉洞古墳群 第5次 發掘調查 槪報」『博物館研究論集』3, 釜山廣域市立博物館.

新羅大學校博物館, 2004,『山清 中村里 古墳群』.

申敬澈·金宰佑, 2000,『金海 大成洞古墳群 I -槪報-』, 慶星大學校博物館 研究叢書 第4輯.

申敬澈·金宰佑, 2000,『金海 大成洞古墳群 II -13·18·29-』, 慶星大學校博物館 研究叢書 第7輯.

申敬澈·金宰佑外, 2003,『金海 大成洞古墳群III -展示館敷地의 發掘調查 및 47·52號墳-』, 慶星大學校博物館 研究叢書 第10輯.

申敬澈·宋桂鉉, 1985,「東來福泉洞 4號墳과 副葬遺物」『伽倻通信』第11·12合輯號.

沈奉謹, 1986,『陜川鳳溪里古墳群』, 東亞大學校博物館.

沈奉謹, 1991,『梁山金鳥塚·夫婦塚』, 東亞大學校博物館.

沈奉謹·朴廣春·李東注·辛勇旻·高久健二, 1992,『昌寧校洞古墳群』, 東亞大學校博物館.

安承周·李南奭, 1994,『論山 茅村里百濟古墳群 發掘調查報告書(II)』, 公州大學校博物館.

安春培, 1983,「山清中村里古墳發掘槪報」『韓國考古學年報』10, 서울大學校博物館.

嚴永植 · 黃龍渾, 1974, 『慶州 仁旺洞19 · 20號 古墳發掘調査報告』, 慶熙大學校博物館.

嶺南埋藏文化財研究院, 1998, 『高靈池山洞30號墳』.

嶺南埋藏文化財研究院, 1998, 『浦項玉城里古墳群 Ⅰ』.

嶺南埋藏文化財研究院, 1998, 『浦項玉城里古墳群 Ⅱ』.

嶺南埋藏文化財研究院, 2004, 『高靈 池山洞古墳群 Ⅰ』.

尹德香 · 郭長根, 1989, 『斗洛里』, 全北大學校博物館.

尹容鎭 · 金鍾徹, 1979, 『大伽耶古墳發掘調査報告書』, 高靈郡.

李南奭, 1998, 『就利山』, 公州大學校博物館.

李南奭, 2000, 『龍院里 古墳群』, 公州大學校博物館.

李南奭 · 徐程錫, 2000, 『斗井洞遺蹟』, 公州大學校博物館.

李殷昌 · 梁道榮 · 金龍星 · 張政南, 1991, 『昌寧桂城里古墳群 -桂南1 · 4號墳-』, 嶺南大
學校博物館.

林孝澤 · 郭東哲, 2000, 『金海良洞里古墳文化』, 東義大學校博物館學術叢書 7.

全榮來, 1974, 「任實 金城里 石槨墓群」, 『全北遺蹟調査報告』 第3輯, 全羅北道博物館.

全榮來, 1983, 『南原月山里古墳群發掘調査報告』, 圓光大學校馬韓 · 百濟文化研所.

全玉年 · 李尙律 · 李賢珠, 1989, 『東萊福泉洞古墳群第2次調査概報』, 釜山大學校博物館.

鄭澄元 · 申敬澈, 1983, 『東萊福泉洞古墳群 Ⅰ』, 釜山大學校博物館.

齊藤忠, 1937, 『慶州皇南里第百九號墳皇吾里第十四號墳調査報告』, 昭和9年度古跡調査
報告第1册.

朝鮮總督府, 1916, 『朝鮮古蹟圖譜』 第3册.

朝鮮總督府, 1920, 「第二編 咸安郡ノ上, 舊咸安郡」 『大正六年度古蹟調査報告』.

趙榮濟, 1988, 『陜川玉田古墳群 Ⅰ』, 慶尙大學校博物館.

趙榮濟 · 朴升圭, 1989, 『晋州加佐洞古墳群』, 慶尙大學校博物館.

趙榮濟 · 朴升圭, 1990, 『陜川玉田古墳群 Ⅱ』, 慶尙大學校博物館.

趙榮濟 · 朴升圭 · 金貞禮 · 柳昌煥 · 李瓊子, 1992, 『陜川 玉田 古墳群Ⅲ』, 慶尙大學校博
物館.

趙榮濟 · 朴升圭 · 柳昌煥 · 李瓊子 · 金相哲, 1993, 『陜川 玉田 古墳群Ⅳ』, 慶尙大學校博
物館.

趙榮濟 · 柳昌煥 · 李瓊子, 1995, 『陜川 玉田 古墳群 Ⅴ』, 慶尙大學校博物館.

趙榮濟・柳昌煥・李瓊子, 1997,『陜川 玉田 古墳群Ⅵ』, 慶尙大學校博物館.

趙榮濟・柳昌煥・李瓊子, 1998,『陜川 玉田 古墳群Ⅶ』, 慶尙大學校博物館.

趙榮濟・柳昌煥・河承哲, 1999,『陜川 玉田 古墳群Ⅷ』, 慶尙大學校博物館.

趙榮濟・柳昌煥・河承哲, 2000,『陜川 玉田 古墳群Ⅸ』, 慶尙大學校博物館.

趙榮濟・柳昌煥, 2003,『陜川 玉田 古墳群Ⅹ』, 慶尙大學校博物館.

趙榮濟・柳昌煥, 2004,『宜寧 景山里古墳群』, 慶尙大學校博物館.

趙榮濟・柳昌煥・張相甲・尹敏根, 2006,『山淸 生草古墳群』, 慶尙大學校博物館.

崔仁善・曺根佑・李順葉, 2003,『麗水 鼓樂山城Ⅰ』, 順天大學校博物館.

秋淵植, 1987,「咸安 道項里 伽耶古墳群 發掘調査豫報」『嶺南考古學』3.

忠北大學校博物館, 1983,『淸州新鳳洞百濟古墳群發掘調査報告書 - 1982年度調査』.

忠北大學校博物館, 1990,『淸州新鳳洞百濟古墳群發掘調査報告書 - 1990年度調査』.

忠北大學校博物館, 1995,『淸州 新鳳洞 古墳群』.

忠北大學校博物館, 2005,『淸州 鳳鳴洞遺蹟(Ⅱ)』.

韓國文化財保護財團, 1998,『尙州 新興里古墳群』.

韓國文化財保護財團, 1999,『淸原 梧倉遺蹟(Ⅰ)・松垈里遺蹟』.

韓國文化財保護財團, 2000,『淸原 主城里遺蹟』.

韓國精神文化研究院發掘調査團, 1994,『華城 白谷里古墳』, 韓國精神文化研究院.

한영희・김정완, 1985,『거창말흘리고분』, 국립진주박물관.

湖巖美術館, 1998,『華城 馬霞里 古墳群』.

洪性彬・李柱憲, 1993,「咸安말갑옷(馬甲)出土 古墳 發掘調査槪報」『文化財』第26號.

2) 국외(일본-중국 순, 발표연도순)

甘木市教育委員會, 1979,『池の上墳墓群』, 甘木市文化財調査報告 第5集.

末永雅雄 編, 1991,『盾塚 鞍塚 珠金塚』, 由良大和古代文化研究協會.

加古川市教育委員會, 1997,『行者塚古墳』發掘調査槪報.

專修大學文學部考古學研究室, 2003,『劍崎長瀞西5・27・35號墳』.

奈良文化財研究所, 2004,『三燕文物精粹』(日本語版), 遼寧省文物考古研究所編.

湖南省博物館, 1959,「長沙兩晋南朝隋墓發掘報告」『考古學報』1959-8.

南京市博物館, 1972,「南京象山5號,6號,7號墓淸理報告」『文物』1972-11.

集安縣文物保管所, 1979, 「集安縣兩座高句麗積石墓的淸理」『考古』1979-1.

吉林集安縣文管所, 1982, 「集安萬寶汀墓區242號古墓淸理簡」『考古與文物』1982-6.

中國社會科學院安陽工作隊, 1983, 「安陽孝民屯晉墓發掘報告」『考古』1983-6.

吉林省文物考古硏究所, 1987, 『楡樹老河深』, 文物出版社.

吉林省文物考古硏究所 集安市文物保管所, 1993, 「集安洞溝古墓群禹山墓區集安公路墓
　　　葬發掘」『高句麗硏究文集』, 延邊大學出版社.

遼寧省博物館文物隊·朝陽地區博物館文物隊·朝陽縣文化館, 1984, 「朝陽袁台子東晉
　　　壁畵墓」『文物』1984-6.

遼寧省文物考古硏究所·朝陽市博物館, 1997, 「朝陽王子墳山墓群1987, 1990年度考古發
　　　掘的主要收穫」『文物』1997-11.

遼寧省文物考古硏究所·朝陽市博物館, 1997, 「朝陽十二台鄕磚廠88M1發掘簡報」『文
　　　物』1997-11.

中國社會科學院考古硏究所, 1999, 『20世紀中國 考古大發現』, p.258.

吉林省文物考古硏究所 集安市博物館, 2004, 『集安高句麗王陵-1990~2003年集安高句麗
　　　王陵調査報告』, 文物出版社.

遼寧省文物考古硏究所, 2004, 『五女山城-1996~1999, 2003年桓仁五女山城調査發掘報
　　　告』, 文物出版社.

4. 논문(국내-일본-중국 순)

1) 국내(저자명의 가나다 순)

姜裕信, 1987, 「新羅·伽耶古墳 出土 馬具에 대한 硏究」, 嶺南大學校大學院碩士學位論文.

姜裕信, 1997, 「신라·가야의 마구 연구」, 嶺南大學校大學院 博士學位論文.

郭鍾喆, 1988, 「編年表作成을 위한 방법적 사례의 정리」『고대연구』1.

金基雄, 1968, 「三國時代의 馬具小考」『白山學報』第5號,

金基雄, 1972, 「馬具」『韓國의 考古學』金廷鶴編.

金基雄, 1985, 「三國時代의 武器와 馬具」『古墳美術』, 韓國의 美 22, 中央日報社.

金度憲, 2000, 「晉州 中安洞 出土 遺物」『伽耶考古學論叢』3, 伽耶文化硏究所 編.

金斗喆, 1991, 「三國時代 轡의 硏究」, 慶北大學校大學院 碩士學位論文.

金斗喆, 1992,「伽耶の馬具」『伽耶と古代東アジア』, 新人物往來社.

金斗喆, 1992,「新羅와 伽耶의 馬具 -馬裝을 中心으로-」『韓國古代史論叢』第3輯.

金斗喆, 1993,「三國時代 轡의 研究」『嶺南考古學』13.

金斗喆, 1995,「嶺南地方 騎乘文化의 受容과 發展」『伽耶古墳의 編年 研究Ⅲ-甲冑와 馬具』, 第4回 嶺南考古學會學術發表會.

金斗喆, 1996,「韓國과 日本의 馬具 -兩國間의 編年調律-」『4·5세기 한일고고학』, 영남고고학회·구주고고학회 제2회 합동고고학회.

金斗喆, 1997,「前期加耶의 馬具」『加耶와 古代日本』, 第3回加耶史國際學術會議, 金海市.

金斗喆, 1998,「新羅馬具 研究의 몇 課題」『新羅文化』15, 東國大學校 新羅文化研究所.

金斗喆, 2000,「馬具를 통해 본 加耶와 百濟」『加耶와 百濟』, 第6回加耶史國際學術會議, 金海市.

金斗喆, 2000,「韓國 古代 馬具의 研究」, 東義大學校大學院 博士學位論文.

金斗喆, 2001,「三國時代의 戰團構成과 戰鬪形態」『古代의 戰爭과 武器』, 第5回釜山廣域市立福泉博物館學術發表大會.

金斗喆, 2001,「大加耶古墳의 編年 檢討」『韓國考古學報』第45輯.

金斗喆, 2002,「馬具と地域間交流」『古代東アジアにおける倭と加耶の交流』, 國立歷史民俗博物館.

金斗喆, 2003,「무기·무구 및 마구를 통해 본 가야의 전쟁」『가야 고고학의 새로운 조명』민족문화 학술총서 27.

金斗喆, 2003,「부산지역 고분문화의 추이 -가야에서 신라로-」『港都釜山』第19號.

金斗喆, 2004,「加耶と倭の馬具」『國立歷史民俗博物館研究報告』第110集.

金宰佑, 2004,「嶺南地方의 馬胄에 대하여 -金海 大成洞古墳出土 馬胄를 소재로-」『嶺南考古學』35.

金貞培, 1986,「韓國에 있어서의 騎馬民族問題」『韓國古代의 國家起源과形成』.

金正完, 1994,「咸安圈域 陶質土器의 編年과 分布 變化」慶北大學校大學院 碩士學位論文.

南在祐, 2000,「文獻으로 본 安羅國史」『가야각국사의 재구성』.

柳昌煥, 1994,「伽耶古墳 出土 鐙子에 대한 研究」, 東義大學校大學院 碩士學位論文.

柳昌煥, 1995,「伽耶古墳 出土 鐙子에 대한 研究」『韓國考古學報』33.

柳昌煥, 2000,「大伽耶圈 馬具의 變化와 劃期」『韓國古代史와 考古學』, 鶴山 金廷鶴博士

頌壽紀念論叢.

柳昌煥, 2000, 「環板轡의 編年과 分布」『伽倻文化』第13號.

柳昌煥, 2002, 「馬具를 통해 본 阿羅伽耶」『古代 咸安의 社會와 文化』, 國立昌原文化財
研究所 2002年度 學術大會.

柳昌煥, 2004, 「古代東アジア初期馬具の展開」『福岡大學考古學論集 -小田富士雄先生退
職記念-』, 小田富士雄先生退職記念事業會.

柳昌煥, 2004, 「4. 2號墳 出土 馬具의 年代와 系譜」『宜寧 景山里古墳群』慶尙大學校博
物館 研究叢書 第28輯.

柳昌煥, 2004, 「百濟馬具에 대한 基礎的 研究」『百濟研究』第40輯, 忠南大學校 百濟研究所.

柳昌煥, 2004, 「轡と鑣から見た韓日初期馬具の系譜」『それでも騎馬文化はやってき
た』發表要旨集, 西都原考古博物館.

朴美貞, 2001, 「韓國 南部地方 4~5세기 轡 出土 古墳의 性格」, 東亞大學校大學院 碩士學
位論文.

朴普鉉, 1990, 「心葉形杏葉의 型式 分布와 多樣性」『歷史敎育論集』第13·14合輯.

박중균, 2000, 「百濟 初期馬具 小考 -청주 봉명동 출토 재갈을 중심으로-」『백제문화의
몇 문제』, 호서사학회 춘계 학술발표회자료집.

박진욱, 1966, 「삼국시기의 마구」『고고민속』3호.

박진욱, 1986, 「고구려의 마구에 대하여」『조선고고연구』1986-3.

朴天秀, 1996, 「大伽倻의 古代國家 形成」『碩晤尹容鎭敎授停年退任紀念論叢』.

裵基同, 1974, 「新羅·伽耶出土鑣子考」『文理大學報』通卷 29號, 서울大學校文理科大
學學報編纂委員會.

成正鏞, 2000, 『中西部 馬韓地域의 百濟領域化過程 研究』, 서울大學校大學院博士學位
論文.

成正鏞, 2003, 「百濟漢城期 騎乘馬具의 樣相と起源」『古代武器研究』4.

申敬澈, 1985, 「古式鑣子考」『釜大史學』第9輯.

申敬澈, 1989, 「伽耶의 武具와 馬具 -甲冑와 鑣子를 중심으로-」『國史館論叢』第7輯.

申敬澈, 1991, 「金海 大成洞 古墳群의 발굴조사성과」『伽耶史의 再照明』金海市.

申敬澈, 1992, 「金海禮安里160號墳에 대하여 -古墳의 발생과 관련하여-」『伽耶考古學論
叢』1.

申敬澈, 1994,「加耶 初期馬具에 대하여」『釜大史學』第18輯.

申敬澈, 1995,「金海大成洞·東來福泉洞古墳群 點描」『釜大史學』第19輯.

申敬澈, 1997,「福泉洞古墳群의 甲冑와 馬具」『가야사복원을 위한 복천동고분군의 재조명』.

申敬澈, 2000,「金官加耶 土器의 編年」『伽耶考古學論叢』3, 伽耶文化硏究所 編.

申敬澈, 2004,「筒形銅器論」『福岡大學考古學論集 -小田富士雄先生退職記念-』, 小田富士雄先生退職記念事業會.

申鐘煥, 1996,「淸州 新鳳洞出土遺物의 外來的 要素에 關한 一考 -90B-1號墳을 中心으로-」『嶺南考古學』18.

禹枝南, 1986,「大伽耶古墳의 編年」, 서울大學校大學院碩士學位論文.

兪炳夏, 1998,「扶安 竹幕洞遺蹟에서 進行된 三國時代의 海神祭祀」『扶安 竹幕洞 祭祀遺蹟 硏究』, 國立全州博物館.

李尙律, 1989,「東萊福泉23號墳出土 f字形鏡板附轡가 제기하는 問題」『考古硏究』3.

李尙律, 1990,「東萊福泉洞23號墳과 副葬遺物」『伽耶通信』第19·20合輯.

李尙律, 1993,「嶺南地方 三國時代 杏葉의 硏究」, 慶北大學校大學院碩士學位論文.

李尙律, 1993,「嶺南地方 三國時代 杏葉의 硏究」『嶺南考古學』13.

李尙律, 1998,「新羅, 伽倻 文化圈에서 본 百濟의 馬具」『百濟文化』第27輯.

李尙律, 1999,「加耶의 馬冑」『加耶의 對外交涉』第5回 加耶史學術會議, 金海市.

李尙律, 2001,「天安 斗井洞, 龍院里古墳群의 馬具」『韓國考古學報』45.

李尙律, 2003,「加耶, 百濟の初期馬具 -その源流と特徵を中心に-」『東アジアと日本の考古學Ⅲ』, 交流と交易, 同成社.

李尙律, 2005,「三國時代 馬具의 硏究」, 釜山大學校大學院 博士學位論文.

李尙律, 2005,「三國時代 圓環轡考」『古文化』第65輯, 韓國大學博物館協會.

李尙律, 2005,「新馬冑考」『嶺南考古學』37.

李盛周, 1996,「新羅式 木槨墓의 展開와 意義」『신라고고학의 제문제』, 한국고고학회.

李盛周外, 1992,「阿羅伽耶 中心古墳群의 編年과 性格」『韓國上古史學報』第10號.

이은창, 2005,「古墳에 나타난 馬文化(Ⅰ)」『馬事博物館誌 2004』, 마사박물관.

이은창, 2006,「古墳에 나타난 馬文化(Ⅱ)」『馬事博物館誌 2005』, 마사박물관.

李在賢, 2003,「弁·辰韓社會의 考古學的 硏究」, 釜山大學校 大學院 博士學位論文.

李柱憲, 2000,「阿羅伽耶에 대한 考古學的 檢討」『가야각국사의 재구성』.

李漢祥, 2003, 「加耶의 威勢品 生産과 流通」『가야 고고학의 새로운 조명』, 부산대학교 한국민족문화연구소 편.

李熙濬, 1995, 「토기로 본 大伽耶의 圈域과 그 변천」『加耶史研究』, 慶尙北道.

李熙濬, 1995, 「경주 皇南大塚의 연대」『嶺南考古學』 17.

李熙濬, 1996, 「경주 月城路 가-13호 積石木槨墓의 연대와 의의」『碩晤尹容鎭敎授停年 退任紀念論叢』.

張允禎, 1995, 「新羅 馬具裝飾에 관한 研究」, 東亞大學校大學院 碩士學位論文.

張允禎, 1999, 「新羅 鐙子 試論」『文物研究』 3, (재)동아시아문물연구학술재단.

張允禎, 2006, 「삼국시대 등자의 展開와 地域色」『馬事博物館誌 2005』, 마사박물관.

趙榮濟, 1992, 「新羅와 伽耶의 武器·武具」『韓國古代史論叢』 第3輯.

趙榮濟, 1994, 「陝川玉田古墳群の墓制について」『朝鮮學報』 第150輯.

趙榮濟, 1996, 「玉田古墳의 編年研究」『嶺南考古學』 18.

趙榮濟, 1997, 「玉田古墳群의 階層分化에 대한 研究」『嶺南考古學』 20.

趙榮濟, 2002, 「考古學에서 본 大加耶聯盟體論」『盟主로서의 금관가야와 대가야』 第8回 加耶史學術會議, 金海市.

趙榮濟, 2004, 「小加耶(聯盟體)와 倭系文物」『한·일 교류의 고고학』 영남고고학회·구주고고학회 제6회 합동고고학대회.

趙榮濟, 2006, 「西部慶南 加耶諸國의 成立에 대한 考古學的 研究」, 釜山大學校 大學院 博士學位論文.

趙榮濟·柳昌煥, 1998, 「陝川玉田古墳群の馬具」『古文化談叢』 第40集.

崔秉鉉, 1981, 「古新羅 積石木槨墳의 變遷과 編年」『韓國考古學報』 10·11.

崔秉鉉, 1983, 「古新羅鐙子考」『崇實史學』 1.

崔秉鉉, 1992, 「新羅鐙子의 再考察」『新羅古墳研究』, 一志社.

崔鍾圭, 1983, 「中期古墳의 性格에 대한 약간의 考察」『釜大史學』 第7輯.

崔鍾澤, 2004, 「峨嵯山 高句麗堡壘 出土 鐵製甲冑와 馬具」『加耶, 그리고 倭와 北方』, 第6回 加耶史國際學術會議, 金海市.

河承哲, 2005, 「伽耶地域 石室의 受容과 展開」『伽倻文化』 第18號.

洪性彬·李杜憲, 1993, 「咸安 말갑옷(馬甲)出土 古墳 發掘調査槪要」『文化財』 第26號.

伊藤秋男, 1979, 「公州 宋山里古墳 出土의 馬具」『百濟文化』 第12輯.

森實·尾谷義彦·神谷正弘, 金斗喆 譯, 1995,「韓國 慶尙南道 梁山夫婦塚出土 金銅裝鞍
　　의 復元」『博物館硏究論集』 4, 釜山廣域市立博物館

定森秀夫·吉井秀夫·內田好昭, 1990,「韓國 慶尙南道 晋州 水精峰2號墳·玉峰7號墳
　　出土遺物」『伽耶通信第』 19·20合輯.

桃崎祐輔, 2004,「倭出土의 馬具로 본 國際環境 -조선삼국가야·모용선비삼연과의 교섭
　　관계-」『加耶, 그리고 倭와 北方』, 第10回 加耶史學術會議.

田立坤, 2001,「袁台子壁畵墓再認識」『서울大學校 博物館 年報』 13, 2001.

2) 국외 (일본-중국 순, 발표연도 순)

後藤守一, 1941,「上古時代의 杏葉について」『考古學評論』第4輯.

末永雅雄, 1939,「蛇形狀鐵器」『考古學雜誌』 26-9.

小林行雄, 1951,「上代日本における乘馬の風習」『古墳時代の硏究』.

鈴木 治, 1958,「朝鮮半島出土の轡について」『朝鮮學報』 13.

小野山節, 1959,「馬具と乘馬の風習」『世界考古學大系 3 日本 Ⅲ 古墳時代』.

小野山節, 1964,「劍菱形杏葉を伴う馬具の性格」『日本考古學協會大會發表要旨』.

增田精一, 1960,「埴輪馬にみる頭絡の結構」『考古學雜誌』 45-4.

增田精一, 1965,「古墳出土鞍の構造」『考古學雜誌』 50-4.

增田精一, 1966,「馬具」『日本の考古學』Ⅴ, 河出書房.

小野山節, 1966,「日本發見の初期の馬具」『考古學雜誌』 52-1.

增田精一, 1971,「鐙考」『東京敎育大學文學部紀要史學雜誌』 81.

樋口隆康, 1972,「鐙の發生」『靑陸』 19.

穴澤和光·馬目順一, 1973,「北燕馮素弗墓の提起する問題」『考古學ジャーナル』 85.

穴澤和光·馬目順一, 1984,「安陽孝民屯晉墓の提起する問題(Ⅰ)」『考古學ジャーナル』 227.

穴澤和光·馬目順一, 1984,「安陽孝民屯晉墓の提起する問題(Ⅱ)」『考古學ジャーナル』 228.

穴澤和光·馬目順一, 1993,「陜川玉田出土の環頭大刀群の諸問題」『古文化談叢』 30(上).

穴澤和光, 1990,「古墳文化と鮮卑文化」『季刊考古學』第33號.

伊藤秋男, 1974,「韓國における三國時代の鑣轡について」『韓』 25.

山田良三, 1975,「古墳時代馬鞍とその構造への試考」『靑陵』 27.

小野山節, 1975,「馬具と製作工人の動き」『古代史發掘』 6.

堀田啓一, 1979,「高句麗壁畫古墳にみる武器と武裝」『橿原考古學研究所論集』4.

堀田啓一, 1984,「古代日朝の馬胄について」『橿原考古學研究所論集』7.

馬目順一, 1980,「慶州飾履塚古新羅墓の研究」『古代探叢』瀧口宏先生古稀記念考古學論集.

山ノ井清人, 1982,「環狀鏡板付轡の編年と系譜」『唐澤考古』2.

岡安光彦, 1984,「いわゆる素環の胄について -環狀鏡板付轡の型式學的分析と編年」『日本古代文化研究』創刊號.

佐藤敬美, 1984,「輪鐙に關する一考察-日本・朝鮮出土の鐵製輪鐙を中心として」『史淵』24.

坂本美夫, 1985,「木心鐵板張輪鐙」『甲斐考古』22-1.

坂本美夫, 1985,「辻金具・雲珠考」『研究紀要』2, 山梨縣立考古博物館・山梨縣埋藏文化財センター.

清水篤, 1988,「木心鐵板張輪鐙を伴ら馬具について」『干善教先生華甲紀念考古學論集』.

千賀久, 1988,「日本出土初期馬具の系譜」『橿原考古學研究所論集』9.

千賀久, 1994,「日本出土初期馬具の系譜 2 -五世紀後半の馬裝具を中心に-」『橿原考古學研究所論集』12.

千賀久, 1992,「馬具にみる龍文透彫品」『同志社大學考古學シリ-ズ V 考古學と生活文化』.

千賀久, 1993,「乗馬の風習はどのように始まったか」『新視点 日本の歴史2』, 新人物往來社.

長谷川 道隆, 1989,「北朝時代の武士陶俑」『古代文化』1989-4.

田中俊明, 1990,「大伽耶連盟の成立と展開」『東アジアの古代文化』6.

小林謙一, 1990,「歩兵と騎兵」『古墳時代の工藝』, 白石太一郎編 古代史復元7.

服部聰志, 1991,「木心鐵板張輪鐙の分類と二,三の問題」『盾塚・鞍塚・珠金塚古墳』, 末永雅雄編.

三宮昌弘, 1991,「伽耶西南地域の陶質土器に關する豫察」『大阪文化財研究』第2號.

若松良一, 1991,「埼玉將軍山古墳出土の馬胄」『埼玉縣さきたま資料館調査研究報告』4.

比佐陽一郎, 1992,「埴輪馬の馬具」『同志社大學考古學シリ-ズ V 考古學と生活文化』.

新谷正弘, 1992,「日本・韓國の馬胄・馬甲」『考古學論輯』4.

小野山節, 1992,「古墳時代の馬具」『日本馬具大鑑 一 古代 上』, 吉川弘文館.

伊藤秋男, 1993,「慶州皇南洞109號墳出土の馬冑」『日本考古學協會第五九回總會研究發表要旨』.

宮代榮一, 1986,「古墳時代雲珠・辻金具の分類と編年」『日本古代文化研究』.

宮代榮一, 1996,「古墳時代の金屬裝鞍の研究」『日本考古學』第3號.

宮代榮一, 1996,「古墳時代における馬具の曆年代」『九州考古學』第71號.

桃崎祐輔, 1993,「古墳に伴ぅ牛馬供犠の檢討」『古文化談叢』第31輯.

桃崎祐輔, 1999,「日本列島における騎馬文化の受容と擴散」,『渡來文化の受容と展開』第46回埋藏文化財研究集會.

桃崎祐輔, 2005,「東アジア騎馬文化の系譜 -五胡十六國・半島・列島をつなぐ馬具系統論をめざして-」『馬具研究のまなざし-研究史と方法論』, 古代武器研究會・鐵器文化研究會聯合研究集會實行委員會.

桃崎祐輔, 2005,「高句麗太王陵出土瓦・馬具からみた好太王陵說の評價」『海と考古學』, 海交史研究會考古學論集刊行會編.

大久保奈奈, 1991,「金銀裝飾の轡」『古代探叢』III, 早稻田大學考古學會創立40周年記念考古學集.

大久保奈奈, 1996,「步搖付飾金具の系譜」『國立歷史民俗博物館研究報告』第65輯.

中條英樹, 2000,「馬具副葬行爲にみる表象考察のための基礎作業」『第7回鐵器文化研究集會 表象としての鐵器副葬』, 鐵器文化研究會.

中山淸隆, 2002,「馬具からみた鮮卑・高句麗と伽耶」『淸溪史學』16・17合輯.

龜田修一, 2003,「陸奧の渡來人(豫察)」『古墳時代東國における渡來系文化の受容と展開』.

白井克也, 2003,「馬具と短甲による日韓交差編年 -日韓古墳編年の竝行關係と曆年代-」『土曜考古』第27號, 土曜考古研究會.

白井克也, 2003,「日本における高靈地域加耶土器の出土傾向 -日韓古墳編年の竝行關係と曆年代-」『熊本考古研究』創刊號, 熊本考古研究會.

白井克也, 2003,「新羅土器の型式・分布變化と年代觀 -日韓古墳編年の竝行關係と曆年代-」『朝鮮古代研究』第4號, 朝鮮古代研究會.

張允禎, 2003,「韓半島三國時代の轡の地域色 -とくに立聞用金具をとして-」『考古學研究』50-2.

張允禎, 2004,「日本列島の鐙にみる地域的關係」『考古學研究』51-3.

張允禎, 2005, 「韓半島における馬具研究の流れ」『馬具研究のまなざし-研究史と方法論』, 古代武器研究會・鐵器文化研究會.

陳大爲, 1960, 「桓仁縣考古調査發掘簡告」『考古』1960-1.

黎瑤渤, 1973, 「遼寧北票縣西官營子北燕馮素弗墓」『文物』1973-3.

孫國平・李智, 1994, 「遼寧北票倉粮窖鮮卑墓」『文物』1994-11.

田立坤・李智, 1994, 「朝陽發現的三燕文化遺物及相關問題」『文物』1994-11.

董高, 1995, 「公元3至6世紀慕容鮮卑, 高句麗, 朝鮮, 日本馬具之比較研究」『文物』1995-10.

于俊玉, 1997, 「朝陽三合省出土的前燕文物」『文物』1997-11.

王巍, 1997, 「從出土馬具看三至六世紀東亞諸國的交流」『考古』1997-12.

加耶馬具의 研究

찾아보기

171, 198~200, 275, 318, 375